安徽师范大学史学普及丛书

西汉风云之

文景之治

葛俊超 著

安徽师范大学出版社
ANHUI NORMAL UNIVERSITY PRESS

· 芜湖 ·

图书在版编目（CIP）数据

西汉风云之文景之治 / 葛俊超著. — 芜湖：安徽师范大学出版社，2021.9
ISBN 978-7-5676-5036-7

Ⅰ.①西… Ⅱ.①葛… Ⅲ.①中国历史—西汉时代—通俗读物 Ⅳ.①K234.109

中国版本图书馆 CIP 数据核字（2021）第 172660 号

西汉风云之文景之治 　　　　　葛俊超 著
XIHAN FENGYUN ZHI WENJING ZHI ZHI

责任编辑：孙新文　翟自成

责任校对：牛　佳

装帧设计：丁奕奕

责任印制：桑国磊

出版发行：安徽师范大学出版社

　　　　　芜湖市北京东路1号安徽师范大学赭山校区　　　邮政编码：241000

网　　　址：http://www.ahnupress.com/

发 行 部：0553-3883578　5910327　5910310（传真）

印　　　刷：苏州市古得堡数码印刷有限公司

版　　　次：2021年9月第1版

印　　　次：2021年9月第1次印刷

规　　　格：700 mm × 1000 mm　1/16

印　　　张：21.75

字　　　数：357千字

书　　　号：ISBN 978-7-5676-5036-7

定　　　价：59.00元

序

数月前，俊超告知我他的第三部著作即将付梓，并托小序，我感到十分高兴。2006年7月，我于安徽师范大学历史系硕士毕业后留校任教，并担任兼职辅导员，正好带俊超他们班，并给他们上"中国古代史"课，一晃我们已经相识15年了，前年他又考取了我的硕士研究生，可以说我一路见证了俊超在学术上的成长。本科学习期间，俊超就显示出了对学术特别是历史学的热爱和敏感，他不仅时刻与书为伴，且功底好，问题意识强，总能从传统文献中看出新问题，提出新观点。

本科毕业后，俊超回到家乡从事中学历史教学工作。在日常工作之余，他不仅继续大量阅读正史、古人文集等传统历史文献以及今人论著，还将自己读《史记》《汉书》《资治通鉴》等的心得写成一篇篇读书札记，数年间写了近200万字，并整理成数部书稿。在安徽师范大学历史学院的资助下，他于2018、2020年出版了《西汉风云之大风起兮》《西汉风云之长乐风雨》两部著作，在学界和社会上均产生了一定的反响。这次出版的《西汉风云之文景之治》就是他的"西汉风云"系列之第三部，听他说该系列的第四部书稿也已完成。俊超能够取得如此成绩，怎能不让人欣喜！作为他的老师，我由衷为他高兴。

班固在《汉书》中记载了东平王刘宇上疏向朝廷求《史记》的故事：

> （东平王刘宇）上疏求诸子及《太史公书》，上以问大将军王凤，对曰："臣闻诸侯朝聘，考文章，正法度，非礼不言。今东平王幸得来朝，不思制节谨度，以防危失，而求诸书，非朝聘之义也。诸子书或反经术，非圣人；或明鬼神，信物怪；《太史公书》

1

序

有战国纵横权谲之谋，汉兴之初谋臣奇策，天官灾异，地形厄塞：皆不宜在诸侯王。不可予。不许之辞宜曰：'《五经》圣人所制，万事靡不毕载。王审乐道，傅相皆儒者，旦夕讲诵，足以正身虞意。夫小辩破义，小道不通，致远恐泥，皆不足以留意。诸益于经术者，不爱于王。'"对奏，天子如凤言，遂不与。①

《史记》成书后存正副两部，"藏之名山，副在京师"②。虽然司马迁死后"其书稍出"，但民间并无完整的本子流传，所以即便是藩王亦不能窥其全貌③。正因如此，刘宇才向朝廷求取《史记》。不过，因大将军王凤反对，刘宇未能如愿。值得注意的是，王凤反对的理由是他认为《史记》一书"有战国纵横权谲之谋，汉兴之初谋臣奇策，天官灾异，地形厄塞"，若授之藩王，则不利于朝廷。由此观之，司马迁本人虽多次谦称不敢以《史记》与孔子之《春秋》相提并论，但《史记》确实是一部具"帝王之术"色彩的著作，诚如司马迁在《报任安书》中所谓"欲以究天人之际，通古今之变，成一家之言"④。可以说，《史记》凸显了中国史学的一个重要传统，即主要为政治服务。后来司马光编写《资治通鉴》也主要是供统治者借鉴，宋神宗就认为此书"鉴于往事，有资于治道"。经世致用，特别是资政功能，渐渐成为中国传统史家的一种学术自觉。由此，中国传统的史学作品主要是面向精英特别是政治精英的，它们与普通大众之间存在着一定的距离。

近代以后，传统史学开始遭到批判，1920年梁启超在《新史学》中就指出："盖从来作史者，皆为朝廷上之君若臣而作，曾无有一书为国民而作者也。"一批马克思主义史家的出现，更使中国的史学发生了根本性变化。新中国成立以来特别是改革开放以后，在马克思主义的指导下，中国的史学研究日益呈现出繁荣发展的局面，中国史学与普通大众之间的关系日益拉近。然而不可否认的是，时至今日，史学研究仍然未能完全脱离传统史学的藩篱，其"精英化"的倾向依然存在，与人民大众之间的距离依

① 班固：《汉书》卷八十《宣元六王传第五十》，北京：中华书局，1962年，第3324—3325页。

② 司马迁：《史记》卷一百三十《太史公自序》，北京：中华书局，1959年，第3320页。

③ 相关研究可参见吕世浩：《从〈史记〉到〈汉书〉：转折过程与历史意义》，台北：台大出版中心，2009年。

④ 班固：《汉书》卷六十二《司马迁传第三十二》，第2735页。

然较大，这既是史学学科性质和学术研究本质使然，也与史学研究者在一定程度上仍旧不够接地气有关。由此出现了一个后果，史学研究成果往往较难得到社会大众的回应和共鸣，从而降低了社会大众对于史学的兴趣，进而在一定程度上削弱了史学的影响力。史学如何走向大众，遂成为了史学研究者不得不认真思考的问题。俊超的"西汉风云"系列，正是对这个问题进行思考的产物。

《西汉风云之文景之治》凡七十一章，生动细致地勾勒了高后八年（前178）至孝景后元三年（前141）西汉前期三十余年的历史，涉及当时社会的政治、经济、文化等诸多方面，较为具体而直观地展现了文景时期中国的社会风貌。这七十一章内容既各有主题，又前后连贯，如从第四十二章《削藩计议》到第五十五章《大势已定》，以十余章篇幅完整呈现了"七国之乱"的原因、过程和结果，但每章本身也是一个完整的历史故事。因本书基本以《史记》《汉书》《资治通鉴》等史书为依托，所以内容相对较为客观、可信。例如，第二十一章《论治安策》大体以《汉书》卷四十八《贾谊传》所载贾谊的奏疏为框架，深刻剖析了文帝前期严重的政治危机。需要指出的是，本书还大量征引了《史记》《汉书》中经常被忽视的篇目，例如《史记》卷十八《高祖功臣侯者年表》、卷十九《惠景间侯者年表》、卷二十《建元以来侯者年表》，以及《汉书》卷十九《百官公卿表》、卷二十三《刑法志》、卷二十八《地理志》等。例如，在第三十六章《新朝新人》中有这样一段文字："内史，乃朝廷直辖郡最高长官，亦指京师所在之直辖郡。秦楚之际，项羽分封，分秦内史之地为塞、雍二国。高皇帝还定三秦，又分塞、雍二国为河上、渭南及中地三郡。汉九年，高皇帝调整区划，合三郡而复为内史，治长安。其后，因内史辖区较大，事务繁杂，故分置左右，以左内史掌治内史南部诸县。"这一叙述并非随意虚构，而是源自《汉书·地理志》。将传统史学作品或史实用更加通俗的语言表达出来，在学术性与通俗性之间实现平衡，这就是俊超所希望采取的一种史学走向大众的路径。通俗而不庸俗，更不低俗，历史书写必须以史实为依托，必须把求真放在第一位，这是史学研究者的坚守。在这一点上，本书是合格的。

与此同时，《西汉风云之文景之治》一书还紧随学术研究前沿，对于今人新的学术研究成果多有采纳，如第七章《彻侯之国》。"彻侯之国"事件的前后经过散见于《史记》卷十《孝文本纪》、卷五十七《绛侯周勃世家》、卷八十四《屈原贾生列传》，此事虽记载较为简略，却是文帝前期加强君权的重要举措，影响深远。对于此事的分析，李开元教授有专文论及①。而该章即在引用此研究成果的基础上书写而成，以通俗易懂的语言构建了汉初朝堂复杂的政治斗争。此外，本书对在通俗史学书写中经常被忽视的经济史、思想史领域同样予以关注。例如第十六章《谏铸钱疏》即以贾谊的奏疏为中心，论述了汉初以来的经济问题，并重点探讨了当时的货币政策和市场状况；在第二十五章《太子家令》中，则探讨了汉初的治国思想，并以晁错受《尚书》为中心，简略叙述了秦汉之际今文经学的发展历程；在第五十七章《汤武革命》中，则以梁王刘武储位风波为背景，生动描述了西汉景帝时期朝廷内部的黄老之学与儒学的激烈冲突。

俊超试图将历史书写的更加通俗化，从而推动史学研究大众化的努力无疑是成功的，书中一些章节的描写就十分生动有趣，人物形象立体鲜活，如第二十四章《大哀贾谊》中的贾谊、第四十七章《棘壁之战》中的袁盎、第六十七章《射雕英雄》中的李广等。但毋庸讳言，学术性与通俗性两者之间天然存在着一定的张力，为了照顾学术性，书中还是有大量直接引文的出现，这就不可避免地影响到了本书的通俗性。如何更好地处理好这种张力，我相信俊超继续思考和摸索，也会不断推出新的成果，我期待着。

是为序。

梁仁志
2021 年 8 月 26 日
于安徽师范大学

① 相关研究可参见李开元：《汉帝国的建立和刘邦集团——汉初军功受益阶层研究》，北京：生活·读书·新知三联书店，2000 年。

目　录

仁政治国

孝景遵业

仁政治国

后岁余，贾生征见。孝文帝方受釐，坐宣室。上因感鬼神事，而问鬼神之本。贾生因具道所以然之状。至夜半，文帝前席。既罢，曰："吾久不见贾生，自以为过之，今不及也。"居顷之，拜贾生为梁怀王太傅。梁怀王，文帝之少子，爱而好书，故令贾生傅之。

——《史记·屈原贾生列传》

第一章　　代王进京

高后八年，秋九月。

代王车驾自太原郡出，南下河东郡，再折而向西；从河东郡蒲坂东渡黄河过临晋关，即入内史地界；渡河向西一百余里，乃内史之高陵县。时天色将晚，且长安已在眼前，故代王车驾遂于高陵县驻跸休整。

车驾休整之时，代中尉宋昌受命先入城探查。宋昌，楚卿子冠军宋义之孙，宋襄之子。楚汉相持荥阳时，宋昌以都尉随从高皇帝守于城中。其后代王受封就国，宋昌以代中尉从至代国中都。于代国任职十数年，宋昌数领代军戍边，有通晓边事之称。月余前，代国君臣犹疑不定之时，宋昌以高远之智谋力排众议，力陈不可观望，终将入长安即位一事定下。因此，在至长安入继大统的关键时刻，宋昌无疑为代王心腹爪牙之臣。在形势不明之时，爪牙之臣自需为主君效死。因此，宋昌受命后即领数骑随从自高陵县出发，前往长安。

人主顾忌名号未定而不能急于入城，然身为人臣且负有探明形势之责的宋昌却不能不急。试想，若此时长安已生变故，甚至齐王刘襄已抵长安，代国君臣将何去何从？因此，宋昌出发后，一夜策马狂奔百里而不敢停歇。

清晨时分，疲惫已极的宋昌终至渭水北岸。越过宽阔的渭桥，气势宏伟的长安城与巍峨肃穆的未央、长乐二宫已在眼前。极目而视，但见渭水两岸平静如常，长安当无大变。见此情景，宋昌方自度代王入继大统之事不会再有变故。

然而，正欲过河之时，却突见对岸赤旗飞舞，车驾频频。视此仪仗，必为自长安横门出城之公卿大臣。片刻后，据过河使者通传，宋昌方知于长安主政的右相陈平等人已知代王车驾至高陵之事，遂领诸臣前来迎驾。既然城中公卿如此急迫，则入主长安必已万无一失。于是，宋昌遂与汉廷诸臣于渭水之畔交谈。互通内外之情后，宋昌又策马奔回高陵，将此事汇报于代王，并建议当立即入城。

代王车驾遂立即出发，并于次日日中抵渭水北岸。当此之时，渭水两岸警跸已毕，立于桥前恭候车驾之首者乃右相陈平、太尉周勃。紧随其后者，则为大将军柴武、宗正刘郢客、朱虚侯刘章、东牟侯刘兴居、典客刘揭等人。大略观之，非显贵彻侯即朝廷二千石以上之公卿大臣。不过，诸臣中亦有陌生面孔——御史大夫张苍。

张苍，原为秦御史，后入汉为将，与故丞相安国侯王陵相友善。高帝时，张苍历任恒山守、代相、赵相、计相及淮南相，政绩颇佳。张苍以秦御史出身，既非"砀泗元从集团"[①]，又非从高皇帝之关东诸侯，在朝中素无后台，故朝中皆传张苍素不争权，不结党，为人谨慎。不过，在此非常之时能以郡国守相而越过列卿直入中枢为御史大夫，当非其为人谨慎之故。需知，御史大夫虽为二千石，但可受公卿奏事，有"副相"之称。汉制，皇帝诏书先下御史大夫，再由丞相下中二千石，中二千石下郡国守相，布告天下。因此，御史大夫虽位于丞相、太尉之左，却颇为重要，按常理需自能力突出的二千石列卿中迁任，甚少直接调郡国守相为之。此时距诛吕不过一月，朝廷无缘无故突然将立有大功的平阳侯曹参之子曹窋罢黜，且违背惯例，另调张苍为御史大夫，岂不怪哉？再者，淮南国寿春县距长安一千三百余里，即便快马奔驰亦需十日之久，若再加上文书交接等诸项事宜，自淮南调入长安，至少需二十余日。一月之内即强令张苍调任至长安，岂非过急？由此观之，张苍迁御史大夫，在制度上有违惯例，在情理上亦令人生疑。

---

① 砀泗元从集团是指自秦末即跟随刘邦的，来自砀郡、泗水郡的楚人功臣。在秦楚之际的战争中，此集团多因军功而封侯，并成为西汉初期的主要执政者。

秦王政六年、楚考烈王二十二年（前241），楚"东徙都寿春，命曰郢"。秦王政二十四年（前223），秦破楚克郢，虏楚王负刍，楚亡。二十六年（前221），秦划江淮及其以南地区为九江郡，置寿春县，为郡治。西汉建立后，寿春一直为淮南王国国都。今安徽寿县存古城墙、安丰塘、淮南王墓等先秦、秦汉遗址。图为寿县城门。

既然如此，为何强迁之？想来，这其中当涉及诛吕之事。朝中好事者传诛吕事毕后，身为诛吕核心人物并行御史大夫事的曹窋，不知为何与陈平、周勃等主事者就如何安置吕氏"余孽"未能一致，故被罢黜。相较于曹窋，张苍多年未在中枢，又无党无派，在敏感之时代曹窋为御史大夫自当更为合适。再者言，张苍曾久居北方为代相，与代国上下亦算颇有渊源，此时参与迎立代王不至过于突兀。大约正因如此，张苍才得以仓促迁任御史大夫，参与迎立。

不过，如此秘事若非宫中好事者隐约传言，远道而来的代国君臣实难详知其中原委。当然，于宋昌而言，以低调谨慎的张苍为御史大夫总好过桀骜不驯的曹窋，毕竟若以后君臣不和，帝位亦不能稳固。因此，群臣行礼后，宋昌亦领代国群臣按制还礼。孰料礼毕，却见周勃小步前趋，行至代王车驾之侧小声说道："大王，臣有事上奏，望能私下详谈。"

周勃此人虽出身低微，且"重厚少文"，但位居三公数十载，不当不明朝廷礼仪。需知，丞相乃百官之首。此时丞相尚未开口，太尉却要"私下详谈"，岂非逾礼？而且，天日昭昭，众目睽睽，有何事需"私下"言之？执天下之柄的权臣有如此举动，实对即将入主未央的君主不敬。因此，侍从在侧的宋昌深感不妥，未等代王回话即高声对曰："太尉所言，若为公事，则无须顾忌，开口直言；若为私事，则王者不受私！"

此语言毕，即见周勃面露尴尬之色，随后长跪顿首谢罪，并正式呈上皇帝所用玺、符。不过宋昌尚未接受，一直沉默的代王却立即拒绝，并要求直入代邸再言他事。

按汉制，天下郡国在长安皆设有官邸，以供本郡国官员入京奏事及上计时居住。代邸，即代国设于长安之官邸。诛吕政变虽已过一月，但长乐、未央两宫是非不明，不宜立即受玺、符，且此时未央宫尚有皇帝，名分未定便急于入殿即皇帝之位，岂不遭天下人耻笑？因是之故，代王车驾虽直入长安，此时却不能入未央宫，暂居代邸静观其变最为稳妥。心领神会的宋昌遂奉命引车驾直入代邸。

然入代邸后，诸人入内室，陈平再次仆伏跪拜，高声劝进曰："刘弘等人均非孝惠皇帝嫡子，不当以皇帝身份侍奉宗庙。臣与阴安侯、彻侯顷王后、琅邪王（刘泽）及宗室、大臣、彻侯、二千石议，大王乃高帝之子，宜承高帝之位。愿大王即皇帝之位。"

彻侯顷王后者，乃故代倾王合阳侯刘仲之妻；阴安侯，则是高皇帝兄刘伯之妻，二人俱为高皇帝嫂。不过，言及此二嫂，亦颇为有趣。据传当年高皇帝寒微时，曾为沛县游侠，常携幼弟楚王刘交及一众宾客至阴安侯家中吃饭。然当时阴安侯寡居已久，既不喜高皇帝不事生产，亦不愿供应宾客，故在众宾客至家中时故意以勺刮锅发声，伪作饭已吃完。结果，刮锅之声不断传出，宾客以为无食，一时尽散。待宾客散尽后，高皇帝方知锅中尚有存饭。时豪侠蓄养宾客，宾客则以死相报，此战国任侠之气。阴安侯刮锅致使宾客散尽，自令高皇帝在宾客之前大丢颜面。因是之故，汉并天下后，高皇帝虽追尊长兄刘伯为武哀侯，唯独迟迟不封长兄之子刘信。据传太上皇询问时，高皇帝则答："非敢忘封，实乃其母并非长者。"最后，高皇帝虽于汉七年夏封刘信为侯，却以铁勺刮锅之声名其侯号为羹颉侯。需知，彻侯多为封地侯而非名号侯。比如，樊哙受封舞阳侯、陈平受封曲逆侯，此舞阳、曲逆皆为食邑之县县名。高皇帝快意恩仇，以羹颉为号，自有羞辱之意。

高皇帝虽已作古多年，刘信也已降为关内侯，但当年之趣事倒是朝野皆知。不过，阴安侯虽非"长者"，但毕竟为宗室高辈，而迎立代王既为国事，亦属家事，故劝进之事不但需陈平开口，亦须代倾王后、阴安侯等宗室表态。因此，此时更不能以往年之陈事取笑。

然陈平、阴安侯等公卿、宗室之意言明后，代王仍惶恐异常，西向而拜："相君、阴安侯，侍奉高皇帝宗庙，此为大事。寡人无能，不敢侍奉宗庙。楚王为寡人叔父，才德堪当，寡人实不敢当此重任！"

事已至此，为何谦辞？若确实不愿入继大统，尽可致书一封，遣使往来奔驰，何苦千里迢迢亲至长安以身犯险？且迎立时不言可拥立楚王，为何此时已入长安方才提出？事实上，人人皆知此言不过来回推挡之谦辞而已。何故推辞？"故事"在前耳！需知，当年高皇帝扫平海内，立千古未有之业，尚且在定陶三辞。今代王德未及三王，功未过高祖，岂能匆匆即皇帝之位？

陈平亦知此典故，故伏地劝进再三，称："臣等思虑，大王奉高帝宗庙最为合适，天下诸侯万民皆以为宜。臣等为宗庙社稷计，实不敢轻率疏忽。愿大王听从臣等之议，莫要推辞。臣谨奉皇帝玺符在此，再拜奉上！"

陈平言毕，群臣亦再劝进。于是，宋昌附耳言"可"，代王遂以宾主之仪西向辞谢三次，又按君臣之仪南向辞谢两次，以示谦恭。先帝三辞，代王五让，程序已毕，代王终于接受群臣"苦劝"，并与群臣誓曰："既宗室、将相、彻侯皆以为寡人最为合适，则寡人不敢辞！"

至此，长安迎来第三位正式君主。

第二章　　入主两宫

群臣拜贺完毕，立于右相陈平之后的东牟侯刘兴居朗声提议："诛除吕氏，臣无微末之功，惶恐不安，请入宫清宫。"

清宫者，清理两宫也。汉制，皇帝行幸某地，必遣静宫令先行清静殿中，以备非常。不过，刘兴居所言之清宫却不同于常制。需知，此时尚有少帝安坐于未央宫，如不速速清理，明日新皇帝如何入宫？若天有二君之事为天下吏民所知，岂不议论纷纷？因此，此清宫乃清理故皇帝之意。

然而，清宫固当清宫，由刘兴居提议则颇为怪异。为何？盖因刘兴居乃齐悼惠王之子、齐王刘襄及朱虚侯刘章之弟。据传，按当初齐王兄弟之议，诛吕之后当拥立其兄刘襄入继大统。所以，属齐王一系的刘兴居与代王乃完全对立之政治对手。既然如此，刘兴居此时主动提议清宫，岂不怪哉？

不过，细细思虑，此亦为人之常情。因尚在临淄的刘襄此时尚不知代王车驾已至长安之事，且即便得知亦不能于一二日内赶至，即便赶至亦不能扭转大势，故刘襄已与帝位无缘。君臣大势既定，在长安势单力薄的刘兴居已无能为力。既然拥立其兄一事已然无望，若不在此时积极表态，在新皇帝前立下清宫之功，岂能得到拥立封赏？是故，刘兴居主动提议清宫亦是情理之中。思及其中缘由，侍从在侧的夏侯婴微微领首。孰料正在此时，却闻右相陈平笑答："东牟侯少年英雄，清宫之事，非东牟侯莫属。汝阴侯乃高帝大将，熟知两宫，烦请同去。"

两宫早已为功臣控制，清宫并不需刀兵，此时令己陪同，莫非是监视刘兴居？思及此处，夏侯婴遂高声应命。

稍作准备，至夜暮之时，夏侯婴依令陪同刘兴居入宫清宫。自代邸出，驾车前行，片刻即驰至北阙之下。汉制，北阙之下屯有卫士，戍卫宫门。不过，八月诛吕时，南北二军于宫中短兵交战，以致原本森严的两宫宿卫极为混乱，一直未能完全恢复，故此时北阙仍空无一人。因此，车驾未受阻拦即直入未央前殿。

行至前殿外，终遇执戟卫士。刘兴居虽出示相府之令，并宣示已迎立代王为皇帝，但仍有数名执戟卫士拒不退出殿外。僵持不决，刘兴居愈发焦虑，随后问计于随从在侧的护卫。然而，护卫皆为低调谨慎之人，令其侍奉左右则可，令其仿效刘兴居之兄刘章那般无视君上权威，将皇帝卫士直接格杀当场，则是断然不可。刘兴居问计不得，只得于殿门之外大声斥责。

恰在此时，忽闻殿中有谒者高声宣示，喝令卫士听命弃戟。循声而视，才见此谒者亦为殿中故人——吕太后心腹近臣、曾封爵建陵侯的大谒者张泽。

月余前殿门之变时，效忠吕氏的近臣几乎被陈平、周勃等诛吕功臣屠戮一空，甚至连幼童亦未能幸免。然而，这位当年曾令吕太后言听计从的大谒者张泽，除仅被革去刚封数月之久的建陵侯爵位外，竟毫发无损。其能侥幸躲过一劫，并非其本人智略高远，而是得益于其平时忠厚谨慎。需知，在吕太后当政的数年之中，张泽虽为吕氏心腹，但却从未假吕氏之威为非作歹，与朝臣对立，甚至当年还一力推动刘泽就封琅邪国。正因如此，陈平、周勃等人待张泽亦颇为"友善"。既然执天下之柄的丞相、太尉"气度恢廓""仁义无双"，则张泽又岂能不投桃报李？此时其主动协助清宫，正有相报之意。张泽久为大谒者，又侍从两宫[1]多年，在南军卫士中素有威望，故其一言既出，卫士即退出殿门。幸赖张泽之力，诸人得以顺利入殿。

入殿极目而视，唯有一青年端坐高台之上。其人着皇帝冠冕，正是皇帝刘弘。天下皆知，自高后四年被吕太后立为皇帝以来，此人虽有皇帝之名，但权不过庶人。朝中风传，因吕太后残暴不仁，故刘弘时时如履薄冰，深恐重蹈少帝之覆辙，惨遭杀身之祸。因此，其人虽冕旒华服，却望之不似人君。诸吕尚在时尚且无权无威，何况如今诸吕皆已伏诛？所以，昔日为人臣，此时却为"迎立功臣"的刘兴居颇趾高气扬，对惶恐不安的

---

① 两宫，即长乐、未央两宫，指代皇帝和皇太后。

"伪君"刘弘斥责："足下非刘氏，不当立！"此语言毕，却见刘弘不但毫无怒意，竟惶恐询问："不知将军欲置我何处？"眼见昔日之皇帝如此落魄，身为昔日人臣的夏侯婴颇为不忍，安抚曰："君出未央，可暂住少府馆舍。"不过，今暂舍于少府，以后将何去何从，不属于诛吕功臣核心人物的夏侯婴亦无可奉告。唯望代王"仁厚"之名播于天下，不会行那大逆不道之事。

秦陵铜马车。马车为单辕双轭，四马分两服两骖，御手头戴双卷尾冠，身穿长襦，腰佩短剑。铜马车制作精美壮观，反映了秦汉时代车驾制度。

秋日日暮，光洒未央，宫内奴婢已奉命打扫宫室迎接新皇帝。以辇车送刘弘出殿后，夏侯婴又按既定礼仪奉皇帝法驾，引侍中参乘四马之车五乘，属车三十六乘，前往代邸迎接新皇帝入朝。法驾虽非最高规格的皇帝大驾，但太仆奉法驾，卤簿齐备，亦足见皇帝之无上权威。

将新皇帝送至两宫，夏侯婴又马不停蹄将旧皇帝送至少府。将此"敏感人物"安顿妥当后，夏侯婴又驾车返回两宫，向新皇帝复命。然而，进入北阙后，却见未央宫前已经戒备森严。视卫士之甲衣，并非朝廷南军卫士，而是代国卫士。由此观之，新皇帝已以代国卫士重组两宫卫士。如此迅速即已将两宫卫士调整完毕，亦足见此新皇帝之果决。

进入殿中，却见已着皇帝冕冠章服的代王正在下达第一道人事任命诏书：代中尉宋昌迁卫将军，镇抚南北二军；代郎中令张武迁为郎中令，全权负责殿中各署郎卫，并接管卫尉禁中警卫之职。

所以如此急迫，盖因军权乃重中之重。汉军虽有步骑几十万之众，但距皇帝最近，且由皇帝直接控制的不过南北军及郎中禁卫而已。三支军事力量中，以集中屯驻于长安北部军营的北军兵力最强，以分散于两宫之中的南军兵力次之，以侍从于皇帝之侧仅有数千人的郎卫最弱。以与皇帝的距离远近而论，最强的北军最远，次强的南军次之，最弱的郎卫则最近。所以，决定最高权力归属的为北军，而直接关系到皇帝人身安全的则为郎卫。汉制，南军卫士归卫尉，北军诸营归中尉，郎卫则归郎中令。如此，皇帝之兵分属三人，互不统属，相互制衡，保证君权之稳定。

不过，因诛吕之事，朝廷原有制度早已破坏。周勃既无虎符，亦无诏书，居然仅凭威望便强夺北军入宫攻击南军，足见南北二军之混乱。如今，中尉已被剥夺实权，两宫卫尉一死一逃，朝廷原有指挥体系早已不能再用，若不立即整顿南北二军，紧握军权，则皇帝之位势必不稳。因此，将中尉、卫尉二卿之权集中于卫将军宋昌一人之手虽不合法度，但却是特殊时期的权宜之计。以宋昌镇南北军如此，以张武为郎中令亦同样如此。通常而言，新拜官尚需新刻官印，准备制书一类的法定文书，更有严密的拜官授印仪式，绝非仓促可就之事。然而，入宫片刻即授官履职，足见以心腹控制兵权的急迫之心，亦足见新皇帝对周勃、陈平等朝中公卿缺乏信任。

当然，如此授官虽不合制度，但却是以皇帝名义下达，故周勃除非谋反，否则断然不敢抗命不遵。不过，陈平、周勃等人毕竟在军中多年，势力盘根错节，也不知宋昌、张武二人日后能否抓紧南北二军及各郎署。

新皇帝行动如此果决直接，必然已早有通盘谋划。在代邸时，君臣之间还虚情假意，你推我让，可入宫当晚便下诏夺权。由此观之，即便是有"仁孝宽厚"之称的新皇帝，亦绝不会为虚无缥缈之"名"而放弃实实在在的权力。

正在思虑皇帝之威时，却又隐约闻有司奏报：前吕太后所立之梁、淮阳诸王尽被诛杀，日暮时才被迁往少府的废帝刘弘亦被斩杀于少府邸。

《公羊春秋》曰："君子曷为为《春秋》？拨乱世，反诸正，莫近诸《春秋》。"既然"乱世"已拨，当"反诸正"。因此，有司奏毕，新皇帝又下达昭告天下的正式诏书。诏书称：近者，诸吕用事擅权，把持朝政，谋为大逆，欲危刘氏宗庙！幸赖将相彻侯宗室大臣诛之。朕初即位，大赦天下，男赐爵，女子赐牛酒。

此道广赐君恩的诏书并非新朝大政方针，而是通过赐爵等恩惠向天下吏民宣告，朝廷已立新君。

第三章　丞相之功

后九月己酉，代王入主两宫，并发布诏书。两日后，便是十月，即新年的第一个月。按制度，新年需以新帝纪年①。

一般而言，除君臣朝贺外，朝廷在新年首日并不正式处理国政。然而，今时却不同往日。自七月以来，长安经历诛吕之变、迎立代王诸事，政局动荡，可谓一日未息。因此，君臣无一人敢稍有懈怠，而身为百官之首的右相陈平更是日日谨慎。朝会之上，见新皇帝先拜其舅父薄昭为车骑将军，随后又令有司遣使至代国迎薄太后。待有司按皇帝之意下令后，又闻皇帝下令于十月庚戌召集公卿彻侯二千石正式商议国政。

人人皆知，今国政之大事，最为紧要者乃政变善后之事。月余前诛吕之变，宗室、外戚及功臣三派于长安城中、两宫之间互相厮杀，血流成河，皆是无所不用其极，欲致对方于死地。试想，如此皇宫秘事传扬出去，朝廷又如何治理万民？君父又如何君临天下？《论语·子路》载，当年子路问："卫君待子而为政，子将奚先？"孔子则对曰："必也正名乎！"诚如孔子之言，治政者，必当以正名为先。因诛吕之事极为敏感，且事关新朝之正统，故当须早作、善作安排，方为上策。想来，新皇帝在新年刚过之时便匆忙"治政"之目的，即在于此。既是欲确立新朝之正统，新皇帝又是诛吕功臣所立，则断不能以诸如"功臣及宗室诛灭外戚，夺得最高权力"之言为诛吕政变定性。反之，定诸吕为逆贼，诛吕乃顺天应民，拨乱反正之举方可。因此，与诸臣慎重议论后，陈平遂奏定太尉周勃等大臣为安汉兴刘的社稷之臣，而定诸吕为窃国夺汉之国贼。

① 即孝文前元元年，前179年。

既是国贼，则须"除恶务本"，斩草除根。因此，除去已死于政变的吕产、吕禄等诸吕子侄，原依附于吕氏的党羽亦多遭清算，凡彻侯者也均被革爵除国。同时，诛吕功臣既为社稷之臣，则当厚赏，以振人心士气。有司审核后，厚赏宗室有功者之正式诏书数日后即下达。

十月庚戌，朝会议定，在迎立之事中起关键作用的宗室、琅邪王刘泽徙封燕王，以为表彰。需知，虽同属诸侯王，但相较单郡之琅邪国，燕国为辖有五支郡之一等封国，如此大国封刘泽，足酬迎立之功。刘泽徙燕，则琅邪郡空置。按当年徙封淮阴侯韩信为楚王，将齐国诸郡收回之先例，当将琅邪郡收为汉郡。不过，鉴于琅邪本为齐国支郡，故特不收归汉郡，而是还归齐国，以"酬"齐王刘襄首义之功。不仅交还琅邪，当初为吕太后所割之济南、城阳二支郡亦全部归还。而且，为表彰刘襄之弟朱虚侯刘章、东牟侯刘兴居之功，朝廷特为二人各增封两千户。另外，为纪念当年被吕太后幽禁至死的赵幽王刘友，朝廷又颁诏立刘友之子刘遂为赵王，以承刘友之嗣。同时，宣平侯、鲁元公主之子张偃的鲁国被废，其地薛郡则按高皇帝旧制，归还楚王刘交。

经此次调整，北方燕、赵二国，南方薛郡，东方济南、城阳二郡均由吕入刘，刘氏北方封国复立，东方齐国则重掌初封时七支郡七十三县之地。天下诸藩基本恢复至高皇帝时代的分封格局。

宗室之后，则是在诛吕中直接操刀的功臣。

十月辛亥，拜谒宗庙之后，按有司所议规格，朝廷对诛灭诸吕的功臣逐级论功：凡参与者，均赐予封邑、财帛。其中，周勃掌北军灭诸吕，当议为首功，赐金五千斤，增食邑万户，位列诸功臣第一。如此巨赏，真是世所罕见。当年佐命高皇帝立开国首功的相国萧何，所封之酂侯亦不过区区八千户而已。相比当年萧相国殚精竭虑，协助高皇帝扫平天下，周勃受如此赏赐，岂能不称"巨"。可想而知，如此规格的封赏诏令公布，海内豪杰必瞠目结舌。而且，不仅财货、土地，还有实权之授予。在封赏事毕后，宫中又颇有传闻，称新皇帝将着手对朝廷人事进行调整，令立功受赏之大臣皆位列公卿。

然而，听闻此事，陈平却颇为心忧。当此之时，朝堂公卿中除审食其因信用于吕氏而当免相，张苍无功不赏外，以为功臣之首的周勃与己最需右迁。周勃以太尉迁相并不甚难。为何？盖因周勃之本职为太尉，实乃"主兵"之敏感职位。"兵者，国之大事"，不可轻易授人，故自高皇帝以来便不常设。因此，于皇帝而言，今以迁相而免周勃太尉一职，不但能表彰诛吕迎立之功，亦能令素来桀骜不驯的周勃"去兵"，可谓一举两得，亦为社稷治安之道。可是，相比于周勃，他陈平却会令皇帝为难。按汉以右为尊之制，右相已位极人臣，迁无可迁。事已至此，难道欲令新皇帝发诏，封他陈平为异姓王不成？当年，淮阴侯韩信倒是曾以右相封异姓王，结果如何？由此观之，朝中隐约透露之任命公卿诸事无异于将陈平置于火盆之上。

当初，弃齐拥代之本意乃是代王有"仁孝宽厚"之名，易于控制，可孰料其即皇帝位不过一月，即以果决狠辣之手段挟大势于代国臣属支持下夺取大权，完全不似传言中的"仁孝宽厚"。试想，如此君主又岂会甘心俯首安坐，"垂拱而治"？今其势已成，坐拥皇帝之名再顺势而为，必可无往而不利。已可预知，将来之朝局必是诛吕功臣尽退，而朝政则由代国君臣执掌。由此观之，其隐约透露之封赏消息，未尝没有试探之意。既然如此，与其到时被架空，甚至死于非命，不如尽早"急流勇退"，尚能留名于后世。是故，反复思虑之后，陈平决意上疏"谢病"。

可是，自高皇帝以来，他陈平素来热衷于功名利禄，爱好于金银财帛之性格，亦为朝野所皆知，今于新皇帝厚赏之时骤然"谢病"，岂不怪哉！何况虽已年老，但年余以来一直尚算强健，亦未有不适之处，甚至在诛吕之时还曾披坚执锐。今新帝登基不过一月，即以有拥立之功的元老大臣身份，在调整人事之时开口"谢病"，岂能不令人深感疑惑？由此观之，即便"谢病"，亦必令朝中人人生疑，甚至皆知其实无病也！

果然，"谢病"不过数日，皇帝车驾即驾临府中，按制"探病"。闻皇帝询问"谢病"之缘由，陈平沉默良久，只得如实相告："高皇帝立国时，周太尉不如臣。然诛除诸吕，臣功不如太尉。故臣愚以为，当以太尉迁右相最为合适。"力辞不就，皇帝终于不再强求，而是顺水推舟以左相而屈，并赐金千斤，益封三千户。

陈平既然左迁为左相，则右相唯有，亦只能用诛吕"第一功臣"周勃为之。因此，一个月后的十一月初，朝廷人事任命诏书正式下达：右相陈平转任左相，太尉周勃迁右相，大将灌婴则迁太尉。

因诛吕之事，周勃益封食邑的同时又迁任右相，可谓名、利、权三得。周勃少年时"以织薄曲为生"，青年时代又"常为人吹箫给丧事"，今以贫贱之出身而骤为天下之宰执，即便其人"木强敦厚"，亦不可能不得意非凡。而且，于周勃而言，名传天下之同辈萧何萧相国、曹参曹相国已死多年，正如《孟子·公孙丑章句下》所云："如欲平治天下，当今之世，舍我其谁也！"今治平天下者，可谓舍他周丞相其谁！正因如此，拜相诏书下达后，朝中皆传周勃日日炫耀于昔日同僚，示其尊贵之意。

然而，私欲、权势之极端膨胀，必令其行为愈发狂妄与嚣张。在迁相之后，一连数月，每每上朝之时，周勃从无恪守朝廷礼制之谨慎，亦无对君父皇帝之惶恐。谒者一声"退朝"，周勃竟堂而皇之在皇帝目送下不断抚摸新配之金印、紫绶，小步疾行，又快步退出大殿，毫无上下尊卑之念。

反之，当这位强悍丞相得意洋洋退出大殿之时，新皇帝却久久未坐，君臣之仪似乎完全颠倒一般。

第三章 丞相之功

第四章　　君君臣臣

　　为皇帝者之所以如此小心翼翼，实是惮于周勃这位右相执掌朝廷大权多年，资历太深，权力太重。试想，一旦惹得周勃周丞相"不悦"，以致朝议时君臣对立，该如何收场？是罢免任命不过数日之右相，还是收回皇帝之命？纵有削权之意，亦不得不徐徐图之。

　　然而，当朝议结束，大臣散尽，殿中陛前唯有侍从在侧的郎官、谒者等近侍之臣时，视皇帝仍未收回那不合礼制之举动，侍从于殿侧之执戟中郎即低语言曰："陛下以为右相为人如何？"

　　汉制，郎中令下各郎署皆有郎官，主执戟在侧，侍从护卫。中郎，为朝廷诸郎官之一，秩比六百石。小小中郎，本不该议论身份尊贵且威势正盛之朝廷右相，然右相既无礼至此，人臣岂能熟视无睹？口出此语，正有警示皇帝之意。孰料皇帝似乎未及思虑即脱口而出："右相乃社稷之臣！"

　　然而，周勃为臣无礼，致使君臣颠倒，岂是"社稷之臣"？故闻皇帝言不由衷，郎官朗声反驳："陛下谬矣！右相乃功臣，非社稷之臣。社稷之臣者，与主君生死与共。吕太后掌权时，右相以太尉执掌兵权，却未能拨乱反正，及至吕太后崩逝，群臣共讨诸吕，右相才顺势而为。是故，臣以为右相者，功臣也，非社稷之臣也。臣观右相在朝，已有骄横欺主之色，而陛下却谦虚退让，此非君臣之道，臣私以为陛下不当如此！"

　　此中郎者，安陵袁盎也。袁盎，字丝，楚人。袁盎之父曾于秦楚之际为盗，奔命四方。因惠帝即位后立安陵邑，徙关东之民实之，少年袁盎便随父亲及兄长袁哙结束流离而迁居于关中。数年前，袁盎为谋出身，曾投至吕禄门下为门客，然实在运气不佳，尚未得到重用即遭遇诛吕之变。当时，吕禄被杀后，依附于吕氏的诸多爪牙亦遭清洗，而袁盎则幸赖兄长袁哙与诛吕"第一功臣"周勃素有交情才侥幸免于一死。九月末代王入继大统前后，袁盎方于兄长袁哙保举下入朝为中郎。

说来有趣，袁盎所以能在诛吕之变后安然无恙，正是因其兄长袁哙与周勃之特殊关系。若非兄长能交好于周勃，此时别说以中郎侍从于两宫之间，想那区区"贱命"只怕是无论如何也保不住。因此，如以袁、周二人关系而论，周勃当算袁盎半个举主。今天下尚节，于被举者而言，举主实如君父，可当值不过月余，袁盎竟于新皇帝面前公然"诋毁"有"救命之恩"的举主周勃，如此行为，岂非无君无父？而且，此番言辞极为不恭，几算指周勃之面唾骂其为见风使舵之势利小人。此事若传开，必遭周勃嫉恨。当然，在殿中与皇帝对话乃私密之语，本不应有六耳在侧，亦不当传开，倒不需忧虑此番"不当"议论传出殿外。

岂知，此事不过数日便搞得朝野皆知！周勃此人性格倔强，素有"木强敦厚"之称，于沙场征战三十余载，乃"砀泗元从集团"之元勋，又侍奉四朝，为国之柱石，受此"讥讽"，岂会善罢甘休？因此，数日后上朝时，果然见面目赤红的周勃频频破口大骂："你兄长与本相素有交情，若非乃公允你兄长之保举，竖子岂能以吕氏之鹰犬宿卫皇帝之侧？你这竖子有何面目巧舌如簧，在殿陛之中，皇帝之前毁谤老夫？"

不过，所以于朝堂上指斥，并非与周勃有利害私仇，纯粹公义使然，故面对周勃痛骂，袁盎亦不卑不亢，平静答曰："丞相保举有恩，袁盎感激不尽。然中郎乃朝廷之中郎，而非相府之中郎。皇帝相询，袁盎自当知无不言。"

孰料数月之后，朝中命令下达：超迁中郎袁盎为中郎将！按汉制，郎中令下之中郎署有五官、左、右三郎将，皆秩比二千石。郎中署又有车、户、骑三将，皆秩比千石。将军不常设，中郎将以比二千石大吏，为朝中事实上的高级武官，非寻常职位可比。郎中令下之议郎、中郎、侍郎、郎中，本皆无定员，多至千人，故升迁困难，甚至有一生未得迁任，只得以老而"乞骸骨"者，今以小小中郎骤然擢升为中郎将，实在是无上荣耀。

既皇帝有擢用之意，则想来周勃除散朝之后于相府暗暗怒骂皇帝是非不明，以致"奸逆小人"当朝外，恐怕已无可奈何。周勃即便桀骜无礼，还能仿效当年诛吕之事，手执环首将朝廷二千石中郎将斩于殿前不成？因此，袁盎不再忧虑此事。

数月后，袁盎再度上朝议政。入朝跪坐后，不断打量四周，却见着丞相冠服的周勃跪坐于诸臣之首，向己侧目而视。见其如此滑稽，袁盎亦啼笑皆非，只得遥遥向其拱手行礼，并点头致意。不想致意已毕，却见周勃手执笏板，竟作拔剑斩首之动作。

殿陛之间，皇帝之前，以笏作剑，可见其怨恨何其深也！袁盎只得苦笑无语。不想正在此时，却突闻皇帝开口询问周勃政事："右丞相，天下一年决狱之数几何？"

汉承秦制，以十月为岁首，故每年八、九月天下各郡县皆需完成年终总结之事，是为"八月算民"。彼时，如工官之器物、土地之赋税、户口之增减，必须逐一登记，遣计吏上计，逐级呈报至长安。同时，各郡国守相亦须于此时校阅郡国兵，以备调动。因此，八、九月为朝廷每年最为忙碌的两个月，八、九月朝会亦常议郡国兵备、财赋税收、户口增减、刑罚决狱诸事。当然，国家制度完备，如此繁杂之事自有有司专门负责办理，一般不需皇帝亲自过问。不过，此时皇帝在殿中既就具体国事发问，则周勃身为右相总不能装聋作哑。然而袁盎亦知，与本身即为文法吏出身的相国萧何、曹参不同，周勃虽为右相已有数月，但出身寒微，且一直身在军旅，故不通文墨，实难胜任这些繁杂的刀笔吏之事。因此，若问引弓控弦、排兵布阵，周勃也许还能说出个所以然，皇帝骤然问及此刀笔之事，周勃必不能答。

果然，皇帝问毕，即见周勃顿首谢罪："臣实不知。"孰料周勃谢罪未毕，却又闻皇帝问："天下一年，钱谷收入几何？"众目睽睽之下，平日耀武扬威的周勃无地自容，再次顿首免冠长跪谢罪："臣惶恐，臣死罪！"

朝堂之上，殿陛之间，皇帝连续发问，为相者竟是一问三不知，天下岂有如此为相者？因此，周勃谢罪已毕，皇帝良久未开口回应。

事实上，身为皇帝，又岂不知丞相之职？此时在朝堂之上骤然发问，正是欲在公卿之前折周勃之面，以削弱其威势。需知，当日之君臣失礼之本质乃是皇帝以外藩入继大统，其势甚弱，而丞相则为功臣元老，其势甚强。主弱臣强，终非久安之道。既然以当年高皇帝之雄才伟略，尚且频频猜忌谦恭谨慎的萧相国，则今日之皇帝削夺桀骜不驯的周勃之威又何足为怪？

据传周勃之门客亦曾劝诫周勃称："君侯诛除诸吕，拥立代王，已威震天下。而君侯受厚赏、处尊位，又无人能及。若久居高位，则祸患不远矣！"诚如门客之言，若是周勃平日稍稍收敛，听从其门客之言，则可挽回颜面。又或者，可直接如左相陈平一般"称病"自辞。然其不但未能听从门客之言，凡屡屡无礼。如此为相，皇帝岂能不削？总之，此时之尴尬真是此周丞相"咎由自取"！

袁盎思及此事，却又闻皇帝命陈平回答。但见陈平整肃衣冠，然后平静开口："陛下，有专门主事官员。陛下欲知诉讼刑狱之事，则问廷尉；欲知钱谷收支，则问治粟内史。"

陈平言毕，皇帝又问："若各事尽有主管官吏，则陈君所主何事？"未想陈平手执笏板，先顿首谢罪，然后不紧不慢回答："陛下不以臣平庸无能，以臣待罪丞相，臣本惶恐。丞相者，上辅皇帝，理通阴阳以顺应四时；下领万物，使其各司其事；外抚四夷诸侯，内附黎民百姓，使众臣各司其职。"陈平此人，素以急智阴谋闻名天下，亏其在朝堂之上，殿陛之间还如此灵活，一番毫无内容之言，竟令青年皇帝连连称善。然而，君相二人于公卿彻侯之前你来我往，之乎者也，则必更令跪于地上的周勃羞愧难言。

其后，朝议已毕，群臣依次退出殿中。袁盎行至殿外，却见周勃在前小步快走，与陈平同行。隐约之间，闻其质问陈平："陈君，平日为何不教我？如平时教我，我今日焉会受此大辱？"周勃言毕，却见陈平先拱手谢罪，随后回答："周君身居相位，岂能不知丞相之职掌？况且，若今日陛下问长安城中有盗贼之数，君能答出？"

听闻二人问答，袁盎亦颇为感慨：身居相位，丞相之职，竟还需他人教导，何其荒谬。且君臣君臣，尊君而卑臣，此为社稷治安之道，故皇帝此次质询本就是压制丞相威望之意，即便教导又有何用？不过，有陈平之"教导"，想来周勃可以明了皇帝质询之缘故。

果然，数日后即传出周勃卧病，不能理政。于是，朝廷于前元元年八月末下达诏书，正式将周勃罢相。

第五章　　　新朝外戚

　　前元元年正月，天气尚寒。经月余明争暗斗，新皇帝又以下诏赈贷鳏寡孤独及毋需四方进献方物诸事来显示宽仁。如此纵横捭阖数日，威势日盛的新皇帝方逐渐掌握朝政。

　　而朝政既已掌握，则需尽力将其稳固。因此，正月末朝会所议者，唯有一事最为紧要，即早立储君。可是，新皇帝毕竟以代王入继大统，身份敏感，若急于立储，又难免令天下吏民认为皇帝"有私"，以致在舆论上陷入不利。因此，在有司提议后，皇帝仍"严词拒绝"，并称："朕既不德，今不能求天下有德之人而禅位，却急于册立太子，是无德更甚也。如此，何以对天下？"

　　君臣来回"推挡"数次后，皇帝又口口声称一旦立子，则必然致使"人皆以为朕忘记贤德而专私己子，此非以天下为重"，并提议可立楚王、吴王、淮南王。不过，天下同宗刘姓虽多，且正如其言，此时尚有其叔父楚王刘交、从兄吴王刘濞及幼弟淮南王刘长诸人为藩国宗亲，但有司所提议之储君唯有，也必须为皇帝之子。为社稷安定计，除非出现皇帝无子之事，否则断不会再迎藩王入继大统。因此，有司遂以立子乃殷周及高皇帝以来制度为由，坚决要求立子。

　　其实，皇帝虽然加冠未久，但已育有数子。除代王王后生有嫡子四人外，又有窦夫人生刘启、刘武，姬妾生刘参、刘揖（亦作刘胜）。

　　若以嫡庶而论，当属代王后所生四子最为尊贵。不过，代王后在随驾入长安前后突然死去，其所生四子亦在此前月余之中全部死去，死因不明。且更为蹊跷的是，无论是皇帝还是朝中公卿彻侯，对代王后及四子之死的重大变故皆刻意回避。以人伦之礼而言，即便已不在人世，但毕竟是结发夫妻，予代王后追封以正其位也无不可。即便不予追封，亦不能如此刻意遗忘淡化。需知，高皇帝寒微时情妇曹夫人都为天下所知，如今朝廷对代王后却避而不提，岂能不令人费解？也许，正如宫中好事者传言，如当年刘友、刘恢一般，此代王后乃吕太后所赐吕氏之女。唯有如此，才令此事如此扑朔迷离，也唯有如此，代王后所生四子才会于数月内皆不明不白死去。

当然，无论代王后如何，当有司建言之时，确实唯有刘启、刘武、刘参、刘揖四子。《公羊春秋》谓："立嫡以长不以贤，立子以贵不以长。"既无嫡子，则须以长幼次序挑选储君。因此，立素有"纯厚慈仁"之称的皇长子刘启为皇太子，亦无不妥。于是，在朝会上来回辞让数次后，年仅八岁的皇长子刘启即于公卿彻侯一致推举下被册立为皇太子。为示君父之恩，在册立太子后，朝廷又下诏赐天下为父者民爵一级，又封皇太子舅父车骑将军薄昭为轵侯。至此，储君已定，国本已固。

母以子贵，储君既定，皇后亦当尽早确定。皇太子刘启之母窦夫人温良贤淑，亦可母仪天下。于是，三月末时，在薄太后提议下，立后诏书亦随之公布天下：以皇太子之母窦夫人为皇后。

窦皇后名猗房，乃赵国清河郡观津县人。观津县即故秦观津邑，本属巨鹿郡，后因政区调整自巨鹿郡析出，成为清河郡治下之县。秦楚之际，观津县城位于清河郡北部，漳水北岸五十里，此处农工发达，为赵国诸郡中较为富庶的大郡，亦为河北重郡。二十余年前秦楚之际，赵国巨鹿郡一带为秦军与反秦军反复拉锯之地，兵火所过，生民十不存一，距巨鹿稍远的清河亦未能幸免。窦猗房之父为避战火，只得领全家隐居于观津乡下。孰料至观津不久，窦父外出垂钓时竟不幸落水而死。于是，年幼的窦猗房不得不与窦建（字长君）、窦广国（字少君）兄弟二人相依为命，苟活于乱世。

数年后，吕太后临朝，需挑选良家子入宫为宫人，窦猗房以良家子被选入宫。圣命难违，窦猗房只得辞别兄弟，离开观津，前往长安服侍吕太后。虽说背井离乡前往长安极为不愿，但吕太后常赐宫人予藩王，宫中确有宫人借此返回故乡者，故不必过于担忧。

果然，窦猗房进宫后不久，亦得知将被外赐。为归赵国，窦猗房遂于命令下发前提前知会主事宦官。岂料宦官记错，将窦猗房赐至代国。代、赵二国虽同为北国，但毕竟相距数百里。踏上前途未知的代国，其至终生不得离开而老死于代，这对十余岁的少女而言是何等恐惧之事。故得知即将遣往代国时，窦猗房涕泣嚎哭，不愿前往。然而，宫内命令既已下达，又岂会因身份低微的宫人而更改？因此，不敢有丝毫违逆的窦猗房只得前往代国。

谁想至代后，窦猗房旋即得到宠爱。短短数年内，窦猗房先生一女刘嫖，后生二子刘启、刘武。女儿及二子皆聪明伶俐，深得薄太后宠爱。凭借生儿育女之利，窦猗房在代国地位亦愈发稳固。现如今，代王后已死，虽出身贫寒，但温良贤淑，又育有二子的窦猗房被立为皇后自然毫无问题。

汉以孝治天下，皇后既封，则不可不封其父母。虽说皇后父母早死，但依礼追封亦是朝廷制度。于是，薄太后乃诏有司，追尊已故的窦父为安成侯，母曰安成夫人，并令清河置园邑二百家奉守。追封窦父后，薄太后及朝廷又有意按"故事"封赏清河老家窦氏兄弟子侄，令其显贵。谁料命令尚未下达，长安便有人上书自称为窦皇后失散多年之同产弟。

上书者自称其名广国，字少君，乃清河观津人。其人于上书中自述幼年时代曾与长姐外出采桑，不幸自树上坠下一事与皇后窦猗房幼年经历极为相似，可能确为幼弟。然而，据观津父老家书，长兄窦建尚在观津，然幼弟窦广国早在十多年前即被人拐卖，家中亦不知其被卖往何处。人海茫茫，十余年杳无音讯，窦广国当早已不在人世，此上书之人是真是伪？若其真为窦广国，则冥冥之中，莫非自有天意？故接到文书后，窦猗房立即陈于陛前，并请求召见验证。

不久，自称窦广国之人即由有司带入未央陛见。然而，二人相对而立，亦不能相认。为何？盖因窦猗房离家时不过十余岁，十余年下来，早已不能记清幼弟面目容貌，且离家之时，窦广国不过四五岁，十多年间容貌大变，亦不可能轻易分辨。于是，窦猗房只得详细询问其童年乡间之事一一验证。只见这位一身破布烂衫的青年先恭敬行礼，然后流泪回答："年幼之事多已不能记住，广国唯记家姐离我西去之时，同我于驿站传舍中诀别。当时广国哭闹不休，家姐以米汤为广国洗脸，又求得食物分予广国，见不哭才转身离去。"此语言毕，窦猗房泣涕嚎哭，终与失散多年的幼弟相认。

出身寒微的窦猗房立为皇后不过数日，便与失散多年的幼弟窦广国相聚，岂非天意哉！故出身寒微的新皇后涕泪纵横，左右侍从亦伏地哭泣不已。稍待片刻，皇帝开口询问："十数载不在家中，不知少君在何处谋生？"

却闻窦广国伏地回答："陛下，姐姐离家后，广国即被拐卖，十年间转手十余次之多。数年前，广国被卖至河南郡宜阳县，并为主人入山烧炭。某次广国进山烧炭，晚上一百余人卧于山崖之下，结果山崖崩塌，百人尽皆压死，唯广国侥幸脱险。直至上月，广国才随主人至长安。当时，朝廷立后诏书布告天下，广国才知皇后姓窦，乃清河观津人。"

听完妻弟凄惨经历，皇帝亦感叹不已：窦广国流离在外十几年，残喘度日，无时不徘徊于死亡边缘。因机缘巧合，才能与姐相认，此固天意也！然而，世间黎民百姓妻离子散而终生不能见者又有几何？如窦广国一般死于烧炭之事者又有几何？因此，见皇后姐弟相认，薄太后便提议，可尽快将于清河老家艰辛度日的窦建、窦甫及窦彭祖、窦婴等子侄全部接至长安居住。

皇后姐弟离散十数年而终能相认，真是传奇凄美，虽说是皇帝家事，但在次日即传遍长安城。然而，如此美事，却令朝中老臣深感不快。

老臣者，绛侯周勃也。据传，在皇后寻弟消息传出当日，周勃即拜会迁任太尉不过月余的灌婴，并口口言称"我等之命皆悬于此二人之手"。所以如此紧张，盖因有吕氏在前之故。需知，吕氏外戚之败，并非周勃智谋高绝，而是吕产、吕禄昏聩无知。当初只要二吕稍微果决，周勃、灌婴等所谓的"诛吕功臣"则恐举族无遗类。试想，既然吕氏之败乃天幸，则岂敢侥幸认为窦氏亦如二吕一般无能？且观皇后窦猗房二兄弟虽均出身寒微，但无一不是小心谨慎之人，与志大才疏的二吕有天壤之别。而且，既然薄太后极为信任窦氏，则亦难保证日后会不会出现薄氏、窦氏外戚联手控制朝堂之事。执掌军权的车骑将军薄昭，再加上不可限量的窦广国，岂不令人背心发凉？正因如此，周勃有此担忧。

与灌婴等人商议后，周勃终拿出方略——选长者、有节之士为窦氏师傅、宾客。有德行之"长者"与窦氏兄弟常居一处，便可日日教导其为人之理。潜移默化之下，窦氏兄弟以后必能成为谦谦君子，不会再有"非分之想"。

周勃其人，不以辅佐皇帝治平天下为务，竟苦思阴谋之术，甚至日日妄想受他人构陷，真是无聊之极。虽同属外戚，但窦氏完全不能与吕氏相提并论。吕氏所以强盛，是先有佐命开国之大功，后有吕太后临朝之威势。积两代二十年之功，诸吕才能坐于权力之巅，操控天下权柄。然相比吕氏，窦氏既无佐命之功，因出身寒微亦无可以依靠的强大后族。既然窦氏如此薄弱，又岂能是执掌大权数十年、势力盘根错节的"砀泗元从集团"之敌？

可是，周勃面对如此外戚不但夜不能寐，甚至还提议为窦氏兄弟挑选"师傅"，实在是令人啼笑皆非。而且，窦氏兄弟二人早已经成年，后天教育已不可能起到太大作用，如此方略岂非骂窦氏兄弟二人智力大有问题？

窦建为人如何虽不见于记载，窦广国确实为人忠厚，甚至在显贵后依然谦虚谨慎，为朝中称道，甚至十多年后朝廷一度欲拜其为相。不过，如此忠厚谨慎的性格当是与其年幼经历有关，而非周勃方略之功。

第六章　　元从老臣

朝廷立后，普天同庆。立后诏书布告天下后，朝廷又下诏赐天下鳏寡孤独穷困及年八十以上、孤儿九岁以下布帛米肉，以示朝廷之恩德、皇帝之仁爱。

前元元年四月辛亥，朝廷又发诏封赏代国功臣。其中，在代国君臣犹疑不定之时以远见卓识一锤定音，直接促成入京即位之事的卫将军宋昌封壮武侯，随从自代入京的六人，亦皆官至九卿。除代国功臣外，在诛吕政变中的外围功臣亦得封赏，如持节护送周勃入北军的典客刘揭即以二千户封阳信侯。此外，淮南王刘长之舅父赵兼封周阳侯，齐王刘襄之舅父驷钧封清都侯，以示新朝对宗室之优待。

高皇帝时代的老臣亦在封赏之列。汉元年随高皇帝入蜀郡、汉中的彻侯六十八人，无论是否在世，只要未被"国除"，则皆加封食邑三百户。高皇帝老臣尚在世，却一直未能封侯者，则酌情赐予其爵位，甚至名不见经传的常山①相蔡兼亦受封樊侯。

蔡兼并非自砀郡、泗水便侍从高皇帝的"砀泗元从集团"，其本为故秦睢阳令。秦以法治国，蔡兼所以能迁为千石令，牧守关东著名大城、砀郡郡治睢阳，实因以文法吏积功数年之故。以蔡兼之能，不断积累资历或可入朝为公卿，如少府章邯一般成为秦人朝堂之栋梁。然而，秦楚之际，五年之内，"号令三嬗"，常人断难置身于外。蔡兼为官睢阳时，恰逢高皇帝将兵略砀。时赵高用事，昏聩不明，关东反秦又风起云涌，故蔡兼终以秦睢阳令归附高皇帝。汉元年八月还定三秦时，蔡兼以韩家子随从曲周侯

---

① 即故恒山郡，避汉文帝刘恒讳改称常山郡。

郦商将兵击北地，立有战功。然而，虽屡次效命于沙场，亦在朝中任职，但因军功不足，蔡兼在高皇帝时代一直未能封侯，亦未官至显职。至高后四年，蔡兼代老将松兹侯徐厉为常山相，正式成为二千石大吏，方算对未能封侯的稍稍安慰。

然而，蔡兼为常山相不过年余，即因所相之常山成为是非之国而地位尴尬。原因无他，盖蔡兼所辅佐的常山王刘朝本为吕太后所封。诛吕政变中，因常山王被诛，故常山有国无王。常山王死事，唯有在国内主事的蔡兼空挂常山国相之号，难免有名不正言不顺之意。当然，新朝仁厚，常山王虽以罪而诛，身为高皇帝老臣的常山相蔡兼却不必因此而受牵连。不过，即便如此，此次能封得樊侯爵位也是意料之外，毕竟蔡兼既非出身显贵，又无足够军功，按制断不能封侯。由此观之，蔡兼此次得封侯之赏，固然是因开国佐命之资历，但根本还是新朝格外开恩之故。

不过，如蔡兼这样被特别照顾封彻侯的终究是少数，其余如颍川郡守尊、卫尉定[1]及与蔡兼同郡的淮阳郡守申屠嘉等已为二千石而无侯爵又无功劳的二十多位高皇帝时代的功臣，则仅被赐四百户关内侯而已。

在诸位新晋关内侯中，以梁人申屠嘉最为特殊。申屠嘉早年随高皇帝征战，为砀郡六千子弟之一。不过，申屠嘉虽作战勇猛，其升迁之路却极为艰辛。灭秦战争三年，楚汉战争相持四年不决，直至垓下之战前，申屠嘉仍不过是个小小的材官蹶张，其地位之低下可想而知。

披坚执锐七年，至垓下决战时，申屠嘉方才以军功从普通步卒迁为队率。汉军制，军中五人为一伍，设伍长；二伍为一什，设什长；五什为一队，设队率一人。队率者，一队之率也，为指挥五十名士卒的基层军官。垓下决胜，汉军足有几十万之众，队率何止万千之数！可见，在秦楚之际，无突出统兵才能的申屠嘉显然籍籍无名。即便不言靳歙、傅宽这样同以勇猛而称的将军，仅与单独领兵攻略北地的同乡蔡兼比，申屠嘉亦是远远不如。

汉定天下后，又经历高皇帝时代平定异姓王之战，至汉十二年讨淮南王英布时，申屠嘉才积功迁郡尉。一直到孝惠年间，任劳任怨苦熬资历二十余载的申屠嘉方拜淮阳郡守，成为身配银印青绶的二千石封疆大吏。不过，虽身为二千石，与蔡兼一样，还是未能封侯。

---

① 颍川郡守尊、卫尉定，俱为官职加人名，其生平不详，后文中尉嘉、大夫开章等均不见具体事迹，故有名无姓，下文不另作注。

需知，爵位乃国家名器，非一般的金银财帛之赏，其政治意义非凡，且除皇亲国戚，高爵向来极为难得。对于普通吏民而言，一旦受爵不但可得到丰厚的封邑收入，还可传之后人，以示家族功勋，乃是整个家族的无上荣耀。如申屠嘉、蔡兼等人，虽为官至二千石大郡郡守，乃朝廷封疆大吏，但官位毕竟不可世袭。今天下已定二十余载，老臣日渐凋零，作为从龙老臣的申屠嘉出生入死几十载却未封侯，心中难免遗憾。而且，以申屠嘉资质，大约致死也无望封侯。如此，岂不令天下豪杰遗憾？因此，此次朝廷特赐高皇帝老臣食邑五百户，并授关内侯之爵，显然是对老臣的特殊照顾。正封五百户的关内侯，虽不能与开国功臣那动辄三五千户的封邑相提并论，但却是仅次于彻侯的高爵，多少也算弥补遗憾。由此观之，封侯诏书一旦下达，蔡兼、申屠嘉等有功老臣必然感谢新皇帝"皇恩浩荡"。毫无疑问，此举正有以爵位赏赐换取元老功臣支持之意。

谁料事有不巧，封赏功臣诏书下达数月后，有拥立新帝"次功"、仅居周勃之下的老臣陈平即卧病不起。自周勃辞相后算起，陈平为独相不过三月而已。

秋尽冬来，陈平已僵卧于病榻之上行将就木。思及往事之时，终会想到几十年前少年时代主持社祭之事。秦汉时代的社祭仪式为一年之中颇为隆重之事。社祭结束后，父老亦会一同分割祭肉。不过，必定要选一位人人可信之人主持分割祭肉，以避免父老乡亲因分肉不均而争吵。当年，陈平因平日游学有名，故为老家阳武县户牖乡父老推举主持社宰。分肉之时，陈平亦不敢懈怠，将祭肉分得大小均匀，竟无一人反对。于是，父老乡亲无不交口称赞："陈君祭肉分得好，真是大善！"

然而，分割祭肉又有何难？父老真可谓不知鸿鹄之志也！故陈平唯有弃刀喟然长叹："嗟乎！若他日可宰天下，必如宰此祭肉一般。"小小祭肉，何足道哉！宰执天下，也当如分祭肉一般恰如其分，方可谓之大丈夫！

因缘际会，陈平追随高皇帝，终成宰执天下之"大丈夫"。只不过，在骤起骤落与血腥残忍的政治斗争中，陈平早已放弃少年时代恪守的信条，公正正直的陈氏少年终究成为圆滑世故、机敏善变的陈丞相。然而，惯常以阴谋机变之术逢迎，难免招人非议。所以，世人虽常言"良平之谋"，但又频频攻击称"盗嫂受金""数易其主"。

虽确实屡有以阴谋而求富贵之事，但此亦属无奈之举。为何？实因出身之故。需知，与出身"砀泗元从集团"，且资历甚深的萧何不同，与出身韩国贵族，有"五世相韩"之称的张良亦不同，陈平少时除祖传田地三十亩外一无所有，以致不得不依附兄长勉强度日，可谓寒微已极。其后虽蒙高皇帝信用，然无论如何不能摆脱楚国降将之身份，故曾多次遭人排挤。因背后既无强大集团支撑，亦无显赫家族传承，故在波谲云诡的政治斗争中处处小心周旋，以阴谋之术谋取功名。

阴谋之术乃求取功名之手段，并非目的，故陈平亦非纯粹阴谋小人。因此，当年高皇帝剖符封功，裂地而封户牖侯时，陈平所想，并非封邑之多寡、贫富，而是举主魏无知是否显贵。所以，诏书既下，陈平不得不坚决推辞，并上疏奏称"非魏无知臣安得进"。直至高皇帝如约重赏魏无知，陈平才安心接受封邑。

无论如何，今春秋已逝，岂能再度回首求善？回顾汉二年于河内郡修武县初从高皇帝，距今已有三十年之久。在此三十年间，目睹始皇帝、楚隐王陈胜、楚霸王项羽、高皇帝、淮阴侯韩信、相国萧何等同辈英雄豪杰落幕，又一手"扶持"了如梁王吕产、平阳侯曹窋等惠高时代后辈走上前台，甚至以诛吕政变的形式亲自执掌文景时代之开幕。经历如此波澜壮阔的英雄史诗，后世会如何评价？史官是誉"常出奇计，救纷纠之难，振国家之患"之功，抑或骂数易主君之行？

因此，当在弥留之际面对子孙，回顾一生起伏之时，这位宰执天下、深通权谋机变的相君亦颇有恐惧之感。在病榻之前，陈平断断续续对守于身侧的诸位儿孙叹息："我多阴谋，乃道家之所禁。若我后代被废，当不会再如萧相国后代一般受封，此乃阴谋诡计所遗之祸！"

鸟之将死，其鸣也哀；人之将死，其言也善。《孟子·告子章句上》言："人性之善也，犹水之就下也！人无有不善，水无有不下。"天命不可测，性善乃人本，是故陈平在死前还念念不忘阴谋太过而祸及子孙。不过，与诸多功臣相比，陈平后代尚算安享太平。陈平去世后，其子陈买袭曲逆侯爵位。武帝元光时，陈平曾孙陈何曾坐法国除。其后，曾孙陈掌因娶大将军卫青姐卫少儿为妻，又得以续封。

第七章　　彻侯之国

后代之事，当由后人思虑，今需虑者，乃朝堂人事。今丞相陈平既薨，以威望、资历而论，能为相者，唯绛侯周勃一人。是故，朝廷不得不在陈平逝后数日下达拜相诏书，以周勃为相。

于是，周勃又重新垂紫绶、配金印，跪坐于众臣之首，参与前元二年十一月的首次朝会。听闻在离开朝堂的年余之中，朝中已换上数位新人，故趁皇帝尚未进殿之空闲，跪坐于殿中的周勃微微抬头仔细观察。

环顾四周，朝堂之上确有面生之人。而当目视身侧新臣陌生面孔之时，周勃心中亦愈发忐忑，深感丞相实非常人可为。想当初，在朝堂之上面对皇帝质询是一问三不知，结果在公卿同僚面前大丢颜面，以致沦为公卿笑柄，即便皇帝及朝臣不会对他这位丞相说三道四，但谁敢保证朝堂新人心无"诽谤"之辞？堂堂开国功臣，若为后辈所笑，岂不羞辱？再者，在去职的年余之中，朝中皆传青年皇帝手段了得，君威日浓，甚有贤君之象。既然为贤君，则必雄才伟略异于常人。面对强势之君，为人臣者，一旦稍有过错，则又当如何是好？难不成也要如当年萧何萧相国那般移送廷尉署问罪不成？

思及此处，周勃不得不紧握笏板，微微抬头侧视跪坐于侧的廷尉。只见跪坐在身侧不远处的廷尉头戴獬豸法冠，手执笏板，双目微闭，正襟危坐，似乎是谨慎而严厉之人。传闻廷尉署去年年末在陈平病重时便已换人，看来正是此君。

这位新廷尉吴公，实非常人。吴公，汝南郡上蔡人，乃秦文法吏出身。据传吴公少年时曾随同乡秦丞相李斯习申韩刑名之学，通晓各项律令，以明法为吏，全患高年间积功迁河南郡守，位列二千石。需知，河南郡治洛阳原为都城，故河南郡守非普通郡守可比，非朝廷极为信任及能力极强者不能任。吴公以一介文法吏而迁守河南，足见其人必有过人之处。据御史府档案籍簿，吴公在河南郡守任上治绩确实极为突出，去年考评竟在天下几十郡中位列第一。此外，又传言吴公在河南郡守任期内不但治政突出，还能选贤任能，为地方吏民所称道。以法治民，却为民所誉，古之循吏亦不过如此。正因其人极有治政之能，故此次被调入朝廷，迁为廷尉，主持天下刑狱之事。如今，朝中公卿多为惠高老臣，故自河南郡迁入朝中不过月余的"新人"尤显突出。正因如此，其尚未入朝，事迹便已被周勃所知。

只不过，吴公既曾为已死二十余年的李斯学生，却早已不年轻了。因是之故，这位"新人"亦属老臣无疑。所以，跪坐在侧的周勃思虑再三亦不能明了皇帝之意：既然皇帝欲擢用新人，为何要用如此老迈之人为廷尉？听闻皇帝在月余前还急召高皇帝老臣汉中郡守田叔入陛，却又不知何故。

此外，又传闻皇帝爱屋及乌，竟然将吴公门下一位未及弱冠的少年弟子先拜博士，不过数月又超迁比千石太中大夫。汉制，博士虽仅比六百石，但向来非年高德劭的博学鸿儒不能为之。年不过十八的少年郎能读过几本书？即便聪敏过人，毕竟是少年，又如何懂得治国之道？何德何能从一介白身而超迁为博士，又在一年内迁太中大夫？如此视国事如儿戏，岂非滑天下之大稽？新皇帝之行事，真是莫名其妙。

总之，凡此种种不同寻常的人事调动，都令素以老臣而自居、经历三朝风雨的周勃周丞相百思不得其解。故思及此处，周勃顾不得朝议已经开始，再次微微抬头，急欲看清楚那官拜太中大夫的吴公少年弟子到底是何方神圣。

只见朝堂之内，殿陛之间，那太中大夫先小步前趋，后顿首上奏："陛下，当年子路问政，孔子对曰：'名不正则言不顺，言不顺则事不成，事不成则礼乐不兴，礼乐不兴则刑罚不中，刑罚不中则民无所措手足。故君子名之必可言也，言之必可行也。君子于其言，无所苟而已矣！'故人主执政，自当以正名为先。当年高皇帝扫平六合，礼未就、乐草创，不得已而用秦制。今汉立国二十余载，却仍用前朝旧制，此大不宜也。故臣愚以为，今既天下承平，万姓归心，当改正朔、易服色、制法度、兴礼乐以效周文武之业。改制之章程已尽在臣之《论定制度兴礼乐疏》中，伏惟陛下圣裁。"

其所言之更易制度，乃陈年旧事。高皇帝年间，由叔孙通主持，朝堂曾草创礼仪法度。不过，因汉初事务繁杂，叔孙通过于求速，故各项礼仪法度并不完善，且保留浓厚秦法色彩，难以为纯儒所认同。正因如此，早在数月前，此太中大夫便郑而重之提出"改正朔、易服色、制法度、兴礼乐"以进一步代替秦制的建议。

其人所以如此郑重，盖因此乃回应"天命"。如其言，改正朔、立汉制，乃是宣告汉之正统。因此，此事虽繁杂，但不可或缺。阴阳五行家言，天命循环，五德终始。国家受命于天，必得一"德"，故邹衍曾谓："五德从所不胜，虞土、夏木、殷金、周火。"即虞舜上承天命，得土德；夏禹，得木德；殷商，得金德；岐周，得火德。因周尚火德，故服色尚赤。故老相传，周文王时赤乌①口衔丹书入殿门，此即"周得火德，有赤乌之符"之明证。其后，秦人代周，即水德代火德。据上古典籍所载，当年秦文公出猎，于河水得黑龙，此即秦人获水德，承天命之象。因秦尚水德，故其服色尚黑。汉并天下，高皇帝承秦人律法制度，故服色尚黑之传统亦被保留。然而，秦二世而亡，乃上天弃之，汉承天命，岂能承其水德？既然汉乃天命所归，则汉代秦当为土德代水德。因此，服色不能尚黑而需尚黄，各项制度亦需重议。非如此，不能上承天命。

然而，于周勃而言，所谓的服色、正朔，多是玄虚空洞，毫无用处。而且，若以新制取代既定的各项朝廷制度颇为麻烦，骤然废弃已实行二十余年的现有礼仪制度亦多有不便之处。因此，听得那太中大夫此时之乎者也引经据典长篇大论，周勃大为不满：何谓礼乐、正朔？竖儒多事矣！想当年高皇帝不知诗书何物，三年灭秦，四年平楚，卒定天下，故曰："乃公居马上而得之，安事诗书。"萧相国、曹相国执政之时，萧规曹随亦传为佳话，也从未听说需更易服色，方能上承天命。祖制，岂可轻易？黄口竖子，无治政之能，尽是巧言令色之徒！

正在心中"诽谤"之时，却闻皇帝已经开口："闻太中大夫年十八即可诵诗书，名闻于郡中，乃天下奇才。奉常、博士论事之时，唯太中大夫见解最为精辟。所上之疏奏，朕已观之。然今天下虽平，士民未安，此乃朕之不敏也。朕既不敏，则亦不敢当周文武之称。太中大夫，易高皇帝之

---

① 赤乌为一种神鸟，象征祥瑞。

祖制，莫如待后世贤君。"

　　皇帝"谦让未遑"，又大谈"不敏"，此事自然不能立就。因此，见太中大夫微微叹息，不再言语。可谁知，礼乐之事尚未言毕，却又闻皇帝转而再言他事："相君，朝廷上月下诏遣彻侯之国，此事是否办妥？"

　　朝中彻侯多居住于长安，而封邑却大多在关东，故食邑之钱粮谷物必须转运长安。然而，如此长年累月转运食邑收成极为不便，且靡费甚巨；此外，彻侯久居长安，也难以训导治下之民。因此，在前元二年十月，朝廷曾下诏："朕闻古者诸侯建国千余，各守其地，以时入贡，民不劳苦，上下欢欣，靡有遗德。今列侯多居长安，邑远，吏卒给输费苦，而列侯亦无由教驯（训）其民。其令列侯之国，为吏及诏所止者，遣太子。"按此诏书之意，彻侯凡未在朝中为官者全部离开长安前往封地，在朝中任职者则需遣子前往封邑。比如，按诏书之意，若周勃不在朝中为相，则必须前往河东绛县，不许滞留长安。

　　自公士、上造至彻侯的二十级爵位中，关内侯、彻侯皆有封邑。不过自高皇帝以来，并未严格规定彻侯必须离开长安前往封邑。而且，在高皇帝年间，彻侯多在朝廷任职，均离长安至封邑亦不现实。因是之故，诏书明面说法为"吏卒给输费苦"且"无由教驯（训）其民"，可一看便知此不过是借口而已。当年开国彻侯大多在朝中任职，也从未听闻当年高皇帝要求"教驯（训）其民"，为何新皇帝就要"教驯（训）其民"？

　　仔细思虑，诏书之意当是针对功臣元老，毕竟此时能够封爵彻侯者，多为高皇帝时功臣元老。新皇帝为何针对功臣元老？盖因欲执掌大权而无掣肘而已。新皇帝所以能以外藩登基为帝，乃诛吕功臣元老一手扶植。当年诛吕之变中，功臣元老之强确实有目共睹，除周勃、陈平外，自陆贾至郦寄、纪通，无一不是闻风而动。皇帝之旌节，调兵之兵符无不成为政变之工具，甚至当年贵为九五之尊的少帝亦不能制止。功臣元老再度聚集，在非常时刻另立皇帝，并非难事。如此庞然大物盘踞于朝中，即便身为皇帝，恐亦不能安心。反之，只需离开长安，各奔封邑，则功臣元老对政治的影响力便会大为减小，而且分散开来也有利于其各个击破。是故，"彻侯之国"是其冠冕堂皇的分化瓦解之策。

　　然而，此诏一出，则周勃等人必须放弃手中之实权，离开长安前往封邑，从此"泯然众人"。想你新皇帝口口声声言绝不改制，可不过数日便急于将功臣元老赶出长安，岂非"杀人诛心"？正因如此，诏书颁布数月之中，周勃大为不满，曾私下与故交、旧部多有议论。故交、旧部虽未非议人主，但亦多有推脱之辞。结果，虽无人公然明言抗拒皇帝诏书，蔑视朝廷权威，但诸人仍多滞留于长安，以致皇帝诏书沦为一纸空文，而周勃连续月余以来亦对此装聋作哑，不闻不问。

因不从诏者甚多，故本以为"法不责众"，此事就此作罢；谁料此时朝会上，皇帝骤然询问诏书之实行。虽说诏书下达时，周勃尚非丞相，但此事无论如何也不能推脱责任。因此，骤闻皇帝质问，周勃顿时大汗淋漓。然皇帝相问不得不答，故周勃只得抓紧笏板顿首伏地："臣死罪，臣惶恐。臣以为，此事当缓行为上。"

岂料话音未落，身后竟传来一句低声私语："相府并未奉诏执行'彻侯之国'，至今尚未听闻有彻侯奉诏之国者，何来'缓行'？"

颇似自言自语的低语虽声音极低，但于庄重肃穆的殿陛之间仍尤显刺耳。所谓"言者无心，听者有意"，此言分明是于皇帝之前指责丞相办事不力，欺君而罔上。如此胆大狂妄之语，不用看也知是何人所发：私语者正是为朝廷提出"彻侯之国"之计的那位刚刚论礼乐的太中大夫——贾谊！

贾谊此人虽尚算年轻，但极不安分，随吴公至长安不过一年，先是改制，再是"彻侯之国"，无一不是针对老臣。今贾谊加冠未久，资历不足，若再过几年，待其地位稳固，朝中岂有老臣立足之地？思及此处，周勃怒火中烧，忍耐不住，以笏板直指贾谊大骂："贾谊！你这出身洛阳市井的竖子，搬弄是非，离间君臣，是何居心？老夫看你专欲擅权，纷乱诸事，莫不是想效法诸吕乱政！"

"相君息怒，此乃议政前殿。于皇帝之前，殿陛之间，不可不谨言慎行。"未等贾谊自辩，廷尉吴公便已开口相阻。

听闻此语，才猛然惊觉此乃朝堂，如此咆哮朝堂，实乃大不敬。不过既已出口，无法收回。待思虑前后之事后，周勃面目赤红，只得无奈辩解："臣死罪！今有太中大夫贾谊，先轻易高皇帝祖制，后又以私欲而动摇国本，实非能用之人。贾谊不过弱冠之年，一年数迁，且已有超迁。过度拔擢，既非利于公，亦非利于私，故前日陛下议以太中大夫贾谊迁为列卿，臣议不可。臣既蒙陛下不弃而列位宰执，当有一二拾遗补缺之言，唯陛下圣察之。"

此语言毕，侍从殿中之太尉灌婴、典客冯敬及太子太傅张相如等老臣无不点头附议，均出言表示：贾谊过于年轻，在朝堂上出言不逊在先，周丞相才有失仪之言。至于贾谊升迁为列卿，则大大不妥。毕竟贾谊如此年轻，若过于拔擢，难免人心不服，周丞相乃老成谋国之言。然而，老臣虽出言支持，但端坐于高台之上的皇帝和伏地顿首的贾谊仍无一人开口。于是，周勃只得喟然长叹，解丞相之冠，开口谢罪："陛下不以臣鄙陋，使臣待罪丞相。臣上不能匡主，下无以益民，空占其位，于国无益。且臣年老多病，亦无能为相，请乞骸骨。"

"相君过矣！当年高皇帝言相君'木强敦厚，可属大事'，朕自然知道相君乃无心之言。相君社稷之臣，岂能轻言乞骸骨？太尉、典客亦言之有理，超迁已过，再议迁升，实有不妥。长沙王数次上疏言南方教化不兴，故诏：太中大夫贾谊，迁长沙王太傅。"

第八章　　复定南越

　　贾谊既迁为长沙王太傅，自需速速奉命至长沙国就任。不过，长沙国此时实非安稳之地。为何？盖因朝廷与南越之战事已拖延数年不决，长沙南部诸县此时仍屯有重兵。

　　五年前的高后五年，因朝廷禁铁器流通，南越王赵佗遂兴兵击长沙国。高后七年，吕太后遣隆虑侯周灶将兵南下讨之。可是，因南方气候湿热，瘴气丛生，征越之军疫病不休，以致未战先挫。因形势屡屡不利，周灶不得不奏请休兵缓图，退至长沙国南部屯兵，与南越对峙。当时，闻前线战事不利，朝廷又急调博阳侯陈濞将兵数万南下增援。

　　陈濞，砀郡人，乃高皇帝猛将。当年高皇帝征兵砀郡，陈濞与灌婴等同时入军。荥阳之战时，陈濞以都尉统兵击项羽甬道，立功封侯。以统领步卒经验而论，朝中诸将少有过于陈濞者，故以陈濞统兵乃上上之选。然而，周灶所以未能取胜，并非将乏智、兵乏勇，而是南越水土复杂，赵佗用兵极为谨慎之故。故而，南越之战实非简单增兵即能解决。事实上，陈濞兵至南越后确实仍毫无进展，同样不得不转攻为守，与周灶共同屯兵于长沙国。正因如此，南越战事拖延年余始终未能取得胜利。

　　高后八年年底，吕太后崩逝，朝廷各派忙于争权，故一直未能顾及南越战事。然如此旷日持久，亦非长久之计。因此，在前元元年春夏之际，周灶即曾上疏朝廷，请求暂时退兵，以图再举。

　　暂退以待缓图于疲敝已久的汉军而言固然为稳妥之计，然一战未胜便主动撤兵，实乃示弱之举。试想，朝廷带甲百万，尚且对赵佗无可奈何，则南方小国何人敢当其兵锋？故汉军撤兵后，南方即盛传赵佗纵兵四出，闽越、西瓯、骆越诸族尤不臣服，以求自保。当此之时，南越国赫赫兵威，其国东西万余里，南北广千里，带甲数十万，遂霸南方。甚至传言，赵佗竟以区区蛮夷之地自称皇帝，出警入跸，黄屋左纛，以令承制，一切比照皇帝规格。

需知，高皇帝时，朝廷曾赐其印信，允其称臣。虽南越远在汉廷万里之外，朝廷政令不能及，但汉越君臣名义尚在。因此，汉对于越，乃宗对于藩，君对于臣。可如今，南越竟越制黄屋左纛，公然与皇帝比肩，则是不臣之心昭然若揭，公然蔑视朝廷权威。朝廷若视而不见，则何以称"中国"而镇抚四夷？

不过，周灶撤兵未久，陈濞驻兵不前，形势于汉不利。再度出兵征讨，恐胜负仍不可预料。且若战事一旦久拖不决，则不但劳师糜饷，且亦会影响新君威信。可见，出兵讨之，乃下下之策。而且，即便出兵讨伐，又当以何人统兵？除周勃等高皇帝老臣外，此时朝中统兵经验丰富的可信用之臣，当属卫将军宋昌。然宋昌长驻北边，精于驱驰车骑，步战却非其所长，令宋昌统兵并不适宜。可若贸然将兵权授予功臣元老，则是授人以柄，亦非新君之所愿。

反复权衡，似乎视之以怀柔，令其去号称臣乃唯一可行之策。而且，此时亦是行宣诸怀柔的有利之机。为何？盖因月余前周灶上疏罢兵之时，曾遣使急入长安，向朝廷致书一封。此信非周灶所书，而是赵佗寄予周灶。当时，双方尚未休兵，故周灶收到书信后不敢擅专，急传于朝廷。此信所述并非军政之事，而是述及人情：赵佗远离故乡几十载，对故乡父老兄长极为思念，故致书周灶，请求代为询问。无论其顾念故乡父老是否真心实意，既然能致书朝廷统兵大将，则表示其对与朝廷往来并不讳忌。既然如此，若遣使至南越晓谕朝廷之意，则确有可能借此平息久拖不决的南越之事。退一步，即便不能借此和解，再遣兵征伐亦不算迟。

不过，赵佗一世枭雄，非易与之辈。而且，其人资历深厚，曾为始皇帝大将，与高皇帝乃同辈之人，为汉朝皇帝之叔辈。因此，出使南越者，非仅有大勇，亦当有大智，方能不堕朝廷之威。朝堂诸臣，骁勇者甚众，有智者则少。放眼当今之朝堂，何人有此"大勇""大智"，能担当重任？

事实上，集"智""勇"于一身者，唯有一人——陆贾。

陆贾，楚人，高皇帝策士。秦楚之际，陆贾常从高皇帝左右，奔走于诸国。汉定天下，陆贾以《新语》十二篇进于高皇帝，论周、秦成败之事。高皇帝览之，称善。汉十一年，约定汉越宗藩者正是陆贾。高皇帝崩逝后，陆贾隐居于好畤，不问政事。及至吕太后病危，诸吕擅权，陆贾方至长安联络功臣，共谋大事。高后八年所以能平灭诸吕，亦赖陆贾奔走联络之力。不过，虽有大功于国，却未能得相应之赏。前元元年年初，朝廷下诏嘉奖诛吕功臣。当时，绛侯周勃增封万户封邑，并赐金五千斤；曲逆侯陈平、颍阴侯灌婴则各增三千户，赐金二千斤；朱虚侯刘章、襄平侯纪通、东牟侯刘兴居等增邑各二千户，赐金千斤，甚至连名不见经传的刘揭亦得阳信侯侯爵之封，可唯独被称为诛吕"颇有力焉"的陆贾无封侯之赏。不仅未能封爵，其官职亦不过太中大夫。以高皇帝老臣之身份，且立有佐命、安刘之大功，可所得之职尚不如刚及弱冠的贾谊，真是令人情何以堪。

赏，未有陆贾，然遇棘手之事，却不得不思及已隐居于好畤的陆贾。要知道出使南越绝非易事，且不说此次出使能否令赵佗臣服，一路千里迢迢自长安前往南越艰辛本就非常人所能忍受。南越乃荒蛮化外之地，瘴气丛生，常人无不视之如流放，何况此时已年五十余的陆贾。然南越之事，事关社稷安危，国士岂能以朝廷封赏不公而存"腹诽"之念？故朝廷命令下达后，陆贾未置一辞即奉命自长安启程出发。

自长安南走武关，再沿南阳南郡驰道一直向南，从南阳郡治宛城南下取道南郡郡治江陵，再泛舟而过烟波浩瀚的云梦大泽，即可抵吴氏长沙国。经长沙国都临湘县南下，纵穿六百余里长沙国，即至长沙国最南部之郴县。在此处休整数日，越九嶷山，穿阳山关，便可抵达南越国境。

长途跋涉万余里，陆贾终抵南越国都番禺，入见赵佗。自汉十一年离开番禺，故友已有许多年未曾见面。此番相见，二人均已白发苍苍。当年纵横沙场豪气干云的赵佗即便此时甲胄在身，双目仍精光四射，但举手投足之间也已显垂垂老矣。万里之遥几为永别，谁能想到今日尚能再见！思及奉高皇帝之令初至南越之事，陆贾感慨万千，以礼相见。不过，此足可与高皇帝比肩之一代枭雄亦是性情中人。陆贾礼毕，即见赵佗亦开怀大笑，连称"陆生"。

互道别来之意后，陆贾遂奉上皇帝书信："当初大王致书周隆虑问及故乡之事，陛下遣外臣致书于此，请大王观之！"

皇帝谨问南粤王，甚苦心劳意。朕，高皇帝侧室之子，弃外奉北藩于代，道里辽远，壅蔽朴愚，未尝致书。高皇帝弃群臣，孝惠皇帝即世，高后自临事，不幸有疾，日进不衰，以故悖暴乎治。诸吕为变故乱法，不能独制，乃取它姓子为孝惠皇帝嗣。赖宗庙之灵，功臣之力，诛之已毕。朕以王侯吏不释之故，不得不立，今即位。乃者闻王遗将军隆虑侯书，求亲昆弟，请罢长沙两将军。朕以王书罢将军博阳侯，亲昆弟在真定者，已遣人存问，修治先人冢。前日闻王发兵于边，为寇灾不止。当其时，长沙苦之，南郡尤甚，虽王之国，庸独利乎！必多杀士卒，伤良将吏，寡人之妻，孤人之子，独人父母，得一亡十，朕不忍为也。朕欲定地犬牙相入者，以问吏，吏曰："高皇帝所以介长沙土也"，朕不得擅变焉。吏曰："得王之地不足以为大，得王之财不足以为富，服领以南，王自治之。"虽然，王之号为帝。两帝并立，亡一乘之使以通其道，是争也；争而不让，仁者不为也。愿与王分弃前患，终今以来，通使如故。故使贾驰谕告王朕意，王亦受之，毋为寇灾矣。上褚五十衣，中褚三十衣，下褚二十衣，遗王。愿王听乐娱忧，存问邻国。

览毕皇帝书信，却见雄霸南方的枭雄先是沉默不言，后又狐疑发问："陆生，寡人闻我常山祖墓已掘毁，兄弟宗族已族诛，果有此事？"见其疑虑，陆贾笑答："大王毋忧，陛下即位之初即已令常山相蔡兼妥善安置先冢。蔡公，大王之故人，大王岂有疑虑？且臣南下时，朝廷即已将大王族兄请至长安。受大王族兄之托，有书信及真定土产再拜奉于大王。"

转呈中原之物后，见赵佗喟然长叹："寡人闻孔子曰：'君子之道者三，我无能焉。仁者不忧、知者不惑、勇者不惧。'致周隆虑之书简乃寡人随意之举，然无意之举竟令皇帝陛下视为大事。万乘之尊，谦谦有礼，如上古君子。皇帝如此贤能，寡人又有何面目乘黄屋左纛，称制而与中国比肩！"

随后，赵佗修书一封：

蛮夷大长老夫臣佗昧死再拜上书皇帝陛下：老夫故粤吏也，高皇帝幸赐臣佗玺，以为南粤王，使为外臣，时内贡职。孝惠皇帝即位，义不忍绝，所以赐老夫者甚厚。高后自临用事，近细士，信谗臣，别异蛮夷，出令曰："毋予蛮夷外粤金铁田器；马、牛、羊即予，予牡，毋与牝。"老夫处僻，马、牛、羊齿已长，自以祭祀不修，有死罪，使内史藩、中尉高、御史平凡三辈上书谢过，皆不反。又风闻老夫父母坟墓已坏削，兄弟宗族已诛论。吏相与议曰："今内不得振于汉，外亡以自高异。"故更号为帝，自帝其国，非敢有害于天下也。高皇后闻之大怒，削去南粤之籍，使使不通。老夫窃疑长沙王谗臣，故敢发兵以伐其边。且南方卑湿，蛮夷中西有西瓯，其众半赢，南面称王；东有闽粤，其众数千人，亦称王；西北有长沙，其半蛮夷，亦称王。老夫故敢妄窃帝号，聊以自娱。老夫身定百邑之地，东西南北数千万里，带甲百万有余，然北面而臣事汉，何也？不敢背先人之故。老夫处粤四十九年，于今抱孙焉。然夙兴夜寐，寝不安席，食不甘味，目不视靡曼之色，耳不听钟鼓之音者，以不得事汉也。今陛下幸哀怜，复故号，通使汉如故，老夫死骨不腐，改号不敢为帝矣！谨北面因使者献白璧一双，翠鸟千，犀角十，紫贝五百，桂蠹一器，生翠四十双，孔雀二双。昧死再拜，以闻皇帝陛下！

数月后，这封赵佗称臣书信由陆贾进呈于御前，汉越君臣之名遂定。与吕太后年间屡屡增兵却使战事愈发糜烂相比，新朝未动一兵，却能折服可与高皇帝并立的一世枭雄，诚可谓以德服人。

然而，斡旋于汉越之间，平息干戈，立下大功的陆贾亦未见奖赏。在数年之后，陆贾终老病死于家中。

第九章　　贾生论政

以陆贾之贤而不得见用，或许是因其人为功臣元老之故。陆贾，能以一己之力将倒吕诸人聚为一党，可见其能。如此深通机谋权变之人，也只有高皇帝那般雄才大略的开国之君才敢放手任用。如今朝堂臣强君弱，故新皇帝不敢过于任用老臣。

陆贾如此，周勃又何尝不是如此。

前元二年年初，功臣元老核心人物陈平病逝。月余后，朝廷不得不再拜周勃为相，接替陈平。不过，因罢相复出之后又遇"彻侯之国"诏之事，周勃多次遭到刻意压制，其势已大不如前。而且，内不能举贤任能而交恶于贾谊，外不能安平四夷而仰仗于陆贾，周勃断难久居相位。

功臣元老既不敢任用亦不能用，则拔擢贤才无疑为当前治政之急。于是，借十一月、十二月连续日食之机，朝廷发布诏书。诏书曰："朕闻，天生万民，置君主以治之。若人主不德，布政不均，则天降警示，以为警诫。朕既以微末之身托于亿兆万民、诸侯之上，则天下治乱皆在朕一人。朕下不能治众生万民，上又累及日月星三光之明，不德至甚矣。诏书既下，则思朕之过失，及朕所知、所见、所思不及之处。举贤良方正能直言极谏者，以纠正朕之过错。此外，官吏均整顿所司所掌，务必减少徭役费用以便利民众。同时，罢卫将军之军，太仆现有马匹有多余者，则调拨驿传。"

《尚书·洪范》曰："曰肃，时雨若；曰乂，时旸若；曰晰，时燠若；曰谋，时寒若；曰圣，时风若。"《春秋》曰："邦大旱，毋乃失诸刑与德乎。"古人以君天相合，互相感应，故能以天象戒人事。连续两次日食，实为不祥之征，故朝廷以此下诏。不过，此诏之本意并非论及天象，而是"举贤良方正能直言极谏者"。因此，数日后即有贾山上疏谈论治乱之道。

贾山，颍川人，其祖父贾祛，乃战国时魏国博士弟子。博士者，掌通古今及图书典籍，常以博学之士为之。不过魏国灭亡，秦并天下，贾山未能得传家学。正因如此，颍川一带颇有传言，称贾山"不能为醇儒"。秦楚之际，贾山弃笔从戎，随从高皇帝大将颍阴侯灌婴为骑士，于战场上求取功名。闻朝廷举贤良方正，贾山遂上书论政。其疏奏名曰《至言》，为其治政思想之集中体现。

其开篇分析秦人失国之缘由，称："秦以熊罴之力，虎狼之心，蚕食诸侯，并吞海内，而不笃礼义，故天殃已加矣。"并认为秦"亡养老之义，亡辅弼之臣，亡进谏之士，纵恣行诛，退诽谤之人，杀直谏之士，是以道谀偷合苟容，比其德则贤于尧、舜，课其功则贤于汤、武，天下已溃而莫之告也"。言毕前朝之事后，疏奏又议当前之政，称：

"今陛下下诏命天下举贤良方正之士，天下吏民莫不欢欣鼓舞，俱称：'将兴尧舜之道、三王之功矣。'然臣闻方正之士入朝，陛下又选其贤者为常侍、诸吏，与之驰驱射猎，以致一日三出。臣恐朝政因此而怠，百官因此而堕。陛下自即位以来，自我勉励，厚养天下，节省开支，慈爱臣民，断案公平，刑罚宽缓，天下莫不喜悦。臣闻山东法吏公布诏令，百姓虽老弱病残，亦扶杖而听之，望能见仁德教化。今功业方立，名望方昭，四方仰慕跟从之时，陛下却与豪杰之臣、方正之士，日日游猎，射兔捉狐，以致损伤国家大业，绝天下臣民之望，臣为陛下痛惜！古时，大臣不得参与君主宴游，是为保持其品格。如此，群臣莫敢不正己身、修己行，尽心事君以合君臣大礼。今士之品性，修之于家却坏之于皇帝之廷，臣为陛下痛惜！游猎不失制，故朝廷不失礼，此为国之大事。"

视其疏奏言辞，颇有非议人主之嫌，且言辞之激烈如同当面唾骂。朝廷"举贤良"诏书方下，即遭如此攻击，岂非太过？若在秦时，如此以古非今，腹诽而心谤，恐早族灭三族。当然，贾山之言不过稍显言辞不敬而已，其奏疏最后引《诗经·大雅·荡》曰："靡不有初，鲜克有终"，并提出减少射猎、设明堂、立太学及修习先王之道诸事确非胡言乱语。正因有感于贾山直言敢谏，故皇帝对此疏奏亦深以为然。自此之后每次上朝时，凡郎官及侍从有进呈奏疏者，无论其品秩高低，皇帝必停辇而受。奏疏如不可采用则罢，如可用便立即采用，绝不拖延。

贾山奏疏上呈不久，新任长沙王太傅贾谊奏疏亦送至长安，此即《论积贮疏》。贾谊虽已外放长沙国，但仍密切注视朝堂。在此封奏疏中，贾谊将数年为政之所见一一列举并提出警示：

"《管子·牧民》曰：'仓廪实而知礼节，衣食足而知荣辱。'民众大饥而言天下可治者，自古及今，闻所未闻。若欲朝廷政令通达，天下安定，则必须令天下庶民能温饱如常。天下农耕，均有季节时令，若毫无限制大肆挥霍，则物资必然匮乏。古人治理天下，细微而周到，是故国家积贮足以应付危急。然而，上古之制，今日已废。以臣近年观之，天下承平二十余载，实已危机四伏。背农桑本业而事工商末业者甚众，此乃危害天下一大流弊；奢侈之风日浓而质朴之风日减，此乃危害天下一大公害。如此流弊、公害，朝廷若不制止，则积重难返必致社稷不稳。试问天下财富，生产少而挥霍多，府库又岂能不枯竭？"

开篇即言"流弊""公害"，并非危言耸听。自吕太后以来，朝廷坚持"清静无为"十余年不曾改变，对于前朝苛杂律法尽量废弃，务求使百姓免受重刑之苦。朝廷数次发布诏书，以"赐民爵""大赦"等方式减轻民众负担。凡此种种，无不望天下恢复秩序，君主垂拱而治。然而，政策之制定、执行与朝廷之意愿有时并不完全契合。正如贾谊所言，因朝廷治政宽缓，故质朴之气日渐消弭，而奢靡之风却愈演愈烈。近年以来，上自公卿彻侯，下至豪强贵戚，无人不想方设法追求声色犬马。例如，高皇帝老臣、北平侯张苍虽素称质朴忠厚，然其享乐之事亦不在少数。张苍今已七十余岁，其府中竟仍蓄养姬妾一百余人。姬妾凡有孕者，则不再"幸"。因牙齿脱落，张苍亦不食粟米，每餐皆是新鲜母乳。以张苍之质朴尚有如此奢靡享乐之举，可想而知其他贵族是何等穷奢极欲。按贾谊疏奏，凡诸不可理喻之事触目惊心，令人瞠目结舌。

需知，惠高以来十余年，天灾不断，北方匈奴频频侵扰，故府库虽略有盈余，但不能算国富民强。百姓三年耕织，方有一年余粮。可今天下未富即奢靡日盛，一旦天灾人祸并发，则必致民众无食，社稷因此而动荡。

奢靡之风是人事，粮谷丰歉则是天事。自夏禹、商汤以来，水旱即不绝于史书，非人力所能转移。不过，只需朝廷准备充分，积储完备，亦不可怕。然而，自惠高以来，朝廷内斗不休，积贮之制空有虚名。以如今朝廷之储备，如关东水旱之灾稍稍延续二三年，则府库尽空。一旦水旱不休之时边塞又骤起战事，则粮饷何处筹集？彼时，别有用心者啸聚部众劫掠地方，庶民易子而食，天下大乱旦夕可至。由此观之，今仓储未丰，而奢靡渐盛，实乃大危之象？故贾谊警示："汉立国已近四十载，国库积贮仍视如儿戏，实非长治久安之策。今天下已危，而主上不忧，岂不怪哉？"

大略而言，疏奏所言，共三事：农业人口流失，奢靡之风盛行，仓储政策缺失。所言三事无一不是威胁国家长治久安的隐患，可谓正中时弊。既然言明隐患，亦当提出解决方略，故贾谊于奏疏末尾提议：朝廷当颁布律令，令民众归返农事，依附土地；严厉打击弃农经商及游侠、恶少等不事生产之徒；皇帝身体力行，倡导节俭；制定律令，完善仓储制度。如此，积贮等各种问题便可逐步解决，百姓亦可安居乐业。

其实，黎民之苦，为藩北边数年的皇帝并非不知。例如，皇后之弟窦广国，数年前奔走于深山之中烧炭，九死一生。机缘巧合，广国才能将苦难呈于陛前。天下如广国这般穷苦以致死于山林沼泽者必是难以计数。而黎民之困苦，岂不正对应贵族之骄奢？

可是，朝堂对奢靡之风日盛亦无可奈何。据宫中盛传，为倡导节俭之风，皇帝在此年余之中身体力行，曾屡屡否决广置宫室之议，并严令不允宫中夫人服饰华贵。然而，皇帝之言行可令两宫力行节俭，却不能强制约束臣僚及天下贵戚，甚至即便制成法令推行天下亦毫无用处。例如，高皇帝曾下令商贾不得着丝帛之服，出行不得乘车，并"重租税以困辱之"。然而，不过十余年，富商大贾人人绸缎披身，田连阡陌；下则兼并一方，上则交通王侯。既然高皇帝所定之法令已徒具空文，又岂能期待今日朝廷之法令？由此观之，禁绝奢靡实非一朝一夕之事。

不过，奢靡之行虽不能短期力除，贾谊奏疏所提议之节俭务实、重农抑商之策却可大力倡导。故前元二年正月丁亥，朝廷正式下诏举行"籍田"仪式，以示重农之意。

所谓"籍田"，即年逢春耕时节，皇帝、诸侯亲自下地躬耕之仪式。皇帝"籍田"之礼，古已有之，《诗经·周颂·噫嘻》所载"噫嘻成王，既昭假尔。率时农夫，播厥百谷。骏发尔私，终三十里。亦服尔耕，十千维耦"即周天子亲自"籍田"之事。当然，周天子政务繁忙，不可能在镐京、洛邑开辟几亩地整日忙于耕种，勤于耒耜，此举不过仪式，借以表明周天子对农业重视而已。不过，周人始祖弃为上古农官，周人以农为立国之本，故虽为仪式，仍意义非凡。试想，如周天子都废"籍田"之礼，天下庶民又岂会重视耕田？所以，自先秦以来，"籍田"便与祭祀宗庙诸事相类，为圣明君主所行之事。然而，战国以降，天下丧乱，礼崩乐坏，征战不休，上古之礼早已废弃。如今，重行废弃已久的上古"籍田"之礼，正是为天下臣民之表率。

西汉时期，牛耕技术在战国基础上有了进一步发展。此画像石反映了西汉二牛一人耕作技术。

44

春去秋来，"籍田"之礼已有半载。进入秋收时节后，朝廷便据贾谊建议正式下诏："农，为天下之本。百姓依农而存，国家赖农而立。朕即位以来，郡国上报百姓不事本业而事工商末业者甚多，以致生活艰难。黎民之困，乃皇帝之忧。朕已亲领群臣'籍田'，以示朝廷重农之意。今特令，本年租税仅收往年之半。"需知，高皇帝年间，朝廷已正式颁布法令，定汉之赋税为十五税一。如今下诏只征收一半，则为三十税一。除去赋役外，相比于秦人收"泰半之税"，如此赋税标准已算极轻。

《孟子·公孙丑上》曰："万乘之国，行仁政，民之悦之，犹解倒悬也。"正如孟子之言，万乘之国，躬行仁政，民方归之。

第十章　天下诸藩

　　《左传》言："天子建国，诸侯立家，卿置侧室，大夫有贰宗，士有隶子弟，庶人、工、商，各有分亲。"皇帝躬行仁政，藩臣亦当竭力恪守臣节，代朝廷牧守一方。

　　视天下诸藩，以"仁厚忠直"、恪守臣节而论，当以楚王刘交、燕王刘泽为表率。惜乎二王竟在一年之内先后薨逝。

　　刘交，乃太上皇之子、高皇帝之弟，在宗室中德高望重。自受封以来二十载中，刘交无一违制之举，时时谨记祖制"故事"，尽心竭力治理楚国，不曾有丝毫懈怠。甚至在吕太后当政之时，刘交亦未见稍有越轨之心。如此守藩，乃诸王之典范，人臣之楷模。然天不假年，前元元年春，刘交即重病薨逝。接其薨逝消息后，朝廷念其为藩之贤，特定谥号曰"元"，以表彰其"主义行德，道德纯一"。其后，朝廷又因楚太子刘辟非早死而特命还在朝中为宗正的刘交次子刘郢客返回楚国，继承王位，沿楚王一脉。

　　再说刘泽。刘泽，乃高皇帝从弟，沛县举兵时从高皇帝。汉三年，刘泽以郎中护卫高皇帝至荥阳。汉十一年舞阳侯樊哙、棘蒲侯柴武将兵击陈豨，刘泽将骑士相从，并以擒代军大将王黄之功受封营陵侯。吕太后执政时，刘泽娶樊哙之女，信用于吕氏，以卫尉迁大将军。其后，因大谒者张泽之言，刘泽终封琅邪王。刘泽虽有吕氏姻亲之身份[1]，但在迎立代王中却能力排众议立下大功，难能可贵。朝廷将其自琅邪徙封燕国，正有褒奖之意。其后年余，刘泽安心守藩，春朝秋请不敢无礼。及前元二年秋，刘

─────────────────

　　[1] 樊哙之妻吕媭为吕太后之妹。

泽薨逝，朝廷谥其"敬"，并命其子刘嘉即燕王之位。

毋庸置疑，若有二位"仁厚忠直"的从父分镇南北，楚、燕二国便可为朝廷之屏障，守备南北边界，防止越胡之侵扰。现如今，与高皇帝同辈的楚燕二王俱薨，岂非朝廷之不幸？更何况，天下藩王如刘交、刘泽"仁厚忠直"者自能牢记祖制而尽力守藩，可亦有不臣之辈暗中觊觎神器。二王若在，可为朝廷震慑不臣者。

为何觊觎？盖因对在诛吕中无尺寸之功的代王以北藩小宗而入主长安极为不满之故。据传，此辈不臣者时时密切注意两宫之间，多有"腹诽"之语。"腹诽"至深者，乃齐国诸人。

齐国诸人，乃齐王刘襄、朱虚侯刘章、东牟侯刘兴居三兄弟。三人皆为齐悼惠王刘肥之子，高皇帝之孙，俱有勇悍之名。吕氏正盛时，刘章曾于宫中拔剑斩诸吕子侄，其勇名为天下所传。高后八年吕后病逝后，刘襄先诛杀齐相召平，再以奇谋诡计诈取琅邪，并传檄天下。齐军已举，刘章、刘兴居则于长安奔走叱咤，捉刀诛吕。虽说所作所为是为讨吕大义，但观兄弟三人之一举一动，亦尽显狠辣果决，实非常人。然三人所以冒滔天之险起兵诛吕，乃是欲入主长安，继承大统。可是，十万虎贲之士已兵临西界，最后竟被"寸功未立"的代王乘虚而入，岂能心甘？

正因深知齐国心有不服，故为安抚齐国诸人，朝廷待齐可谓极尽宽厚。前元元年初，朝廷曾特意下令尽废诸吕之封地，将原属齐国之城阳、琅邪及济南诸郡全部归还于齐，使齐国恢复到高皇帝初封时的七十三县之地。不仅如此，朝廷对刘章、刘兴居二人亦给予厚赏，益封食邑二千户。

然而，厚赏归厚赏，对齐国之防范却不能有丝毫懈怠。需知，齐国三兄弟乃高皇帝庶长子之后，以血缘而论，与代王一系并不亲近。最高权力之争夺，即便同产所生亦会生死相搏，何况血缘已疏远？再者，齐国七郡七十三县，带甲十余万，可谓天下第一强藩，一旦齐国举兵西向，则朝廷何以当之？

临淄山王庄西汉兵马俑。兵马俑车骑部队由5辆单辕4架马车和46骑身披铁甲的重骑兵组成，步兵方阵则由300多名身着铠甲的重装步卒俑组成。本军阵反映了西汉早期齐国的军队装备和作战方式。

　　所幸前元元年年末，在刘交薨后不久，雄心勃勃的刘襄突然暴死。言其暴死，并非无故。刘襄之父刘肥为藩前后不过十三载，薨时不过三十余，故数子均算年幼。刘襄为其长子，孝惠六年即位时刚过加冠之年，薨时与其父相仿，不过三十而已，正当壮年。而且，高后八年，刘襄还曾以齐王之尊亲自统兵西向，足见其雄武健壮，并非沉疴缠身之人。既然如此，骤然"薨"去，岂不怪哉？

　　然无论如何，刘襄之薨于朝廷而言确实是幸事，毕竟齐国作为朝廷颇为忌惮之东方大藩，如其不薨，则必令两宫寝食难安。以诛心之言而论，骤闻刘襄薨逝，长安必有拍手称快者，否则为何当闻刘襄骤薨，朝廷即议其谥号曰"哀"，曰齐哀王？需知，刘襄最大功绩乃是在诛吕中首倡义兵，然朝廷定其一生功罪之谥号除哀其"恭仁短折""蚤孤短折"外，竟毫无赞其功绩之意。如此谥号，可谓无褒即贬。而贬低其谥号，自然是为了削弱其势。

　　齐哀王刘襄桀骜不驯，齐国又为天下强藩。为社稷长久安稳计，不但应当从谥号上对其贬低，更当直接夺其封地，直接削弱其实力。而且，即齐王之位的刘襄之子刘则不过是个黄口竖子，削之无妨。因此，刘襄薨逝后不久，朝中即有人提议当借此削之。不过，如何削藩却还需通盘谋划。刘襄为诛吕功臣，如毫无说法便直接下诏废齐国为郡，既无法向天下吏民交代，亦有违朝廷"仁厚"之名。于是，经过反复权衡，至前元二年三月，在立皇子刘武为代王，刘参为太原王，刘揖为梁王，扩大代王一系实力的同时，朝廷正式下诏分割齐、赵诸藩。诏书曰："赵幽王友死，朕甚怜之，已立其长子遂为赵王。遂弟辟强及齐悼惠王子朱虚侯章、东牟侯兴居有功，可王。"

诏书之意有二：其一，是立死于吕氏之手的赵幽王刘友少子刘辟强为河间王；其二，立刘章为城阳王，刘兴居为济北王。

本来，重得吕太后割出之三郡后，齐国辖济北、临淄、城阳、胶东、胶西、琅邪及济南共七支郡七十三县之地。自河南郡、东郡以东，楚国以北，尽为齐国疆土。据此诏之规定，刘襄之子齐王刘则继承齐王爵位的同时，析齐之济北郡立济北国，封刘兴居；析齐之城阳郡立城阳国，封刘章。虽说诏书以二郡立二王之意在于酬二人诛吕之功，可如此一来，东方强藩齐国亦因此而一分为三，可谓损失巨大。

赵与齐相似。赵国辖河北之清河、邯郸、常山及河间四支郡，乃河北强藩。汉定天下，高皇帝以张耳王赵。张耳薨逝，其子张敖继之。汉九年贯高案发后，高皇帝废张敖为宣平侯，并以刘如意王赵，赵国遂收为同姓。刘如意薨后，吕太后先后以刘友、刘恢、吕禄王赵，将赵国收入吕氏之手。后功臣元老诛灭诸吕，吕禄被杀，赵国失王。前元元年年初，朝廷曾以吊慰刘友为名，复封赵国予刘友之子刘遂。当时，封刘遂王赵之举同归还齐国三郡相似，有安抚人心、争取宗室支持之意。可强藩在侧，终非久安之计，故当与齐国一体削之。因此，据诏书之意，析出赵国东部较为富庶的河间支郡另立河间国，并封刘友幼子刘辟强。

总之，此诏一旦执行，则齐、赵两大国转瞬之间即被肢解为五小国。诏书虽言君恩浩荡，有功封王，可空置汉郡不封，而要从原有封国中析置之举无疑会令诸藩大为不满。

被削者不满，被封者恐亦会不满。需知，当初在诛吕前后，刘章、刘兴居二人本欲瓜分吕禄、吕产的赵、梁二国。此议虽无文书具文，但确实口头有约。如今，朝廷否决二人赵、梁之约而封二人城阳、济北，不允其殷富大国之封而更易为贫瘠小国之赏，必令二人认为朝廷无信，欺人太甚。更何况，朝廷不以汉郡封之却自同宗齐国中割地。虽如今君臣大势已定，但二人必然"腹诽"而"心谤"。

考虑到一旦削地必令藩王不满，故朝廷此次削藩唯削幼主即位的齐、赵二国，而对于南方之淮南、吴、楚及北方之燕，则并未调整。淮南诸国，非朝廷近亲兄弟，即威望甚高的宗室，其势力更是盘根错节，朝廷实难削之。若无视实际而一体强削，则恐招致诸藩群起而攻。而朝廷虽领汉郡十五，但面对诸藩群起，恐亦无力抵抗。

正因如此，削弱远支诸藩的同时还需封立诸子，组成"亲藩"①封国，以巩固代王一系。除长子刘启已被册立为皇太子外，按此诏书，其余诸子无论长幼，均立为王。当然，皇子"亲藩"封国万不能在诸藩中析地，否则必令天下诸藩嫉恨。封子诏书规定，原代国一分为二：北部代郡、云中诸郡封次子刘武，南部太原郡则封三子刘参。同时，立幼子刘揖为梁王，领砀郡及东郡南部，都睢阳。如此一来，以太原、代郡可监视赵国，以梁国可监视齐、吴二国。总之，通过封子诏书，"亲藩"封国实力大大增强，并形成"亲藩"宗室对远支宗室的制约。不过，三子皆年幼，并无治国之能，故新立"亲藩"诸国需配备深谋远虑的国相、中尉方可。概而言之，诸子数年内尚不能为朝廷之依靠。有可能为朝廷依靠之"亲藩"，唯有一人，即淮南王刘长。

刘长，为高皇帝七子，赵姬所生。其母赵姬本为宣平侯张敖之姬妾，后为高皇帝所幸。汉九年，贯高案发，事涉其中的赵姬被械送至河内。赵姬求救无望，于河内狱中生下刘长后自杀而死。此案平息后，刘长为河内狱吏送至长安，并为吕太后收养。汉十一年英布举兵后，高皇帝遂立刘长为淮南王，领九江、庐江、衡山、豫章四支郡。高皇帝本有八子，如今在世者唯皇帝及刘长二人。既然汉与淮南血缘如此亲近，则淮南理应为朝廷之左膀右臂。而且，与年幼的诸子相比，刘长"有材力，能扛鼎"，颇有军事才干，且牧守淮南十余年，在国内威望甚高，在非常时刻亦足以控制淮南军政。正因淮南国之特殊地位，故朝廷对刘长极尽优待。

若刘长诚如刘交、刘泽之贤，则庇翼朝廷，防备齐、吴等关东旁支自然毫无问题。然而，据淮南相奏称，刘长在藩国内骄横跋扈，屡有无视朝廷法度之举，甚至僭越称制，有不轨之心。由此观之，本属"亲藩"的刘长恐怕并不能与朝廷亲近。

① 本书所言之"亲藩"，为近亲藩国之意，即与皇帝为父子或兄弟关系。与"亲藩"相对的则是血缘较远的远支疏宗。

第十一章　　辟阳之死

对淮南王刘长僭越无礼之行，朝廷非但不予追究，甚至多有纵容。前元三年四月初，刘长入朝。据传在随皇帝车驾入苑囿游猎时，刘长蒙圣恩得与皇帝同乘一车。然而，面对如此礼遇，刘长不但毫无诚惶诚恐之意，甚至还随意以家人之礼称皇帝为"大兄"。朝廷如此毫无节制礼遇藩王，自令长安城中议论纷纷。

刘长其人"有材力，能扛鼎"，为人又骄横异常，故长安城中上自薄太后、皇太子，下至公卿彻侯无一不深感惧怕。既然连皇太后都惧怕，且皇帝又有纵容之意，则本就与刘长有冤仇之人最好早早避开。因此，当刘长一连数日游猎于苑囿之时，平原君朱建即登门告诫好友辟阳侯审食其当小心谨慎，或者可外出避难数月。

平原君朱建，楚人，与高皇帝谋士陆贾同乡。秦楚之际，朱建曾随英布起兵反秦，效命于军中。英布受封淮南王后，朱建即被拜为淮南相，受命治理淮南。朱建在淮南有"刻廉刚直"之称，且其人能言善辩，素有大略，被视为智谋之士。汉十一年英布举兵时，朱建曾详陈强弱之势并力谏不可，惜英布不听，而听信梁父侯之语执意起兵。结果，淮南国战事一如朱建所料数月即平，英布亦兵败身死。英布败亡后，朝廷因朱建曾出言相谏，忠于朝廷，故赦而不究。于是，得朝廷赦令后，朱建遂携老母迁至长安隐居。

年余后，高皇帝崩逝，吕太后用事。当时，因朱建有"行不苟合，义不取容"之名，审食其数次慕名来访，亦欲结交。审食其作为吕太后宠臣兼权臣，且以左丞相之尊欲亲访白身，可谓礼贤下士已极。然而，审食其虽有礼贤之行，朱建却无结交之念。为何？盖因朱建素知审食其此人虽为高皇帝老臣，但并无沙场斩将之能，其所以能列位丞相，不过得幸于吕太后而已。更何况，此所谓之"得幸"颇有问题，否则当时朝中为何风传审食其"品行不正，得幸于吕太后"？

谚语曰："力田不如逢年，善仕不如遇合。"此言诚不虚哉！宫中府中，非独女子以色媚上，亦有士人、宦者如百戏乐工一般极尽"媚上"之能事，以宠求贵。毫无疑问，审食其即是"媚上"之佞幸之一。据宫中好事者盛传，审食其与吕太后"有私"，此事甚至当时连惠帝也知一二。因宫中所知者甚众，故吕太后常有惭色。由此可见，审食其之所作所为，与高皇帝时"与上卧起"的宦者籍孺并无本质不同。

士人颇重名节。朱建既然素有"行不苟合，义不取容"之名，以天下名士自居，又岂会无视名节而去攀附权贵，且还是审食其这般"品行不正"之权贵？而且，即便审食其一身正气，朱建亦不愿意有所瓜葛。需知，惠高之时朝中政治斗争极为激烈，审食其虽为宠臣，但焉知不会有倒台之时？一旦依附于审食其，则难免卷入朝堂之中。若因此而导致老母幼子受诛，事母甚孝的朱建心中何安？因是之故，审食其当时虽数以丞相之尊求见，朱建却偏偏将之拒于门外。然而，因不愿攀附权贵，又不愿为官，故朱建居长安数年，家无积蓄，一贫如洗，乃至老母病故时竟无钱发丧。

母死而不葬，乃至不孝。然而，钱帛不可能从天而降，如之奈何？孰料正欲想方设法借钱置办殡丧用品之时，同乡故友陆贾却登门造访，并提议只管发丧，必有人送钱助丧。果如其言，不过一日，先有审食其之百金送至，后有长安彻侯权贵数人赠五百金助丧。母丧之事迎刃而解。可是，为何母死而长安权贵皆知？

原来，正是陆贾游说之故。当日，得知朱建母丧之事后，陆贾即直奔审食其府中，并对审食其开口道贺："君侯，平原君母死！"道贺后，陆贾向大惑不解的审食其解释：朱建乃孝子，如能在此时助朱建办妥葬礼，助其尽孝，则朱建必然感恩。如此一来，结交朱建之事岂不迎刃而解？这才有审食其奉百金助丧之事。

此事虽小有算计，审食其赠金助丧之恩亦不可不报，故朱建遂与其结交。在随后的诛吕政变中，朱建与陆贾多方游说，方令身为吕氏党羽的审食其未遭清算，甚至其辟阳侯爵位亦得以保留。赖皇帝仁厚，这数年之中，朝廷亦未定审食其之罪。

可是，朝廷不提当年之事，却并不能保证刘长不提当年之事。当年，赵相贯高于赵国柏人县谋刺高皇帝，结果事泄下狱。事发后，因高皇帝震怒，刘长之母赵姬亦遭牵连，并被缉拿入狱，囚于河内狱中。为此，赵姬之弟、刘长之舅周阳侯赵兼曾请审食其向吕太后求情。可是，事关重大，高皇帝当时盛怒不已，审食其又非丞相，人微而言轻，故营救一事终究未能成功。最终，赵姬在生下刘长后亦自杀于河内狱中。刘长如今既已长大成人，必从其舅父赵兼口中得知当年旧事及恩怨纠纷。审食其有"救援不力"之责，必为刘长所嫉恨。虽说当年之事审食其亦无能为力，赵姬之死，非审食其之罪，但刘长此人骄横异常，亦不可以常理度之。据淮南人传，刘长其人，勇武而暴虐，在国内素有不法之行，今至长安，不但与皇帝同辇，还口称皇帝"大兄"。观其所言所行，毫无礼法约束之念。如此强横而无礼之辈，不无杀人复"仇"之可能。正因如此，朱建登门相告，力劝审食其当小心为上，切不可稍有懈怠。

岂料，朱建次日即得到审食其被杀消息。原来，朱建离去后，刘长即至审食其家拜访。审食其迎候时，刘长突然以手中所藏之铁椎将审食其击倒。刘长二十余岁，且勇武过人，力能扛鼎；审食其已年过五十，垂垂老矣，如何能抵挡？结果，倒地不起的审食其未能反抗，即被刘长随从武士魏敬以短刃刺穿脖颈。据好事者风传，刘长刺杀审食其后策马扬长而去，并至宫中向朝廷肉袒谢罪称："臣母本不当因贯高案而获罪，彼时审食其有相救之力，却谏诤之辞，此罪一；赵王如意母子无罪，审食其不力阻而使吕太后杀之，此罪二；吕太后封吕氏为王，意欲夺刘氏之天下，审食其不挺身抗争而甘为鹰犬，此罪三。有此三罪，审食其乃天下之贼也。臣虽无能，谨为天下诛此贼，报母之仇。杀贼心切，未及奏报，谨伏阙下请罪！"

闻此传言，朱建怒极反笑：刘长这竖子，所列三罪真是无稽之谈！如按刘长之论，朝中自皇帝至周勃，甚至刘长本人无一不是"贼"，因为当年吕太后执政时皆曾袖手旁观，刘长甚至为吕太后抚养成人。诚如其言，则满朝上下皆当诛杀，刘长自己亦当以死谢罪才是。毋庸置疑，其所列三罪尽是为杀审食其而罗织罪名，欲以公罪而掩盖私仇而已。而且，朝廷三尺之法高悬，即便有罪，亦当交付有司，定罪量刑。刘长岂能于长安街市，击杀朝廷彻侯、三朝元老、开国元勋？其所作所为，置天理国法于何地！然朱建亦知，藩王坐法，不能与庶民同罪，何况是"亲藩"之淮南。年余之中，朝廷与关东诸藩势如水火，此时必不敢再度绳刘长以法。而且，刘长乃皇弟，今若杀之，何以表现朝廷"仁厚"之名？思及此处，朱建深知审食其之冤仇恐难昭雪。然而，正在思虑如何安抚审食其家小时，却见长子狂奔至家中，大呼："父亲，朝廷法吏将至。"

审食其被杀，当定刘长之罪；即便不定刘长之罪，亦当下诏申饬，为何缇骑大张旗鼓至此？此事并不难理解。需知，朝廷虽不能治刘长之罪，但审食其无故被杀之事毕竟甚为恶劣，若朝廷不闻不问，则恐天下吏民议论纷纷。因此，此罪责不能无人承担。朱建既然与审食其素来交好，且曾出言献计，当可为此案之"谋主"。若朝廷确实以此问罪，则此事恐难以善终。因此，法吏至府中后，朱建遂召诸子至身边，抽剑告曰："今日之事，有死而已。"

法吏大惊："朱公何以至此，我等奉令至此，未听闻有司已定朱公死罪。事未可知，朱公何必引刀？"

然见诸子泣涕不休，朱建则答："陛下进退两难，老夫生死难知。老夫唯有死去，才不会连累你等！"言毕即自刭而死。

朱建自杀，法吏只得据实呈奏。皇帝闻之，乃称"吾无意杀之"，遂拜朱建之子为中大夫。其后，又下诏称：审食其，确有依附诸吕之不法事，然念其元勋老臣，故赦而不究。至于审食其辟阳侯爵位，亦不予废除，而是传其子审平。数日后，朝廷再度下诏："夫孝有三：大尊尊亲，其次弗辱，其下能养。淮南王刘长无诏擅杀，固当有罪，然念忠孝，故赦之。"赦刘长而赏朱建、审食其之子，足见朝廷"厚恩"。朝廷既已显示"厚恩"，则此事当到此为止，无论是非对错，公卿大臣均不得再有提及。

事实上，不需朝廷下令，朝中亦不会有人议论。试想，能刺杀开国元勋而逍遥法外之人，何人敢于议论？一旦议论，刘长今日能杀审食其，焉知明日刘长不会杀议论者？

然而，朝中亦有不惧刘长之人。诏书下达后，着鹬冠、垂青绶、执笏板之中郎将袁盎见朝廷处置如此荒唐，忍无可忍，愤而谏诤："中郎将臣盎请奏：藩王骄横，必然生患。自高皇帝以来，频有藩王不臣之事。今有藩王于长安街市行不法之事，如不申饬，是遗留后患！《孟子·告子》曰：'诸侯朝于皇帝，曰述职。一不朝则贬其爵，再不朝则削其地，三不朝则六师移之。'臣以为，当削其地以为惩戒。"

第十二章　　干戈不断

　　既然朝廷已决意不再追究，赦免淮南王刘长之罪，则身为人臣者亦无可奈何。不过，朝廷已拜朱建之子为中大夫，欲令其出使匈奴，颇有重用之意。匈奴乃北边大患，深为朝廷所忌惮，若朱建之子于草原建立功勋，则他日未必不能位列公卿。如此，亦可稍算慰藉。

　　岂料，前元三年五月，朱建之子尚未前往匈奴，汉匈战事即自上郡起。据上郡守尉之报，右贤王于五月初自草原南下，入居"河南地"①，并整饬楼烦、白羊诸部，训练士卒。五月中，右贤王趁汉边塞斥候游骑不察，突然驱楼烦、白羊等草原杂胡数万人攻至长城。

　　秋高则马肥，风劲则弓燥。深秋时节，天高气爽，战马膘满，可长驱奔驰。同时，边郡粮食正好成熟，也可供其饱掠。因此，匈奴入寇一般会选择入秋之时。边郡"防秋"之举，正是防备匈奴入秋时节南下。正因匈奴大举入塞多在入秋而少在春夏，故五月边郡防备相对较为松懈。而且，因自高皇帝以来和亲之策延续不断，除高后六年匈奴突骑掠劫陇西外，汉匈关系尚算平稳，上郡边塞也已久不见大股烽火。故而，此次匈奴大举南下，且又是在五月，确实大出边郡屯兵意料之外。正因始料未及，故上郡郡兵不得不仓促动员备战。赖郡兵苦守，上郡北部诸县无恙。可是，据郡兵斥候奏报，汉军所遇皆杂胡轻骑，尚不知右贤王主力在何处。一旦右贤王主力投入，则恐久战疲敝的上郡郡兵力不能支。

---

　　① 河南地，黄河南岸之地，在秦昭襄王长城与黄河之间。《史记·秦始皇本纪》载，秦始皇三十三年，始皇使将军蒙恬发兵三十万人北击匈奴，略取该地，并立九原郡。秦末中原战乱，秦令王离、涉间、苏角统兵南下，九原郡、河南地遂为匈奴所得。

需知，匈奴右贤王、单于庭、左贤王三大部中，以左贤王实力最强，但距长安最远；以右贤王实力最弱，但距长安最近。因此，论对朝廷之危害，以右贤王为最大。自高皇帝以来，入塞掠劫最为频繁者，正是右贤王部。为阻挡右贤王，朝廷西北边防大致可分为三层：第一线为故秦九原；第二线为上郡、北地北部诸县及故秦长城；第三线即长安北部泥阳、雕阴、义渠诸县。不过，因秦九原郡已失三十年，右贤王已入居"河南地"，故第一线已不复存在，原为第二线之上郡便须承担第一线之重任。正因如此，自高皇帝以来，朝廷便于上郡屯有重兵，亦于上郡武库储存大量兵甲。

不过，此次入塞之匈奴仅其前军杂胡便足有万骑，仅动员上郡郡兵恐怕不够。一旦上郡崩溃，则关中危矣。有鉴于此，接边郡急报后，朝廷遂紧急备战，下令上郡、北地二郡郡兵悉数动员。此外，朝廷又下令赋予边郡郡守临时征调归化胡人之权，以备不时之需。

所谓归化胡人，乃游牧于上郡长城以北，以归附朝廷之胡人。上郡北部草原杂胡众多，其中有自秦以来便已归附朝廷者。秦楚之际，高皇帝军中即编有以归附楼烦人组成的楼烦骑。不仅汉军，项羽楚军、英布淮南军中亦编有诸多楼烦骑。其后天下平定，将士罢兵归家，如楼烦骑等归化胡骑多被遣散。不过，归化胡人精于骑射，故有时朝廷亦会下令征调其入军，用以抵御匈奴。今右贤王入塞数万骑，声势极为浩大，上郡郡兵仓促应战，恐难抵挡。临时征调归化胡骑以为臂助，可稍缓边郡之危。

然而，匈奴终究势大，即便归化胡人亦难以大用。十余日后，右贤王本部大举入塞，屯守长城的上郡郡尉力战不敌，近万郡兵死伤殆尽，仓促征集之归化胡骑亦死伤惨重。短短数日，数万匈奴轻骑轻取上郡北部数县，兵临上郡南部重镇高奴城下。上郡防线除郡治肤施及高奴南部之雕阴、定阳诸县外，其余诸县悉数陷落，西北边防基本崩溃。一旦高奴被克，则数万匈奴轻骑便可顺洛水而下，直入内史。且高奴距长安不过三百余里，匈奴若以轻骑急进，最多二三日便可引马霸水，观兵长安城。虽说长安外围尚有泥阳、雕阴、义渠诸县可为屯兵之地，然皆无险可守，难以为屏。若高奴果真不守，匈奴确实南下，则南北二军唯有以血肉之躯在渭水之畔与匈奴轻骑抗衡。彼时，稍有不利，便会重蹈周时犬戎大盛之祸。

皇帝虽加冠不过数年，尚算年轻，但因久镇代国，长期与匈奴往来，并非不知干戈为何物。与高奴城外胡骑奔驰相比，刘长之罪显然微不足道。因此，骤闻边事糜烂，皇帝已顾不得与袁盎在殿陛之间讨论刘长"藩王骄横，必然生患"之事，而是立即召集将军，商议边事。

惠高以来，朝堂上下弥漫无为之风，从不轻言兵事。彼时，匈奴亦大致能严守盟约，即便入塞，亦不过数千之众。因是之故，上将军樊哙不过言将兵击胡，即为中郎将季布当众责骂。吕太后受冒顿单于致书之辱，却仍然唾面自干。然此次匈奴竟以数万之众攻破长城，南掠上郡，其势之胜为惠高以来所未有，如听之任之而不问，则朝廷威望何在？皇帝颜面何存？是故朝议结束后，朝廷即决意出兵讨伐。诏书曰："高皇帝行和亲，与匈奴约为昆弟。为令胡虏不害我之边塞，所以馈赠财帛甚厚。今右贤王离其国，将兵居'河南地'，此有违盟约。且右贤王将兵入塞，捕杀吏卒，驱我上郡归化胡人，令民众不得安居。凌辱边吏，入盗郡县，实乃视盟约如无物。今发边吏骑八万五千至高奴，遣丞相颍阴侯灌婴击之！"

诏书下达，自关中至上郡南部，关中诸郡郡兵悉数征调。数日后，十余万虎贲之士披甲执戟，整装待发。其后，灌婴受命统车骑八万五千自关中疾驰，溯洛水北上。因大军皆为车骑，故速度极快，短短数日即进至雕阴县南。

灌婴统主力出征之时，卫将军宋昌受命统中尉材官屯长安城外，皇帝则亲领北军诸营溯泾水北上，经云阳至甘泉宫守备。

甘泉宫，原为秦始皇离宫，因位于长安城西北二百余里甘泉山，故名。历两代数十年之营建，甘泉宫规模宏大，为避暑之别宫。自甘泉向西北百余里，乃内史漆县，过漆县县城，即北地郡泥阳县。北军屯居于此，即可屏翼灌婴后方，防止匈奴偏师自此而入内史。

然而匈奴入塞数万之众，屯兵甘泉宫外的北军诸营不过万余人，终究过于凶险，故宋昌数谏请求增兵甘泉，不可以身犯险。不过，侍从左右的郎官却皆言皇帝居甘泉，好整以暇，似并不忧虑。

甘泉宫遗址位于咸阳城北一百五十余里处。史书记载，甘泉宫所在地是"黄帝以来祭天圜邱之处"。秦在此立林光宫，汉于其旁起宫殿，即汉之甘泉宫。

为何？盖因匈奴虽势大，但已色厉内荏。匈奴轻骑长于长途奔袭，而短于列阵而战，此乃人人皆知之理。例如，高皇帝平城之战时，匈奴与汉军野战数次，未有一胜。正因如此，观惠高以来匈奴之入塞，无不以掠劫人口财帛为主，而甚少与汉军决战。此时，汉军近十万车骑进至高奴，且统兵者又为素有名将之称的灌婴，右贤王必不敢决战。即便右贤王有心决战，已饱掠的楼烦、白羊杂胡亦不愿出力死战。而且，匈奴民寡物薄，一旦因与汉军草率浪战而致使兵力折损过重，则必然难以向草原各部交待。由此观之，甘泉汉军虽不过万余，亦不需宋昌多虑。

果然，数日后军报即传至甘泉：灌婴车骑兵至高奴，数万匈奴轻骑未放一矢，不战即走。其后不久，右贤王即挟饱掠之财货，自上郡撤回塞外。上郡北部失陷诸县，皆已收复。概而言之，朝廷车骑虽未有斩首之功，但确实已令数万匈奴轻骑望风而遁。

不过，匈奴虽已撤兵，但边塞仍时有匈奴游骑往来窥伺，故战备仍不能松懈。因此，汉军不能立即班师，而需屯守上郡边塞，以恢复上郡备边事宜。

此次大发车骑北击匈奴，乃是自高皇帝以来朝廷首次对匈奴大举用兵，既能得胜，则足以彰显皇帝之威。因此，皇帝车驾自甘泉至上郡，抚慰吏民，整饬边防。待上郡稍安，皇帝车驾又经上郡东渡黄河，进抵至太原郡休整，并预备自河东郡返回长安。不过，自上郡返回长安，最为便捷的道路为顺洛水而下，若取道太原郡，则需多绕三百余里，途中还要两次渡过黄河，于声势浩大的数万车骑而言极为不便，亦毫无必要。然而，太原郡乃代国之土，于自代入主长安的皇帝而言显然非同一般，今特意取道太原郡，正有仿效高皇帝歌大风还乡之意。

六月中，皇帝车驾行至太原郡治晋阳，随后于晋阳接见代国故臣，给予赏赐。太原吏民亦得皇帝所赏赐之牛酒，同沐君恩。随后，按汉十二年高皇帝至沛县免丰沛赋役之"故事"，朝廷下诏免征晋阳、中都三年之税，以示不忘本之意。

岂料，朝廷于太原郡展示君恩之时，却有人不识君恩。

第十三章　　济北举兵

何谓君恩？当初诛灭诸吕，乃功臣之谋，齐王之力。想那刘恒竖子远居北国，既未出谋划策，亦未摇旗呐喊，却因徒有"仁厚"之名而入主两宫，以令称制。待其即皇帝位，内则亲附代国群臣，外则削夺刘氏藩国。凡此种种倒行逆施之举，实乃天地之所不容，人神之所共愤。概而言之，刘恒为君，唯有仇，岂有恩？

思及刘恒之刻薄寡恩，济北王刘兴居愈发愤恨。想当初，功臣曾约定在举兵诛吕之后，将梁国封予己。孰料刘恒竖子即位后，竟无视密约，将梁国转封予其子刘揖，而仅以济北国一郡之地"相酬"。需知，梁国下辖之砀郡及东郡南部为中原富庶之地，远非偏处东方的济北可比。故虽同为藩王，但济北王远不能与梁王相提并论。更何况，济北本齐国七支郡之一，并非汉郡。以同宗齐国之地封齐悼惠王之子，无异于慷他人之慨，岂能言赏？故所谓济北王之"酬"，实与羞辱无异。

即便不言此不公之事，思及数年中齐国诸王之死，刘兴居亦不能不心有忧虑。前元元年年末，长兄齐哀王刘襄不知何故，竟骤然暴亡。刘襄向来体质强健，壮年而亡，岂不蹊跷？刘襄薨后，次兄城阳景王刘章亦于前元三年四月无端薨逝。刘章曾宿卫两宫两年之久，勇武之名天下皆知。既然素来强健勇武，又从无疾病，何故又骤然暴亡？齐国兄弟三人，竟两年之内暴亡两人，焉知不是朝廷从中作祟？先秦以来，藩臣无端被杀之事便屡见不鲜。惠高时代，不但有三赵之哀，甚至刘兴居之父刘肥亦险死于毒酒。当年朝廷刻薄寡恩，又岂能妄想今日朝廷宽宏仁爱？

正因如此，自前元二年受封以来，刘兴居日日怒惧不休，可谓度日如年。每思朝廷之寡恩及长兄、次兄之无端暴死，刘兴居未尝不汗出于背。然而，虽常有登高一呼之念，但又不能不直面现实：济北国不过一郡之地，朝廷则有十五郡、四"亲藩"，强弱之势过于悬殊。自古以来，"行大事"乃有进无退之举，一旦不慎必身死族灭。是故，刘兴居虽尝腹诽而心谤，且此数月以来频有"行大事"之念，但惮于朝廷兵强，故逡巡犹疑，不敢孤注一掷。

正在此时，长安传来右贤王南下，朝廷调兵北上上郡之消息。按朝廷动员制度，关中常备之兵总数约二十万，朝廷既征调车骑近十万北上，则关中必然空虚。匈奴肆虐不休，朝廷重新恢复边防亦需时日，故出征之汉军亦不能短期内班师。因此，除卫将军宋昌之南北军万余人外，关中可谓无防矣。莫非此乃可用之机？

然而，刘兴居仍不敢轻易举兵西向。需知，刘恒此人虽刻薄寡恩，但素来狡诈有谋，切不可轻视之。一旦草率行事，恐为其所趁。

孰料恰在此时，却闻皇帝车驾逗留太原郡不归，中枢无主！无主则乱，此真可谓十年不遇之机，正如当年蒯彻谓淮阴侯韩信："天授不取，反受其咎。"此时不举，更待何时？于是，前元三年六月中，刘兴居杀济北相，夺济北兵权，正式举兵。

当此之时，济北国西北隔黄河与赵国之清河支郡相望，东南为齐国济南支郡，西南则与汉之东郡接壤。今齐王乃刘襄长子刘则，为刘兴居之侄；今赵王刘遂因析置河间国，对朝廷亦有不满；故济北与齐、赵可谓一损俱损，一荣俱荣。既然如此，可遣使相告，约二王同时举兵。若能共同举兵，固然大善，即便不能，亦可保证济北后方无虞。后方无虞，则可竭力西向。今长安无主，关东各郡虽有郡兵，却并无统一指挥、调度，又岂能阻止济北倾国之兵？彼时，济北沿黄河西向，直攻东郡，进虎牢而据荥阳①，就食敖仓，便可直取洛阳，观兵关中。

运筹已定，兵马已集，刘兴居遂于六月末誓师出兵。济北军数万步骑自历城集结，按已定方略沿卢城出谷城。谷城为留侯张良再会黄石公之地，亦为济北国最西部的县。出谷城向东五十余里，即进入东郡东阿县地界。因此，刘兴居即令诸军设粮秣仓储于谷城，以便随时供食于军。待妥

---

① 荥阳为水运枢纽，为河济二水分流处。战国时，魏惠王开鸿沟，在荥阳北开口，引黄河水入大梁。秦始皇疏鸿沟以通淮、泗，漕运淮河南北粮食至荥阳敖仓。秦楚之际，楚汉曾在荥阳、敖仓、成皋一带对峙数年。

善备齐粮秣后，刘兴居遂将兵出谷城。孰料，步骑刚至城外，中军旌旗即被吹落于城西水井之中，战马则悲鸣而不进。尚未出济北便有如此异象，济北群臣惊恐不安，近臣李廓甚至公然力谏不可兴兵。然今箭在弦上，岂可不发？竖子以此谏言，真是岂有此理！是故，刘兴居闻之大怒，拔剑下令再有言不祥者斩。

赖军令森严，军中终无流言。见军心已稳，刘兴居遂强令诸军开拔。次日，济北步骑进抵东郡东阿县。击破东阿后，刘兴居引兵自范阳、甄城向西一百余里，进抵东郡郡治濮阳县。

东郡乃关东大郡，郡治濮阳城防极为坚固。正如《孙子兵法》"其下攻城，攻城之法为不得已"之言，强攻如此坚城，本为下下之策。不过，濮阳横贯于东西要道之上，欲引兵西进，唯有克城。而且，朝廷紧控兵权，东郡郡守可用之兵必然不足，故濮阳虽坚，想来亦不难拔之。因此，刘兴居绕城劝降不得后，即下令攻城。

却不想，济北军围城数日，虽日日猛攻，但皆不利。济北步骑非不勇，济北矛戟非不利，为何屡攻不克？询问斥候游骑后，刘兴居才知城中兵多，故济北军攻城甚难。

为何兵多？原来，自前元二年九月朝廷下诏颁发铜虎符、竹使符予郡国守相后，各郡郡守已有应急调兵之权。郡守虽不可越境出兵，但却可以虎符统一调动全郡郡兵。大约早在济北军攻至东阿时，东郡郡守即已下令各县立即动员，并征周边数县之兵入城，是故今城中兵多。东郡下辖二十余县，且多为大县，稍稍动员得步骑二万余并不甚难。二万余步骑出击或有不足，但据坚城而守却是足够。因此，济北军屡攻不能克城。

城中兵多粮足，且城池坚固，欲一举克城何其艰难。然事已至此，刘兴居亦无可奈何，唯有督兵猛攻。然数攻不克，士卒疲惫，攻城愈发无力。结果，拖延数日，至七月初，濮阳仍未能夺取，兵进荥阳更是遥遥无期。正在进退不得之时，斥候游骑却已频传朝廷大军集结之事。据斥候游骑之言：六月末，得知济北举兵后，原屯驻上郡的丞相灌婴即受命罢兵班师，返回长安屯守，皇帝车驾则经河东返回长安。在车驾回京途中，朝廷即以羽檄紧急征召关中、河南诸郡十万材官、骑士于荥阳集结。同时，朝廷又拜棘蒲侯柴武为大将军，祁侯缯贺为将军，至荥阳统兵。

柴、缯二将，刘兴居素有所知。柴武，薛人，秦楚之际起兵于薛。项梁楚军北上后，柴武引兵走东阿助之。定陶之战后，柴武将所部从高皇帝。楚汉决胜垓下，柴武统后军，居高皇帝之后。汉十年陈豨、韩王信叛，柴武从高皇帝将兵击之，斩韩王信于参合。观其将兵，素称勇猛无畏。柴武以勇猛能攻而著称，缯贺却以沉稳善守而闻名。缯贺，本为魏将，汉三年以执盾从起晋阳。其后楚汉激战于荥阳，缯贺于高皇帝为楚骑所迫之时将骑士死守不退，终击退楚军，救高皇帝于危难之中。此后，缯贺以执圭东击项羽，因功封祁侯。据传高皇帝甚宠之，甚至常呼之"祁王"。

此二人皆为知兵能战之将，实非济北之将可敌，其所将之兵俱为骁勇精锐之师，且足有数十万之众，更非济北之军可比。寡众悬殊，强弱已分，岂能得胜？而且，洛阳至东郡全程不过五百里，且有秦驰道机动，行动便利，汉军车骑俱发，十日内必可抵濮阳城下。彼时，疲惫已极的济北军何去何从？因此，至七月中，闻汉军已驻兵洛阳，其前锋甚至已出荥阳，进至卷县、阳武一带后，刘兴居忧虑不已。

思虑再三，刘兴居只得令主力休整，准备决战。八月初，斥候报曰：汉军除缯贺一部屯荥阳外，柴武统数十万车骑兵出洛阳，取道三川东海大道，经荥阳、阳武出河南郡，兵进东郡酸枣、燕县。闻汉军已至，刘兴居遂遣偏师西出，迎击汉军。

孰料仅一日，西出之济北偏师即告崩溃。见首战告败，刘兴居只得下令退兵至济北国重整旗鼓，以图再举。然退兵济北数日后，朝廷诏书亦传至。诏书曰："故济北王刘兴居背德犯上，大逆不道。济北境内吏民，凡于朝廷王师未至之前归顺者，一律赦免，且复原有之官爵。已追随刘兴居者，只需归降朝廷，即可赦免其罪，不予追究。"

手执此诏，刘兴居怒极反笑：刘恒这竖子真是恬不知耻。两军交战，刀兵相见，胜负已分。济北之败乃实力使然，亦可谓天命不在济北。然而，刘恒竖子于大军交战之时却发布诏书，宣称赦免济北吏民，名为"仁厚"，实乃瓦解济北军心之举。刘恒竖子素称"仁孝宽厚"，可观其言其行，何其毒辣。然而，朝廷乃正统所在，人心所向，此时除唾骂外亦毫无办法。势不如人，如之奈何？果然，朝廷诏书被射入军中后，济北数万步骑一夜尽散。刘兴居兵败被虏，不愿受辱，遂自杀而死。

刘兴居既军败身死，济北之叛随即平息。其后，立国未有一年的济北国被废为郡，收归朝廷直辖。八月末，朝廷又特意下诏再次赦免济北吏民，以安抚人心。

刘兴居六月起兵，八月初即被朝廷讨平，前后持续不过月余，可见济北之叛规模甚小，完全不能与高皇帝时天下震动的韩王信、陈豨、英布等异姓诸侯举兵相比。然而，规模虽小，其性质却极为恶劣。为何？盖因济北之叛乃高皇帝以来首次同姓宗室谋反。需知，刘兴居虽为旁系疏宗，并非"亲藩"，但确实为与朝廷血脉相连的高皇帝直系子孙，与韩王信、陈豨、英布等异姓诸侯有天壤之别。

当年，高皇帝讨平卢绾，立白马盟誓，称："非刘氏而王者，天下共击之。"以同姓易异姓之本意乃仿效周人"以藩屏周"，依靠刘姓血脉以延续刘氏社稷。可是，同为封建制，西周同姓藩国不臣之事乃周公以后四百年，汉同姓藩国不臣之事距高皇帝崩逝不过二十载。周人之制不能适用于汉，岂非宣告高皇帝所定之制已经崩坏？而且，今日有刘兴居，焉知明日不会有他人？而既然连同姓亦会起兵作乱，则社稷如何能长治久安？再者，数十年以后，太原、代、梁等与朝廷血缘最近的"亲藩"亦会如高皇帝其他子孙一般逐渐淡化为旁系疏宗，代王系"亲藩"藩王亦将疏远。彼时，朝廷又当如何应对？

事实上，此事确实已有征兆。淮南王刘长与朝廷乃兄弟关系，为"亲藩"之国，与朝廷不可为不亲。然而，朝廷待其愈厚，其却骄横愈甚，毫无对朝廷法令之顾忌。当初中郎将袁盎之言，真是正中要害。

由此观之，分封同姓并不是治本之策。欲令社稷长治久安，非得有贤臣辅佐不可。

第十四章　　千金一诺

丞相颍阴侯灌婴，亦可谓朝中贤臣。然而，朝廷平定济北王刘兴居数月后（前元四年冬十二月），灌婴即病重去世。

自前元二年年初以太尉代因"彻侯之国"而被罢免的绛侯周勃算起，灌婴任丞相前后不过年余而已。灌婴自少年时代便从起于砀郡，追随高皇帝灭秦平楚，扫灭诸侯。其戎马一生，甚至死前数月尚甲胄不离，于上郡领兵御胡。正因如此，灌婴与周勃相似，所以能名震海内，乃是随高皇帝开汉家天下之赫赫战功，而非丞相任上治国政绩。

灌婴虽身居高位三十载，却鲜涉朝堂争斗。因不屈从权贵，灌婴虽在高皇帝时即拜车骑将军，至惠高时代却被免职数年，仅保留彻侯爵位而已。如此为官，与陈平、周勃之辈阿谀求用相比，可谓天壤之别。赞誉为"贤"，并不为过。

灌婴不但被数称为贤，亦被誉为长者。据传，灌婴驰骋沙场三十载，对府中舍人从不吝啬，故其舍人、骑士亦多有从军作战而立有战功者。其门客、舍人中最为著名者，当属因上书论政而被重用的贾山。除举荐贾山外，灌婴数月前病重时又将其作战勇猛的舍人张孟推荐至朝中，使其位列二千石。可是，除追随多年的舍人，灌婴却并未对家小作出高远安排，只是将颍阴侯爵位留予长子灌平而已。而且，因灌平在朝中并无官职，故灌婴已于数日前按当年"彻侯之国"诏的要求，遗命灌氏举家离开长安，前往颍川郡颍阴县居住。

由此观之，虽为功臣元老，但与无治国之能，唯知争权夺利之辈相比，灌婴贤臣、长者之名，可谓实至名归矣。因是之故，灌婴与周勃境遇完全不同。周勃虽两次拜相，显贵已极，但却在朝堂之上数次被责问，而且其后再未掌兵，并被罢相"之国"。相反，灌婴不但继续掌兵，甚至还数次被委以重任。

贤臣既已逝，则举贤任能，稳定朝政当为当前之要务，故在前元四年正月甲午，人事任免诏书下达：丞相一职由御史大夫北平侯张苍接任。

张苍，河南郡阳武人，据传早年受学于荀子，与秦丞相李斯、韩公子韩非同门，秦时为御史，"主柱下方书"。二世时，张苍因获罪逃亡，潜匿于故乡阳武。二世二年高皇帝引兵过阳武，张苍遂以客从。入汉以后，张苍不知何故坐法当斩，幸赖身材高大且"肥白如瓠"，而为安国侯王陵所救。汉三年淮阴侯韩信击赵，张苍以恒山郡守从之。井陉一战，张苍将兵擒斩代王陈余，遂以恒山郡守迁代相，并受命屯兵代郡，防备匈奴。汉并天下，张苍封爵北平侯，历任赵相、计相、淮南相、御史大夫等职。

由张苍之仕途经历可见，其人虽为功臣元老，但与故廷尉吴公、樊侯蔡兼颇为相似，皆属秦人，与以周勃为代表的"砀泗元从集团"并不相同。故以其为相，不至于势大难制。而且，因当年救命之恩，张苍与"砀泗元从集团"重要功臣前丞相王陵颇有交情；因任淮南相十四年，与淮南王刘长有恩；又因曾两任代相，熟悉赵、代之地情况，与代国上下交情匪浅。总之，张苍是与朝中各派均能交往的圆滑之人。再者，张苍乃朝中少有的出身文法吏的公卿，其人精通历法、乐律、图书、律令，且曾于相府辅佐相国萧何多年，熟悉朝廷政令，乃执掌朝堂的不二人选。现如今，朝堂政务愈发繁剧，以张苍为相，正可人尽其用。总之，除稍显年老体衰外，张苍以御史大夫迁相实乃"众望所归"。

张苍迁相，则御史大夫空置。御史大夫虽位丞相之下，但事务繁杂，有"副相"之称，非有能力者不能任。而且因张苍年纪老迈，御史大夫必要负担更多事务，故御史大夫更需能臣为之。如今朝中上下，何人能为御史大夫？也许，已外调长沙王太傅的贾谊，历练数年，足以胜任御史大夫一职。不过，贾谊远居长沙国，且与朝中功臣元老矛盾极为尖锐，数年之内恐难以为御史大夫。不以贾谊为之，有资历的代王故臣亦可。然而，代王故臣中，被视为肱股的宋昌、张武已经分掌南北军及郎卫；薄昭则为车骑将军，亦有执掌兵权重任，三人俱难以再兼任御史大夫。因此，朝中大臣，实难择出贤能者。

一般而言，御史大夫一般须自二千石列卿中迁任。不过，有当年广阿侯任敖以上党郡守直接迁至朝中任御史大夫之"故事"在前，朝廷亦可自郡国守相中迁任御史大夫。如今，既然朝堂"乏人"，则可因循任敖之"故事"，挑选郡国守相贤能者担任御史大夫一职。正因如此，在前元四年春末，朝廷即有意遣使至河东郡召河东郡守入朝。

河东郡守者，楚人季布也。季布，少时为气任侠，有名于楚。项氏举兵会稽，季布从之，为楚军大将。季布勇猛有谋略，有将帅之才。楚汉相争时，季布屡胜汉军，常令高皇帝难堪。因此，项羽败亡后，高皇帝曾以千金之悬赏缉捕季布，并下令敢有藏匿季布者，罪及三族。其后，赖濮阳周氏及鲁县朱家相救，季布终免于死罪，并入朝为官。数年之中，季布累迁至中郎将。惠帝时，匈奴冒顿单于曾致书吕太后，极尽侮辱之能事。书信公开后，舞阳侯樊哙请命讨伐匈奴，季布则力排众议，指出"今创痍未瘳，哙又面谀，欲摇动天下"，甚至高呼"樊哙可斩也"！结果，朝廷遂不复再议出兵击匈奴之事。

不过，樊哙乃朝中显贵，季布以楚军降将身份当庭唾骂，自然招致嫉恨。结果罢朝后不久，季布即以中郎将外调河东为河东郡守。

需知，中郎将为比二千石武官，以官秩而论不如河东郡守。然而，中郎将乃朝廷大吏，朝中常设仅有五官、左、右三中郎将区区三人，而天下郡守却有几十之多。可见，中郎将作为朝中常置的重要武官，其权重又非郡守可比。因此，以中郎将迁郡守实乃明升暗降，属左迁无疑。而且，季布自孝惠年间以中郎将左迁河东至今已有十多年，一直未能升迁。由此观之，当初于朝堂之上唾骂樊哙固然痛快，可无异于公然挑衅"砀泗元从集团"。若无奇遇，则仕途恐就此终结。

却不知，久居河东十余载的季布对朝廷是否心存不满。因此，有征调季布入朝之意后，皇帝即召与季布素有交情的窦建入宫询问："闻长君数月前曾代人致书予季河东？不知季河东为人如何？"

听闻皇帝询问此朝中公卿均知的趣闻轶事时，窦建笑答："陛下所言，莫非河东郡守季布季君？季布季河东乃当世之豪杰，长安城中垂髫童子亦知'一诺千金'季河东！至于陛下所言之致书一事，确实有之。当初，请臣致书者乃季河东同乡楚人曹丘生。曹丘生，乃赵谈赵常侍之门客，其人能言善辩，亦为智谋之士。因臣素善季河东，故臣先是得季河东书信。季河东书信称'曹丘生结交权贵谋取富贵，实非长者'，告诫臣不可与曹丘生往来。然而，曹丘生回乡前仍请臣为其致书求见季河东。因得季河东信在前，故臣便据实以告，劝曹丘生莫往河东。不过，其人不以为意，强请臣为之致书。臣推辞不过，便代曹丘生致书季河东。陛下，季河东为气任侠，臣既无信，实无颜再见季河东矣。"

不想，趣事言毕，却闻皇帝大笑："长君，真长者也。我闻曹丘生非常人，其人至河东，仅凭'楚人谚曰得黄金百，不如得季布一诺，足下何以得此声于梁楚之间哉'一言即令素来刚直的季河东大悦。以我观之，此人之口才不在陆大夫（陆贾）、随护军（随何）之下。而季河东既欲显名于天下，又岂会责长君为曹丘生致书之事？"

其实，士人所谓之"名"，自需宣扬，士人相互吹捧为造势亦并非稀奇之事①。只是窦建长于民间，出身寒微，故不知其中玄虚而已。不过，既欲扬名则证明季布乃爱惜羽毛之辈。既然爱羽重名，则若为御史大夫，亦不会胡作非为，用为御史大夫，当无不妥。而且，这数年中，季布于河东任上政绩颇佳，按制度亦当右迁。权衡已毕，朝廷遂正式遣使急召河东郡守季布入朝。

可是，数日后季布至长安河东邸时，却闻朝中颇有传言，称季布常骁勇而无礼，酗酒而无行，实无汉官威仪，若执掌中枢，恐朝廷遭人议论。如此传言，或非虚假，从公然唾骂樊哙一事即可见其暴躁？若其再以御史大夫在朝中唾骂他人，则朝廷又当如何应对？因此，反复权衡一月有余后，皇帝终决定暂缓任用季布，并令其返回河东。

可是，今朝廷无故而召人，召至又迟迟不授官，实在有违制度，亦不能不予解释，故在其返回河东前，特允其入陛面圣。

岂料，性格刚直且素来无所顾忌的季布在繁琐陛见仪式结束后再次顿首，并对此次急调之事开口谏言："臣无微功，蒙陛下不弃而待罪河东，本已惶恐。陛下无故召臣入京，臣以为必是有人向陛下荐臣。今臣至京城一月却无命而还，此必有人毁臣。陛下以一人之誉而召臣，又以一人之毁而弃臣，臣诚恐天下有识之士闻之将以此窥探陛下之深浅。"

尚未解释，即遭臣下出言指责，实在有失朝廷颜面。不过季布并非胡言乱语，确为朝廷有错在先。然而，君无戏言，既然已令季布返回河东，则总不能再因其人一言而挽留，否则朝令夕改，必遭天下耻笑。因此，皇

---

① 汉末时，士人相互吹捧之风气更为盛行，如当时的南阳人许劭便在每月正旦日对士人进行点评，号称"月旦评"。凡得好评者，立时名扬天下。此风之盛，连曹操亦未能免俗，去南阳得了一个"清平之奸贼，乱世之英雄"的评价。

帝无言以对，"默然"而面露惭色，一直沉默良久，方勉强答曰："河东郡为股肱之郡，故特召季君面谈！"

季布返回河东后，朝廷于四月中下诏，拜围为御史大夫。"围"名不见经传，既无资历可言，又无功绩可叙，不过是过渡而已。犹疑数月后，朝廷才最终下令以典客冯敬行御史大夫事，配合张苍主持朝廷政务。

冯敬，出身上党冯氏，乃故秦名将冯无择之子，战国韩上党郡守冯亭之后。百年前长平战后，冯亭后代去韩至秦，为秦国冯氏之源。冯亭之后数十年中，冯氏累出将相，为秦显赫大族。始皇帝时，冯敬之父冯无择以将军统兵击六国，积功封伦侯。同族之冯去疾、冯劫亦官至丞相、御史大夫。其后，秦末丧乱，二世昏聩，冯去疾、冯劫均被迫自杀。为免于刀斧，冯敬遂与父亲冯无择离秦之魏，回到当时属魏王魏豹治下的上党故乡。因冯氏父子皆有名将之名，故至魏后旋即为魏豹拜为骑将，于魏国领军。事有不巧，冯敬掌军不久便遭淮阴侯韩信猛攻。是役，魏军大败，魏国亦为汉所并。于是，冯敬自魏入汉，卒为高皇帝大将。

此后数十年中，冯敬与父冯无择同在朝中任职。前元三年，冯敬迁典客，成为银印青绶的二千石列卿。除有将帅之略外，冯敬还精通文法，有治政之才，当年被高皇帝数称为"贤"。因此，以冯敬行御史大夫事，协助同为秦人出身的张苍最为合适。

此次调整，所用之冯敬、张苍，乃至未用之季布虽俱为高皇帝军功老臣，但非秦人出身即楚军降将出身，与周勃、灌婴等"砀泗元从集团"并非一派。如此调整，并非无故。需知，"砀泗元从集团"久掌大权，实力雄厚，且背后关系错综复杂，实有削弱压制之必要。当初贾谊所议之"彻侯之国"，亦即削弱"砀泗元从集团"之意。既然压制，则此时如将三公之位贸然授予，无疑是授人以柄，非社稷治安之道。由此观之，用军功老臣中的旁系分化"砀泗元从集团"之权，也是稳定君权的必然之举。

无论如何，自前元四年十二月灌婴去世后，经过连续数月谋算筹划，新任公卿终于布告天下。于是，公卿二千石以北平侯张苍为首，手执笏板——依次进殿，参加前元四年年末朝会。

第十五章　　绛侯谋反

朝会开始，群臣山呼万岁，跪拜行礼，随后公卿按例奏事。本以为礼仪性质的朝会无事可议，岂料新丞相张苍开口便言谋反大事：

"陛下，臣及御史大夫接河东郡守季布急报，言其郡内有告发绛侯在绛县之不法事，或有谋反之念。季河东不敢自专，特奏报本署。绛侯乃高皇帝股肱之臣，且兹事体大，臣亦不敢隐匿，伏惟陛下圣裁！"

事涉谋反，乃天大之事，故张苍甫一开口，顿时震动满朝公卿。可是，此事又极为蹊跷，实难让人信服，毕竟周勃并非济北王刘兴居，并无谋反理由。既然无缘无故，周勃何故于封邑谋反？因此，在听明详细奏报后，中郎将袁盎便立即进言："陛下，臣以为绛侯谋反一事颇为蹊跷。披甲执戟见守尉虽有不妥，但并不违法，且绛侯世受国恩，并无谋反之动机。既然谋反，又何必手执利刃与朝廷命官相见，甚至还令人人尽知？周侯乃知兵之人，又岂会不知谋反之事当须谋划于密室？故以臣观之，谋反之事，当属诬告无疑。难道廷尉署将以当年梁相王君审彭越'反形已具'之罪名族诛绛侯否？故臣以为还当慎重为上。"

梁相王君即梁相山都侯王恬启。汉十一年三月，彭越被捕，受命主审者即时为廷尉的王恬启。当时，因吕太后干预，王恬启不得不以"反形已具"论彭越死罪。因如此定罪实在荒谬，故至今还为天下所议论。袁盎之意无疑是在警戒朝廷：若但凡遇到"谋反"时都如当年审彭越那般屡屡无视律法而直接定罪杀人，则必会造成朝廷威信沦丧。而且，今既然牵涉高皇帝老臣，则无论有无证据都必须更为慎重，在尚未查清前，实不能轻易定性为"谋反"。然则，袁盎所谓"披甲执戟见守尉"之事到底是指何事？

为何不能轻易定罪？

此事还需追溯至前元二年。当时，朝廷按贾谊之策发布"彻侯之国"诏，欲分化功臣元老。但是，因功臣元老暗中抵制，故诏书效果极不理想，甚至到次年十二月，"彻侯之国"事宜仍无实质进展。前元三年新年，朝廷不得不再次下发诏书，重申"彻侯之国"精神。如第二道诏书再无效果，则无异于宣示朝廷束手无策。长此以往，君威何在？因此，为顺利推行第二道"彻侯之国"诏，朝廷当时特意将周勃罢相，并严令周勃以故丞相身份为公卿表率，立即前往河东绛县就国。诏书言辞切峻，周勃不敢违逆，遂于前元三年辞相，并举家回到河东绛县封地。

虽说朝堂仁厚，并无赶尽杀绝之意，也曾明确表示周勃只要回到绛县，大可安心养老。然而，心中一直颇有疑虑的周勃却并不能放心。而且，短短一年中，朝中大事不断，更有济北王刘兴居起兵被诛之事，事事皆可见朝廷处置对手手段之果决狠辣，周勃既身为当年诛吕权臣，又曾屡次三番对新皇帝不敬，又如何敢安坐于绛县？

前元四年春，季布自长安返回河东，并按制度与郡尉下县行县。汉制，各郡守、尉每年需至下辖各县视察，是为"行县"。郡守行县乃劝课农桑，视察治下各县的县政，郡尉行县则是禁绝本郡盗贼，此皆为守尉行政范围内的正常之举。周勃封邑绛县仅在郡治安邑以北百里，又是河东大县，自然是守尉行县的重点区域。周勃既是四朝老臣，又是前丞相，则行绛县时，季布、郡尉于情于理当前往探望，以示对老臣之敬重。因此，车驾行至绛县时，季布遂与郡尉拜会周勃。可岂料二人入府，竟见周勃顶盔披甲，正襟危坐，并命家人执戟在手，护卫在侧。如此待客之势，真是如临大敌。问礼已毕，却又闻周勃开口怒斥："季公自长安陛见而归，行县停留于绛县，到底意欲何为？莫不是朝廷欲借季公之手擒杀老夫？"

见此情景，季布不明所以，实不知这位绛侯意欲何为，只得谢罪而出。虽季布并未追究，但此事到底不同寻常，故其后不久，即有人以此举报周勃谋反。结果，此事终上传至长安，议论于陛前。

既然事涉谋反，则绝不可等闲视之，特别是已有刘兴居谋反之前车。因此，朝会之时，即便袁盎据理力争，但终究无果。朝议结束之后，朝廷即下令廷尉署遣人至河东绛县逮捕周勃，并立即械送至长安问罪。

廷尉，主管司法刑狱，是朝中二千石列卿之一，素以明法刚直之人担任。此时，朝中廷尉乃贾谊举主故河南郡守吴公。说来有趣，贾谊所以外迁长沙国，其始作俑者正是以故丞相周勃为代表的功臣元老。谁想不过一年，周勃便要面临"政敌"之审问，实在是极为可笑之事。虽说精通法令的吴公治法刚正，不会因私谊而妨碍公务，但既然事涉谋反，吴公亦不会稍有懈怠，故数日之后，周勃即被廷尉著缇骑缉拿并从绛县送至长安。

按照朝廷司法程序，吴公当先遣人问罪，并记录在案。然而，自就国以后，周勃本就对朝廷极为恐惧，如今即械拿至长安，更是生死只在一刻之间。三木之下，怕是也只有如贯高之辈才能视死如归。周勃平生虽杀人如麻，但既恐惧且又"木强敦厚"，在面临廷尉法吏的责问时，又如何能巧舌如簧？因此，法吏连番相问，周勃竟一言不发。可是，面对法吏时口无一辞，事实上便等于认罪伏法。一旦照此定罪，则恐举族无遗类矣！故而，法吏俱陈朝廷法令之威严后，却闻见心胆俱裂的周勃也顾不得身份悬殊，言以千金相赠，希望能宽赦一二。然而，事涉谋反，又是皇帝亲自过问，小小法吏岂敢擅作主张？

不过，此法吏尚算心思敏捷，审讯结束时于牍板背面写上"以公主为证"五字，并寻机向周勃示意。

所谓公主乃皇帝之女绛邑公主。前两年，为笼络周勃，皇帝将年仅十余岁的公主许给周勃长子周胜之。因周勃封邑在绛县，故谓"绛邑公主"。法不外乎人情，既然娶皇帝之女，则可设法令绛邑公主至宫中说情，以人情打动主君。如此，此案或有转机。

可是，既为外人，法吏并不知周勃家事并不和谐。周勃三子，胜之、亚夫、坚。三子之中，次子周亚夫颇有才干，少子周坚年幼有节，唯独长子绛侯太子周胜之毫无才能，实难担当大任。而且，周胜之与绛邑公主并不和睦，家中往往争吵不休。因此，此时请求不过十余岁的绛邑公主入宫说情，恐难成功。何况事涉社稷，那所谓之人情本毫无用处。不过，法吏所提之计并非完全无用，人情尚可一试。需知，汉以孝治天下，绛邑公主之言可能毫无用处，薄太后之言却有大用。周勃虽与薄太后并不相熟，却与薄太后之弟轵侯薄昭交情匪浅。当年迎立代王时，薄昭曾数次奉命入京，而接待薄昭的正是周勃。如能通过薄昭将此事告知薄太后，并请薄太后出面，则必有转机。于是，周勃在狱中紧急托人送书与薄昭求救。

结果正如周勃所想。据宫中好事者传，在听到薄昭论及朝中绛侯谋反一事且即将定罪量刑时，素来厚道的薄太后立即勃然大怒，并急召皇帝至长乐宫对质。皇帝刚入长乐宫，盛怒不已的薄太后随手抓起头巾掷去，并破口大骂："绛侯携皇帝之印玺，统帅北军诛吕，为天下之权重。绛侯当时不反，如今身居一县反要谋反！天下岂有如此道理！"需知，薄太后为人忠厚，兼之年事已高，向来不谈论朝政之事，可如今竟然为周勃谋反一事特意召来皇帝怒骂，可见朝廷之所作所为实在过分。既然薄太后亲自过问，且有司又无确凿证据，此案岂能定罪量刑？于是，皇帝只得唯唯诺诺保证："狱吏已查清绛侯之事子虚乌有，当无罪释放。我已遣使持节入狱释放周勃，并恢复爵位、封邑。"

法吏言毕宫中之事后次日，周勃果然接到赦免命令。而当走出阴暗的廷尉狱之时，这位曾经执掌天下之权柄如今却身陷囹圄的老臣，对月余以来于生死之际徘徊数次的经历大发感慨："老夫曾将百万之军，可岂知狱吏之尊贵！"

此刻，周勃大约亦能对当年老上司相国萧何之经历心有戚戚。萧何侍高帝，不可谓不忠贞，然前一日位极人臣，后一日竟入狱论死，以致不得不跣足谢罪。由此观之，君上之威，威于祸福难测。任凭是掌天下之柄，还是执社稷之政，均为人臣，而只要主君大权在握，便可凭一言而定人臣之生死，无人能够逃脱在主君权威笼罩。翻手荣华富贵，覆手却身死族灭，此乃君主至高无上而不可僭越的权威。如此惨痛遭遇，终令周勃感悟君臣之别。因此，在此后数年之中，安居于绛县的周勃不敢再有丝毫不轨之行，而是处处小心谨慎。孝文前元十一年，周勃终于老病而死，得以善终。周勃死后，绛侯爵位由长子周胜之继承。六年后，周胜之坐法国除。一年后，朝廷又下诏命周勃次子周亚夫以条侯身份继承周勃封邑，以告慰开国老臣。

人死可论，盖棺而定。周勃既死，则可稍议其功罪。《孙子兵法》云："厚而不能使，爱而不能令，乱而不能治。"言统兵大将，不能过于仁慈。以此而论，周勃可谓"名将"矣。为何？盖因周勃统兵，残酷屠戮之行不可胜数。如当年周勃将兵平陈豨，竟将马邑合城屠灭。在诛吕之中，周勃亦不顾念旧情，将当年袍泽好友樊哙举家屠灭，包括加冠未久的侄儿樊伉。由此观之，在刀兵之前，周勃从不效妇人之仁。如此"杀伐果决"，岂非"名将"邪？《孙子兵法》又云："将者，智、信、仁、勇、严也！"严则严矣，却不知其人仁在何处。据沛县故老传言，周勃寒微时为人吹箫治丧。或许，此胡乱杀人之恶习正是随那吹丧之箫而来。

周勃死后五十余年，司马迁作《绛侯周勃世家》，将周勃父子俱列入世家，成为同萧何、曹参、张良、陈平并列的仅有的五个高皇帝功臣世家。在《绛侯周勃世家》篇末，司马迁又认为在诸吕作乱时"勃匡国家难，复之乎正，虽伊尹、周公，何以加哉！"堂而皇之以周勃比作集"大德大功大治"于一身的周公，其溢美之词毫不吝啬。可是，周勃果真为可与周公比肩的社稷之臣？事实上，论及周勃为臣时，与周勃同时的袁盎"绛侯所谓功臣，非社稷臣"之言更有见地。既然是功臣，非社稷之臣，又岂能与辅佐商汤、周武的上古贤臣伊尹、周公相提并论？不说与上古伊尹、周公相比，即便与同为武将出身、位列相位的曹参相比，周勃亦远远不如。曹参任齐相九年，被齐人称为"贤相"。周勃虽亦为丞相，但却从未听闻有一二令人称道的政绩。

第十六章　　　谏铸钱疏

　　周勃桀骜不驯，并非社稷之臣。于皇帝而言，最能称之为社稷之臣者，当属长沙王太傅贾谊无疑。为何？盖因贾谊虽被外放至千里之外，身居荒蛮僻远之长沙，亦从未心怀怨望，甚至在为长沙王太傅期间，还屡次三番上奏论政，对朝政之关心溢于言表。试想，如此尽忠不顾私之臣非社稷之臣，何人又是？

　　周勃"谋反"案审结数月后，前元五年夏，朝廷再一次接到贾谊奏疏，奏疏题名是《谏铸钱疏》。不需翻阅奏疏，只观其名也知此疏所论述当为四月朝廷下诏造四铢钱，及除盗铸钱令，允许民间私铸铜钱一事。然则，此两项法令到底所论何事？为何能令万里之外的贾谊专门上疏论政？

　　事实上，此乃年初实行的大政，也是天下上自朝中公卿，下至贩夫走卒均在讨论的大事。原因无他，此令涉及钱币。

　　这两项法令虽说是新朝首次发布的关于改革币制的经济法令，但所涉却是汉立国百余年间之旧事。需知，自周以来，天下混战数百年，各地货币形制混乱不一，甚为不便，故秦并天下后颁行法令，强制统一钱币。不过，因秦二世而亡，故此策收效甚微。秦楚之际，各地豪强无视国家法令而私下自行铸币者不在少数。高皇帝时，朝廷因各地币制混乱，且秦半两钱十二铢过量，使用不便，故下令另铸三铢小钱。然而，因朝廷管制不力，另铸之小钱质量愈发粗劣，甚至竟有轻至一铢以下者。当时，因投机取巧而致钱孔太大，钱币周边如四片榆荚合成一般，故被民间戏称为"荚钱"。如此劣币在市场上大量流通，无疑会带来巨大问题，故吕太后时，朝廷又下令改铸八铢钱，并废止一切质量低劣的私币、秦半两，以图扭转市场混乱之局面。可是，高后六年至七年，因讨伐南越、屯兵备胡，朝廷军费激增，又不得不重新下令行五分钱以敛财。

且不论三铢、五分诸钱质地如何，朝廷法令朝令夕改，必令天下吏民无所适从。正因屡屡失信，故朝廷所定之政策下至民间常难以有效执行，甚至有时沦为一纸空文。所以，币制混乱局面一直未能得到根本扭转。新朝数年，与民休息，民众愈富，然币制及市场混乱却愈演愈烈。在民间，豪商巨贾常利用币制混乱谋取私利，以致民众困乏。据有司夏初统计，长安一石米竟贵至一万钱，逾高皇帝之时！需知，在这数年中，关中并无水旱，民间储粮甚多，粮价岂会达到石米万钱？如此反常，自然是奸商恶贾趁币制混乱之机暗中操控之故。由此观之，四月朝廷颁布法令改铸四铢钱，禁止其他非法钱币流通乃是形势使然。

不过，法令虽颁布未久，其结果却已可以预料。试想，既然以往数十年皆毫无信用可言，如今又岂能骤然做到令行禁止？即便不谈法令混乱，朝廷控制不力导致私铸、盗铸成风，也是不得不考虑的问题。自惠高以来，"无为"思想充斥朝野，朝廷对深受秦法影响的关中控制尚算得力，可对向来自由散漫的关东诸藩支郡却鞭长莫及，故在地方封国，私铸颇为盛行。如今，朝廷下令铸四铢钱，却又公然允许民间私铸，岂非缘木求鱼？

事实上，非但关东诸郡国私铸成风，朝中亦是如此。在诏令下达前月余，皇帝竟特许、纵容朝中宠臣上大夫邓通私铸钱币。

邓通，蜀郡南安人，与赵谈及北宫伯子均为极受宠信的侍从内宦。数年前，邓通因善于划船司舟而为黄头郎，专司皇帝出行之行舟。据传，其所以受宠，是因为与皇帝梦中郎官面貌酷似。正因如此，并无专门才能且无尺寸之功的邓通即以郎迁上大夫，成为朝中显赫内宠。甚至朝中颇有传言称皇帝常至邓通家中游戏，亲密无间甚于皇太子。不过，邓通之为人与吕太后大谒者张泽颇为相似，即便如此受宠，亦老实谨慎，行事低调，倒非恃宠作恶之徒。

数月前，皇帝曾私下命相士为邓通相面，孰料相士相邓通后竟称："上大夫当贫饿而死。"此言一出，君臣愕然。试想，既有君主之宠信，邓通本人又为人低调，又何致贫饿而死？不过，所谓"敬鬼神而远之"，鬼神之事向来宁信其有而不信其无，故为不致贫饿而死，皇帝即下诏赐蜀郡严道铜山予邓通，并特许其铸钱之权。自此之后，邓通便可在蜀郡开山铸钱，其所铸之钱则称"邓氏钱"，亦称"蜀钱"。

当然，皇帝所以纵容邓通铸钱，也并非完全出自宠爱。需知，此时关东最为富庶藩国乃刘濞吴国。凭借经营二十年渔盐铜之利，吴国财力堪比朝廷。因此，数十年来，吴国所铸铜钱流通天下，以致民众皆用"吴钱"。试想，关东吏民皆用"吴钱"而不用朝廷之钱，皆知有吴王而不知有皇帝，则朝廷何以控制关东？故钱虽小，却事关国家安危。在朝廷还不能直接削藩的前提下，如何抵消"吴钱"带来的不利影响，则是朝廷不得不思考的问题。扶植邓通铸造"蜀钱"以抵消"吴钱"，正是朝廷采取的应急之策。可是，不论朝廷允许邓通铸钱的深远目的何在，以私铸制私铸之法实非长久之计，亦非治本之策。

"吴钱""蜀钱"毕竟属于特许，影响尚不甚大。可如今朝廷禁令一开，盗铸者必会肆无忌惮，私钱之风将愈演愈烈，或许数年之后，流通天下的便不仅是"蜀钱""吴钱"。彼时，朝廷又将如何应对？

大约正是预料到允许私铸将会出现种种问题，故除盗铸法令外又规定民间所铸之私钱不得粗制滥造，若有掺杂铅、铁取巧谋利者，一律处以黥刑。然而，如此立法更是滑天下之大稽。天下人人皆知，民间铸私钱乃一本万利的暴利行业。在铸钱时，仅需放入少许铅、铁等杂质，便可获几倍之利。在几乎毫无成本的暴利面前，竟将保证私钱质地寄希望于小到可以几乎忽略不计的黥刑，岂不谬哉！因此，贾谊便于奏疏中提出："如今法令允许天下公开雇人铸铜、锡为钱，并规定有敢掺杂铅、铁取巧谋利者，处以黥刑。但据臣所知，凡私铸者无不以获利为目的，若不杂以铅铁，如何获利？将铸币之权下放民间，却又禁止舞弊投机，岂非滑稽？今法律允许私铸钱币，实与引诱民众犯罪无异。以臣度之，数年之后，朝廷法令便会成为一纸空文，朝廷将会再次失信于天下。"

其后，贾谊又指出：如朝廷日后复以严法禁止私铸，则短期内或许会使钱币减少。可是，钱币减少反过来必然又会导致币值增加，进而增加铸币之利。如此，必将进一步刺激盗铸者想方设法去盗铸。数十年后，别说黥刑，即便弃市也不足以禁止盗铸。一旦见盗铸获利甚大，朝廷却无能为力，则恐吏民皆弃农铸钱。举国竞相盗铸却无人务农，则国本动摇。由此观之，无论私铸、官铸，币制混乱乃累年积弊，非旦夕可绝，朝廷亦不必急于一时，胡乱颁布法令。

不过，面对如此局面，朝廷也非毫无办法。贾谊认为，朝廷可颁布法令严控铜业。无论是官钱还是私钱皆由铜铸成，如管制天下铜矿，并严格控制开采、流通，则民间必难大举铸钱——此乃釜底抽薪的治本之策！

可是，贾谊虽指出治本之策，朝廷却不敢轻举妄动。原因无他，盖因关东铜矿多在藩王之手，为藩王之私产。而且，因自惠高以来数十年中铸币权一直未能收回，以致各地藩王以所辖之铜矿自行铸币几乎已成不成文的"祖制"。朝廷此前"削藩"已经削反济北王刘兴居，现在如突然强制收回铸币权及铜矿，必会遭到强烈抵制。试想，刘兴居能"举大事"，则富庶强大的吴、楚诸国亦能。也许，一旦朝廷公布强制收回铜矿之法令，则"行大事"者便不止刘兴居一人了。此事正如削藩一样：朝堂上下均知削藩乃治安之本，可是如果不谨慎处理而贸然强削，则必激起大规模汉藩对抗，得不偿失。正因如此，贾谊奏疏虽呈至朝中，但皇帝犹豫不决。

可是，此事终究要面对。拖之愈久，于朝廷的危害愈大。一旦诸藩稍有不臣之心，其所积累之财帛便可转化为反抗朝廷之利器，搅动天下。例如，刘濞坐拥广陵铜山，自行铸币二十年，其财富已足可与朝廷匹敌。虽说传言刘濞常有不轨之心，但毕竟朝廷法令尚在，刘濞不敢公然纵容盗铸。然而，如今朝廷一旦开禁，刘濞必肆无忌惮。可以想象，在朝廷不断犹豫时，江淮数万亡命流民正在源源不断汇集至吴越之地，在刘濞庇护下开矿铸钱。

而这二十年私铸积累的足以匹敌朝廷的财富，终将成为犀利的矛戟、弓弩，成为震动东南半壁的二十余万吴楚叛军。

第十七章　　多行不义

开矿私铸既是朝廷法令允许之事，则吴王刘濞于国内铸钱为合法之举，即便其声势再大也不能算心有不轨。

当然，《易》曰："君子以思患而豫防之。"于朝廷而言，贾谊奏疏所陈之计亦非毫无道理。关东藩王势大，为朝廷长治久安计，自需防患于未然。朝廷既然不能公然削藩禁铜，则增加"亲藩"藩王之权以制约远支藩王却是可用之策。

前元五年年末，朝廷将皇子刘武自北方代国徙封至南方，为淮阳王。原代国所辖之代郡则并入太原国，太原王刘参易号称代王。通过此次徙封，"亲藩"封国再次扩大，并从北方边郡深入到南方淮阳。淮阳国不但殷富，且北接朝廷直辖之颍川、"亲藩"梁国，东临齐、楚，南靠淮南，为枢纽之地。一旦天下有变，作为"亲藩"的淮阳国便可与北方代国诸藩联合起来，成为朝廷屏护。以"亲藩"制约远支疏宗，虽非治本之策，但多少可令心有不轨者有所忌惮。

岂料刘武就封淮阳不过月余，便有有司奏报谷口县谋反之事。且此次不似周勃那般属于诬告，而是证据确凿，甚至其所用之大车四十、死士七十余及涉案之主谋大夫但（但为人名）均已被廷尉署擒拿。

在朝廷处心积虑徙封"亲藩"以谋划天下太平之时出现此事，其影响不可谓不坏。然而，待大略审问之后，廷尉署已不敢继续审理，因为据谋划此事的主使大夫但及棘蒲侯柴武之子柴奇供认：事涉谋反者，还有当今皇帝最为宠爱的弟弟——淮南王刘长。

事实上，在案发前不久，柴奇与大夫但已派得力属下开章前往淮南国联络刘长。而且在淮南国，开章已经得到刘长的重用。甚至柴奇还供认，通过开章，双方已经将"行大事"之基本方略谈妥。

既然柴奇供词事涉刘长谋反，则兹事体大，无论何人也不敢大意。待向上汇报后，有司立即奉命遣长安尉奇（奇为人名）前往淮南国，拘捕此案关键人物开章。可谁知，奇至淮南国依律办案时却遇到重重阻力：刘长先矢口否认开章人在淮南国，而当催促甚急之时，刘长却又改口称开章已死。然而，正在刘长遮掩之时，开章已经被刘长派淮南中尉蒯忌暗中谋杀的消息，却又在淮南国传得沸沸扬扬。奇向刘长申请传召蒯忌审问时，却又被刘长以"忌有病"为由而搪塞。如此阻挠朝廷命官办案，任谁也知淮南之事必然有诈。想当年，燕王卢绾"行大事"时不也是如此？

然而刘长此行此举传至朝堂，朝廷公卿却并不意外，因为刘长不法之事已数不胜数，其能有今日之举，早已在预料之中。事实上，早在两年前，便有有司密报朝廷称刘长目无汉法，以令称制。其出入时常以藩王卫队警戒清道，禁止行人，上比皇帝警跸之仪。问题还不仅如此。就在谷口案发数月前，刘长在淮南国还公然驱逐朝廷命官，并自置官吏、彻侯，其所封之爵位已有关内侯这样的高爵，其所拜官员之秩次已比朝中二千石。需知，藩王权力虽大，可据朝廷法令，藩国国相及二千石以上当由朝廷所任命，此高皇帝所立之"祖宗之法"。官爵均是国之重器，皇帝之权。一介藩王竟能毫无顾忌在国内封爵授官，乃公然蔑视皇帝权威，而欲与朝廷分庭抗礼。如此大事若是暗中谋划也就罢了，刘长竟然还公然上疏，请求朝廷允许其任命国相、二千石。其所作所为，既无身为藩臣之觉悟，亦毫无对国法及君威之恐惧。由此观之，其不臣之心早已昭然若揭。

刘长虽为皇帝兄弟，但亦是臣。虽有"兄友弟恭"之人伦，但岂能以兄弟之情而废君臣之仪？长此以往，天下诸藩将如何看待朝廷？因此，正如当初中郎将袁盎"诸侯太骄，必生患"之言，数年前朝中有识之士便提出过无视刘长不法的严重后果。然而，因朝廷并不过问，刘长依旧我行我素，毫无顾忌。前元五年年底，刘长向朝中上书，其言辞不但不感念皇帝之恩，竟然还多有不逊之处。

奏疏传至两宫之间，皇帝终于决定致书申饬。不过为了留有缓和的余地，书简是以舅父车骑将军轵侯薄昭的名义发往淮南国的[1]。

———————————————

[1]这封书信不见于《史记·淮南衡山列传》，但全文收录于《汉书·淮南衡山济北王传》。

在书信中，薄昭历数朝廷待遇甚厚而刘长则报之以"甚过"之事，并对刘长加以指责。随后，薄昭又征引管叔、蔡叔以及代顷王刘仲、济北王刘兴居骄横不法之事，告诫刘长当引以为戒，不要执迷不悟。在书信之结尾，薄昭还劝诫刘长应立即上表谢罪，并保证只要诚心认错，朝廷宽宏大量，必然不会追究，否则悔之晚矣！

其以周、汉两代之事劝诫淮南王，言辞不可谓不急切，责问亦不可谓不严厉。需知，薄昭所列举之数人俱为远近两代之名人。管叔即管叔鲜，蔡叔即蔡叔度，二人均是周文王之子、武王姬发之弟。周人灭商后，管、蔡及霍叔一起受命监管殷商移民，称之为"三监"。然而，三人虽身为"亲藩"，却因不满周公旦佐成王摄政，而勾结商纣王之子武庚起兵谋反。其后，周公统兵东征平叛，杀管叔鲜，流蔡叔度，除霍叔处。由此观之，周公与三人虽有兄弟之情，但既然事涉社稷，亦未心慈手软。援引此周人故事，无疑是警告刘长一旦太过，则亦当有"三监"之下场。周人故事，刘长或有不明，但代顷王刘仲治国不力、济北王刘兴居谋反被诛，均为当代之事，其前后缘由刘长也必然非常清楚。专门致书以此申戒，当可表明朝廷拳拳之心。

可问题是，薄昭如此述事，岂不就是将刘长比作冥顽不灵、死有余辜的济北王刘兴居？也难怪接到信后，刘长极为不悦。结果，正是这封本意是劝诫的书信促成了刘长铤而走险，才有了谷口谋反一案。

谷口县在长安城北五十里，原秦谷口邑，为泾水出山汇郑国渠之处。谷口县距长安虽然不算远，但与淮南国的寿春相距却有千余里。如此遥远的距离，远居寿春的刘长事实上不可能有效控制，亦非"行大事"之地。按常识推断，刘长若确实"行大事"，最直接的方式应该是在寿春起兵。既然如此，刘长为何舍近求远，与柴奇选择举事于谷口？

此案之涉事者虽然言语不详，但尚可推测。

历数自高皇帝以来之藩王谋反，从燕王臧荼到淮南王英布再到济北王刘兴居，无一成功，尽数被剿灭。朝廷所以无往而不利，其原因并非是彼辈不知兵，而是实力悬殊之故。强弱之势既明，如无才智高绝之人将关东诸国整合起来一齐发动，则很难成功。刘长虽未经历过高皇帝时代的异姓诸侯谋反，但却目睹数年前刘兴居之败亡。刘兴居也算颇有勇力之人，但举兵之后月余便被朝廷讨平，这不可能不对刘长产生震慑。需知，刘长的淮南国虽辖九江、庐江、衡山、豫章四郡，但四郡中户口殷实的也只有领淮南之地的九江郡北部地区。以人力、兵力而论，刘长淮南国并不强于刘兴居济北国，甚至不强于淮南国北部的淮阳国，更何况与辖二十余郡的朝廷相比。

故而，直接起兵实无胜算，且一旦失败，便是如刘兴居那般身死国灭之下场。反之，如按柴奇之计以派遣刺客，则风险较小。彼时，皇帝一旦暴毙，则中枢必然大乱。待中枢大乱之时，刘长于淮南国举兵西向，再联络闽越、匈奴一齐发动，必能一举成功。《孙子兵法》云："凡战者，以正合，以奇胜"，在实力不足之时出奇制胜，显然是合理且可行之策。而且，若谋划得当，即便失败，当由柴奇负责，很难牵涉到刘长本人。柴奇既然有此打算，刘长也乐于坐享其成。也正因如此，年初之时，刘长才对大夫但派来的开章格外礼遇。

这就是此案的前后缘由。然而，有道是"谋事在人，成事在天"，谁能想到柴奇还未发动便被朝廷查出，以致不可收拾。如今，无论刘长如何考虑，确实已被柴奇牵扯。而且，在常人看来，负责联络南北的开章既然至淮南已有数月，则岂会骤然消失？这必然是刘长确有不轨之事。

于是，在接有司奏报后，朝廷遂下令召刘长至长安，交付有司。而且，鉴于兹事体大，在刘长至长安后，朝廷又令丞相张苍、行御史大夫事典客冯敬、宗正（刘）逸、中尉福专门负责此案。张苍及冯敬皆为资历极高且刚正不阿的老臣，对刘长不法之事又素有所知，故迅速审结。结果，除柴奇谋反之事及僭越礼仪等陈年旧账被翻出外，数次不接受皇帝赏赐，不接见朝廷使臣，擅自侵吞外国贡品等事也被陈上。

所陈诸事，无不令人触目惊心。因此，诸人商议后认为刘长早已心存不轨。如今，谋反行为人证物证俱齐，则当按朝廷律法以弃市论罪。

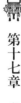

第十八章　　淮南厉王

淮南王刘长谋反，其影响甚劣。然而，如今张苍等人审理量刑当弃市，则需谨慎审议。

《论语·学而》曰："君子务本，本立而道生；孝悌也者，其为仁之本与。"正如孔子之言，为人、为仁，无不以孝悌为本，朝廷主张以孝治天下之意正在于此。今论贵，刘长不但是贵族，且为朝廷同姓藩王；论亲，刘长为高皇帝之子，皇帝之亲弟。若将刘长论弃市，则朝廷宣扬孝悌之意义何在？既然周公平三监，都未曾用到弃市之酷刑，则汉又岂能用此酷刑？历数千年之事，大约只有二世胡亥这般残暴昏庸之君，才会做出将兄弟全部戮死于街市这般骇人听闻的惨事。

因此，张苍等人奏疏呈上后旋即被以量刑过重驳回。其后，朝廷下令扩大审理范围，将此案交彻侯、二千石等朝中公卿联合议定，重新量刑。

可是，因刘长在藩国所作所为性质极为恶劣，故以张苍为首的公卿彻侯四十三人经过复审，均认为刘长确有不奉法度，不听皇帝诏令，阴聚徒党及谋反者，厚养亡命之徒，欲以此举大事，种种不法之事证据确凿，其案铁证如山，实在无从减刑，当维持原判以震慑不轨之徒。最后，经过朝廷特赦并与公卿妥协，有司确定最终处理方案：刘长死罪可免，但废爵为民，并流放至蜀郡南部之严道县。不过，因刘长乃高皇帝之子、皇帝亲弟，故君恩浩荡，特令沿途郡县供给刘长每日肉五斤、酒二斗，其余饮食所需照例供给，不得短缺。此外，受刘长宠幸之美人十人亦可同至蜀郡居住。

朝廷自有三尺之法高悬，亦有有司秉正执法。故除受到特殊照顾的刘长外，此案之主谋大夫但及柴奇等人均被明正典刑，前后七十余人被刑杀于长安闹市，以儆效尤。不过，鉴于柴奇之父棘蒲侯柴武乃开国功臣，为大将军，又有大功于朝廷，且事先并不知情，故判决剥夺柴武子孙彻侯继承权，棘蒲侯国在柴武之后除国，柴武本人则不予追究。

随着七十余枚首级落地，前元六年柴奇谋反案终审结。然而，事情还远未结束。此时未央宫中，中郎将袁盎之言仍不绝于耳："陛下仁厚，从不以国法限制，故淮南王素来骄纵。淮南王为人刚直，今日又遭废爵流蜀，一旦途中感风寒而死，朝廷该当如何应对？若果真如此，天下之人必以为陛下以天下之大却不能容同产亲弟。是时，陛下当有杀弟之名，为之奈何？"

淮南王加冠已有数年，且素有"力能扛鼎"之称，此行又有沿途郡县妥善照看，岂会如袁盎之言轻易便"感风寒而死"？所谓"感风寒而死"，不过是委婉说法。有道是"过刚而易折"，刘长常年骄横不法，此番遭此大事，是否会有过激之举？一旦稍有"差池"，则舆论必然对朝廷不利，此即袁盎之担忧。

其实，袁盎之忧不无道理，毕竟刘长性格太过暴虐任性。不过，皇帝毕竟还有人君之虑：柴奇谋反案有司已经审定，自然不容更改，否则岂不令朝廷失信于天下？再者，此次如不对刘长进行惩戒，则皇帝君威何在？故而，君臣虽犹豫不决，但最终还是决定流放刘长至蜀郡，赦免之事容后再议。

命令下达，押解刘长之车骑次日即从长安出发。按照朝廷命令，刘长车驾须从长安向西再折而向南，经过汉中蜀道南下蜀郡。因虑一路长途跋涉，道路艰难，朝廷特批刘长可乘坐辎车前往，并命沿途地方官府予以特殊照顾，不可懈怠。

可谁料车行数日，别说地方官员给予优待照顾，辎车封门都没打开过！事实上，地方官员如何打算并不难理解。柴奇谋反一案影响极大，关中又秦风甚浓，法令森严，故地方官皆不愿与刘长这位有谋反之事的故藩王有联系，无不欲尽快"礼送出境"，以免引火上身，坐法下狱。因是之故，堂堂故藩王、皇帝之弟，沦落到如恶犬一般被关于笼中人人厌恶。正如袁盎之言，刘长素来刚烈，又岂能咽下如此恶气？结果，当车驾行至雍县时，刘长忍无可忍，向身边侍者怒吼："谁说乃公勇猛无敌？乃公勇猛在何处？人生在世，怎能忍受如此侮辱！"最后绝食身亡。

数日后，当雍令打开辒车封门时，才发现昔日勇猛强悍的刘长已经死去。需知，朝廷诏令流放刘长至蜀郡，并非处死。雍县是秦公陵墓所在，却非淮南王陵墓所在。如今刘长骤死于雍县，可谓兹事体大，雍令身为一县之宰，无论如何也不敢隐瞒，遂立即向朝廷汇报。

消息传至，皇帝大惊，随后泣涕如雨。无论阴谋阳谋、君臣之仪，人非草木，孰能无情？高皇帝八子多死于政治，幸存于世的只剩下二人。多年来，刘长虽骄横不法，却始终是幸存于世的弟弟，现如今，唯一亲弟因己而死，则无异于宣示皇帝确为孤家寡人。皇帝亦是常人，自然也应该"哀而甚悲"。因此，目视早就有言在先的袁盎，皇帝毫无人君之威仪，流涕倾诉："不听公言，失我弟矣！"

见皇帝痛哭流涕，袁盎则顿首伏地，开口劝谏："陛下宽心节哀。此往事，又岂可追悔？臣以为陛下高于天下之德行者有三，淮南王之事不足以毁坏陛下之名。陛下居代，太后患病三年，陛下不解衣合眼予以照看，凡汤药非陛下亲尝则不准进奉太后，虽曾参不能过也。诸吕当权，大臣独断，陛下为汉家社稷自代日夜奔驰而入祸福不测之京师，虽孟贲不能过也。陛下至长安，西向辞皇帝位者二，南向辞皇帝位者三，虽许由不能过也。陛下迁淮南王至蜀之本意，不过是使其改过自新而已。有司护卫不慎而致淮南王病死，此非陛下之过也！天下士民，又岂会以此议论陛下？"

话虽如此，刘长于途中暴死却是事实，此言不过聊以安慰而已。而且，因刘长身份特殊，此事性质极为恶劣。需知，此前刘兴居谋反时，确有起兵叛乱之事，可刘长毕竟是因柴奇而"罪及"，其本人并无举兵之实。不知其中原委的天下万民必会以为，刘长之死乃朝廷罗织罪名剪灭诸侯，和高皇帝朝诛杀淮阴侯韩信、梁王彭越之事并无本质不同。或者，更有诛心者会认为朝廷是效法郑庄公之事，表面纵容，实则为名正言顺杀人。同姓操戈，本就有悖伦常，何况枉死。如今，一旦此事传至天下，则以"仁孝宽厚"称颂天下的皇帝又何德何能君临万民？汉以孝悌治天下，皇帝理当为万民表率，可是连亲弟都不能相容，天下臣民如何看待君父？凡此种种若不及时作出交待，政令岂能通达于天下？

由此观之，刘长以既为弟又为臣的特殊身份而暴死，令朝廷在政治上陷入被动局面。而此时，仅悲痛哭泣毫无意义，朝廷之事也不能用追悔莫及来发泄。当务之急，还需思虑如何善后。

有鉴于此，袁盎认为，必须"独斩丞相、御史大夫以谢天下乃可"！

既然此案由丞相张苍等人审理定罪，则此数人为造成刘长暴死的主要责任人。既然如此，必须诛杀"主谋"方以谢天下，非如此，不能让皇帝置身事外，保全"仁爱"之名。

可是，袁盎如此提议却极为不妥。为何？盖因张苍等公卿、彻侯所执乃朝廷之命令，所行乃朝廷之法度，且前后皆据法量刑，并无不当之处。如追究刘长之死，则皇帝岂能无责？而且，即便刘长确实间接死于张苍诸人之手，朝廷亦不能就此轻易重处张苍，毕竟老臣资历甚深，无罪遭诛必致朝中大乱。柴奇谋反案已造成极大影响，此时已不宜再让朝堂动荡。事实上，观刘长之死的前后缘由，地方守令的不作为才是根本。皇帝既深通为政之道，自然不会是非不明。于是，经过反复权衡，朝廷遂下令收捕拷问各县押送刘长而不予开封进食者，一律弃市。

重处罪犯后，朝廷又以彻侯礼仪在雍县就地安葬刘长，并安置三十户守冢祭祀。至此，前元六年的柴奇谋反案方尘埃落定。

尘埃落定，方能定论。纵观此案，刘长虽蓄谋已久，但朝廷一纸诏令即将其缉拿，可谓易如反掌。不与高皇帝时代震动天下的藩王谋反相比，便是与三年前的刘兴居谋反相比，区区七十人之规模亦不可称之为浩大。可是，此案虽小，影响却大。需知，朝廷为全兄弟之谊，甚至多次置法度于不顾，对刘长不可谓不优厚。然而，为何既爱且亲的兄弟反目成仇？试想，如此亲近之人都心生不轨，还能保证其他诸王不存谋逆之心？朝廷连同姓兄弟都不能容忍，天下吏民又如何看待？又如何不议论？

且议论之语，难以防之，《国语·周语》即曰："防民之口，甚于防川，川壅而溃，伤人必多，民亦如之。"以后，但凡言及同姓谋反，则皆会举刘长之事。刘长暴死六年后的前元十二年，民间仍有作歌讽刺朝廷者，其辞云："一尺布，尚可缝；一斗粟，尚可舂。兄弟二人不能相容！"歌谣传唱长安，朝廷不得不下诏恢复刘长王爵爵位并谥为"厉"，以图消除影响。不过，《逸周书》谥法解载："杀戮无辜曰厉；暴虐无亲曰厉；愎狠无礼曰厉。"可见，"厉"乃典型恶谥。以如此恶谥谥刘长，真不知刘长之子作何感想。当然，观刘长之所作所为，多有不义之举，谥为"厉"确实并无不妥。

所谓"多行不义，必自毙"。若就事论事，刘长之死主要责任自然是其本人咎由自取，故当"自毙"。可是，弟不德，兄之过！身为兄长的皇帝岂能毫无干系？

刘长所以如此骄横，实际上正与朝廷之纵容关系甚大。前元三年，刘长在长安击杀审食其却免于刑罚，可不正因皇帝一力袒护之故。试想，既然弑杀前丞相还能逍遥法外，还有何人敢得罪这位淮南王？据好事者传言，便是薄太后、皇太子刘启，对"力能扛鼎"的刘长也是极为惧怕。刘长在长安都敢如此横行不法，还能指望他在淮南国秉公守法，代天牧民？还能指望朝廷二千石命官制约监察？

《春秋》载鲁隐公元年，郑伯克段于鄢。当时，共叔段凭母爱而骄横不法，祭仲即进言郑庄公："姜氏何厌之有！不如早为之所，无使滋蔓，蔓难图也。蔓草犹不可除，况君之宠弟乎。"然而，郑庄公却认为："多行不义，必自毙，子姑待之。"结果，郑庄公准备充分，共叔段果然叛乱不成而出奔。曾子曰："君子之爱人也以德，细人之爱人也以姑息。"庄公对弟共叔段的无礼要求不是及时训导却是一再纵容，以致共叔段欲望愈盛，最终铤而走险。可见，郑庄公确有姑息养奸之嫌。

郑庄公"养奸"尚且有迫于母亲姜氏压力为借口，但朝廷对淮南王百般纵容却是毫无借口可言，也难怪吏民谩骂。其实，兄弟之谊固当全，但国法亦不可违。如能在刘长稍有不轨之念时便加以申饬训诫，则刘长或许不会有此悲剧。

第十九章　　草原之君

淮南王刘长之事虽已办妥，但朝廷不可不虑北方之事。据大夫但供认，柴奇及刘长密谋"举事"时曾遣使前往草原联络匈奴。今刘长虽死，柴奇伏诛，但其所遣之使者已经抵达草原数月之久，势难追回。一旦使者果真说动冒顿单于引兵南下，则边郡恐将不安。

积数十年之经营，此时匈奴比高皇帝时代更为强盛。这几年来，汉匈虽尚未正式兵戎相见，但因前元三年右贤王入寇一事而一直剑拔弩张，甚至早在前元四年时，冒顿单于曾致书于朝廷，其言辞不逊，颇有挑衅之意。当时，在书信之中，冒顿单于先就前元三年右贤王南下掠劫一事进行解释，并声称："和亲之事为两国既定国策，因贵国数十年一直秉承未改，故边塞晏然，吏民和洽。去年（即前元三年）之时，贵国边境官吏屡次侵扰侮辱右贤王，故右贤王激愤不察，听信大将后义卢侯难氏诸人之谋举兵南下。因此，右贤王入塞之事实乃事出有因，并未有意绝断和亲。事后我虽曾遣使南下相报，但却为贵国所扣，贵国使者亦不曾至草原，以致两国成见日深，造成不快。我已问罪于右贤王，并遣其领兵西攻月氏以为惩戒。"

且不去证明书信中所谓之"边境官吏屡次侵扰侮辱右贤王"云云是否属实，右贤王数万精锐骑兵从"河南地"跃马南下，兵锋直抵上郡却是实情。当时朝廷虽动员车骑八万余，命颍阴侯灌婴北上，可最终既未能追回掠走之人口财帛，亦无斩级之功，事实上损失极大。此事已过去一年余，是非对错早已不必解释。而且，以冒顿单于之为人，绝不会仿效那儒生、策士之行，特意致书长安说明入塞之缘由。因此，此书信之重点并非言明右贤王擅自南下轻启边衅之事，而是后半段惩戒右贤王，令其率部西征之行。

匈奴西部为控弦十余万的月氏，其地东至陇西，西接西域，为匈奴之强敌。当年，冒顿单于西伐月氏，是动员了包括单于本部在内的庞大兵力并举兵突袭，才勉强取胜，由此可见月氏之强。虽说因屡败于匈奴，月氏已不复往日之盛，但在北方草原数以百计的部落中，仍属庞大强悍的部族。相比月氏，右贤王部包括其下控制的河西杂胡在内，控弦之士不过十万，事实上处于弱势。按照兵法常理，在寡众悬殊及劳师远征的不利情况下，右贤王部必将难以取胜。因此，书信所言令右贤王西征乃是"惩戒"，倒是并无不妥。

可谁料，月氏以控弦十余万的强大兵力居然在右贤王进攻下一溃千里。据传右贤王大胜之后，西征的匈奴轻骑向西狂飙突进，不过数月之内，原属月氏控制的西域楼兰、乌孙、呼揭等二十六国被悉数平定。按冒顿单于之言，"以天之福，吏卒良，马强力，以夷灭月氏，尽斩杀降下之……诸引弓之民，并为一家"。

书信末尾，冒顿单于又称："草原已安，我亦愿与中原休战，修养兵士，以除先前不快之事，恢复旧有盟约。如此，汉匈两国世代相好，百姓安康。可是，我尚不知陛下之意，故遣郎中系雩浅呈送本书以致陛下，并献上良驼一头、骏马二匹、驾车之马八匹以示慰问。另外，陛下若不愿我草原之民靠近边塞，则我将诏告吏民，命其向北远迁。"

可想而知，当时接到此封书信，朝堂上下当是何等震骇。月氏国力如何，朝堂公卿或许并无直接印象，但既有控弦之士十余万，当然也绝非弱小部族。若以控弦之士数量衡量，骁勇善战的月氏甚至远超汉军。然而，如此强悍的大族，竟被匈奴三大部中最弱的右贤王部一战尽灭！匈奴之战力，何等强悍？虽说列阵野战汉军或许不输于匈奴，但运动奔袭，汉军实难与胡骑相敌。如其所述，冒顿单于既为草原之君，北方草原已并为一部，其几十万骁勇善战轻骑一旦动员，北方边郡恐将永无宁日。

此书信之言辞虽彬彬有礼，可从头至尾无不体现出一股威胁之意。虽称书信，实则与战书无异。试想，朝廷如不能议定可用之策，则汉匈大战或许就在眼前。于是匈奴使者至长安后，当时朝廷便立即召开朝议，商讨对策。

然而，所谓对策无非有二，非和亲则讨伐。

和亲之策，乃朝廷既定政策。自汉八年奉春君刘敬献此策以来，朝廷已经持续二十余年。据说当年刘敬曾亲口对高皇帝保证，声称只要实行和亲之策，"朝廷不需出兵，匈奴可逐渐臣服"。然而，事实并未如刘敬所料。二十多年来，匈奴不但并未"臣服"，反愈发强大。可以预料，如朝廷仍继续和亲，厚赠财货如旧，则匈奴之势必然益涨。彼时，朝廷将更难与之抗衡。由此观之，和亲固然可令边塞稍安，但正如被动防御一样，并非治本之策。

然则，出兵讨伐？

且不说在匈奴挟击灭月氏大胜之势时出塞讨伐能否战而胜之，即便开战，朝中又有何人可挂帅统兵？当年吕太后之时，朝中尚有力主开战的舞阳侯樊哙可将兵击胡。前两年屯兵高奴，还有颍阴侯灌婴可以为大军统帅。然而，高皇帝崩逝已有二十年，当年的开国老将不是已经去世，便是已经老朽，朝中早已无人能当统帅大任。可见，草率出兵与强悍的匈奴浪战胜算极小，也非用兵正道。一旦如高皇帝那般失利于白登，则君威国威沦丧，匈奴之嚣张气势必然更盛。

由此观之，相比和亲，出兵讨伐更不可取。因此，一再谋算，收效甚微的和亲竟然是朝廷唯一可行之策。所以，在前元六年年初之时，朝廷便决定再遣公主至草原，与匈奴和亲。可谁又能想到，朝廷和亲公主尚未派至草原，如今刘长的使者倒是先至匈奴？

冒顿单于这位草原之君绝非易与之辈，任谁也不敢保证不会受刘长蛊惑而跃马南下。事已至此，朝廷若仍不以为意，则恐胡骑旦夕而至。因此，听闻刘长使者已至草原，朝廷遂召开朝会，商讨是否有可用方略。经过仔细商讨，朝堂君臣决定在维持当初和亲之策的同时，厚赐金帛。于是，前元六年夏，刘长之事处理妥当后，朝廷便立即致书一封，并遣中大夫意、谒者令肩为特使携带财帛送至匈奴，交予冒顿单于，其辞曰：

> 皇帝敬问匈奴大单于无恙。使郎中系雩浅遗朕书曰："右贤王不请，听后义卢侯难氏等计，绝二主之约，离兄弟之亲，汉以故不和，邻国不附。今以小吏败约，故罚右贤王使西击月氏，尽定之。原寝兵休士卒养马，除前事，复故约，以安边民，使少者得成其长，老者安其处，世世平乐。"朕甚嘉之，此古圣主之意也。汉与匈奴约为兄弟，所以遗单于甚厚。倍约离兄弟之亲者，常在

匈奴。然右贤王事已在赦前，单于勿深诛。单于若称书意，明告诸吏，使无负约，有信，敬如单于书。使者言单于自将伐国有功，甚苦兵事。服绣袷绮衣、绣袷长襦、锦袷袍各一，比余一，黄金饰具带一，绣十匹，锦三十匹，赤绨、绿缯各四十匹，使中大夫意、谒者令肩遗单于。

书信以汉朝皇帝身份论述了汉匈关系，并重点申明二国"友好"关系，随后又以委婉言辞告知右贤王南下入塞之事既已过去便不需再提。二国当过往不咎，仍需维持原有之盟约，最后提议双方均需明确告知各级官吏当信守和约，尽力避免误会。如此，方能保证二国盟约如旧，免生战端。书信言辞不卑不亢，又传达了朝廷希望维持和亲的既定国策。如此表态，当可保证边塞之稳定。

岂料，朝廷书信送达草原不过数日，令草原百万之众匍匐脚下的草原之君冒顿单于竟然暴毙。

自弑父篡得单于之位以来，这位冒顿单于已君临草原三十余载。纵观这位草原之君之生平：西逐月氏，东灭东胡，南略河南，凭一己之力使匈奴成为草原霸主，可谓功勋赫赫。其为人隐忍而狡诈，果决而刚猛，深通兵略人性，堪称可与高皇帝并称的雄才君主。如以中原礼仪谥法而论，非谥曰"武"不足以概括其生平武功。当然，如此强横之君亦如当年始皇帝、高皇帝那样，终究敌不过生老病死的自然法则，暴死草原之上。按匈奴惯例，左贤王为匈奴太子，故冒顿既死，匈奴单于之位便由其子稽粥继承。数日后，稽粥正式即位，号曰老上单于。

匈奴单于虽已非冒顿单于，但朝廷和亲政策却不能就此更改。草原老单于薨逝及新单于即位消息传至长安后，朝廷不得不重新指派一名宗室女为和亲公主，嫁与老上单于为阏氏，以维持脆弱的和亲盟约。

第二十章　　中行谋略

前元六年年末之时，朝廷再次派遣规模庞大的使团北上送亲。按照惯例，在和亲队伍中，会有一批朝廷派遣的宦者、奴婢随驾。使团返回后，宦者奴婢则留在匈奴居住地侍奉和亲公主生活起居，并协助和亲公主影响匈奴政策。

不过，草原生活艰辛，且与中原风俗迥异，故即便对身份卑微的奴仆而言，留居匈奴亦被视为艰苦之事，少有人愿意主动前往。而且，如今匈奴势大，朝廷处于被动地位，随从和亲的任务更为不易。据传遣至草原之奴婢、宦官多默默无闻，最后老死于草原，鲜有显达者。故而，朝廷命令在前元六年夏秋之际下达后，被选中者无不哀嚎泣涕。

和亲队伍自长安出发时，一位随从宦者跪地苦苦哀求，希望能留在中原。然而，朝廷命令既然已经下达，身份卑鄙的宦人如何能反抗？于是，这位宦者不得不依令出发。然而，当随从和亲队伍出发，目睹逐渐远去的长安宫阙时，这位伤感怨望的宦者诅咒："今朝廷令我至胡，我必将成为汉朝心腹之患！"

此宦者非他人，正是在两宫宦官之中素有智谋的燕人中行说。中行说，乃晋贵族之后，其始祖乃晋国六卿之一中行桓子荀林父。当年晋文公称霸，曾设三军三行。城濮之战后，荀林父受封为中行将——此乃中行氏起源。晋平公以后，中行氏成为与智氏、范氏及韩、赵、魏六卿共同把持晋国国政的显贵家族。春秋晚期，晋国卿大夫争斗激烈，中行氏终败于智、韩、赵、魏，被迫流亡国外，中行说之祖则流居于燕。不过，流传几百年的贵族至今早已没落，中行说虽智计辩才，亦不过为两宫之间区区普通宦者而已，其地位不说与士大夫相比，即便是与同为宦者的赵谈、北宫伯子相比，也是远远不如。

不过，身份卑微却并不妨碍胸怀鸿鹄之志，出身低贱却仍拥有先祖之风，其所谓"必将成为汉朝心腹之患"绝非虚言恐吓。

凭借出色辩才及非凡洞察力，中行说至草原后很快为老上单于所信任，成为可以参乘①左右的宠臣。"君臣"二人可谓一拍即合。据传，数月以来，刚刚即大单于之位且对南方并不熟悉的老上单于对这位"汉朝智士"几乎是言听计从。正因深得宠信，雄心勃勃的中行说遂向老上单于进言第一策："移风易俗"，以固部族根本。

自冒顿单于以来，因兵威雄于四方，故所掠财帛不断流入草原，匈奴贵族生活亦日渐奢靡。近几年中，历数匈奴贵族最爱之物：粗陋旃裘为来自中原的华美丝帛取代，苦涩酪浆则为精细米面取代。当匈奴集会时，各级大小贵族甚至遍身绫罗，其穿着打扮几与中原贵族无异。

针对这一"危险"现象，中行说提出：中原户口殷实，物产丰盈，远非贫瘠的草原可比。中原每次支付之和亲物资虽然丰厚，但于中原而言不过其九牛一毛而已。然而，匈奴贵族沉迷于汉朝之区区财货而丧失本族之法度风俗，必然很快被同化。匈奴人口不过汉之一郡，所以能够屡屡抗衡中原，正是因为引弓之民快马利刀，民风彪悍。一旦沾染中原奢靡之风，衣食等物便极度仰仗中原，则民风必然尽失。彼时，人口不及汉朝十分之一却习惯于穿着丝帛绫罗的匈奴人岂能骑马射箭，威服中原？也许，到时汉朝廷不废一兵一卒，仅依靠财货便可击垮腐化之匈奴。因是之故，中行说认为，匈奴之根本绝不能轻易，根本一易，则国灭族亡。中原和亲所进如丝绸等物，有不如无。

前元六年年末，汉使抵达匈奴时，亦曾受到能言善辩的中行说之诘难。当时，针对匈奴贱老以及兄死妻嫂、父死妻母的风俗，汉使指责匈奴毫无人伦之礼，亦无冠带之饰，与茹毛饮血的鸟兽并无区别。中行说则立即反驳：草原战事频繁，老者不能战斗，故将食物留予少年，以求取胜。唯有胜利，才能保全族人。既有现实之需要，岂能称匈奴"贱老"？亦因战斗不休，故父兄逝去需娶其妻，此亦为保全种族延续之需。

匈奴之风，人食畜肉，饮其汁，衣其皮，以逐水草而居，故在急迫之

---

① 于车内陪坐者，称"参乘"或"骖乘"。因古代车辆空间狭促，除御者居中外，唯有一人可陪同在侧，故能参乘左右者，乃极为亲近之人。

时，人人习骑射，宽松之时，甚少约束。正因如此，君臣关系崇尚简单务实。反之，中原人伦明晰，佯装正派，可是相互残杀，甚至改朝易姓之事亦不在少数。且礼仪虚华不实，君王往往以礼仪为借口而广治宫室，穷奢极欲，如此一来，又必然致使民力耗尽。所以，中原之民急则不习战事，缓则疲于劳作。试问，如此华而不实的礼仪人伦，如何能保证国势强盛？

目视被辩得哑口无言的汉使，中行说踌躇满志，得意大笑："汉人，楚人沐猴而冠，甚是可笑！且休要饶舌，看你中原所贡之财货是否齐备；若不齐备，我匈奴铁骑自会纵马南下取之！"

中行说向老上单于进言第二策："完善制度"，以凝聚国力。

匈奴素无文字及成文法令。自传说中的淳维至老上单于时代，维持庞大草原民族之政令运作仍完全依靠口述。语言及传说，即为匈奴全部的政治与历史。因此，无论每年五月龙城聚会祭祀祖先天地鬼神，还是八月大会于蹛林计算人口牲畜数目，匈奴人皆是以口头言语方式进行。至于法令，匈奴虽有故意杀人者死及盗窃没收财产等基本法令，但也多为传承千百年的习惯法，而从无严密、完善的成文法。法令及文书乃组织国家的利器，如此落后的文教，自然难以动员举族力量投入战争。

相对于匈奴，汉朝继承秦制，有森严苛酷且无孔不入的细密法令，有精通各项法令的文法吏，又有完善的户籍管理及档案制度。因此，朝廷法令一旦下达，则可通过各级行政文书及律法规章贯彻到郡县乡里。同样，郡县乡里之户口增减、土地赋税亦会通过文书上传朝堂，让皇帝对治下的广土众民了如指掌。战事既起，则可依靠制度动员举国之力投入战争。久在中原的中行说深知汉朝强大的根本即在于此。因此，中行说建议单于庭官员立即学习分条记事之法，仿照汉朝制度核算记录草原人口及牲畜数目。

随后，中行说又针对汉匈外交制度提出第三策："夸大辞令"，以尊己卑人。

按惯例，汉呈送匈奴之书信与皇帝诏书所用之木简规格均为一尺一寸，且其开篇之辞一般为"皇帝敬问匈奴大单于无恙"。皇帝者，"德兼三皇，功盖五帝"之谓；大单于者，"撑犁孤涂单于"也。匈奴谓天为"撑犁"，谓子为"孤涂"；单于者，广大之貌也。由此观之，汉匈君王之号颇有相似之意。不过，以中行说视之，汉匈平等之尊号不足以显示匈奴之威势，故建议老上单于以后回书汉朝一律用一尺二寸之木札，超过汉朝木简一寸。非但如此，回书所用之印尺寸亦需加长加宽加大，并书其辞曰："天地所生日月所置匈奴大单于敬问汉皇帝无恙"，以显示草原之君的尊贵及对中原之挑衅。

在提议三策同时，中行说又以对汉朝边塞防备的了解"日夜教单于候利害处"。为进攻中原，中行说可谓是呕心沥血，殚精竭虑。可想而知，对这位来自汉朝且"尽公而不顾私"的谋士，胸怀大志的老上单于必然是深信不疑。也许时机一到，老上单于便会在中行说推动下引兵南向，仿效冒顿单于牧马晋阳，建立不世之功。

第二十一章　　论治安策

　　北国草原，君臣殚精竭虑，不断谋划于密室，南朝君臣亦是如此。前元六年秋，在长沙国三年余的长沙王太傅贾谊终于接到入朝论政的诏书。

　　前元二年，因绛侯周勃等功臣元老极力反对，贾谊以太中大夫外放为长沙王太傅，迁离中枢。不过，虽外放至偏远的长沙国，贾谊并未常怀怨望之心，而是置朝廷社稷于本人仕途之上，时时注意朝政。朝廷开铸钱禁令时，贾谊即上书针砭时弊；周勃"谋反"案发时，贾谊亦不计前嫌上书论周勃之事。比之朝中为蝇头小利便纷争不已的平庸之辈，贾谊可谓社稷之臣矣。既为社稷之臣，则更需常思社稷安危。是故，朝廷急召之令传至，贾谊立即辞别长沙王，前往长安。

　　长沙国距长安万里之遥，一路长途跋涉极为辛苦。然而，得知朝中催促甚急，贾谊亦顾不得舟车劳顿，数十日后便驰至长安。至长安后，未及休憩即入未央宫宣室台陛见。可谁知君臣相见后，却闻皇帝开口大谈淮南王鬼神之事："淮南王之事想必贾生已知。我已从中郎将袁盎之议，以彻侯之礼葬淮南王于雍。我虽不敏，然待淮南王甚宽，亦不可谓不爱。如今，何故常有淮南王之灵入我梦中？贾生博通经史，对鬼神之事必有所知，不知何以教我？"

　　皇帝此言，令贾谊大感意外：朝廷急召之本意竟是为了言说鬼神之事？鬼神自需敬奉勿忘，但终究为虚无缥缈之事，为智者所不言。《论语·雍也》载当年樊迟问知，孔子即对曰："务民之义，敬鬼神而远之，可谓知矣！"以孔子之圣，虽对鬼神不敢不敬，但还是敬而远之。今皇帝将己急召至两宫之间，却询问虚无缥缈之事，何其不智？然君父相询，亦是对未知天命与虚幻鬼神心怀畏惧，故身为人臣者不可不知无不言，言无不尽。因此，贾谊只得恭敬行礼，然后开口论鬼。

于是，君臣二人便于未央宫宣室台为鬼神之事谈论一夜。夜半明月高悬之时，皇帝对贾谊口中玄虚缥缈的鬼神之事已如痴如醉，不知不觉移坐席前。据宫中好事者盛传，东方日出之时，皇帝竟喟然长叹："久不见贾生，自以为过之。如今看来，远不及也！"

不过，此次朝廷急召确实并非单纯谈论鬼神之事。言毕鬼神之事后数日，贾谊终得知入朝的真正缘由——调任梁王太傅。

皇帝有四子，长子刘启为皇太子，次子刘武为淮阳王，三子刘参为代王，幼子刘揖为梁王。四位皇子中，最受宠爱的并非长子刘启，而是幼子刘揖。朝中皆知，刘揖虽尚年幼，然聪颖好学，故"爱幸异于他子"。正因如此，为梁配备博通经史的太傅自有必要。另外，梁国乃屏翼关中的"亲藩"封国，有制约关东诸藩重任。为保证梁国政令之稳定，亦需为梁王配备一位颇具才干的太傅。毫无疑问，才智卓绝却稍显年轻的贾谊正是最佳人选。而且，朝中盛传，皇帝调贾谊为梁王太傅亦有磨炼数年，以便将来时机成熟后入朝执掌中枢之考虑。

君父之心，臣子不能轻议，故朝中虽有流言蜚语，但贾谊亦不回应。在答完鬼神之事后，贾谊不作停留，随即自长安前往梁国睢阳就任，傅刘揖。

汉制，藩国制度仿照朝廷，国政有内史，军政有中尉，总揽政务则有丞相。因此，梁国之军国政务其实并不需贾谊过于操心，何况此时之梁相乃颇为干练的老臣。此梁相，即高皇帝老臣山都侯王恬启。早在汉五年时，王恬启便已为郎中柱下令，侍奉于高皇帝之侧，熟悉朝廷各项政令运作。汉十年，王恬启又以卫将军从高皇帝讨陈豨，迁廷尉，主审彭越案。朝中皆言，王恬启为人沉稳，思虑缜密，乃军政皆通的人才。试想，今梁国既有如此梁相，国政之事岂需贾谊日夜忧劳？

然而，贾谊亦非干坐枯等，尸位素餐之徒。至梁国睢阳后，贾谊未及教导刘揖，便前往梁国各地考察政治。在梁国数月之后，贾谊即将此数年中对当今局势的观察及忧虑以疏奏形式上书朝廷——此即《治安策》。

"臣窃惟事势，可为痛哭者一，可为流涕者二，可为长太息者六，若其他背理而伤道者，难遍以疏举。进言者皆曰天下已安已治矣，臣独以为未也。曰安且治者，非愚则谀，皆非事实知治乱之体者也。夫抱火厝之积薪之下而寝其上，火未及燃，因谓之安，方今之势，何以异此！本末舛逆，首尾衡决，国制抢攘，非甚有纪，胡可谓治！陛下何不壹令臣得孰数之于前，因陈治安之策，试详择焉！"

具体论述，贾谊认为：其所谓痛哭者，即藩王势大。这并非当朝仅有之事，而是几十年积弊。早在高皇帝时，藩国不臣诸事便被一再提及，然因庶务繁杂，朝廷顾虑甚多，故一直久拖不决，以致延续至今。数年之中，前有远支之济北王刘兴居起兵，后有近支之淮南王刘长谋反，乃至数月前又有人告曰：吴王刘濞不轨。由此观之，藩国之事已不能漠然视之。今藩国权势极大，县丞、尉以上官吏均由藩王任命，故一旦朝廷稍有逼迫，恐彼辈即会效法淮南、济北。当然，如今皇帝正当壮年，朝政尚算安稳，且诸藩年幼，朝廷所任命之傅相也能有效控制藩国国政，故尚无忧虑。然数年之后，藩王壮年，而朝廷所任命之傅、相却需年老致仕，彼时又该当如何？以高皇帝之事预料，至多数十年后，天下便难得太平。

如朝廷不能未雨绸缪，而待骨肉至亲已"行事"之时再以朝廷律法诛杀，与秦末兄弟君臣相残又有何异？回顾高皇帝所立之诸侯，韩、彭最强，故反；长沙最小，故忠。故藩王所以有不轨之念，并非天生反骨，而是权势使然，权盛则反，权轻则忠。由此可见，欲令受封藩王忠于朝廷，上上之策即令天下诸藩皆如长沙国一般国小势弱。惟有如此，藩国方不会对朝廷产生威胁。

为此，贾谊提出方略：天下诸侯中，以齐、赵、楚三国为最强。因此，可先将三国析分为若干小国。具体而言，朝廷可以推广皇帝之恩为名下诏，允齐悼惠王刘肥、赵幽王刘友、楚元王刘交后世子孙无论嫡庶，皆可从祖先封地中划出若干郡县另建新国，直到土地全部分割完毕为止。若封国子孙较少，亦可以照此推行，即先将分割的小国建立起来，暂时空悬封君之位，待彼育有子孙之后再就封。如此一来，当世大治，后世诵圣。广建诸侯，以弱其力——此乃宰割诸侯的治本之策！

其所为流涕者二：其一为匈奴为患，其二为华夷颠倒。

所谓"内其国而外诸夏，内诸夏而外夷狄"，内夏外夷乃上古以来圣王治国之原则。若作比喻，皇帝为天下之首，四方蛮夷则为天下双足。可如今，朝廷对匈奴卑躬屈膝，匈奴却屡次侵掠不敬，这岂非内外紊乱，首尾颠倒？视今西北边郡，烽火不绝，斥候不休，士卒不安，将帅不息，无不虑胡骑旦夕之扰。然匈奴人口不过汉一大县，以天下之大困于一县之众，此非流涕者？以胡骑数度南下之前例可见，当初奉春君刘敬所议之和亲之策并不能令其臣附，所入之财帛亦不能令其感怀。既此策无用，需及时调整。朝廷可尝试改变匈奴习俗，分化、瓦解匈奴诸部战心以削弱其战力、意志，行"三表""五饵"之术。软硬并用，双管齐下，"必系单于之颈而制其命，伏中行说而笞其背，举匈奴之众唯上之令"。朝廷之德可施之，朝廷之威可加之，然却无动于衷至今，此非流涕者？

此外，"长太息者"六事，则涉及社会风气不正、朝廷礼治不兴、太子教导不力诸事。

商汤、周武以德治万民，以礼治天下，德及禽兽草木，礼披蛮夷戎狄，故两朝皆国祚长久，子孙累数十世。凡用礼施德者，民莫不知尊卑高下，朝政莫不秩序井然。如此等级分明，尊卑有序，天下自安，此所谓"为政以德，譬如北辰，居其所而众星共之"！秦人行商君之法，遗礼义，弃仁恩，不过数年，其俗即败坏，几与禽兽无异。及其兼并天下，卒定六国，终未复仁义廉耻之礼。未有一德而积怨于世，故万民莫不憎恶如仇雠。秦人祸及己身，子孙诛绝，实乃咎由自取。

汉兴，承秦之弊，此风未易。秦制治国之本质，乃严密森严之法制及诡诈狡黠之权术。是故，今朝野上下虽明面崇尚与民休息的黄老之术，但治政之根基仍为秦人制度，即以刑法权术治国。然而，因礼乃禁失德于前，刑乃禁不法于后，故法之效易见，而礼之效难知。故朝中急功近利之辈无不认为"礼仪之不如法令，教化之不如刑罚"。今朝臣皆喜谈刑罚、律法而排斥礼治的原因正在于此。然公卿只知诈力，而不知恩德；臣民皆只知畏惧刑罚，而不识礼仪大道，此非亡国之兆？孔子曰："导之以政，齐之以刑，民免而无耻。导之以德，齐之以礼，有耻且格。"若朝廷纯以刑法威慑百姓，吏民固然不敢犯罪，但亦不能生羞耻明礼之心。朝廷当需倡导礼治，并以之代秦制。非如此，不能令天下长治久安。

治国方略之更易乃朝廷固本之计，其虽非朝夕可成之事，却需皇帝、太子身体力行。皇太子乃国家储君，此事尤为重要。昔周武王伐纣之后，令召公为太保，周公为太傅，姜太公为太师，以佐周成王。三公之外，又设三少，曰少保、少傅、少师。三代之所以长久，正因太子之教导乃正道，至秦则不然。秦人以赵高为二世之师，而二世随赵高所学者，不过严刑苛法而已。是故，二世即位，则视入朝忠谏者为诽谤，视为国深计者为妖言，杀人如草芥。此并非二世天性凶残，实乃赵高所授。所谓"前车覆，后车诫"，三代之所以长久者，其事可知；今若不从，则是不法圣贤之智。如今汉之国祚，唯观皇太子。所以，为皇太子挑选太子太傅不可不仿照周人之制，用"天下之端士、孝悌博闻有道术者"为之。

所以在疏奏中特别提及皇太子教育之事，亦是对如今太子太傅并不满意之故。当今皇太子刘启已有十余岁，为储君亦有五年。然而，皇太子自太傅之处却并未学得治国之术。原因无他，实乃是太子太傅确实无术可授。为何？因为太子太傅非他人，正是前元二年与周勃、灌婴诸人在朝中激烈反对贾谊为公卿的东阳侯张相如。

张相如，为追随高皇帝之开国老臣。汉定天下，张相如为中大夫，于朝中参政。其后，朝廷分赵之巨鹿郡为河间、清河二郡，需自朝中调知兵能战之人为郡守。当时，张相如因勇猛善战，故被外放至赵国河间郡，为二千石河间守，辅佐赵相周昌。汉十年陈豨起兵时，张相如领河间赵军随高皇帝将兵击代，以战功而封东阳侯。可见，张相如此人，为征战沙场的猛将，亦为不善言辞的"长者"。然而，除熟知战阵，为人谨慎外，张相如并不治经史，腹中亦无治国之道，故实不能为太傅。为社稷久安计，朝廷当速速迁免张相如，并以博通经史的学者代之。有道是"祸患常积于忽微"，细微之处如不尽早注意，则恐造成溃堤之穴。

一篇《治安策》，历数了朝廷自内政至外交各种失误，表现出非凡的政治才华及敏锐洞察力。针对种种问题，所提之策亦多具有可行性。例如，孝景年间的"七国之乱"即被言中，其后晁错所进之削藩策乃至武帝时主父偃所议之推恩令均沿袭自贾谊之策。概而言之，《治安策》实为不可多得的施政纲要。正如贾谊之言，若以此策施政，必能令"诸侯轨道，兵革不动，匈奴宾服，百姓素朴，生为明帝，没为明神，名誉之美垂于无穷"。

不过，此封疏奏呈上之后，皇帝必然是坐立不安。为何？盖因疏奏中所涉及之事，事关朝廷各方各面，事关朝廷根本大法。正因如此，其阻力也必然极大。事实上，此疏奏不说实行，便是正式呈至朝堂讨论也足以令朝廷哗然。一旦公布，贾谊不说迁至朝中，甚至此刚任数月的梁王太傅亦不能再任。不言他人，一旦张相如得知此疏奏，必然又要破口大骂竖儒无礼。

策是良策，然实难推行。非有非常之君，非常之人，则断难行此非常之事。贾谊固然为非常之人，但可惜当今之皇帝并非如高皇帝那般非常之君。

第二十二章　　公车司马

天下之事事无巨细，咸决于上。既闻梁王太傅贾谊论述治安大道，又岂能视而不见。不过，贾谊所呈《治安策》固然是真知灼见，但治国方略之更易亦非一朝一夕之事，还当从长计议。

既然需从长计议，则不必急于纠结。故数日后，皇帝车驾仍如往日一般驾临上林苑。上林苑壮美瑰丽，乃车驾游憩之佳地。置身此处，方感数日以来为国事所忧之念顿去。皇帝一时兴起，遂召上林尉询问苑囿内各种禽兽登记在册之数目。

朝廷以文法吏治天下，故为吏者，当谨慎严密，依法行事。上林尉虽不过为秩三百石的基层小吏，但却执掌上林苑各项繁杂事务，故必须通晓苑中诸事。今皇帝出口询问，则需如实汇报才是。可谁知面对突然"考察"，此上林尉面目赤红，张口结舌，竟一问三不知。

上问而不明，真是死罪！正在此尴尬之时，随从在侧的虎圈啬夫大约是不忍上司受责，便主动请命代答。得到许可后，此啬夫竟对答如流，"响应无穷"，将上林苑诸事说得一清二楚。对比呆滞木讷的上林尉，此身为属下之啬夫更显聪颖伶俐，实乃能吏也！于是，皇帝大感满意，拍手击节称赞："朝廷官吏难道不应如这上林啬夫？上林尉何其愚笨。"遂下令侍从于侧的谒者起草命令，迁啬夫为上林令。

命令既下，当速速草令，岂料随从在侧的谒者仆射拖延甚久不为所动。良久，此谒者仆射方上前开口询问："陛下以为绛侯周勃为人如何？"回应"周绛侯乃长者"后，此谒者仆射又问："然则，陛下认为，东阳侯张相如为人如何？"

东阳侯张相如者，高皇帝开国功臣，今为皇太子刘启之太傅，其人敦厚质朴，乃朝中著名"长者"。其"长者"之名朝野尽知，何须评论？岂料在皇帝口称"长者"后，此谒者仆射缓缓开口解释："陛下，周绛侯、张东阳素称'长者'，但陛下亦知二位君侯敦厚质朴，甚至有'言事曾不能出口'之评。由此观之，朝政之通达绝非如此啬夫一般多言善辩！臣闻前朝重用刀笔之吏，故官场敏捷苛察之徒比比皆是。然殿陛之间尽是虚言诡辩、阿谀奉承者，朝政岂能通达？正是巧舌如簧之辈堵塞上下，朝政过失才不能闻于皇帝，明于朝堂，致使社稷倾覆。臣窃思，前朝之事，以陛下之圣明当已有所知。如今，陛下仅因啬夫口辩而超迁之，臣诚恐天下之人皆争相效仿，尽去练习口辩之术而无真才实能。故而，皇帝举动不可不审慎！"

所谓"尽去练习口辩之术而无真才实能"之言实令人费解。上林苑啬夫忠于职守，明达干练岂非大善？若按谒者仆射之意，群臣于朝堂之上皆闭口不言，便能天下太平？不言他事，可以数年前之例举之。孝文初，谒者仆射口中"长者"周勃在朝堂之上受廷对时，哑口无言。相反，陈平却对答如流。如谒者仆射之言，难道陈平也是徒有口舌之利的小人？

当然，若细细思之，谒者仆射此言亦不无道理。毕竟若以言而用人，则恐如当年河东守季布之言，"臣诚恐天下有识之士闻之将以此窥探陛下之深浅"！由此观之，谒者仆射所谓"天下之人皆争相效仿，尽去练习口辩之术而无真才实能"亦非虚言。如今，既然天下之事事无巨细，咸决于上，则官吏任免迁调之事当慎之又慎，切不可仅因个人喜好便无视朝廷法度而破格提拔臣下。因此，沉思默然良久，皇帝郑重答曰："仆射之言甚是！"

视此谒者仆射恭敬行礼，故皇帝言毕又召其入车参乘。待车驾离开上林苑之时，皇帝又于车内开口询问："我闻张公数月前曾欲自免归回南阳，可有此事？"

此谒者仆射张公非他人，正是数次超迁的南阳张释之。张释之，字季，南阳郡堵阳人。张释之少年家贫，父母皆逝，故随兄张仲生活。其兄尚算富有，故稍长加冠后，张释之得兄长资助，訾为骑郎。

"訾为骑郎"为訾选之骑郎。訾选，与荫任、军功构成朝廷选拔郎官的三种主要途径。汉制，凡家訾十万钱者，有拜为郎官之资格，张释之的骑郎一职即是如此訾选而来。相比荫任、军功，訾选虽非量才，但亦属为郎官的正当方式，与荫任、军功亦无差别。骑郎，为郎官一种，与车郎、户郎并列，可出充车骑，执戟护卫。一般而言，只要为郎官，便可作为进阶之基。若得朝廷看重，郎官可升比千石大夫；若外放地方，也可为六百石令；再转任数年枳累政绩，可迁为银印青绶的二千石郡国守相，甚至入为列卿也不是不可能。不过，两宫之间郎官数量极为庞大，达数千人之多，张释之既无斩将搴旗之功，先祖又非剖符丹书之功臣，欲以訾选而来的骑郎为升迁之资希望颇为渺茫。

事实上，张释之在骑郎任上十多年默默无闻，确实一直未能得到升迁之机。相比不过弱冠之年便在三年内以庶人拜大夫，并旋迁二千石太傅的贾谊，仕途可谓太过艰难。不说与青年俊才贾谊相比，即便与材质平平的同辈郎官袁盎相比，张释之也是远远不如。不过，贾谊有廷尉吴公之提携，袁盎则有兄长袁哙之推荐，张释之却无一可依靠之人，故除苦熬资历亦毫无办法。可是，苦熬了十年资历，已经年近不惑，确实已不再适合为郎官，且除非朝中大变，否则仕途终归无望。正因如此，心灰意冷的张释之才于前元六年年初之时心生"乞骸骨"，返回南阳老家之念。

此时，听闻皇帝提及如此"尴尬事"，张释之只得长叹回答："陛下，臣能侍奉陛下，实乃长兄之助。然臣已老迈，实不能为郎矣，故臣确有告归南阳之意。不过，当时未至郎署，恰逢中郎将袁盎。袁中郎不以释之无能，故举臣于朝中。蒙陛下不弃，臣得补为谒者，并超迁为仆射。"

谒者虽说亦不过为六百石的小官，且所执掌乃传达送往等卑贱之事，但相比数量庞大的郎官，谒者可以有更多机会在朝会上侍从左右，算得上"亲近"之臣。因是之故，以骑郎为谒者，可以右迁谓之。为谒者数月，张释之又以言秦政之失而迁谒者仆射。

在郎官上蹉跎十年，未有一级之升，最后心灰意冷"乞骸骨"。然而，仅因袁盎一次无意举荐，便得皇帝之信用，甚至一年两迁。世事之奇，实令人捉摸不透。思及仕途之奇，张释之复长叹："陛下当初曾言臣不必高论，当陈现实可行之策，臣牢记于心，不敢稍有遗漏。臣闻秦行商君之法，弃信义，亡礼乐，而专以法令治庶民，以诈力取天下。是故，其君好酷法，其臣乐谗言。上下不明，是非不分，故强则强矣，然二世而身死国灭，为天下笑。贾生言'仁义不施而攻守之势异也'，诚如斯言！臣愚钝之语，唯陛下思之。"

长论良久，车驾已至宫前司马门前。待车入司马门，却闻皇帝喟然长叹："张公，屈你之才实乃朝堂之不明。你今日即朕之公车司马令。"

公车司马令，乃守备司马门之令。司马门乃未央宫外门，士民入宫必经司马门，天下上书阙下及所征召，皆总领于执掌司马门的公车司马令。因此，相比卫尉下辖司马、卫士、旅贲各署，公车司马令实乃皇帝之秘书传达机构。由此观之，公车司马令虽非高职，但却是要职，非亲信不能任，更非皇帝"家臣"之谒者仆射可比。故而，此职可视为皇帝之"爪牙"，亦可为右迁二千石之资。正因深感君恩深厚，故张释之受命次日即着公车司马令之冠带，自宫内迁至宫门，承担代天"守门"之重任。

皇帝圣明而信用，岂能不兢兢业业？数月以来，张释之如当年为郎官一般，日日守备于司马门，不敢丝毫懈怠。

数月转瞬即过，前元七年年初，张释之如往常一般于司马门当值。至日中时分，遥见皇太子车骑将入司马门。与皇太子同车者，乃梁王刘揖。今梁王刘揖乃皇太子之弟，二人友善非常，故梁王入朝请见，皇太子亦主动陪同前往。皇太子及藩王入宫原本是寻常之事，可谁知皇太子车驾入司马门居然就此直入，并不按制下车！

汉制，无论藩王还是公卿，凡入未央陛见，乘车至司马门者必须下车。今乘车直入司马门，乃公然违背朝廷法度，若不阻拦则有渎职之嫌。可问题是，此车驾之上乃皇太子，实不能以常人视之。需知，皇太子是国家储君，如果得罪于皇太子，恐日后朝中难有立足之地。不过，眼见车驾已入司马门，张释之已顾不得考虑身后之事，立即下令卫士前去追赶，并勒令皇太子立即下车。命其下车后，张释之当即决定以"不敬"之罪弹劾，并奏报于朝廷。

其实，阻拦车驾并令其下车即可，不必以"不敬"之罪弹劾。需知，按朝廷法度，出入殿门公车司马门，乘车者皆下，不如令，罚金四两。一个小小的"罚金四两"，居然上升到以"不敬"弹劾，而且是弹劾皇太子"不敬"，这必然搞得朝中人人皆知，甚至令朝廷难堪，何苦来哉？相持良久之后，果有宫中谒者承薄太后之诏而至，并宣称："张公，事奏于上，皇帝已闻。今有太后诏在此，公车令可放行！"

承太后之诏，自然畅通无阻。然而，此事毕竟传至薄太后，甚至据传皇帝亦不得不在薄太后面前免冠谢罪，并称"教儿子不谨"。一封"不敬"弹劾文书，令皇太子受斥责，皇帝失颜面，又令薄太后担忧，这岂非人臣之罪？因此，张释之闻言也只得喟然长叹：事已至此，恐此公车司马令之任亦不会久长。

果然，数日后，张释之即接到调令：以公车司马令转为中大夫。中大夫，乃皇帝沟通中外之喉舌，并非闲职。由此观之，虽有弹劾太子"不敬"并令两宫忧虑之事，但两宫亦并未因此嫉恨。实际上，朝廷不但并未嫉恨，反愈发敬重。此事之后，张释之屡次右迁：先以中大夫迁任比二千石中郎将，前元九年年末又因原廷尉吴公年老乞骸骨而代其为廷尉。

虽张释之在上林啬夫前振振有词称"天下之人皆争相效仿，尽去练习口辩之术而无真才实能"，但历观张释之迁转，却多是因"言"之功。虽不能称张释之乃"口辩"之徒，但其升迁资格确实并非朝廷常制。与当年吴公以治绩天下第一迁廷尉迥然不同，张释之所以数年之内便迁任廷尉，实乃皇帝优宠拔擢之结果。

廷尉执掌刑狱，乃朝廷九卿之一，须以公正严明为要，故执掌廷尉者不能仅依靠"口辩"之才，唯望张释之能以其刚正不阿，不畏权贵，决平天下。却不知，张释之决讼能否如其所戴之獬豸法冠所示一般明辨、公正。

第二十三章　　　不刑大夫

獬豸，乃一角之羊，其性温和，能知善恶。据传上古皋陶治狱，有疑难辨者，辄令獬豸辨之。凡有罪者，獬豸则以角触之；无罪者，则不触。后楚王获此神兽，故以其饰于冠戴，制成獬豸法冠。秦灭楚，取此冠赐执法近臣、御史。汉并天下，承秦之制，亦以此冠冠法吏。汉制，獬豸法冠，"高五寸，以缅为展筒，铁柱卷"，廷尉署、御史诸官吏皆配之，以示决平。

然而，獬豸决平不问贵贱，法官决平却不可不问贵贱。按周人之制，司法有"八辟"之规定：议亲、议故、议贤、议能、议功、议贵、议勤、议宾。前元十年年初，朝中骤发大案，朝廷虽令廷尉明法而断案，然张释之仍不敢如法而定。为何？盖因此案之人涉及亲、故、贤、能、功、贵，实非廷尉所能决断。

何案？轵侯车骑将军薄昭擅杀汉使案。

薄昭，为薄太后之弟、皇帝舅父，少年时便以郎从军，勇猛能战。后皇帝受封于代，薄昭遂与薄太后同至代国，辅佐时为代王的皇帝治国。高后八年，功臣诛吕，代国君臣疑虑重重。当此之时，正是薄昭不辞劳苦数十日来回奔波一千余里，探明长安情况，保证代国君臣至长安入继大统。由此观之，薄昭既是代国故臣，亦是朝廷可以依靠的强大外戚，且为如宋昌这般有拥立之功的功臣，实属在非常之时可协助皇帝稳定社稷的左膀右臂。而且，薄昭即贵为彻侯，又是执掌军权的车骑将军，必然熟知朝廷法度。如此功勋卓著的朝堂功臣，又何故与区区汉使积怨甚深，甚至不顾法令而擅杀之？

薄昭在史书无传，其人其事已不可知。关于此案，《汉书·文帝纪》亦无记载，其内容仅有短短五字，曰："将军薄昭死"，何故而死却无只言片语。据《汉书·外戚恩泽侯表》"（薄昭）坐杀汉使者，自杀"之记载，方知薄昭之死乃死于朝廷法令。不过为何杀汉使，则亦不可知。其后，郑玄注《汉书》，称："昭杀汉使者，文帝不忍加诛，使公卿从之饮酒，欲令自引分。昭不肯，使群臣衰服往哭之，乃自杀。有罪，故言死。"郑玄所言，更为详尽，然为何杀汉使仍不得而知。其后不久，魏人如淳则称："昭与文帝博不胜，当饮酒，侍郎酌，为昭少，一侍郎谴呵之。时此郎下沐，昭使人杀之，是以文帝使自杀。"

据诸家注解，此案当是因薄昭博戏而起。在博戏中，薄昭与侍从在侧的郎官因酌酒而冲突。结果，薄昭激愤之下，于博戏结束后遣人将此郎官刺杀。所谓"杀汉使者"，大约即指此郎官。如此事非虚，则表明薄昭此人极为跋扈骄纵。然而，薄昭虽不能以"长者"称之，亦不当如此跋扈。比如，当年淮南厉王骄纵不法，皇帝不便开口，是薄昭致书申饬，劝诫刘长当谨守朝廷法度。试想，若薄昭果真为跋扈无行之人，岂能义正词严指责刘长？以五十步笑百步，岂不令朝中同僚、天下吏民及刘长本人耻笑？可见，此事颇有可疑之处。

而且，即便薄昭确有擅杀朝廷使节之举，亦并非必须处死，毕竟廷尉执法亦需顾念"八辟"。论亲，薄昭乃薄太后同产弟、皇帝舅父；论故，薄昭乃代国故臣；论贤，薄昭为人尚可；论能，薄昭有统兵理政之能；论功，薄昭有拥立之功；论贵，薄昭贵为彻侯、车骑将军。由此观之，以法诛杀并不妥当，需酌情减刑才是。且前元六年，朝廷审定刘长死罪，但最终仍论其亲贵而予以减刑。刘长谋反之罪远重于擅杀汉使，刘长亦非建有拥立之功，故既然当时刘长可赦，薄昭自然亦无不可。而且，既有刘长案"故事"在前，薄昭案予以援引，亦符合朝廷制度。

可岂料张苍、张释之等公卿审理定为死罪后，两宫丝毫不顾及亲情、功劳，直接"制曰可"！如此违背常理的大义灭亲之举，自然证明皇帝不避亲贵，可擅杀汉使之罪果真需严酷如此？对此，朝廷未作任何解释，且朝中参与审理此案之公卿亦言语不详。正因如此，朝中档案并未予以记载。

不过，虽不能尽知其中缘由，但并不妨碍好事者传言猜测。为何？盖因此案触及朝中君臣极为敏感的问题——外戚。

自代王入继大统，即皇帝位以来，薄昭以外戚为车骑将军已近十年之久。然而，为刘氏安稳计，朝中素不常设将军，何况是仅次于大将军的车骑将军。即便是战斗不休的高皇帝时代，为将军最长者亦不过二年，短者数月即罢。宋昌以代国故臣为卫将军，亦年余即罢。前元元年以来，除偶有匈奴南扰，天下承平，朝廷确实亦无常设车骑将军之必要。然而，薄昭却以外戚身份垄断车骑将军一职十年之久！在朝中不设大将军、太尉已久的情况下，薄昭事实上以地位最尊的车骑将军执掌朝中兵权十年之久。揽兵权十年之久，其权势何人能比？当年诸吕乱政之本质，乃是外戚集团膨胀。如今，吕氏外戚已灭，可薄氏外戚却日渐壮大，自不能令朝堂放心，何况薄氏外戚与吕氏外戚相同，皆以外戚拥大功而执掌兵权。如此强势之人立于朝堂之上，岂能不令人寝食难安。

皇帝并非庸主，其"仁孝宽厚"之称并不足以掩盖其急欲大权独揽之欲望。薄昭既然以如此敏感之身份，执掌如此敏感之权柄，人君岂能不备？君权之所以稳定，乃臣下俯首甘从，不违逆主君之法令。《韩非子·人主》云："人主之所以身危国亡者，大臣太贵，左右太威也。所谓贵者，无法而擅行，操国柄而便私者也。所谓威者，擅权势而轻重者也。此二者，不可不察也。"其言正是也。杀之而社稷安，则无论其亲、贵，必杀之！

然而，虽必杀之，朝廷却又断不能就此直接将身为彻侯、车骑将军的薄昭下狱处死。为何？盖因需思虑当年贾谊《治安策》之议。

《治安策》虽不能直接公布，朝廷也几乎未能采用贾谊一策，但是认可了贾谊附在疏奏之后的一条有关礼遇公卿"不刑大夫"的建议。贾谊所以呈"不刑大夫"，源自前元四年周勃案。当时，周勃身为开国彻侯却无罪而被械送廷尉一事在朝中影响甚大，甚至周勃尚未下狱就有袁盎鸣不平。贾谊虽远在藩国，但也对此事颇为关注，甚至对朝廷之举颇不以为然，故调任梁王太傅后即借《治安策》将其作为可以"长叹息者"之一事呈至御前。

在奏疏中，贾谊引用圣王治政有"礼不及庶人，刑不至大夫"之制，批判秦人公卿触法与庶民同罚之举。为何批判？盖因公卿犯法而输之廷尉署，廷尉署执法小吏便可侮辱责骂而鞭笞之，此举不但侮辱公卿人格，亦是对朝廷等级制度的践踏。试想，若上下尊卑、等级有序的秩序屡遭破坏，则朝廷何以长治久安？然则，当如何应对？难道坐视公卿彻侯蔑视朝廷法度而无动于衷？当然不是，有上古之事可为援引。上古以礼义约束臣下，故臣明礼义廉耻。有大罪者闻已定罪，则心有羞愧之念；君主不遣人强逼受刑，彼辈也会北面再拜，跪而自裁。刑罚不加，而自知廉耻，岂非大善之事？

贾谊之言真是正中要害。需知，自代国至长安即位，无论于代邸受命时三辞五让，立储诏时谦让惶恐，还是数次大赦、赐民爵令，皇帝无处不以"仁孝宽厚"视臣民。事实上，并无嫡长子继承法统的皇帝所以能维持君位，正是依靠不断营造的仁君形象。然而，无凭无据而擒拿周勃影响甚大，且确已破坏这种苦心经营的仁君形象。因此，如何挽回声誉乃当时之急务。正因如此，《治安策》呈上后，皇帝对此条"长叹息者"深表赞同。前元七年年初，朝廷遂据《治安策》精神特意下诏，规定："彻侯之妻母、诸侯王子及二千石以上官吏，不经朝廷批准不得擅自逮捕。"自此之后，朝廷公卿大臣犯罪不受刑杀之辱，一律以自杀而了结便成定制。

试想，朝廷颁布法令不过二年余，倡导"不刑大夫"，然却将皇帝舅父、彻侯、车骑将军下狱处死，岂不令臣民议论纷纷？又有何脸面令朝臣知"廉耻礼义"？因此，薄昭虽被定为死罪，但却万不能就此处死。按照朝廷确定的国法不刑杀公卿之原则，在定罪之后，薄昭当"北面再拜，跪而自裁"，如此方能维护朝廷及贵族之颜面，方能皆大欢喜。

岂料，朝廷定罪之结果传至薄昭手中后，薄昭却自以为无罪，拒不自杀。君臣无奈，即遣大臣至薄昭家中饮酒，于酒席间强劝薄昭自杀。可谁知，薄昭极为强横，仍不肯自杀。如此"冥顽不灵"，着实令朝堂上下深感棘手难办。最后，朝廷只得又遣数位大臣身着丧服，至薄昭家中哭丧。薄昭走投无路，终"自杀"了事。

薄昭被"自杀"，或许确实表明朝廷公正治政，不因私情而枉法。然而，在此且不论薄昭所犯何罪，亦不论朝廷为何能赦免刘长而不赦免薄昭，如此"自杀"，又岂是尊重公卿？所谓不刑杀大夫，其实质是维护皇帝"仁厚"之名，维护所谓之君道，还是维护公卿彻侯人格？以好事者思之，当是维护前者。

推而广之，朝堂斗争激烈而血腥，前后两汉数百年"自杀"之大臣几何？确实有罪自杀者几何？无罪而被逼自杀者几何？

第二十四章　　大哀贾谊

前元十年冬，轵侯薄昭终"自杀"而死。薄昭死后数月，皇四子梁王刘揖竟坠马重伤，至前元十一年六月不治而死。刘揖乃皇帝爱子，因其英年早死，朝廷谥曰"怀"，以明"慈仁短折"之意。

梁王早薨，不但两宫哀伤，梁王太傅贾谊亦哀痛自责。需知，当年皇帝之所以将这位寄予厚望的梁怀王相托，正是对社稷之臣之信用。可是，贾谊身为太傅却未能尽教育之责，以致皇帝蒙受丧子之痛，岂非大"不忠"？因此，朝廷虽并未降旨申饬责备，但素称"纯臣"的贾谊仍深感有失太傅之职，以致哀痛成疾。当卧于病榻之时，贾谊亦不得不深思此数年之事。

前元六年，以长沙王太傅迁梁王太傅，乃仕途之重要转折。虽同为太傅，但傅于"亲藩"同姓梁国与傅于远支异姓长沙国完全不同。正因如此，视朝政日非之时，贾谊遂提笔上疏论"治安"之策。虽朝堂上下未能对朝政种种失误有所深思，然既身为人臣且对朝堂还寄予厚望则不可不言。望能以两宫之圣明，再有"少知治体"之臣辅佐，可达成三王之治。岂料，除稍采"不刑大夫"之议，朝堂对疏奏中所言之治政失误均视而不见，知而不行。非但如此，在《治安策》呈上一年余后的前元八年夏，传朝廷竟有意封淮南厉王刘长之子刘安等四人为彻侯。

需知，《治安策》已痛陈封建诸侯之弊，称"可痛哭者，此病是也"，可朝廷非但无所顾忌，竟还欲封刘长之子为侯。刘长，叛逆之王也；刘安，叛王之子也。封立叛王之子，岂非鼓动心有不轨者对抗朝廷？而且，以朝堂之昏聩，封侯之后不无封王之可能。如此不明，天下岂能长安？因此，刘长之子封侯消息传至睢阳后，贾谊是忧心忡忡。不久，贾谊便专门上疏论及此事，告诫朝廷："淮南王刘长悖逆无道，其罪天下皆知。刘长之死，实乃咎由自取。如今陛下封刘长之子，这将使朝廷承担毁谤之言。刘安等人年岁渐长，必然不会忘记其父之死。彼时，社稷恐将动荡不安。"为令朝廷反思治政之误，贾谊不得不于奏疏中列举春秋楚国白公胜为父复仇之事。

白公胜，即楚国公子熊胜，为楚平王之孙、太子建之子。当初，因费无极陷害，熊胜不得不随父太子建奔逃至郑国避难。其父太子建于郑国被杀后，熊胜又与伍子胥等人辗转逃至吴国。数年后，熊胜回到楚国发动兵变，杀死当初阻挠为父报仇的叔父子西、子期，囚禁楚惠王并自立为楚王。既有此前车之事，则恐刘安诸人成年后效法熊胜、伍子胥向朝廷复仇。如此，朝廷予其封爵，岂非授人以柄，以兵假贼？

然而，因皇帝顾忌其"仁厚"之名，对此人人皆知之理竟置若罔闻。非但不听，且有更甚者：不久前，长安不知何故传出"一尺布，尚可缝；一斗粟，尚可舂。兄弟二人不能相容"的歌谣后，皇帝为平息不利舆论欲重立淮南国，并欲徙城阳景王刘章之子刘喜为淮南王。当时，正式诏书虽未发布，但淮南国复国之事已是势在必行。朝廷如此做法，与当初策论所言"广建诸侯，以弱其力"之策完全背道而驰。正因如此，得知此事后，为社稷治安披肝沥胆、呕心沥血谋划的贾谊痛心疾首。岂料尚未上疏朝廷言及此事，如今又遭刘揖意外早薨之事。回顾数年中朝廷所行诸种令天下之不稳，社稷之不安之事，再思及梁国之前途，贾谊终积郁成疾，一病不起。

自入秋以来，寒气渐盛，朔风渐起，生气渐收，杀气渐生。苦挨数月，此病并无好转之象，恐已不能再治。《左传》言："疾不可为也，在肓之上，膏之下，攻之不可，达之不及，药不至焉，不可为也。"按此言，此疾恐已入膏肓，时日无多。鞠躬尽瘁，当死而后已。然社稷安危，却不可不慎思！

视当今之形势，与朝廷血缘最近的"亲藩"封国唯有三国：北方刘参代国、南方刘武淮阳国及已死的刘揖梁国。代国辖太原、雁门、云中及定襄四支郡，带甲五万余，实力稍强，然因地接匈奴，却是朝廷抵御匈奴之前线。若内地有事，北部边防压力本就极大的代国恐难以分兵南下救援。是故，"亲藩"三国中，代国已不能作为依靠。位于河南、颍川东部的梁、淮阳二国，则需共同构成防备关东远支藩国、屏翼关中的屏障。若事有不谐，梁、淮阳二国将为朝廷或皇太子之最后依靠。

然今刘揖既无后而逝，则梁国将面临国除之危。梁国一废，则淮阳国独木难支，实难肩负屏卫关中的重任。为何？盖因与代国相比，淮阳国虽地处中原，但仅有一郡之地，万余之兵，属二流封国，实力弱小。反之，淮阳国之东方齐，南方楚、吴，皆为实力极其强悍且与代王一系血缘较远的远支藩臣。若缺少梁国支持，以目前淮阳国之国力势必无力牵制诸强藩。如此一来，关东北至东郡，南至陈郡，皆无兵可守，甚至不臣之兵旦夕可指河洛之地。由此可见，刘揖无后而逝，原本以"亲藩"制约远支之策便不可能实现。

曾记当年与宋忠拜访司马季主后，宋忠叹曰："为人主计而不审，身无所处。"既知朝政之失，则不可不进言。有鉴于此，贾谊于病榻之上向朝廷提议：可想方设法将原属淮南国四个支郡中位于长江以北的九江支郡划归淮阳国，使淮阳国横跨淮水，扩大为一流封国。同时，想方设法为刘揖立后，以保证梁国不除（如仍觉此计不妥，亦可将代王刘参自北方徙封至南方为新梁王，以睢阳为都）。另外，淮阳国北部襄邑等三县及东郡全部划归梁国，以扩大梁国之封地。如此扩大，则淮阳、梁国便可稳定不失。概而言之，新梁国封地将起于颍川新汲而北面直达黄河；淮阳国封地则囊括原陈郡全境，南达长江，朝廷"亲藩"封国亦会不弱于赵、齐、吴、楚等关东强藩。彼时，朝廷妥善部署，则可依靠新梁国阻止东方齐、赵二国，依靠淮阳国牵制南方吴、楚二国。诚如此，朝廷可高枕无忧，崤山以东可稳定，至少两代君主可安享太平。

停笔再思，恐朝廷不用此策。故贾谊不得不于此奏疏末尾处再度重申《治安策》中主张：如今朝廷安然无事，乃藩王年幼，无治国之能。一旦几年之后强藩成年，所伏之危即会显现无疑。是故，此策为朝廷不采纳"广建诸侯，以弱其力"之计的最后一招，切不可忽视之。始皇帝奋六世之威，夙兴夜寐，方能诛灭六国，一统天下。今陛下承高皇帝之基业，享一世太平，却因不作为而隐酿六国分崩之祸，隐匿祸乱之源，实乃不明之极。

今湖南长沙贾谊祠内贾谊像

事关汉家社稷之安，故奏疏传至长安，朝廷纵然有所疑虑，亦不得不慎重对待。最后，朝廷部分采纳此计，徙封淮阳王刘武为梁王，并竭力扩大梁国封地。经过调整，新梁国北以泰山为界，西至高阳，方圆五百余里，辖县四十余，成为朝廷屏蔽关中的重要力量。十五年后，吴楚七国举兵西向，朝廷正是以梁国为屏障，方能从容调度，最终击败吴楚。

所遗之策，竟可于十余年后安定天下，可见贾谊之才。然此谋略并非未卜先知，而是源自对政治的敏锐洞察。

汉定天下三十余年，英才辈出，然以治政之远见卓识而论，尤以贾谊最为杰出。其所言之策，往往能穿透时空而直击要害，甚至能持续影响百年。如此才干，可谓"王佐"。然而，才智高绝亦非完全为大善。谚曰："木秀于林，风必摧之；堆出于岸，流必湍之；行高于人，众必非之。"正是此理。在斗争激烈的朝堂之上，贾谊虽一心欲为社稷之臣，但却屡屡不顺。当初，仅提出"彻侯之国"之议，即遭功臣元老群起攻之即是明证。最后，彻侯固然"之国"，身居中枢不过年余的贾谊亦被迫离长安，且至死亦未再度返回长安任职。虽外迁长沙王太傅，恐亦有主君保护能臣之意，但如此结果实非贾谊所愿。

当然，政治上屡屡不能得意并非仅因众人毁之，亦有人君治政驭人之考量。需知，贾谊每每建言，朝政必有大动。《谏铸钱疏》《治安策》《论积贮疏》诸策，无一不是切中时弊，可又无一不是震动朝野。当初，仅实行"彻侯之国"一策，便令长安满城风雨。可想而知，贾谊所献之策若逐一实行，皇帝之位能坐得稳？正因如此，贾谊被皇帝放至长沙国磨砺数年，假以时日，或可为皇太子刘启之辅弼。此乃君王驭人之术。

常人之蝇营狗苟，帝王之治政驭人，精通申商刑名之学的贾谊无不了然于胸。不过，亦正因过于聪慧，故即便深知其中缘由，亦不能如庸庸之辈甘于安卧。所以，对于无故而外放，贾谊亦不能不耿耿于怀。当初泛舟云梦，临湘水而南行。凭舟远眺，视湘水汤汤，注入浩瀚无际云梦大泽时，贾谊感怀屈原之外放，故提笔写下短赋，以为凭吊——此即《吊屈原赋》。

虽说生于盛世，得遇明主，贾谊较于屈原稍显幸运，但志不得申，怀不得诉，愤不得言之苦，与屈原无异。何况即便朝廷见奏疏而欲用，此时已无可能。前元十二年，卧病数月的贾谊已进入弥留之际。

初夏虽暖，然日光自阴云缝隙透过，映照卧病于榻的孤独之人，亦颇显丝丝凉意。此时，窗外偶有一两只飞鸟盘旋飞舞，嘤嘤作鸣，似求其故友。极目细观，却见有一鹏鸟①飞入室内停于房梁之上，似有惆怅之意。

孝文前元十二年，汉初政治家贾谊在忧郁中死去，年三十三。

114

---

① 《史记·屈原贾生列传》集解引晋灼曰："《异物志》有山鸮，体有文色，土俗因形名之曰服。不能远飞，行不出域。"索隐案邓展云："似鹊而大。"晋灼云："《巴蜀异物志》有鸟如小鸡，体有文色，土俗因形名之曰服。不能远飞，行不出域。"《荆州记》云："巫县有鸟如雌鸡，其名为鸮，楚人谓之服。"《吴录》云："服，黑色，鸣自呼。"鹏鸟大约是巴蜀、江汉一带的类似于猫头鹰的鸟，在楚人风俗中当为一种不详之鸟，亦称为"鸮"。贾谊被外放至远离长安的长沙国，政治失意，故看到这种不祥鹏鸟时心情更为郁闷，甚至一度认为寿命不长，遂作《鹏鸟赋》。

第二十五章　　太子家令

梁王太傅贾谊虽逝，然其犀利言辞如同谶语一般，时时回荡于耳侧，令朝堂君臣不得不时时关注天下，不敢有丝毫懈怠。

贾谊骤然英年早逝，亦令一手简拔其于寒微之中的皇帝颇感伤怀。《韩非子·奸劫弑臣》言："有忠臣者，外无敌国之患，内无乱臣之忧，长安于天下，而名垂后世，所谓忠臣也。"确如此言，欲社稷之长安，非但有明君，更需忠臣相佐。现如今，贾谊既死，还有何人能托以重任，留予皇太子？丞相张苍还是御史大夫冯敬？此二人皆已垂垂老矣，已不可能承担托付社稷之重任。中郎将袁盎、廷尉张释之之流虽尚算可用，但如论直言敢谏则可，论及治政之远见卓识却大有欠缺，实难作为支撑朝堂的社稷之臣。

皇太子为人虽尚算聪敏，但天下之事繁杂无比，且外有匈奴虎视眈眈，内有强藩横卧在侧，若无似贾谊之大才贤臣辅佐，能否稳守社稷？自古受命之君王，何尝不得贤人而与之共治天下？周文得太公，天下归周；武丁举傅说，中兴殷商；齐桓相管仲而霸；楚庄用孙叔而雄。由此观之，明君在上，慎于择士，务于求贤；非如此，朝政不能通达。以如今之朝政而论，为皇太子提前挑选一位辅佐贤臣乃当务之急。

"臣窃观皇太子材智高奇，驭射技艺过人绝远，然于术数未有所守者，以陛下为心也。窃愿陛下幸择圣人之术可用今世者，以赐皇太子，因时使太子陈明于前。唯陛下裁察。"思及皇太子之辅臣，则此颇具远见卓识之言立即浮现于眼前——那太子家令再磨炼一番，或许可以大用。

太子家令者，颍川晁错也。晁错，少有才学，年少时曾与洛阳宋孟、刘礼师从精通申韩法家的著名学者河内轵人张恢。在张恢门下数年，晁错通晓法令权谋之术，至前元初被征为太常掌故。汉制，太常博士弟子试射策，中甲科补郎，次中乙科者补掌故。如以官秩而论，太常掌故仅为太常署中百石小吏，甚至还不如张释之訾选而来的骑郎。不过，位秩虽低，亦为朝廷之学者，非奴仆内宦可比。正因晁错通经博史，前元元年，朝廷曾特诏太常署遣其至济南受伏胜《尚书》。

《尚书》乃上古圣王治国之道。孔子之后，《尚书》经百余年传承不息而至秦。因秦人焚书及秦末丧乱，《尚书》等先秦典籍多已被毁。前元初时，上距秦并天下已四十余年，当年游学天下之先秦学者也大多作古。书已被毁，人又老去，故欲寻得大治《尚书》之人以恢复上古之道实非易事。当时，遍观天下，唯有伏胜一人而已。

伏胜，济南人，与叔孙通同为秦博士。当年秦人焚书，伏胜曾藏《尚书》于墙壁夹层。至孝惠年间朝廷废挟书律，伏胜遂掘壁而得当年所藏匿《尚书》二十余篇。此后，伏胜便以其所藏之《尚书》残篇传教于齐鲁，名声大噪。数年以来，伏胜成为当世能治《尚书》之宗师。如今，朝廷既欲治《尚书》，则不可不请教伏胜及其弟子。不过，伏胜已经九十余，不可能受朝廷征召长途跋涉至长安布道。正因如此，朝廷才命太常署调晁错前往济南。

不过，晁错抵达济南时，才知伏胜年老体衰，已口齿不清，即便是口诵《尚书》也极为艰难。而且，《尚书》所记乃上古典章，其文字艰涩难懂，仅靠背诵实难记清。晁错无计可施，唯有录其《尚书》残篇及求伏胜之女口传。经年余艰难整理，方得《尚书》二十八篇，并以隶书录于新简之上，带至长安复命。其后不久，在上疏论政时，晁错已多有引用《尚书》者。由此观之，晁错受《尚书》已有所成。正因如此，晁错虽然在朝中尚算年轻，但在这数年之中声名鹊起，被称为足以与贾谊比肩的法儒兼修的学者。其后不久，晁错累迁太子舍人、博士等职。在为博士不久，晁错即上一道对朝政影响极大的奏疏，此即论述皇太子教育之事的《言太子宜知术数疏》。

国家储君之培养素来被视为天下大事，故《国语·楚语》载申叔时言楚庄王太子师士亹曰："教之《春秋》，而为之耸善而抑恶焉，以戒劝其心；教之《世》，而为之昭明德而废幽昏焉，以休惧其动；教之《诗》，而为之导广显德，以耀明其志；教之《礼》，使知上下之则；教之《乐》，以疏其秽而镇其浮；教之《令》，使访物官；教之《语》，使明其德，而知先王之务用明德于民也；教之《故志》，使知废兴者而戒惧焉；教之《训典》，使知族类，行比义焉。"按此言，若欲皇太子成为合格君主，则诗礼乐令尤不尽教之以广其德而抑其恶。但是，当今之世并非上古之时，仅以崇尚"仁德"的圣人之道治国远远不够。不言他事，以代王入京之事举例便可见一二。当初，代国君臣至长安时，功臣元老执朝堂之柄。代国君臣若非以权谋之术纵横捭阖，岂能驾驭群臣？

正因如此，与贾谊对太子太傅一职担忧相似，针对当时朝中认为皇太子不必懂得实际政务与权谋机变的言论，晁错根据历代治国之术及失国之先例对此予以激烈批判，并提出法家权谋之术亦为君主所必须之技能。因此道奏疏正中要害，故晁错很快即迁为太子家令，负责辅佐皇太子。

按朝廷制度，皇太子与诸侯同，可置家臣。所谓太子家令者，即太子家臣之长官。因此，太子家令虽仅秩八百石，但由于身为储君家臣之令，乃朝廷将来之储备人才，故地位非同一般。当然，太子家令虽有辅佐皇太子之职，但并非直接承担教导皇太子之责。教导皇太子之事，当属太子太傅。然而，今太子太傅东阳侯张相如独立承担如此重任颇为不适。为何？盖因以资历而论，张相如乃高皇帝之老臣，甚至为皇帝父辈，以能力而论，张相如乃执戟疆场之将军，并不通晓经史。正因如此，尚算年轻的皇太子与资历深厚的太傅之间隔阂甚深，亦不能自只会征战的太傅处习得治国之道。如此特殊情况之下，年龄与太子相仿，却深通谋略术数，又法儒兼修的晁错则需以太子家令承担部分原属于太子太傅的职责。

事实上，晁错担任太子家令极为称职，确实并未辜负两宫期望。朝中盛传，晁错常主动与皇太子商讨国家大政，甚至因屡出奇策，而被皇太子及家臣呼为"智囊"。非独在皇太子面前积极建言献策，谋略深远的晁错对朝中政治，甚至是边防兵事亦有独到见解。

前元十一年秋，贾谊奏疏传至长安之时，匈奴右贤王部兵寇陇西郡治狄道县。此次匈奴进兵甚急，陇西损失颇大。不过，赖陇西郡兵奋勇反击，入寇匈奴亦被斩一小王，大败而回。此战汉军虽胜，但亦不得不引起朝堂反思。需知，朝廷在前元六年已与老上单于和亲，并厚赠以财帛，重修盟约。岂料不过短短五年，匈奴人便公然背盟入塞。由此观之，和亲之策，已愈发不能保证边塞之安宁。若和亲不能保证边塞安宁，朝廷又有何应对之策？因此，在击退匈奴后，朝廷令群臣建言，商议对匈之策。当时，太子"智囊"晁错亦上疏朝廷，论及抗击匈奴之事，此奏疏即《言兵事疏》。

在奏疏中，晁错论述朝廷有三项制胡之道：一为选御边良将，二为明汉匈强弱，三为以夷狄制夷狄。三大要略中，以汉匈两军强弱形势分析见解最为独到。按晁错之言，汉军强于行伍严整、车骑协同及甲械精良，而匈奴则强于高速机动、精于骑射及吃苦耐劳。双方各有所长，汉军并非全盘被动。所以，只要有良将明辨敌我形势并严密部署，击败匈奴并非难事。前元十一年秋陇西战事之结果亦可作为明证。而且，匈奴快马利刀亦非无懈可击，只需部署得当，也可予以针对。例如，上郡、北地诸边郡北部颇有归附朝廷的义渠戎及边郡杂胡。杂胡虽不善农耕，却精于骑射，来去如风，与匈奴无异。因此，朝廷可以统一武装，将归化杂胡整编为一支轻骑部队，为朝廷所用。作战时，以良将统帅，以杂胡轻骑配合朝廷材官轻车，必可无往而不利。

这封《言兵事疏》不但条理明晰，且切实可行，与当年舞阳侯樊哙在朝堂之上空口高喊"愿得十万骑，横行匈奴"相比，可谓务实良策。由此观之，以治经而得以升迁的晁错对兵马战阵之事确有深刻见解。当时奏疏呈上之后，朝廷亦颇为重视，皇帝不但亲自批阅，还赐书一封以示荣宠。

《言兵事疏》呈上数日后，晁错再次提笔上书，进一步提出实边备塞之策。

所谓"实边备塞"，即移民屯边。此策乃先秦以来之惯用边防策略，并非新鲜招数。例如，吴起受魏文侯之命，屯垦河西，"舍不平陇亩，朴樕盖之，以蔽霜露"，终大败秦军；任嚣奉秦始皇之诏，徙民南越，"略定扬越，置桂林、南海、象郡"，终平定南越。

与秦、越相比，匈奴人为马背民族，其民弓马娴熟，机动性极强。因此，一旦边防空虚，则必然招致频频侵扰；可若放任不管，北部郡县则会沦为匈奴之地，进而关中腹地亦会烽火不息。自内地征发车骑击胡固然为可行之策，但来去如风的匈奴必闻汉军出动而遁，令汉军劳而无功，当年灌婴八万车骑未有一级斩获便是前例。以灌婴之能尚且无功而返，可见捕捉匈奴主力予以打击何其艰难。可是，若在边郡长期屯驻重兵日夜防备，则军费开支又过于庞大，实难持久。如此连年不休，则朝廷之府库势必不堪重负。因此，徙民实边，并于边郡保持一支且耕且战的精兵乃唯一可行之策。若边郡徙民成效显著，则一旦情况危急，边郡可立即动员屯边之民组织成军，投入作战。熟悉边塞且勇武敢战的屯边之民召之能来，来之能战，由其组织的边军一般极有战力，远非内地临时征召的郡兵可比。可见，移民屯边之策不但是唯一策略，亦属保障边塞安全的良策。

不过，边郡三户抽一兵，十人饷一卒，唯有保证屯边之民人口众多，边郡屯田方能自给自足，同时才能保证兵源充足。因边郡之户口远不如内郡，如要保证屯边之民数量及日常生活所需，则必需自内郡大举徙民。然徙民之事千头万绪，实非一简诏书即可，故朝廷当需思虑万全之策，否则不但难以发挥屯边效果，反会造成内郡动荡。

当年，秦南征百越、北伐匈奴两次大举动兵之所以收效不大，正因徙民之策谋划有误。需知，南方百越之地瘴气丛生，北方草原天气严寒，环境之恶劣，非中原可比，而内郡移民多事农耕，不愿亦难以长年居于边地。因此，从内郡徙民若无诸如减免赋税、提供耕牛、粮种等政策，则徙民实难持久。若强征戍卒，则难免导致民情激愤，甚至酿成民变，秦末陈胜起事即强制戍边之恶果。

有秦人之前车，故晁错提出相应对策：首先，高后五年年末朝廷颁行要求戍卒轮换的"戍卒岁更"之制可以废除。戍卒从内郡抽调且一年轮换一次，其本意固然有减轻民众负担之意，但实际执行之时既不能确实减轻民众负担，亦不能保证边郡戍卒战力。而且，一旦战事紧急，频繁抽调内郡戍卒，亦会影响内郡农耕。既然难收实效，自然要予以废除。其次，高后五年的旧制废除后，当立即制定新制。新政策要给予内郡移民诸多优惠，以鼓励民众主动徙边。例如，朝廷可颁布诏书，规定凡徙至边郡者可赐爵、特赦及免除徭役等。如此，内郡民众亦有意愿至边郡安居。另外，为保证边郡稳定，当尽快于边塞筑城、建县，完善基层官府组织。一旦边郡有警，边郡移民便可按照什伍编制急速组织成军，击退匈奴。

若各项政策诚能尽快执行，则徙民实边之策亦可有效延续。边郡一旦稳固，则匈奴侵扰便可迎刃而解。最后，晁错对边郡形势又做出预测，认为此次陇西之战匈奴大败而回，竟被阵斩一王，可谓损失颇重。老上单于即位未久，今逢此败，恐心有不甘。且单于新败，朝廷又绝和亲，其贪欲不能得到满足。因此，最早今年冬，最迟明年年初（前元十二年），匈奴必会再度南下。而且，匈奴若果真再度南下，则其入塞之规模亦必会强于今年。因此，募民屯边之策宜早不宜迟。若朝廷备战不周，甚至被匈奴大胜而去，则恐会对日后边防造成不利影响，屯边之事也难以稳定。

第二十六章　　仁政治国

　　不过，总算晁错多虑，匈奴人到底还算尚有廉耻之心，并未再度举兵南下。而且据边郡斥候奏报，草原风平浪静，匈奴大约不会在短期内南掠。

　　既然如此，朝廷便可安心推行晁错之策。于是，前元十一年九月末，朝廷便准备下达诏书，正式将从内郡招募移民充实边郡定为制度。可谁知事有不巧，诏书尚未草拟，朝中便接到关东诸郡急报——黄河决口！

　　其实，在前元十一年九月初，三河①、东郡等黄河中游关东诸郡便连降秋雨。月余之中，河水暴涨，频频冲击东郡河堤。不过，当时朝廷正忙于讨论梁国调整事宜，故郡国之奏报并未引起重视。岂料在此之后数十日，秋雨不绝，不曾有一日稍息，至九月末，河堤终于崩塌。需知，东郡为治民百万，领县二十余之大郡，又是连接关东诸郡国的要冲之地，决口若不及时堵塞，则后果将不堪设想。于是，在紧急朝议后，朝廷立即下令周围郡县布置救灾并堵塞决口。

　　然而，朝廷尚在动员之时，雨量骤然增大。前元十二年十一月，东郡酸枣大堤被完全冲垮。因自酸枣向东南，地势皆平坦无阻，故河堤骤决后，河水随即沿酸枣决口奔流而下，东溃金堤、濮阳。不过数日，原本殷富的东郡即成一片汪洋泽国。东郡决口，则梁楚数郡危急，且延绵数十里之决口，已非一郡之力可平，故急报传至长安，朝廷遂下令征调东郡、河南等周边数郡郡兵堵塞决口。

　　赖将士用命，冬雨稍息，决口终于堵上，水患亦逐渐平息。然决口虽

---

①即河东、河内、河南三郡。三郡征发之士卒亦因此而称"三河士"。

堵，灾后之事却繁杂无比。需知，自战国以来，新兴自耕农逐渐成熟，为国家之根基。秦所以能并六国而混一海内者，一则其强兵，二则其农耕，正如《商君书·农战》之言：“国之所以兴者，农战也。”国家之兵卒、府库之财帛，皆自农而出，然农耕之家亦极为脆弱，若遇水旱，则动辄破败。而且，正如当年贾谊之言，因汉承平四十载，土地兼并愈演愈烈，无地之黎民常年饥寒交迫，以致原本便极为脆弱之小农更难抵御天灾。此次东郡决口蔓延数十县，则农夫必死伤枕藉，即便侥幸未死者，亦必受饥寒之苦。据东郡守令奏报，东郡及周边诸郡流离失所之难民已达数十万之众。此数十万流民已拖家带口，自东郡向梁楚一带迁徙，守令不能制之。

由此观之，东郡决口亦将承平日久的诸种问题暴露于朝堂之上，令朝堂君臣不得不慎思之。于是，借此次河水决口之事，晁错再次上《论贵粟疏》痛陈朝廷治政之误。

晁错于疏奏中提出：水旱灾害为历代面临的普遍问题，并非如今才有。既然如此，为何上古唐尧、商汤时海内晏然？这绝非因上古圣君如何勤劳，而是国家农业政策完备，人民安居，农耕稳定，仓储充实。因此，一旦天有不测，国家可立即部署平息灾患。然而，以如今朝廷幅员之辽阔，人民之众多，又为何难以解决区区天灾？究其缘由，并不复杂，实乃“地有遗利，民有余力；生谷之土未尽垦，山泽之利未尽出也，游食之民未尽归农也”，故农耕不稳定，仓储不充实。

“游食之民未尽归农也”，实指百姓不愿耕田。百姓之所以不愿耕田，则是因为天下承平日久，以致粮价过低。据有司统计，除个别特例，此两年中长安谷价多为每石三十钱，更有低至数十钱者。正如《商君书·外内》之言：“食贱则农贫，钱重则商富；末事不禁，则技巧之人利，而游食者众之谓也。”如此低价，农夫自然不愿耕田而成为“游食者”。若背本趋末成为风气，社稷又岂能久安？故商鞅于秦国变法时即制定法令，规定“事末利及怠而贫者，举以为收孥”。

由此观之，谷价低贱，动摇国本，正如古人之言：“籴甚贵伤民，甚贱伤农。民伤则离散，农伤则国贫，故甚贵与甚贱，其伤一也。”然则，当如何应对？

晁错于奏疏中提出三策：一者，入粟拜爵。朝廷可规定缴纳粮食至规定数量，便可以获得相应爵位或可以免除部分徭役。二者，入粟于官。即朝廷可仿照当年李悝之“平籴法”，按规定价格采购民间粮食，以防止谷贱伤农。同时，可以通过朝廷统一采购，建立完备仓储制度。三者，输粟于边。为保证北部边郡屯兵战力及应付突变，朝廷可通过授予爵位鼓励百姓向边郡输送粮食。如此，不但可以调节市场谷价、完善仓储，还可以引导民众回归农耕。

此道奏疏是继贾谊《论积贮疏》之后又一道切中时弊的奏疏。为社稷长治久安计，朝廷随即组织讨论，并于其后照此建议颁布诏书。前元十三年春，朝廷再次下诏皇帝籍田。此次籍田诏书特意规定窦皇后亲自于宫中采桑养蚕以供宫中祭服，为天下表率。

正在朝廷不断推行重农之策时，一齐国少女上书朝廷，令朝堂上下不得不暂时放下对晁错奏疏之讨论，转而商讨朝廷律法改革事宜。

此少女名缇萦，齐国临淄人，乃齐太仓长淳于意之幼女。按汉制，藩国之政比照朝廷，设太仓长以管理藩国之粮库，缇萦之父淳于意即齐国之太仓长。

不过，淳于意之名所以传于齐国，并非因其仕宦经历，而是因其岐黄之术。高后八年，淳于意三十六岁时师从扁鹊传人公乘阳庆。当时，公乘阳庆已七十余，且膝下无子，故对淳于意颇为看重。数年之中，不但悉授其毕生所学，甚至还授以扁鹊《脉书》。前元初，淳于意尽得阳庆之学，其能验人生死的医术名扬齐国。然而，皇帝籍田、皇后亲桑诏书布告天下的前元十三年春①，淳于意不知为何被人告发。虽说定罪量刑当由藩国处置，但因罪名不小，据地方郡国初步审议，又报之于长安。结果，经有司过问，淳于意当以传车械送至长安问罪。

虽说量刑结果暂时尚未确定，需在长安待廷尉署审理后才能最终决定，但凡进长安廷尉署的又有几人能得以善终？所谓"见狱吏则头枪地，视徒隶则心惕息"，法吏积威，三木加之，即便侥幸不死只怕也要肢体残缺，故有司文书传至临淄，缇萦与四位姐姐无不跟随于囚车后痛哭流涕。随囚车行至临淄城外时，却闻父亲淳于意仰天痛骂："未想老夫未生一子！

①《史记·扁鹊仓公列传》云："文帝四年中，人上书言（淳于）意，以刑罪当传西之长安"，又云："上悲其意，此岁中亦除肉刑法。"系事于孝文前元四年。然而，集解引徐广云："案年表孝文十二年除肉刑。"《汉书·刑法志》则云："即位十三年，齐太仓令淳于公有罪当刑，诏狱逮系长安。"又《史记·孝文本纪》载："（十三年）五月，齐太仓令淳于公有罪当刑，诏狱逮徙系长安。"按《资治通鉴》，现将此事系于前元十三年。

以致如此紧要之时，竟无一可用之人。"侍父至孝的缇萦闻之感伤悲痛，遂一直随囚车西行至长安。至长安后，缇萦又闻皇帝宽仁，即直接向朝廷上书。辞曰："妾父为史数年，在齐国素有廉平之称，然如今却坐法当刑，诚可悲也。妾诚痛心处死之人不能再生，而受刑致残之人也不可再复原，即使欲改过自新，亦无路可行。妾愿自请入官奴婢以赎父罪，以求陛下赐父改过自新。"

其"受刑致残之人也不可再复原"指肉刑，是对罪犯肉体进行破坏的刑罚，如刺面并涂墨之黥刑（亦称墨刑）、割鼻之劓刑、断脚之刖刑、斩足之刖刑、挖膝之膑刑、割去生殖器之宫刑以及死刑大辟等数种。除第一种及最后一种，一旦受刑，则会终身残废，成为废人，可见肉刑之残酷。不过，所谓"圣人因天秩而制五礼，因天讨而作五刑。大刑用甲兵，其次用斧钺；中刑用刀锯，其次用钻凿；薄刑用鞭扑"，肉刑由来已久。商鞅变法，正式将肉刑明确载于法典。自商鞅以来，秦人素以严刑峻法治国，肉刑频见。例如，秦楚之际，蒯彻即曾说秦范阳令曰："秦法重，足下为范阳令十年矣，杀人之父，孤人之子，断人之足，黥人之首，不可胜数。"汉立国后，制度草创，国家多事，萧何奉命依《秦律》而定汉《九章律》，亦基本沿用《秦律》所定之刑罚原则。因秦法重，故惠高年间，朝廷曾数次下诏修订、删减秦人律令。然而，即便多有删削，秦人法律精神及刑罚体系始终沿而未变。如今，淳于意虽为齐太仓长，但又非淮南王刘长，既然坐法则必然难以幸免。缇萦正是有此担忧，故向朝廷上书。

汉以孝治天下，身份卑微的平民少女竟能长驱千余里为父上书请命，实在难能可贵。故其书呈至御前，朝堂君臣莫不为之感动。孔子云："道之以政，齐之以刑，民免而无耻。"以重刑而迫使臣民畏惧，又岂是仁君之所为？《礼》虽有言："刑乱国用重典"，然天下承平日久，已非乱世。既非乱世，又何须用秦人治于乱世之重典？况且，自萧何以来，朝廷律法因循未动，早已不能适应当今之势。于私于公，亦是对朝廷法令进行大规模修订之时。于是，在五月初，朝廷即正式下诏废除肉刑，并命丞相张苍、御史大夫冯敬全权负责律令之修改。

张苍年轻时曾为秦御史，熟悉朝廷各种典籍律令，且曾以计相负责协助萧何制定《九章律》。以资历、经验而论，张苍为朝中仅存的资格极深的法令专家。而且，张苍办事得力，为人稳重，此事由张苍全权主持最为稳妥。

　　果然，数十日后，张苍、冯敬即完成修订。原为去发之髡刑、刺墨之黥刑，一律视情况改服劳役。原处劓、刖、刖、膑等肉刑者亦视情况改为笞刑。其余之徒刑，亦逐级减轻。经过调整，法令规定之刑罚大为减轻。不过，此次修订律法亦非盲目减刑，如对于官吏贪赃枉法，屡次再犯，监守自盗之处罚依然较重。总之，新调整之律法刑罚原则既不似秦律那般严苛，亦不至过于宽松，当可为朝廷适用。因此，奏疏呈上后，朝廷立即批复同意，并诏告天下。此封诏书下达后，淳于意亦终于免于肉刑。此后，淳于意长期于齐国行医，并多次为齐国贵族治病。不久，朝廷还特征其入朝，问其所治何人。

　　其实，此次刑罚体系之改革，不但对淳于意个人，对整个社会的良性发展亦起到积极作用。《汉书·刑法志》载，此后数十年中，上至皇帝下至将相大臣"少文多质"，朝堂风气严谨而朴素。君臣无不以秦亡弊政为鉴诫，论议国政讲究以宽厚为本，耻于议论他人过失，朝堂党争、互相检举、攻讦之种种行为也极少，故"吏安其官，民乐其业"，以致天下几十郡国一年之内竟然只审判案件四百余件，甚至一度出现停止动用刑罚之景象。

124

　　《孟子·梁惠王上》言："王如施仁政于民，省刑罚，薄税敛，深耕易耨，壮者以暇日，修其孝悌忠信，入以事其父兄，出以事其长上。"按此标准，此当为仁政之世。以德行仁之君，岂非王者？故孟子亦曰："以德行仁者王。"

第二十七章　　萧关传檄

前元十四年冬，北地郡境内，自萧关向南，沿泾水河谷之安定、漆县诸县驰道之上，尽是急速奔驰携带羽檄的骑士。

檄书，即二尺之多边形木简，多以其传递朝廷各级机关之文书。檄书上若插鸟羽，则有示警之意。边关遇警以及朝廷紧急大规模动员郡国兵，常以羽檄为信。此时，自萧关一路南下到各个县的路上尽是这种羽檄。檄书上所插之雉羽及骑士盔缨随风飞舞，向沿线军民宣示边关之紧急军报——匈奴十四万骑大举南下！

自高皇帝平城之战至今三十余年中，从未有过如此规模的胡骑入塞。需知，草原倾国之兵亦不过三十余万控弦之士，而此次南下竟然出动十四万骑之众！由此观之，除千里之外的左贤王部，右贤王部及单于庭之机动兵力恐已倾巢而出。如此规模，已不能算寻常侵扰，而是大有灭国之势。因是之故，西北诸郡皆言，此次老上单于以十四万骑南下，正有仿效三十余年前平城之战一举围困汉皇帝之意。

事实上，老上单于这位草原新主自接位之后力排众议，以中行说为心腹谋士，不时寻机挑衅，在与周边诸族交往中确实已频频表露出强势之意。其接位不久，即向游牧于祁连山麓的月氏发动灭国之战。

虽说经冒顿单于数次打击，月氏早已不复当年之雄，但仍有十万控弦之士，不可小视。然而，老上单于兵锋西指，昔日强盛的月氏一战而尽灭，甚至连月氏王亦被擒杀，其头骨竟被制成酒器！据陇西商贾传言，为避开匈奴凌厉攻势，连遭大败的月氏残部不敢有丝毫反抗之意，已举族西迁，其大部迁往遥远的伊犁河以西，谓之为大月氏，少数留居河西互保于南山羌，称为小月氏。至此，称霸草原百年之久的月氏可谓已烟消云散。

自头曼单于算起，匈奴与月氏争雄已持续五十余载，期间虽有数胜，但皆未得全功。老上单于积三代之力，终于彻底夷灭昔日之草原霸主，可见其能。若按中原之言，此乃奋三世之烈，而奄有天下之功。原雄于草原之月氏竟被打成丧家之犬而无任何反抗决心，亦可见在老上单于掌控之下，匈奴之强盛。正因有此威势，故老上单于颇为自信，急欲效法冒顿单于，建立不世之功。前元十一年春，老上单于即从中行说之议，令右贤王部出偏师入塞掠劫，以窥测汉军之虚实。

不过，其凌厉兵锋南向之时，首战即告不利。在前元十一年陇西之战中，挟踏平月氏之威的右贤王轻骑遭到陇西郡兵的顽强抵抗。当时，统帅陇西郡兵的是素有猛将之称的陇西郡守公孙浑邪[1]。公孙浑邪出身北地义渠，弓马娴熟，素知兵略，且精于边事，其牧守陇西数年之中，陇西郡兵战力颇强。结果双方激战数场，草率入塞的匈奴轻骑大败而回，且被阵斩一小王。

试想，挟扫平月氏大胜之势而南下，得到的却是如此大丢颜面的战绩，这岂是这位心高气傲的老上单于所能接受？正因如此，当时晁错即曾断言，老上单于势必会再度南下，以挽回颜面。

一般而言，匈奴三部中，兵力最强者，当属左贤王部。可一者左贤王部远在千里之外的辽东、燕代之地，难以在数日内集结至"河南地"；二者论入塞作战之经验，左贤王部亦不如屡次南下的右贤王部。因此，于老上单于而言，欲调用兵力，右贤王部当最为适宜。经右贤王部所控制之"河南地"南下，须直面朝廷之上郡屯兵。是故，按晁错之议，朝廷当时即令上郡郡守认真备战，不得松懈。正因备边甚严，故听闻匈奴于"河南地"活动频频后，朝廷公卿皆认为匈奴南攻上郡实乃堂堂之阵，毫无奇兵可言，不需多虑。

岂料朝廷知道"正合奇胜"，老上单于亦知"正合奇胜"。十一月中，当十余万匈奴轻骑骤然兵临萧关时，朝廷才得知匈奴并未自上郡南下。

原来，匈奴以最接近关中的右贤王部为主力，配合单于庭本部自"河南地"动员，随后秘密折而向西，进入河套草原。休整数日后，十余万匈

---

① 亦作公孙昆邪，义渠人，为公孙贺之父。公孙浑邪为陇西郡守之事见《汉书·晁错传》。《史记·惠景间侯者年表》亦载，公孙浑邪"以将军击吴楚功，用陇西太守侯"。

奴轻骑又转而向南，沿北地郡境内的黄河河道一路南下进入陇山。结果，长驱奔驰八百余里的十余万匈奴轻骑竟神不知鬼不觉完全避开朝廷重兵设防的上郡。直至此时，朝廷才如梦初醒。

因庙堂运筹失误，故此时之形势已万分危急。需知，萧关为西北门户，一旦告破，则匈奴轻骑便可自无险可守的泾水谷地深入关中腹地。彼时，以胡骑一日奔驰二百里之速度，匈奴可在汉军完成调动前兵临京师长安城下。于是，朝廷急令边关严阵以待，阻截胡骑。可是，分戍各郡的边郡郡兵如何能抵挡十余万匈奴轻骑？结果，朝廷未及调兵驰援，萧关即告破。随后，又闻北地郡尉孙印数千骑士于朝那附近全军覆没，郡尉孙印力战而死。按汉制，一郡设有郡尉，负责协助郡守指挥郡兵训练及作战。北地郡属于边郡，郡兵均为善于骑射且勇猛敢战的骑士，对匈奴人并不陌生，然一战竟全军覆没。

当边郡急报传至长安之时，战局之危机已至极点：北地郡兵覆灭后，老上单于继续挥兵深入，直抵彭阳县境，并沿泾水向东推进。同时，其偏师一部则沿陇山山麓西进入回中。数千匈奴轻骑一路长驱，如入无人之境，甚至已将秦始皇回中宫烧为平地！当年秦人为巩固西部边防，修筑自咸阳至回中之驰道，谓之回中道。秦始皇二十七年，始皇帝曾向西巡狩登"鸡头山，过回中"。后为视察边防之需要，秦廷亦在此设立行宫，即回中宫。回中宫虽是前朝旧宫，但毕竟为皇帝行宫，其意义不言而喻。可是谁又能想到，巍峨壮丽的回中宫竟被匈奴就此焚毁？

然而，朝廷尚未召集公卿商讨，匈奴轻骑兵临甘泉宫的不利消息又传至长安。自甘泉宫沿泾水向南，过谷口、池阳诸县，便是长安城，全程不过百余里。以匈奴轻骑速度，只需一日便可兵临长安城下！如再不速速部署，则汉军恐将于长安城下冒社稷倾覆之风险与匈奴对决。

当年，冒顿单于三十万控弦之士令高皇帝束手无策，但也仅限于雁门、太原二郡，距长安尚有一千余里。如今，老上单于纵兵大掠，北地郡成为一片焦土，其轻骑竟观兵于甘泉宫！于朝廷而言，真乃奇耻大辱。如不能妥善处理此次匈奴南下，将有何面目去见高皇帝？

第二十八章　　皇帝亲征

　　《论语·八佾》曰："八佾舞于庭，是可忍也，孰不可忍也！"

　　"今有北地郡尉孙卬，忠勇敢战。匈奴大入北地，孙卬力战死事，非侯之无以彰其功。闻卬子郋聪敏材武，堪大用，可袭为侯。"在下诏表彰孙卬之功并封其子为侯后，朝廷又令长安戒严，并立即动员关中之兵。

　　诏书下达后，先是南军卫士一部及北军各营集中于长安城外。随后，内史、陇西、上郡及河东诸郡之郡兵亦集结，并开赴前线。随着一尺一寸之诏书及铜制虎符自朝中不断派发，顶盔披甲的统兵大将亦领符而出。羽檄疾驰，自长安至内史诸县，自陇西至河东八百余里战线上，无不是滚滚而动的轻车、策马奔驰的骑士及操弓挟弩的材官。

　　此次与匈奴决战，乃是事关社稷安危之战，朝中能战大将俱受符统兵。其中，代老将宋昌为中尉不久的周舍为卫将军，郎中令张武为车骑将军。周、张二将共将南北二军战车千乘、步骑十万，沿池阳、安陵、槐里渭水北岸诸县布防。同时，朝廷又拜昌侯卢卿为上郡将军，宁侯魏遫为北地将军，隆虑侯周灶为陇西将军，并授予三将军在三郡征召良家子及节度郡兵之全权，以配合主力侧击匈奴后方。

　　卢、魏、周三郡将军俱为知兵能战之老将。其中，四朝老将陇西将军周灶以善于指挥步卒作战而闻名朝野。当年南越赵佗举兵不臣，周灶曾受命统兵击越，屯驻长沙国。虽南越之战并不顺利，但毕竟是形势使然，并非周灶不善将兵。此次讨伐匈奴，周灶作为朝中为数不多作战经验丰富的高皇帝朝老将，自当有统兵出征之责。北地将军魏遫亦为高皇帝朝老将，与周灶同出"砀泗元从集团"。二世元年，高皇帝起兵沛县，后转战砀郡，并于砀郡征六千砀郡兵，魏选、周灶及已去世的颍阴侯灌婴俱在其中。不过，魏选在秦楚之际战功不足，直至汉六年臧荼谋反时才因统兵有功而迁为都尉，并以都尉封侯。与出身"砀泗元从集团"的周灶、魏选不同，卜郡将军卢卿原为齐将，并非高皇帝嫡系。汉四年淮阴侯韩信将兵击齐时，屯驻历下的十余万齐军备战不周，全军崩溃。当时，卢卿亦在军中。兵败后，卢卿于无盐降汉，并被编入韩信麾下，跟随韩信平齐。汉五年齐国悉定，卢卿又随韩信、灌婴南下，与项羽决胜垓下。汉七年韩王信谋反，卢卿随高皇帝领军出征，因功封侯。

三将虽出身有异，但均曾侍从高皇帝，统兵临阵经验极为丰富，是朝廷可以倚靠的国之柱石。此战事关重大，也唯有经历战争之开国老将统兵，方能令皇帝稍稍安心。当然，《孙子兵法》云："校之以计而索其情，一曰道，二曰天，三曰地，四曰将，五曰法。"临阵统兵不能仅论统兵将帅之资历，还需庙堂运筹之能力。

然而，匈奴已踏平回中宫，兵锋直逼长安城，所谓之"运筹"已无筹可运。此时，除集结重兵与老上单于决一胜负，已别无他策，否则华夏贵胄还要与草原蛮夷定城下之盟不成？故部署完毕，已过而立之年的皇帝去天子之冠冕，代之以铁胄，亲自与公卿大臣前往渭水北岸军营阅车骑，饷士卒，申教令，誓与匈奴死战。

"匈奴逆天理而乱人伦，背盟约而绝信义，侵盗吏民，数为边害。今兴师遣将，以讨其罪。……朕虽不敏，亦愿效武王作《牧誓》，亲讨不义！"

听闻皇帝口言亲征，营中呼声震天。然而，此事先毫无征兆之举动却令随从在侧的公卿大臣大骇。需知，此次匈奴军势极盛，无人不敢言能必胜而还。一旦交战不利致使皇帝被虏，则恐举国崩溃。即便无恙，亲征而无战果亦会对皇帝威信产生不利影响。而且，以匈奴惯常战法，饱掠之后必自行退出塞外，实无必要行此毫无意义的冒险之举。因此，在皇帝提出亲征后，公卿大臣无不出言苦谏不可。孰料，素来虚怀纳谏的皇帝此时不知为何一概不听。

正当人人束手无策之时，皇帝车驾终于在营门之外为皇太后拦下。只见早已满头白发的薄太后挂杖自辇车而下，随后在群臣面前大发雷霆："袁中郎（袁盎）曾言'千金之子坐不垂堂，百金之子不骑衡，圣主不乘危而徼幸'。皇帝，乃天下君父，岂可以身犯险？一旦事有不谐，逆子欲弃高皇帝之基业否！"

原来，眼见战车即将开动，公卿惊恐之下快马至长安请出薄太后。皇帝事母至孝，今有薄太后劝阻，皇帝亦不敢不听。因此，这番劈头盖脸的痛骂终于打消皇帝亲征之念。当然，皇帝虽不需亲征，但将士仍需开拔，否则十多万军队屯守长安城外耗费巨大，亦非长久之计。而且，时日一长，将士士气便泄，难免有师老兵疲之弊。故在权衡之后，君臣议定以太子太傅东阳侯张相如为大将军并授其节度各军大权，命其督兵击胡。同时，高皇帝猛将成侯董渫之子董赤以内史领前将军，燕相栾布为将军，配合张相如领军北上与老上单于主力决战。

朝廷诏令传至长安，这位曾被贾谊认为不可为太傅的张相如随即奉命披挂上阵。在张相如统领下，诸将自长安受符后立即快马加鞭至前线统兵。

诸将集齐，张相如统十万步骑于渭水北岸拔营向北进发。随后，三郡郡兵也急速开动，以配合主力汉军围歼入塞的匈奴主力。各路汉军累计近二十万之众，以泰山之势指向盘踞于北地的匈奴。然而，高速机动的匈奴骑兵早已笼罩整个北地，汉军一路西进，旌旗蔽日，又岂能不为匈奴所知？因此，汉军虽不断西进，却并未遭遇匈奴轻骑。大军行至北地之时，斥候游骑即报曰：匈奴已遁。

原来，汉军拔营未久，即被散布在甘泉的匈奴候骑侦知。得知兵势极盛的近二十万汉军已出，老上单于亦深恐一旦汉军四面合围，十四万匈奴骑兵便不得不身陷囹圄而与汉军正面决战，损失将难以承受。故在权衡利弊后，老上单于即决意携所掳之人口财货撤回草原。于是，数日之间，分散于各地掠劫的匈奴轻骑迅速汇集至北地，并自北地草原北撤。与行动迟缓的汉军相比，匈奴骑兵之行动更为迅速。未等汉军前锋抵达，十余万匈奴骑兵即已全师而还。因是之故，汉军行至北地，却未遇胡骑兵阵。

西汉早期骑士俑

于是，汉军各部十余万步骑紧随匈奴骑兵步步北上，最终目睹匈奴人携掳掠之人口财货从容返回塞外。见匈奴人全军安然撤至草原，不敢深入草原的张相如亦只得止步于长城关隘。最后，装备精良的十多万步骑未发一矢、未有一战的草草班师。在长安翘首而盼捷报的皇帝，除听闻陇西将军周灶节度的陇西郡兵击退匈奴偏师，并斩获几十级外，再未得到任何大胜消息。

如今，张相如等诸将既已班师，则无论战果如何均宣示大战已毕。然而，如与高皇帝时代相比，前元十四年这场萧关、北地之战实难向天下交待：前后五将近二十万步骑出征，靡费万金，其斩获居然唯有数十级，徒遭耻笑。朝廷在战后虽宣布"匈奴遁走"，但这不过是聊以自慰而已。毫发无损的匈奴十四万骑携大批所掠人口财货从容退出塞外，这天下岂有如此"遁走"之法？如此战果，岂能不令朝廷难堪？事实上，若在军律森严的高皇帝之时，如此战果必被定为大败，统兵之将亦必遭惩罚。

然此战虽败，亦当深思为何而败。此次匈奴大举入塞，能于数十日内兵临关中，并饱掠一月后安然退回草原，其中固然有老上单于出奇制胜之功，但与各部汉军表现拙略不无关系。需知，当年高皇帝征讨臧荼、韩王信、英布之战，汉军均在一月之内兵临战场，一月之内结束战斗。当初，陈豨重兵屯守之东垣城距离长安近千里，汉军仅用十余日即悉数开至前线，随后稍作休整便立即投入战斗，并如摧枯拉朽一般于正面击溃骁勇的代国叛军。与高皇帝时代相比，此次决战，汉军之屯兵营垒就在长安城外渭北，距长安仅八十里，距北地亦不过五百余里。然占据如此地利，南北二军自动员到集结再到出征，前后竟耗费一月有余。行动如此迟缓虽有朝堂争端之故，但亦不难看出南北二军之战力与高皇帝时代已不可同日而语。由此观之，天下承平四十余年，汉军未经战火锤炼，战力实在令人堪忧。

然而，问题还不仅于此。正如晁错疏奏之言，"安边境，立功名，在于良将，不可不择也"。兵难大用，将亦难大用。此次统兵大将，自张相如至三郡将军，无一不是高皇帝时代老将。彼辈即便当年追随高皇帝时不过弱冠之年，至今也已有六十高龄。虽说古有廉颇老当益壮，但沙场征战毕竟是极为凶险之事，岂能完全依靠老将执戟驰骋？战争之事，还是应当留予年轻俊才才是。可是，天下承平日久，知兵良将实在难得，青年一辈的将军也多难堪大用。一旦朝中硕果仅存却时日无多的老将故去，朝廷又靠何人将兵击胡？由此观之，朝廷在二十年内将面临无人能用之危险局面。当年，高皇帝讨平淮南王英布后至沛县，曾歌曰："大风起兮云飞扬，威加海内兮归故乡，安得猛士兮守四方！"如今皇帝大约亦有如此感慨。

而且，现如今，朝廷多少还有数位高皇帝遗留之"猛士"，然皇太子以后可用何人？靠张武？朝中皆传，张武执掌郎署十数年，各署郎官颇有人才，如卫绾、张释之、冯唐、袁盎等，或精通兵略，或直言敢谏，或廉直敢为，无不是一时之选。可惜张武本人自代至长安十数年中却毫无长进。

由此观之，除将来可用为三公，以之执掌朝政的晁错，亦需想方设法为皇太子培养可用大将。思及此处，皇帝不得不重视规模几乎可以忽略不计的陇西之战。前元十一年时，陇西郡兵大败右贤王并阵斩一匈奴小王。此次大战，还是陇西小胜。陇西郡守公孙浑邪素有敢战之名，据传其子公孙贺虽是少年，亦能上阵杀敌。由此观之，陇西郡兵之能战，当与公孙浑邪不无关系。既然如此，不知这数千陇西将士中，能否有朝廷将来可以倚靠的大将？

此时此刻，皇帝正在焦急等待此战中斩将骞旗的二位陇西少年。二位少年为陇西成纪人，兄名李广，弟名李蔡。

第二十九章　　国思良将

陇西郡，原为义渠戎之地。秦人击破义渠后尽得其地，名其北部之地为北地，名其南部之地为陇西（陇山以西之意）。陇西郡迫近羌及匈奴，其郡治狄道县相传便是狄人所居之处，故称"狄道"。一直以来，陇西之民以精于骑射、民风尚武而著称。因是之故，以陇西良家子组成的西北骑士亦为朝廷之精锐力量。

前元十一年，陇西郡守公孙浑邪统领陇西骑士力挫右贤王部，阵斩一小王。此次萧关之战，由陇西良家子组成的陇西郡兵，在国家危难之际走向战场，亦小有斩获。陇西将军隆虑侯周灶及陇西郡守公孙浑邪，奏报陇西良家子成纪人李广、李蔡数人以轻骑出击匈奴，直贯敌阵并斩首数十，击退匈奴偏师。

此次对匈奴之战，东阳侯张相如领十万南北军讨伐匈奴，未有一级斩获。相比张相如，陇西上报斩首数十之战功，虽远不能与当年高皇帝时代动辄斩首上万的战功相提并论，但在此次黯然失色的汉匈大战中已极为难能可贵。故以此功，朝廷特意下令将李广与其从弟李蔡调入朝中为中郎，并命二人于战后疾驰至长安入陛。诏令催促甚急，二人很快奉命至长安陛见。陛见之后，朝廷又下令特迁二人为八百石武骑常侍，护卫左右，以示嘉奖。

次日清晨，皇帝车驾至中郎署巡视，召郎官侍从护卫。当车驾仪仗刚出殿门之时，心忧边事的皇帝目视此寄予厚望的少年郎官执戟在侧，极为英武，遂开口询问："始皇帝骑将李将军李信为子何人？"

少年李广立即伏地回答："正乃臣祖也！当年先祖随王翦将军击燕，

曾领轻骑逐燕太子丹。后伐楚不利，先祖自槐里徙成纪。"虽言辞有慷慨之意，但回答简略，除皇帝所问并不多言一语。看来，这位少年确如传言，乃讷口少言之人。

李广之祖李信，乃始皇帝麾下名将。秦灭燕，李信纵轻骑击太子丹，大破燕军。其后秦灭楚，始皇帝问用兵之数，老将王翦答六十万，李信则答二十万。始皇帝以王翦老，遂用李信、蒙恬诸将统兵二十万灭楚。其后昌平君于陈反叛，秦军粮道被绝，李信终为楚名将项燕所败。自李信以来，陇西李氏世代受骑射之法，戍于陇西，至今已有六十余年。陇西李氏，可谓忠贞之族，故闻此轶事后，深感朝中无人可用的皇帝亦不得不对李广喟然长叹："惜乎，子不遇时！如令子当高帝时，万户侯岂足道哉！"

高皇帝之时，猛将精兵，灿若星辰。舞阳侯樊哙，屠狗者；绛侯周勃，吹丧者，皆以附高皇帝而终裂地封侯。假令少年李广随从淮阴侯韩信，抑或颍阴侯灌婴，则未必不能策马击胡，建立一番功业。可是，以如今之汉军对阵匈奴之精骑，李广即便勇猛无敌，亦难有战绩。故惜其不遇时。然所叹者，非唯为李广，亦为此次汉匈交战，边事糜烂。事实上，萧关之战结束后数月，朝廷又频接辽东诸郡急报，言左贤王部万骑配合单于庭南掠辽东、云中及代郡诸县。左贤王部入寇虽仅出兵万骑，且边郡已有防备，人口、财帛之损失并不大，但这无疑又令朝廷数忧边郡防备之事。毫无疑问，在探明边郡虚实后，老上单于今后南下入寇必将愈发密集，愈发猛烈。诚如所料，则朝廷又当如何应之？

需知，无论是统兵大将还是熟悉出塞作战的精兵，皆非旦夕可成。李广虽材武，但此时未及弱冠，要真正成为独领一军的统兵大将，非十年磨炼不可。然边事急如星火，匈奴人岂会安分守己空等十年而不南向？如此时朝廷能有战国李牧这般戍边良将，则边郡可无忧矣！同是李将军，李广、李牧还是大有不同的。

思及此处，皇帝亦郁郁不乐。人君心情郁闷，人臣则木讷寡言。君臣相顾默然不语，车驾很快抵达中郎署。

因执戟当值的任务多为相当繁重的体力活，故郎官一般都是挑选身强力壮的少年为之，如此时侍从在侧的李广。年龄稍长者，则难以承担如此重任，如当年张释之为郎官十年，三十时便认为当需"乞骸骨"。可是谁知，出署接驾之中郎署长竟然已满头白发，少说也有六十余，完全不是预想中的少年郎，实在是咄咄怪事。因此，皇帝大感意外，啧啧称奇，遂开口询问："老人家如何还在做郎官？家居何处？"

却见那白发苍苍的中郎署长开口答曰："陛下，臣中郎署长冯唐。臣之大父（即祖父）赵人，父徙代。汉兴，父携臣等徙居安陵，与中郎将袁盎同县。蒙县君、府君提携，举臣以孝为郎。陛下圣明，使臣待罪郎署至今。"

汉制，皇帝陵寝之地徙民成县，即陵县制度。冯唐所谓的安陵县乃惠帝安陵所成之县。袁盎之父与冯唐之父均是于三十余年前朝廷立安陵县时从关东诸郡国迁入。所以，如按祖籍论，冯唐并非安陵人，而当属代人。

巧的是，代国是皇帝入长安前之封国。自就封于代至高后八年离开，皇帝及薄太后居代国前后近二十年，故对代国感情颇深。前元三年征讨右贤王后，皇帝车骑便特意驾临太原郡，并诏免晋阳、中都之赋税。此中郎署长冯唐既是代人，则当为皇帝故民，亦算半个同乡。因此，闻冯唐言毕，颇重"乡情"的皇帝立即兴致大起："朕居代国时，尚食监高祛多次谈论赵国将军李齐之贤。李齐将军当年与秦军战于巨鹿城下，英武非常。我尝慕先贤，如今每次吃饭，心思未尝不在巨鹿。老人家可知李齐将军？"

所谓"大战于巨鹿城下"，是指当年项羽领反秦军在巨鹿与章邯决战之事。此李齐与殷王司马卬皆为陈余、张耳之部将，曾随从项羽与秦军激战。不过，李齐作战勇猛有余，沉稳不足，亦非杰出良将，代国故臣尚食监高祛言过其实。此时皇帝所以在代国故人面前有此感慨，实乃深感匈奴为患，急思戍边良将而已。不过，这位垂垂老矣的冯唐倒是闻弦音而知雅意，立即开口答曰："臣之祖原为赵国李牧将军部将，随李牧将军效死于雁门。臣父亦曾为代相，素交好于李齐将军。臣愚以为，虽同为赵将，且同为李将军，然大有不同。李齐将军远不如李牧将军！"

赵国大将李牧与廉颇齐名，俱为战国名将。当年李牧戍守雁门时，曾使匈奴十余年不敢南下侵赵。后秦人攻赵，亦是李牧领兵屡破强秦，力保赵国残山剩水。其赫赫威名，天下妇孺皆知。李牧之孙广武君李左车，熟知兵法，极富谋略，亦曾为韩信谋划攻燕，为当世闻名之兵法大家。如此良将世家，何人不知？岂料此冯唐之祖竟为李牧之部下，而冯唐之父亦交好于李齐。本为随口之言，可天下竟有如此巧合之事！因此，闻冯唐不认同李齐，而盛誉李牧，皇帝敛容称是，随后击节长叹："嗟乎！冯公所言极是！朝中若有廉颇、李牧为将军，朕岂忧匈奴哉！"

可是谁料，冯唐不但未予认同，反立即开口反驳："不然，臣恐陛下虽得廉颇、李牧，而不能用也！"

如此不堪之言，实乃唾骂主上识人不明。而且，在众多侍从在侧的郎官面前以此言指斥，无异于公然"诽谤"君上。需知，数年以来，皇帝虚怀纳谏、任人唯贤之贤君形象素为天下所称道。可谁能想到，这冯唐匹夫竟如此无礼！因此，此言一出，原本心情舒畅的皇帝虽不似高皇帝那般开口即骂"竖儒"，但仍当即面色不豫，心中不忿，只得一言不发，草草回宫。

原本轻松愉悦闲聊解闷的君臣论将居然论出如此结果，实在是大丢颜面。数日之中，皇帝愈发郁闷，难解心头积郁之气。在十余万汉军被匈奴搞得灰头土脸的汉匈萧关、北地之战彻底结束后，皇帝遂下令特召冯唐入宫，并在其入陛时即劈头质问旧事："冯署长为何当众侮辱，难道不能私下相谈？"听闻脾气甚倔又"不识大体"的冯唐"臣乃乡鄙之人，实在不懂得忌讳"的回答后，皇帝不得不委婉询问："我自以为并非如二世一般昏聩，且如今朝中急缺如李牧这般的戍边良将，若真有如此名将，朝廷又焉能不用？冯公当众人之面言之凿凿，到底何意？冯公何以知朝廷不能用廉颇、李牧！"

此语言毕，但见冯唐先伏地顿首口称死罪，随后提起几十年前祖父追随李牧参与雁门之战的往事。

当年，李牧为赵之边将，尽取边郡之赋税用以养兵练卒，从不事先向邯郸请命。在具体作战部署上，李牧采取主动防御之策，亦不与赵王汇报。可是，这种主动防御见效甚慢，不能见用于赵王。因数责而不改，李牧终为赵王所罢。其后，在赵王授意下，新任赵军主将一改李牧之策，主动求战。然激战数场，赵军固然多有斩获，但亦损失颇大。为何？盖因赵人与匈奴不同，平时需从事农耕。所以，为与来去如风的匈奴作战，赵军不得不连番动员。如此，边郡农事频频耽搁，故即便击退匈奴，亦得不偿失。结果，不过一年，边郡压力陡增，无论是兵还是粮皆面临无以为继之局面。赵王无奈，只得请称病不出的李牧再度挂帅。在得到赵王不干涉统兵谋划及用兵策略保证后，李牧遂再次前往雁门。

至雁门后，李牧立即恢复往年主动防御之策：一面令将士逐渐熟悉匈奴战法，同时积蓄粮秣；另一方面则以示弱之策，骄匈奴之气。数年后，匈奴已成骄兵，赵军则养精蓄锐已久，士气旺盛。决战时机既已成熟，李牧遂令北部赵军全线秘密集结。大军集结的同时，为引诱匈奴主力前来，李牧又下令在雁门山外草原上放养大批牛羊，却仅调一批战力极弱的赵军保护。

匈奴单于数次南下，赵军均一战而溃，此时视雁门山外牛羊成群，焉有不掠之理？故闻此消息后，匈奴单于立即集结主力，直奔雁门而来。不过，单于虽不读兵法但亦狡诈无比，深恐赵人使诈。反复侦察后，单于先遣数股轻骑发动进攻，以为试探。结果，在匈奴精骑的凶猛攻势下，赵军依然如往常一般大败而逃。面对连番大胜，单于终于深信不疑：赵军数败，已然军心涣散。况且，匈奴斥候控制草原百里之地，赵军一举一动均在匈奴侦察之下。如此有利态势，自不惧李牧。单于遂令匈奴数万骑立即入塞，掠劫雁门。

苦心经营数年之久，正是为一战灭胡。闻匈奴已入塞，李牧遂下令北部十五万赵军全线出击。两军相交，赵军战车及重装百金之士正面突阵，骑兵纵于两翼，合围匈奴轻骑。结果，激战一日，单于遁走，其数万匈奴精锐骑兵被一举全歼！此战真可谓畅快淋漓，匈奴人从此闻风丧胆，十余年不敢南下。

雁门之战大胜后，李牧又领军击东胡、林胡，灭襜褴，横扫数千里。数年后，李牧又统兵南下抗击强秦，屡败秦军，威震天下。可惜赵王赵迁即位后听信郭开谗言，李牧因此见诛。李牧死后，赵无良将，终为秦所灭。

《孙子兵法》曰："明主慎之，良将警之，此安国全军之道也！"李牧因赵王之信，故能北击匈奴，南抗强秦。然后赵王昏聩，李牧终又不免身死，赵国亦因此而卒灭，岂不惜哉！由此观之，将帅虽为国之利器，但亦当依赖于主君之信用。如主君见疑，则将军能战如李牧，亦不免身死军散。然则，李牧何以见疑？盖因君臣相疑。需知，统兵大将之庙算运筹不能受主上掣肘，正如《孙子兵法》言统兵大将出兵在外，"城有所不攻，地有所不争，君命有所不受"。可《荀子·君道》又言："墙之外，目不见也；里之前，耳不闻也。"将在外，主不明，岂能不见疑？正因如此，唯有恢廓大度之君、贤明聪慧之主，才能从容驭将，令其为朝廷奔驰。故冯唐认为，上古圣王拜将时，甚至要跪下亲推将军车毂，以示尊重、信任。所谓"国门以内之事寡人决断，国门以外之事将军裁定。凡军功爵赏皆决于外，归而奏之于上"，正是此理也！

良将李牧的英雄事迹，真令人心驰神往，而李牧之殁，亦令人唏嘘不已。用将而国强，疑将而国灭，不亦悲夫！因此，冯唐所谓"不能用廉颇、李牧"到底何意，已不言自明。冯唐不正是在暗示朝中有大将，但朝廷却不能如当年赵王信用李牧一般信用！

　　然则，此堪比李牧之大将到底何人？

第三十章　　持节云中

此人乃内史槐里魏尚，时为云中郡守。云中郡，为故赵地，即冯唐之祖当年追随李牧将军击胡之地。云中郡辖地虽狭小，民户不丰，但因其地东接定襄、雁门，南依黄河而靠上郡，北部直面单于庭，故为胡汉必争之地。

云中郡本为李牧击林胡、襜褴后设立，其后为秦所得。秦末之际，戍边秦军悉数南下击赵，弃九原之地，云中亦渐为匈奴所占。汉十年陈豨举兵，高皇帝令绛侯周勃统兵出太原郡。周勃自太原北上，进雁门，击破云中叛军，终将云中十余县之地重新收归朝廷治下。自此以后，云中郡便成为朝廷抵抗匈奴、屏护上郡之前沿。因云中之地迫近匈奴，日夜兵戈不休，非知兵善战之人不能为守，故几十年来朝廷所任之云中郡守非知兵善战之大将，即沉稳有谋之老臣。

自惠高以来朝廷数任云中郡守，皇帝最为熟悉者当属牧守云中二十载的孟舒，即当年与贯高诸人同谋行刺高皇帝的赵国贤臣。当初，贯高谋反事泄后，赵王张敖被械送至长安，田叔、孟舒等数十赵臣亦自行随张敖入京。贯高案审结后，张敖免于一死，遂向朝廷举荐田叔、孟舒诸人。于是，高皇帝便当庭策问。一番交谈，高皇帝大悦，认为"汉廷臣毋能出其右者"，遂拜田叔为汉中郡守，拜孟舒为云中郡守。孟舒守云中十余年，至高后八年匈奴大举入云中时，因兵败而以"坐戍边不力"被免职。

前元元年年末，朝廷曾征召田叔、吴公等郡国守相入京策问。当时，皇帝曾问田叔："公知天下长者乎？"在得到否定回答后，皇帝又言："公，长者也，宜知之！"

所谓长者，乃是对时人道德操行的极高评价。当年，高皇帝举兵丰沛，父老皆言"汉王长者，必得天下"，故皆扶老携幼而从。时赵国境内，能被吏民誉为长者之人正是田叔主君、张耳之子张敖。张敖之贤，甚至赵相贯高于狱中临死之时都口称"王长者，不倍德"。田叔虽得赞誉，但既为人臣，又何敢与主君比肩，而以长者自居？因此，田叔即向朝廷推荐生死之交孟舒，并力谏朝廷该重用孟舒。

然而，当年云中之败，代国君臣亦有耳闻，故对田叔举荐孟舒不以为然。试想，孟舒所以能以戴罪之身为二千石郡守，完全依靠当初高皇帝之隆恩。然孟舒在云中守任上不思为国效力，屡战无果以致被匈奴所趁，令将士死伤枕藉。如此为守，又岂能称"长者"？

可是，田叔却立即顿首口称死罪："陛下，此正乃孟舒所以为长者也。当年贯高不轨，高皇帝诏曰：赵有随赵王敖者罪及三族。诏令已出，孟舒却自请髡钳，同至长安，为其效死。当此之时，孟舒岂能预料日后能为云中郡守？可见，其随王同至长安，实抱必死之心。楚汉对峙，将士劳苦，以致匈奴冒顿势大。孟舒知士卒疲惫，不忍出战。然而云中之民视孟舒如父兄，故胡骑入境，吏民无不争相出城，与胡死战。郡兵死者数百，缘此之故也。以孟舒之仁，又岂会故意驱驰之？此乃臣以孟舒为长者之故也！"

正如田叔之言，孟舒战败虽有戍边不力之罪，但究其根本还是冒顿单于时代匈奴势大之故。云中处于备胡第一线，素来兵少民弱，若入塞之匈奴兵少，尚可一战；一旦匈奴万骑入寇，则拼尽全力亦难抵挡。而且，云中之战孟舒并非不战而溃，而是力战不敌，此不当为罪。如追究兵败之责，则汉七年匈奴入太原，杀掠吏民，高皇帝将兵三十万却无功而返，又该追究何人责任？高后年间匈奴大入陇西，兵指阿阳，又该追究何人之责？因此，此番鞭辟入里之言宣诸于口，朝堂君臣亦不得不深以为然。最后，因田叔之言，朝廷终复以孟舒为云中郡守。

得赦免后，孟舒再度奔赴云中，为汉戍边。孟舒守云中十余年，直至前几年才因老病而"乞骸骨"。此十余年中，虽有匈奴频繁南下侵扰，御边压力极大，但因孟舒坐镇，郡中民心能凝聚一处，故云中仍大致稳定。

孟舒去官后，朝廷遂调槐里魏尚为云中郡守。魏尚与孟舒不同之处在于其人作战勇猛且颇有谋略，是一员智勇兼备的大将。自就任云中郡守以来，魏尚事事皆效李牧戍边之法，如以军市之税金犒赏士兵，取私财恩养宾客、舍人等。如此一来，魏尚于云中任上数年，亦如孟舒一般，极得士民之心，云中郡士卒无不人人感其恩。据边郡盛传，云中士民无不视魏尚为父母，以致咸乐为之死，凡匈奴入塞，则人人死战以报之。正因如此，在短短数年之中，云中郡兵悍不畏死之战力冠绝诸边郡，亦深令匈奴忌惮。

数月之前老上单于大入萧关时，云中北部亦遭遇匈奴游骑侵扰。不过，魏尚领车骑及时出击，大败匈奴，斩获颇丰。此次云中之战虽非大胜，但与大将军张相如统帅十万车骑出战，竟无一级斩获的北地、萧关之战相比，其战果已颇为可观。以如此战功，即便不能得封爵之赏，亦当如李广、李蔡兄弟一般被擢入朝中。可谁料，张相如的大将军幕府军吏最后叙功，认定魏尚部士卒因所报首级与核功数目相差六级，当有罪。结果，魏尚不但无功还被削去爵位，并被处一年苦役之罚。

如此裁定，并非大将军幕府及张相如有意为之，确实是魏尚上报斩首之数与实际数目不符，该当定罪。需知，汉军军法其根本则源自素以严密而闻名的秦军军法。因此，无论是列阵杀敌还是战后叙功授爵，皆极为严苛。秦军军功，以斩首数目衡量，《商君书·境内》言："能得甲首一者，赏爵一级；益田一顷，益宅九亩。除庶子一人，得入兵官之吏。"正因如此，首级数目之错讹，乃大罪。试想，仅一级便须如此对待，可想而知相差六级之后果。因此，魏尚虽非夺人首级，但确有虚报军功之事，削爵罚作之处分亦属依律判处，并无不妥。

然而，朝廷公正执法，吏民却未必领情。魏尚于云中任上数年，屡立功勋。边郡军民均知"匈奴远避，不近云中之塞"，正有魏云中之故。可是，如今魏尚守云中多年之功未见朝廷只言片语之嘉奖，却仅以六级之差便革职下狱，是否有"赏太轻，罚太重"之嫌？朝廷如此处置功臣，岂非令士民寒心？而且，魏尚既然有尽散私财以恩养士卒之举，又岂会贪图区区六级之功？因此，斩首差六级多为基层士卒通报上来的尺籍伍符本就有误差，而绝非魏尚有意虚报。

所谓"尺籍"者，即一尺之籍简，书写军令、军功以为量功之凭证。"伍符"者，乃军中伍编制之互保符信。尺籍伍符，属于国家文书，军中最基本之政令、军令皆会以此上传下达。赖尺籍伍符之力，军令可通达无阻。汉军之强，正在于此。不过，正如文书行政固然能保证政令通达，却需大量熟悉文字简牍的文法吏来维系一样，军中军令之通达，亦需数量众多精通案牍之事的军吏。然而，军吏之培养非一日之功，汉制，"学僮十七已上始试，讽籀书九千字，乃得为吏"。魏尚所领之云中郡乃边郡，其文教远不如中原的河南、颍川等内地诸郡昌盛，将士多出身贫寒，少有读书识字者，亦不懂尺籍伍符为何物，故斩首量功偶有误算实属正常。

正因如此，冯唐进言称："陛下，将士拼死奋战，杀敌报国，功莫大焉。然至幕府报功，一言不相应，军吏便以法令绳之，岂不寒将士之心？臣愚以为陛下法太明，赏太轻，罚太重。魏君之事，与当年李牧将军并无相异之处。由此观之，陛下即便有廉颇、李牧，亦不能重用。臣诚愚，触主君之忌讳，死罪死罪！"

魏尚此人，并非不能战。正如冯唐之言，魏尚虽小有违令之嫌，但于大处无碍，实为良将。如以小错而束其双手，则朝廷确实难有能战之将。既然如此，朝廷是否需授予在外为将者更大权力？

沉默良久，皇帝终于大笑："冯署长，冯署长，当年田公曾言孟云中为长者；以我观之，冯公亦是长者。朕即受节与冯公，冯公可持节至云中，代朕赦魏君之罪，并复其云中郡守之职。诏：中郎署长冯唐持重沉稳，有远谋、知兵略，可为车骑都尉，主中尉及郡国车士。"

按官秩而论，车骑都尉可与中郎将这般高级将官同级。如按诏书所言之节制中尉及天下郡国车士而论，车骑都尉又堪比统兵大将。以一言而获此重任，如此殊荣，朝中少有。

蒙朝廷之信用，冯唐在车骑都尉任上十年后又迁楚相，相楚王刘戊。二十余年后的建元初，朝中还欲举其为官。不过，时冯唐已九十余，实在年老不能为官，故以子冯遂（字王孙）入朝为郎官。又过了二十余年，与冯遂相善的司马迁自冯遂处得知其父冯唐之事。在得闻此番论君王论将之往事，司马迁亦连声称赞"有味哉！有味哉！"

口传几十年的父辈英雄事迹，终在司马迁笔下演化为史书，即《史记》名篇《张释之冯唐列传》。

第三十一章　　天命鬼神

匈奴退兵，边郡之烽火亦渐散去；兵戈既休，海内亦恢复承平之象。当今之朝政：边事糜烂，需良将统兵；诸藩进逼，需贤臣辅政。由此观之，欲令朝政通达，将来之朝堂需诸多人才。

《论语·子路》载，当年仲弓为季氏宰，曾向孔子问政。孔子言："先有司，赦小过，举贤才。"正如孔子之言，举贤才乃治政之大事。于是，在前元十五年年初，朝廷下诏令朝中公卿大臣推举"贤良明于国家之大体，通于人事之终始，及能直言极谏者"，以匡皇帝之不逮。诏书下达后，朝中公卿按诏书精神推举贤才计有百余人。结果，在百余封对策奏疏之中，由平阳侯曹窋、汝阴侯夏侯灶及颍阴侯灌何诸人所举之太子家令晁错再次脱颖而出，被特擢为中大夫。

正式对策结束后，晁错又借齐王刘则、河间王刘福薨而无后之事，上疏朝廷当立即削藩。不过，朝廷反复权衡，最终并未采纳其此次涉及削藩等具体事宜之奏疏。

所以不采纳晁错之削藩策，并非不再信用晁错。需知，晁错之远见卓识令朝堂印象极深，甚至皇帝不止一次在皇太子前"奇其材"。而且朝中盛传，贾谊不幸早逝，皇帝以朝中缺乏社稷之臣，故有视晁错为将来皇太子辅弼之臣之意。可见，朝廷并非不信用晁错。所以不用其削藩之策，乃是顾虑朝堂内外不稳，恐削藩过激而出大乱。正如《老子》所谓"治大国若烹小鲜"之言，朝堂治政，必须以稳妥为上，否则必有社稷倾覆之祸，秦二世而亡之前车不可不鉴。晁错其人虽眼光深远，远见卓识异于常人，但过于年轻，其施政主张亦过于激进，未能思虑周详。

既然晁错所议削藩策宜缓不宜急，则至少在今后数年之中，削藩尚不是急务。事实上，与削藩相比，自前元十四年年末萧关之事平息以来，朝堂当务之急乃"天命"之事。

"天命"者，上天之命也。当年帝尧年老，即命舜摄行皇帝之政，以观"天命"。皇帝代天牧民，必上承"天命"方可。"天命"虽玄虚，但并非不可得之。邹衍曾言："五德之次，从所不胜，故虞土、夏木"，殷为金，周为火。其后，秦人又以水德代周之火德。高皇帝虽出身寒微，但刘氏之祖乃唐尧之孙刘累，为华夏贵胄。上古之时，刘累以御龙有功，故封御龙氏，此当为汉之"天命"。汉既上承"天命"，则代秦牧民，亦是正统。正因如此，早在前元十四年年末，朝中便有鲁人公孙臣上疏称汉当土德，其应在黄龙，并提议朝廷当革新制度，以应土德。不过，公孙臣虽通儒术，但因名声不显，故其提议在朝中并未得到普遍认同，且遭到丞相张苍所斥。

汉之律令历法，多沿用自秦制，由萧何草创，而协助萧何完善者，正是时任计相的张苍。公孙臣既言之凿凿朝廷当按土德更改章程，则无疑将尽废张苍所定之制度律令。自萧何以来，朝廷制度已实行四十余载，早已成为普遍观念。制度之更易纷繁复杂，又岂是容易之事？可谓稍有不慎，即动摇国本。因此，公孙臣奏疏陈上后，被张苍当即"罢之"。

谁料就在朝中讨论晁错奏疏时，陇西奏报有黄龙现于陇西成纪。所谓龙者，乃传说之瑞兽。据传当年黄帝崩逝后即曾驾龙而去，位列仙班。不过，因玄虚缥缈，故千年以来，天下无人能见真龙之踪迹。成纪黄龙云云，实难让人信服。或者，黄龙可能为陇西一带沙暴，亦可能为不常见类似蜥蜴的爬行蛇虫，甚至不过是公孙臣自导自演的诈术。然而，智者不言，愚者莫不信，且此事既已人人皆知，则容不得质疑，否则便是公然蔑视君威"天命"，恐遭"天"罚。

据传当年樊哙曾问君主受命于天，是否应在祥瑞，陆贾则答称："确有此事，祥瑞与德行相对应，故称'瑞应'；若无天命，则绝不可达到。"对以庶子藩王入继大统，缺乏正统性的皇帝而言，"天命"虽玄虚，却正是巩固君威的有效手段。故按陆贾之言，今陇西现黄龙之瑞，岂不正是宣告天下万民，刘氏之江山乃"天命"乎？皇帝刘恒亦刘氏之"天命"乎？当年，高皇帝在病榻之上曾怒骂曰："吾以布衣提三尺剑取天下，此非天命乎？"令高皇帝念念不忘的汉之"天命"，即在兹乎？因此，陇西现黄龙之事后，"万众瞩目"的公孙臣即被召入朝中拜为博士，甚至被赋予与诸生申明汉之土德，并按土德草拟改换历法、更易服色诸项事宜之大权。而且，为推动公孙臣变革制度，朝廷不但对三朝老臣张苍之尴尬地位视而不见，甚至在张苍自绌称病不朝后仍不假以辞色。总之，无论丞相公卿是否愿意，为顺应"天命"，朝廷各项制度必须速改。

回顾往事，当年贾谊入朝时便曾提出改易制度之事，并正式上疏，奏于朝廷。结果，皇帝自称"不敏"，不敢轻易祖制。然而，贾谊已死数年之后，皇帝却主动要求改制。虽前后两端，终不免为天下笑。不过，《韩非子·五蠹》亦言："世异则事异，事异则备变。"或许，于皇帝而言，贾谊之时大异于今，当日不改，今日却不能不改。改制以应"天命"，此长治久安之策。惜乎贾谊英年早逝，否则以其博古通今之能，可为朝廷改制之合适人选。毕竟相比贾谊，公孙臣乃鄙陋之儒，实难堪大任。

正在朝中筹划改易制度之时，赵国传出有术士新垣平善于望气，能知"天命"。此事传出，正深感朝堂乏人的皇帝大悦。需知，"望气"乃近似于能通神灵之神秘方术，非凡人能有。亚父范增令人望高皇帝之气，言其呈五彩之事，天下妇孺皆知。今新垣平既亦善于望气，想必亦有"天命"相告。既然如此，以其改制岂非水到渠成？于是，在前元十五年八月，朝廷急召新垣平入长安陛见。

应召至长安后，新垣平不及稍作休息，即奉命"望气"。据新垣平之言，长安东北有神，其气成五彩，乃祥瑞之兆。于是，在九月初，朝廷即按新垣平之议于渭水之畔建渭阳五帝庙，以事鬼神，所祠规格及礼仪等同雍县五畤。前元十六年四月，朝廷复按新垣平之建议，拜于霸渭二水交汇处，并郊祀渭阳五帝庙。随后，又按其议，谋划封禅、巡狩诸事。前元十六年九月朝会之时，新垣平再次入陛，并上奏朝廷阙下有宝玉之气。其言即毕，果有人献"人主延寿"之玉杯。凡此种种，无不显现此新垣平善于望气，似乎确有未卜先知之能。因言鬼神之事甚为得力，故不久，新垣平即以一介庶民而得宠信，加官晋爵，成为朝中堪比上大夫邓通之新贵。

既知鬼神，则当思"天命"之事。前元十六年年末之时，新垣平建议，朝廷当仿效当年秦惠文王更元之事，于明年十月改元元年[1]，以示重新开始之意，并令天下大酺。数日后，新垣平再次奏称："臣闻周鼎失于泗水中。今黄河决口，通于泗水，臣望东北汾阴有金宝气，乃周鼎当出之

①即孝文后元元年，前163年。

象。今祥瑞之兆已现，若陛下不亲迎，则周鼎不至。"

新垣平所言之周鼎传自大禹。据传当年大禹治水，分天下为九州，令九州州牧贡献铜，遂铸九鼎。九鼎之上有九州山川地形，以示天下九州之地。此外，其上还镌刻魑魅魍魉以为警诫。大禹以后，九鼎为传国重器，国灭则鼎迁。夏灭商兴，九鼎迁于商都亳。商灭周兴，大禹九鼎为周人所得。成王即位，周公旦营建洛邑，置九鼎于此。春秋时，楚庄王曾观兵于洛阳郊外，问鼎大小轻重，不臣之心昭然若揭。至战国时，秦武王攻占宜阳后也曾至洛阳问鼎，并意图迁雍州之鼎于秦。不过因鼎过于沉重，秦武王举鼎绝膑而死。

数千年来，令天下君王视为社稷稳定象征的九鼎代代相传，直至战国方不知所踪。当今之世，上距九鼎之失已过百余年，无人知其所在，且九鼎沉重非常，又岂会自行出现？不过，既前有黄龙现于成纪，今有周鼎出于泗水，则未必不可能自现。若周鼎诚能自现，岂不正宣告万民"天命"果真在汉？于是，为迎接新垣平所言之鼎，朝廷又大兴土木在汾阴县汾水之侧修庙。数月之内，朝廷为其所言之鼎大兴土木，搞得人民疲惫。然而，结果别说九鼎，最后连一块铜片都未能寻得。

朝廷为迎鼎而建庙，其意不可谓不诚。然数迎而鼎不至，新垣平到底何意？始皇帝遣徐福求仙之事至今不过四十年，新垣平莫非也是欺世盗名之奸人？故九鼎不至，朝中即有疑虑。数日之后，果然有人上疏告新垣平"所言皆诈也"。朝廷遂以新垣平交付有司。结果，新垣平望气之术到底抵不上廷尉大刑。经审理，新垣平所谓望气云云尽为诈术，此欺君之罪也。接廷尉奏报，深感被愚弄于股掌之中的皇帝勃然大怒，立命夷其三族。

孔子曰："务民之义，敬鬼神而远之，可谓知矣。"新垣平不但不敬，还借鬼神之名谋取财货，诚如孔子所言，其可谓不智之甚矣！且自前元十五年年末至后元元年年初，新垣平自入朝至被夷族不过短短一年。如此不智，且旋起旋落，徒遭天下耻笑耳！

既新垣平之所谓望气尽皆不实，则鬼神之事恐怕大抵多为虚妄。若非如此，孔子为何避而不谈鬼神之事？故自此之后，皇帝对于祭祀鬼神之事亦逐渐疏怠，不再如以前一般急切，且少言"天命"。至于更易制度，则亦不了了之。受新垣平蛊惑所建渭阳、长门之五帝庙虽并未拆毁，但是已转太常卿管理，一切祭祀事宜亦均由祠官按照季节时令主持即可。

鬼神既然不可依赖，则治国仍需明君贤臣。因此，在新垣平案结束数月之后，朝廷即下诏对这数年中之国事进行反思。诏书谓："间者数年比不登，又有水旱疾疫之灾，朕甚忧之。愚而不明，未达其咎。意者朕之政有所失而行有过与？乃天道有不顺，地利或不得，人事多失和，鬼神废不享与？何以至此？将百官之奉养或费，无用之事或多与？何其民食之寡乏也！夫度田非益寡，而计民未加益，以口量地，其于古犹有余，而食之甚不足者，其咎安在？无乃百姓之从事于末，以害农者蕃，为酒醪以靡谷者多，六畜之食焉者众与？细大之义，吾未能得其中。其与丞相、列侯、吏二千石、博士议之，有可以佐百姓者，率意远思，无有所隐也！"

随着这封后元年间的诏书布告天下，沸沸扬扬两年余的鬼神之事终于尘埃落定。纵观此两年之事，诚可叹息：皇帝虽为贤明之君，但端坐于权力之巅患得患失之意，与始皇帝却并无本质不同。正因如此，应有之理智终为"鬼神"所惑，日日祈求"天命"而期国家长治久安。然附国事于虚无缥缈之"鬼神"，岂不谬哉！不过诏书既下，总算迷途知返，并未沉溺于"鬼神"，此亦吏民之幸。

第三十二章　　申屠丞相

　　"天命"虚无，新垣平真乃欺世盗名之贼。然而，改元既改，亦不可再发一诏将此改回，否则岂不说明君上无知？因此，还当以后元纪年。

　　后元二年九月初，朝会正在按制进行。此次朝会乃新任丞相及御史大夫首次参与政事，故其仪式颇显隆重。庄重肃穆的未央前殿中，群臣高呼万岁，并按规定之礼仪端坐于各自位置。诸臣之首者，并非北平侯张苍，而是代替张苍不过数日的新任丞相。不过，此时见此新任丞相虽峨冠博带，腰垂紫绶，为文臣服饰，可满头白发之下面庞瘦削，一脸肃穆，倒似久经沙场的统兵大将。

　　其实，因汉之天下乃高皇帝"居马上而得之"，故自萧何以来之丞相，确实多为出身"砀泗元从集团"的将军。即便并非将军，亦多出身军旅的文臣。非功臣元老，实难在朝堂上承担宰执重任。如今的这位新丞相正与绛侯周勃相似，当年亦为以勇猛著称的将军——梁国申屠嘉。

　　不过，申屠嘉之经历与周勃早年即出将入相又有不同。作为高皇帝老臣，申屠嘉并无特别突出的统兵才能，以致征战沙场几十载无授爵之赏。至前元元年，因新帝即位后广布君恩，赐予开国功臣爵位，申屠嘉才得封关内侯，封邑五百户。然区区关内侯，与动辄三五千户之开国功臣相去甚远，更何况还是朝廷厚恩方得封。不仅爵位微不足道，官职亦平平无奇。申屠嘉早年为材官蹶张，至汉十二年击英布时始迁为郡尉。惠高时，申屠嘉以郡尉外调淮阳郡守，才成为封疆大吏。然而，与被贬黜至河东的楚军降将季布相似，申屠嘉在淮阳郡守任上十多年未能升迁，直至前元十六年才被调入朝中代老迈的冯敬为御史大夫。

御史大夫为丞相副手，其官秩虽仅为二千石，但权力极大，事务繁杂，故常在二千石列卿中迁任，少有直接任用地方郡国守相为之。因此，申屠嘉能从地方郡守直接跳过列卿而迁为御史大夫，殊为不易。

正因一路升迁颇为不易，故申屠嘉在为御史大夫两年之中，勤恳治事，忠于职守，并因此而得两宫之信任。两年以来，因丞相张苍"老迈"而不能治事，故申屠嘉受朝廷之重托，实际上已承担部分丞相之执掌。

至于老丞相张苍不治事之真正缘由，申屠嘉亦极为清楚：前元十四年年末，张苍与博士公孙臣陇西黄龙之争颇为激烈，以致朝中人人皆知。其后，朝廷虽斩新垣平，但却仍留公孙臣于朝中。如此举动，无异于否认张苍之政治主张。皇帝既已乾纲独断，则张苍虽为四朝老臣，亦不会厚颜强留朝中。正因如此，张苍遂于前元十五年年末称病不朝。按惯例，俟公孙臣之事淡去，张苍便可正式向朝廷上表"乞骸骨"，以全晚节。岂料张苍称病不过年余，即骤遭朝中数人弹劾。原来，张苍此前所擢用之中候坐法下狱，进而牵涉张苍。所谓"使卿大夫各得任其职"，此乃丞相之职，然张苍所举之人却"大为奸利"，则是否有以权谋私之嫌？是否有负皇帝之信任？因此，有司便以此责问张苍。继公孙臣黄龙之事后又被查出此事，张苍即便再"德高望重"，亦不可能厚颜无耻，强留朝中，亦不能按惯例等待"乞骸骨"。于是，张苍便于后元二年八月戊戌称老病而彻底罢职。

晚节不保，虽稍显惋惜，然主动去职亦可称善，毕竟后元年间已非代王初立之时。自前元以来，皇帝执掌大权日久，君威日盛，故罢黜高皇帝老臣，已不需慎重。比如张苍称病两年，朝廷不但未有一句询问探望之辞[1]，甚至又以中候犯法之事数次遣使责问。凡此种种，均可见皇帝根本不愿再用张苍。既然朝廷之意已明，张苍若不自辞，岂不令人耻笑？

实际上，以新任之申屠丞相视之，老上司张苍主动离朝，或许还能求得善终。据说张苍这几年发齿尽落，已无法进食，甚至每餐必以母乳喂食。而且，朝中人人皆知张苍以九十余之高龄还有姬妾数百，且凡姬妾中有孕者，便不复再幸。如此奢靡潇洒，仿效当年周勃离开朝堂回到绛县养老，岂不美哉？已为相十余年，又何苦在朝堂上与皇帝公卿争个面红耳赤，搞到颜面无存，斯文扫地？老丞相张苍，实在是不能也不用再为相。

当然，除为老丞相张苍"考虑"之外，申屠丞相亦有不能明言之想法：若张丞相不去，朝中又何来他申屠丞相？

---

① 按照制度，丞相病重，皇帝需入府探望，以示慰问。

不过，据传关于新丞相之人选，皇帝原本并未考虑申屠嘉，而是欲以窦皇后之弟窦广国为相。广国为人低调，谨慎忠厚，亦不以外戚之身份恃宠而骄，故在朝中素有贤名。非仅朝中，广国之厚道为人，亦为地方郡国守相所称道，其当年助曹丘生致书季布之事便被广为赞誉。然而，无论广国何等贤能，申屠嘉却深知朝廷绝不可能用广国为相。为何？正因其外戚身份。需知，当年陈平、周勃正是诛杀诸吕外戚，才终迎立代王入继大统。此事至今不过十余年，朝廷若执意立外戚为相，则必遭朝中公卿及天下臣民之非议。况且，自萧何以来，丞相一职无不以功臣元老为之。几十年下来，以功臣元老为相隐约已成汉家"故事"，便是至高无上的皇帝也不能轻易更改。广国未有尺寸之功，骤然以外戚而为丞相，岂能让天下人信服？如朝廷违逆众意，天下人必然议论朝廷"私广国"。诚若如此，皇帝岂不为独夫？因此，朝中当时虽有传言称广国为相，申屠嘉却并不认同。

丞相不能用外戚，亦不能用晁错、袁盎这般朝堂新人。原因无他，实乃此辈虽有贤才，但毕竟过于年轻，资历不够，不能服众。朝廷若贸然授以相位，则功臣元老会如当年驱逐贾谊一般激烈反对，以致朝政难以平稳运行。若依"故事"，用功臣元老为相，却亦有大问题，即随从高皇帝之功臣元老多已作古。即便在世，亦大多老朽，难以承担繁重朝政。

算来算去，朝中功臣元老尚算身体强健者唯有申屠嘉一人而已。因此，千言万语，丞相一职，非他申屠嘉莫属。思及此处，申屠嘉微微垂首，目视佩戴未久的金印印囊，略有得意之状。

想四十年前楚汉决胜于垓下，他申屠嘉曾以队率指挥本队五十名蹶张士向前仆后继的骁勇楚军轮番射击。几十万汉军之中，如申屠嘉这般直面楚军之队率几近万人之多，共同构成汉军最基层的作战指挥单元。然而，近万队率死于楚军剑下者几何？死于后来平定异姓诸侯者几何？即便侥幸未死于沙场者，又有多少人老死于病榻？自垓下至今四十载，近万队率中却仅有申屠队率一人终功成名就，成为宰执天下之丞相。也许，朝廷重用之缘由确有他申屠嘉"为人廉直"，但无论如何亦不能否认神奇的命数。

思及当年之往事，申屠嘉不由微微回首目视跪坐于下首的新任御史大夫陶青。与他申屠嘉一步步苦熬资历方得以艰难升迁相比，这位陶青的仕途可谓一帆风顺。陶青之父启封侯陶舍在汉五年垓下之战中便已被用为右司马，为申屠嘉之上官。汉六年，陶舍在平燕王臧荼之战中迁为二千石中尉，为高皇帝统帅天下最精锐的北军诸营。当时，申屠嘉仍不过为区区基层军官而已。汉十二年申屠嘉被拜为郡尉时，陶青已继承其父启封侯之爵位，成为朝中显贵。不过，相比众多开国功勋子弟，平平无奇的陶青能频频骤升，甚至居曹窋、夏侯灶及灌何诸人之上，同样亦可归为命数使然。

既命数如此，则需竭力上辅佐皇帝，下理顺士民，以尽丞相之职。故在朝会开始后，申屠嘉便收起数十年之思绪，立即向朝廷奏报国政大事："陛下，匈奴使者已抵长安，申匈奴和亲之意。臣愚以为，朝廷当下诏布告和亲之事于天下，以令吏民尽知陛下仁爱之意也。此乃臣与陶公联名之奏疏，呈请陛下明断。"

前元十四年萧关之战后，汉匈对抗激烈，边郡戍卒日日不歇。因不堪其扰，朝廷议论再三，终仍决意维持和亲之策。因此，此言奏毕，即闻皇帝答："和亲之事乃国策，宜布告于天下，相君思虑周详。朕当制诏于御史。"

既已将此事议定，则当论他事。然而，目视跪坐于皇帝之侧且有怠慢之礼的上大夫，申屠嘉却极为不快，沉默不语。

此上大夫并非新垣平，而是皇帝宠宦邓通。同在朝堂，故对邓通此人，申屠嘉是"闻名"已久。据传这数年之中，邓通受赐之财物累计已达万万钱之巨，蜀郡铜山尚不算在内。甚至据朝中好事者盛传，数月前皇帝病甚，邓通亲口吸脓，以致被皇帝称为"天下谁最爱我者乎"？不但如此，皇帝一月之内数度驾临邓通家中欢宴饮酒，对其之宠信甚至远超常参乘于侧的内宦赵谈。然而，皇帝之宠信乃皇家私事。既然入朝，则私事当让位于国事。虽说邓通此人为人尚算低调，但如今在朝堂之上、殿陛之间，一介佞幸竟无视朝廷礼仪，实乃朝堂之耻。因此，奏事已毕，申屠嘉即收起笏板，朗声开口斥责："陛下爱幸臣，则富贵之；至于朝廷之礼，则不可以不肃！"

今为相不过数月，即在满朝公卿彻侯之前骤然对皇帝发难，无异于令皇帝难堪。然而，申屠嘉既为人"廉直"，以致门不受私谒，内宠宦竖如此"恃宠而骄"，岂能视而不见？故虽有陶青摇头示意，申屠嘉亦不以为意，强令皇帝回答。君臣僵持不下，殿中沉默良久，方闻皇帝回答："相君不必再说，此乃朕之私事。"

事已至此，皇帝之言却如此不诚，岂能就此罢休？因此，在退朝返回相府之后，申屠嘉大怒，随即发檄予相府属吏，令立召邓通至相府。

相府檄书虽非羽檄，但亦为级别极高的行政文书。相府檄书一出，邓通若逾期不至，则可就地依檄斩首。邓通若欲安然无恙，则收到檄书后唯有求助于两宫，即便是皇帝也总不能为庇护弄臣以君威而否定相府檄书。总而言之，邓通不至，必死无疑！于是，檄书发出后，申屠嘉丝毫不顾属吏"多少要顾忌皇帝颜面"之劝告，按剑箕坐于案台，等候邓通前来受死。

檄书发出不久，果然见邓通至护卫森严的相府门外请罪。极目而视，但见平日耀武扬威的邓通此时神色张皇，披头散发，涕泪交加，真是狼狈已极。少候片刻，见其膝行入内府，免冠跣足，以头跄地，口称死罪。安静肃穆的相府之中，唯闻其跄地哭诉之声不绝于耳。然而，因见惯佞幸之嘴脸，故申屠嘉端坐高台之上，视其跄地不绝而丝毫不为所动。不知多久，但见邓通面目赤红，飞溅鲜血甚至已令地板尽赤。或许，少候片刻，不需诛杀，邓通此贼便已跪死于此矣。岂料，却又闻邓通口中念念有词，云皇帝旄节云云。申屠嘉不解，遂问侍从在侧的相府法吏。法吏细听后则告称，邓通言皇帝将以节赦免其罪，请丞相恕其不敬之罪。

闻此毫无斩将搴旗之能的弄臣装腔作势，竟妄图以皇帝旄节救命，申屠嘉顿时勃然大怒：几十年来，自己跟随高皇帝于沙场拼死奋战，又在地方苦熬资历几十年，今日方能入朝宰执。可是，这弄臣仅受君宠，即目无法度，简直当死。自垓下以来，死于手中之叛逆小人不计其数，今以丞相之权威而诛杀主上弄臣，实无异于碾死蝼蚁。因此，申屠嘉以剑鞘不断拍打邓通后背，破口大骂："夫朝廷者，乃高皇帝之朝廷也！宦竖刑余之人、佞幸之臣戏于殿上，为大不敬，当斩之！"此言一出，邓通直接昏死过去。

恰在此紧要关头，朝廷使者持节而至，并带来皇帝"口谕"："上大夫乃吾之弄臣，相君且释之！"此语一出，邓通如蒙大赦，立即自地上爬起向申屠嘉行礼，随后连滚带爬，逃出相府。出相府之门，邓通几乎瘫倒于地，随后便入宫哭诉："丞相几杀臣矣！"

邓通生死悬于一线，终令皇帝明了高皇帝之功臣元老实不能简单应付。此时虽距高皇帝时代已有四十余年，然功臣元老对朝政之影响却无时无刻不笼罩于朝堂之上，令皇帝不能为所欲为。佑护佞幸之事虽非政务，但由此亦可见一斑。凭借十数年积累之威望，或许能稍稍以君权压制相权，然皇太子却断难在功臣元老掣肘之下顺利执掌国政。终不能时时护佑于皇太子之侧，一旦"大行"，如之奈何？

宠臣难护，亦可见国事之难为。

第三十三章　　甘泉烽火

此数年之中，国事之大者，莫过于匈奴为患，边郡难安。

后元五年正月，皇帝车驾巡幸陇西郡，三月巡雍县，七月又驾临代国。一年中数次视察边防，足见朝廷对北部边郡之担忧。所以如此敏感，实乃前元十四年萧关之战难以向天下交待。

当初，汉军动员前后步骑凡十余万众，兵甲不可谓不犀利，粮饷不可谓不充足，然竟坐视匈奴饱掠而去，未有一级之斩获。试想，表现如此拙劣，又岂能不令匈奴单于气焰更为嚣张？正因如此，自前元十四年至后元二年这数年之中，匈奴屡屡南下入塞掠劫。申屠嘉迁相不过一月，朝廷便接边郡急报，称单于庭及左贤王部同时入塞，其轻骑纵横，来去如风，边郡防不胜防，云中、辽东二郡被掠取数万人，财货之损失颇为惨重。

草原蛮夷视中原如羔羊，正如贾谊之言"足反居上，首顾居下，倒悬如此，莫之能解"，实为君者之耻。可是，面对如此问题，无论是采纳太子家令晁错之议屯兵边塞、输粟入边，又或者是实行梁王太傅贾谊之策"三表""五饵"，收效均不能立竿见影。按照如此状况，至少在数十年中，边塞难以安宁。

鉴于对匈奴之侵扰实鞭长莫及，故朝廷于后元二年再次向匈奴递交国书，尝试恢复和亲。为确保达成和亲，在当时递交匈奴之国书中，朝廷甚至特意强调保证赐予草原之财货每年不断。正因诚意十足，和亲尚算顺利。当时，汉使抵达草原后，老上单于不但亲自接待，且随即遣使至长安，正式同朝廷签订和亲盟约。然而，此和亲之约能确保多久则难以确定。正如中行说之言，朝廷若每年输送的财货稍有不足，匈奴"则候秋孰，以骑驰躁而稼穑耳"。而且，以匈奴单于之节操，面对财帛之利，区区盟约实难起到约束作用。况且，同旧单于之盟约亦不能对新单于起约束作用，比如当年老上单于即位后，即对冒顿单于签订之和约视而不见，举兵南犯。正因如此，于朝廷而言，议定之和亲盟约，只不过稍稍缓解边郡之危，实不能因盟约签订即对边防掉以轻心。

事有不巧，和亲盟约签订次年，安坐于草原之君宝座十四年的老上单于骤然病逝，大单于之位由其子接替，是为军臣单于。军臣单于其人，朝廷素有所知。论老辣诡诈，军臣单于或许不及其父老上单于，但其嚣张之势却远超其父。其为左贤王数年间，曾多次统兵南掠燕、代，辽东诸郡不堪其扰。据传，自后元三年中即单于之位后，军臣单于内以中行说为谋主，外以左贤王于单、左谷蠡王伊稚斜为爪牙，频频厉兵秣马，恐有南掠之意。正因诸种不利消息风传于边郡，遂有后元五年皇帝车驾巡视陇西、代国等地之事。

陇西郡，为朝廷西北边郡，如今之郡守为闻名朝野的北地猛将公孙浑邪。几次大战之中，陇西郡兵在公孙浑邪的统领下勇猛异常，斩首之功甚至远超装备精良的北军诸营。不过，虽有斩首之功，亦不可懈怠。后元三年年初，为配合公孙浑邪守备陇西要地，朝廷特调中郎将袁盎至陇西，担任陇西郡尉。后据陇西奏报，袁盎上任不过数月，内修军政，外抚士卒，以致"士卒皆争为死"。有公孙、袁二人镇守陇西郡，匈奴三部中实力稍弱的右贤王当不敢过于冒险深入。即便右贤王悬军而入，二人亦可稳守不溃。由此观之，只需加紧戒备，陇西屯戍事宜尚算稳定。

相比陇西，代国更令朝廷担忧。代国，本为皇帝直领封国，领太原、代、雁门、定襄四支郡，其后因调整遂分代、太原二国，分别封予次子刘武及三子刘参。前元三年，因刘武徙封淮阳国，太原遂与代合并，复为四支郡代国。代国四郡西接兵寡地薄的云中，北方却直面匈奴单于庭。正因如此，代国立国几十年中备边压力一直颇大。一旦代国不慎失守，则匈奴便可长驱直入太原。例如，汉七年时，匈奴数万骑入代，高皇帝之次兄代倾王刘仲不能守，败归洛阳，结果令北方门户洞开，胡骑入晋阳。当时，形势危如累卵，高皇帝不得不将兵三十余万北上征讨。而且，与其余关东诸国不同，代国乃朝廷"直领"之皇子"亲藩"封国，实乃根本之地。根本之地一旦不慎失守，则必令心怀叵测的关东诸藩蠢蠢欲动，以致国本动摇。因此，代国之屯戍事宜，必须慎之又慎。所幸刘参治国沉稳，备边有方，又极得士民之心，且此十余年中匈奴多自上郡、北地南下，代国亦未受大规模侵扰，故根本之地尚算安定。

然而，后元二年，王代十七载的刘参骤然盛年病逝，令朝廷不得不再度忧虑代国之事。需知，相比刘参王代十数年，能令士民归心，今代王皇孙刘登不过垂髫童子，实无治国之能。且国君新丧，人心必然动荡。虽说春秋有"礼不伐丧"之准则，但匈奴毫无礼义之言，根本不会顾忌，很可能会趁人心丧乱之际直逼代国。一旦代国边事有急，唯一可为屏障的即几年前车骑都尉冯唐所保举之云中守魏尚。可是，魏尚勇则勇矣，云中能战之兵毕竟不过万余，实难对抗单于庭。正因如此，北方诸边郡中，以领四支郡之代国最令朝廷忧虑。如此局势之下，又闻新即位之军臣单于磨刀四顾，朝廷又岂能安坐不动？正因如此，巡陇西后，皇帝车驾又于盛夏之际前往代国巡视。

然而，朝堂诸公亦有对频频巡边不以为然者。为何？盖因匈奴虽毫无廉耻之心，但老上单于所定之盟约墨迹未干，军臣单于接位未久，多少总要有所顾忌。而且，纵有小规模侵扰，边郡士卒枕戈待旦，边郡守令亦会应付自如，何须频频巡边不休？况且皇帝圣体欠安，如此舟车劳顿，亦非社稷之福。

然而，军臣单于随即用兵戈再次向朝廷证明其节操毫无下限。

皇帝车驾自代国返回长安不过半年，后元六年新年刚过，匈奴人即再度大举南下。在军臣单于亲自部署下，匈奴三万骑南下上郡，牵制关中汉军，另有三万骑大举进入云中，直逼代国。两路六万骑之出兵规模，虽不能与前元十四年萧关之战时之十四万骑相比，但其攻势之猛烈却远超过之。短短数十日之间，云中、代即急报频传，称匈奴轻骑极其骁勇，北部边塞力战不敌，吏民被杀戮甚重。朝廷接边郡急报不过数日，匈奴轻骑纵横践踏七百余里，再度攻至关中，告急之烽火直通于甘泉、长安，日夜不息。京师之急，终令朝堂君臣不得不放弃对匈奴之幻想，下令备战。

随着诏令下达，各部汉军动员集结。其中，中大夫令勉拜车骑将军，统赵军，屯云中郡南之飞狐陉隘口。故楚相苏意为将军，全权节制代军，屯雁门郡勾注山一线。苏意与令勉二部互为犄角，依险而守，以防单于庭本部主力南下河北。此外，代国老将郎中令张武则领军屯守北地郡，以防止右贤王部主力循前元十四年之策南下北地。

除北部诸郡外，长安城外至渭水北部全部禁严，屯驻步骑。其中，宗正刘礼为将军，驻城东南霸上；松兹侯徐厉为将军，驻长安东北棘门。此外，另调河内郡守领军驻长安西北细柳营。三营汉军步骑车近十万之众，将长安城三面包围，只需存死战之心，于城下阻挡三万上郡匈奴骑兵当无问题。

今匈奴大军压境，将士枕戈待旦颇为辛苦，故大军集结完毕后，皇帝又循前元十四年旧例，前往军营劳军，以激励士气。

第三十四章　　亚夫细柳

　　三座军营中，皇帝车驾首先驾临霸上。霸上汉军主将为宗正刘礼，其人乃楚元王刘交第三子、当今楚王刘郢客之弟。

　　宗正，为朝廷九卿之一，素以刘姓宗室为之，掌皇家宗族之事，刘礼之兄刘郢客自高后时即一直担任此职。至前元元年，楚元王刘交薨，刘郢客方以楚王次子返回楚国继承楚王之位（楚太子刘辟非早死，故刘郢客以次子即位）。刘郢客返楚后，刘礼遂奉诏自楚国至长安，接替兄长宗正之职。如今，刘礼既为朝廷九卿之一的宗正卿，又是宗室，论辈分还是皇帝从兄弟，故皇帝劳军自当首先前往霸上。

　　霸上为霸水、浐水交汇处，在长安城东南二十余里，为高皇帝入关中后屯兵之地。皇帝车驾自长安出城，经轵道、长门，不过半日便可抵达霸上。车驾驶抵军门之时，但见素来稳重的刘礼早已整肃衣甲，立于营门之外恭迎。于是，皇帝车驾驱驰而入，一路畅通无阻，并一一慰问大营将士。然而，立于车驾之上细细观之，营内将士虽士气高昂，却并无慷慨赴死之意。若非营中刀兵林立，甚至以为是傩戏舞者。

　　如此景象，自然是刘礼治军不严之故。需知，当年楚元王曾随高皇帝平定英布，虽惨遭败绩，但总算颇知兵阵。然而，天下承平几十载，刘礼可从未如其父一般将兵击贼。《孙子兵法》曰："将者，智、信、仁、勇、严也。"实不知这位从未亲临兵阵的刘礼占了为将五德中的几条。

　　思虑之时，车驾已出霸上，抵棘门。与刘礼相比，棘门主将松兹侯[①]

---

　　①《史记·孝文本纪》《汉书·张陈王周传》作祝兹侯，《史记·惠景间侯者年表》则作松兹侯，从后。

徐厉总算是稍微知兵之人。徐厉，沛人，曾为高皇帝舍人，四十余年前沛县起兵时舍身追随高皇帝。还定三秦之战中，徐厉曾随绛侯周勃奋勇作战，大败三秦军，擒秦军大将章邯家小，威震关中。孝惠时，徐厉以素称知兵拜常山相，并于高后四年受封松兹侯。徐厉虽已年老，但毕竟为沙场宿将，料想其约束行伍总不至过于儿戏。然而，入棘门军营观之，其治军之道与从未上过战场的刘礼并无本质不同：大营军备松懈，将士毫无战心，整座军营毫无令行禁止之感。可想而知，二营汉军之战力当也不会有太大差别。

此时匈奴已经兵临上郡，长安已经戒严，两军军纪竟仍如此随意。照此推算，若真上阵对敌之时又当有何等拙劣之表现。前元十四年萧关之战，未斩匈奴一级的十余万汉军正是如此，谁想数年以来，汉军仍无实质改变。朝廷所依靠之步骑如此不堪，岂能指望御辱备边？况且，前元十四年时，朝中尚有东阳侯张相如为大将军，隆虑侯周灶为陇西将军，可这几年之中老将陆续老死，朝廷甚至已找不出合适的统兵大将，以致唯有令苏意、令勉之辈将兵击胡。兵不能战，将甚至还更有不如。天下承平不过几十年，当年高皇帝扫荡天下之精兵，怎会成为如此模样？

故出棘门，皇帝唯有手扶车轼，喟然长叹。目视手背之皱纹、青筋，皇帝愈发不安：自后元以来，身体已大不如前，恐已时日无多。一旦大行，将如此兵将交予皇太子，岂能保证天下太平？皇太子不能守社稷，自当归咎于皇帝"不仁"。然而，千言万语，如今朝廷所养之数十万汉军皆是如此，实非一二人之罪。国情如此，即便是皇帝，亦无可奈何，总不能将数十万步骑尽数裁撤。

霸上、棘门二营均是军无战意、将无战心，想来细柳营大约亦是如此。细柳营屯关中步骑二万，但其主将却调自河内郡，并非朝中列卿。故相较于刘、徐二将，皇帝并不熟悉此细柳主将。因此，车驾行进之时，皇帝遂询问扈从于侧的河内郎官细柳主将之轶事："曾闻此细柳营周将军有河内相面之事，河内父老皆知？"

侍从郎官对曰："陛下圣明！在河内，此乃妇孺皆知之事。故丞相周绛侯有三子：周将军上有一兄胜之，下有一弟坚。前元十六年，周将军相面于鸣雌亭侯许负。许君言，周将军三年后可封侯。然按朝廷制度，周绛侯故去，绛侯爵位当由周将军长兄胜之继承，故此相面之辞人皆不信。孰料不过三年，胜之即坐法革爵，周氏皆推举周将军为贤者，可继承爵位。

是故，周将军遂以条侯续绛侯之后。至此，许君之言终算灵验。陛下，许君另有一言，称周将军'侯八岁为将相，持国秉，贵重矣，于人臣无两。其后九岁而君饿死。有从埋入口，此饿死法也'。不过，此言过于玄虚，臣亦不信。"

侍从郎官口中这位为周将军相面之许君，乃鸣雌亭侯许负。许负，河内温县人，以善相而闻名。五十余年前，魏国宗室女魏媪便曾求许负为女薄姬相面。许负"相薄姬，云当生皇帝"。其所言之薄姬，即当今薄太后。然当时薄太后不过亡国之女，岂能生皇帝，故人皆不信。孰料其后薄太后先为魏王魏豹所幸，后又为高皇帝所得，终生皇帝。此皇宫秘事常人不知，但皇帝本人却早在少年时代即自薄太后处得知。薄太后好卜，其缘由亦正在于此。正因如此，听闻此周将军有此轶事，皇帝亦颇感有趣：周将军能如许负所言可为将相？若确有统兵治国之能，令其为皇太子辅臣，乃至"持国秉"，又有何不可？

思虑之间，车驾已过渭水，距细柳营不过十里。正在此时，前驱导引的郎官飞马回报："陛下，臣至细柳营外为细柳军门都尉所阻。都尉云'军中但闻将军令，不闻天子之诏'。守门将士枕戈以待，臣不敢擅闯，故不得入。"

当年车骑都尉冯唐曾言："上古王者之遣将也，跪而推毂。"《太公兵法》亦云："军中之事，不闻君命，皆由将出。"周将军以严治军，实有古之大将之风。于是，皇帝遂令车驾整肃，并亲至军门视察。

车驾至营门外，止车休马。立于车驾上，手扶车轼，极目远观，但见军营之中戒备森严，校场之内金鼓不绝。透过军门，隐约可见细柳将士俱披坚执锐，挟弩引弓。故营门未开，但阵阵杀气已越营门而至。见此情景，君臣莫不震撼。皇帝遂立令使者持节诏细柳营，言明皇帝将入营劳军。

皇帝旄节在此，军门都尉亦不敢怠慢，遂快马通传。随后，军令下达，营门大开。然车骑将入之时，却见军门都尉执戟在侧，复令从属车骑云："军营重地，不得驱驰！"于是，车骑只得依其令按辔徐行，前往中军营帐。前行片刻，终得见那"慕名已久"的细柳营周将军立于营帐前恭迎。威名如此，故皇帝亦不顾威仪，细细观之。却见将军顶盔披甲，手按环首，神情肃穆，不卑不亢抱拳行礼："介胄之士不拜，请以军礼见！"见其威严如此，皇帝亦动容，立于车驾之上郑重敛容还礼。

将来可"持国秉"者，真乃绛侯周勃之子——条侯周亚夫乎？

礼毕，却见周亚夫下令曰：皇帝劳军，全军集结。军令下达，中军鼓声大作。随后，细柳营步骑立即滚滚而动，兵戈甲叶碰撞之声不绝于耳。稍息片刻，全军二万步骑即列阵完毕。再一声鼓响，全军肃穆，军营唯见中军营帐之将旗及各都尉、司马令旗迎风飘扬，未有一丝杂乱之象。军阵森严，似乎只待将军下令，便可立即突阵杀敌。虽未列成作战方阵，但战力之强已一目了然。故目视庄严肃穆之军营，侍从在侧的大臣无不震动惊骇，而立于天子车辇之上的皇帝，亦不由自主紧握车前横木，向二万汉军将士致意。细柳劳军已毕，皇帝车驾于营中环行一周，方缓缓退出军营。

虽未亲临兵阵，但因久镇代国，故皇帝对战争之事并非一无所知。仅凭此次劳军，便可断定细柳营周亚夫之军必是一支熟知战阵的精锐之师。有此军此将，岂会惧于军臣单于区区三万轻骑？正因如此，待车驾出营后，皇帝长叹："嗟乎，此真将军矣！曩者霸上、棘门军，若儿戏耳，其将固可袭而虏也。至于亚夫，可得而犯邪！"

汉军枕戈待旦，军臣单于区区三万骑自不敢深入。不久，军臣单于果然遂仿前例，携抢劫之人口财货出塞。闻匈奴已退兵，朝廷亦下令关中诸军罢兵。随后，朝廷又正式下诏迁河内郡守周亚夫为中尉，接替老将周舍，全权统领北军。

所以如此急迫，实乃治政须未雨绸缪也。

第三十五章　　国有贤君

《诗经·豳风·鸱鸮》曰："迨天之未阴雨，彻彼桑土，绸缪牖户。"当年武王早逝，成王年幼，故以周公辅政。成王未知周公之志，渐生猜忌之心，故周公作《鸱鸮》以遗成王。其后，周公秉政数年，终不负所托，推周文武之功于顶峰。先王早逝，幼主秉政，必有如周公这般社稷之臣辅佐，否则主少国疑，何来周人八百年之天下？

周托政于辅臣，汉亦当如此。

后元七年，君临天下二十余载的皇帝已四十有六，已不算年轻，毕竟雄才大略的始皇帝亦未至五十即崩。事实上，自前元末以来，皇帝之"圣体"确实已大不如前。当年对新垣平虚幻之言所以信用无比，除希望借此求得虚无缥缈之"天命"外，亦不无祈求长生不死之愿望。不过，新垣平既诛，则证明神仙方术之事虚无缥缈，确实非凡人所能求得。

既不能将国事寄予"天命"，则如周人那般对国事未雨绸缪，早作打算方为稳妥之计。所幸此数年内外之事虽纷扰不断，但亦颇有青年俊才脱颖而出。历数朝堂之上，将有周亚夫、李广，相有晁错，谏诤之臣则有袁盎、张释之。也许数年之后，此辈便可以非凡才能成为朝廷之栋梁。皇太子聪慧，又有彼辈为辅，则可如成王那般立汉之功业。然而，除为皇太子拔擢辅臣外，以后朝政如何，则实非"大行"之日不远的皇帝所能左右。

后元七年五月末，奉常署太医、太卜诸令丞奏报皇帝病危，恐将弃群臣。消息传至，皇太子急入未央宫侍奉。

皇太子刘启，已过而立之年，虽因受晁错教导多年，已颇通权谋之术，但仍稍显急躁。因是之故，虽早知皇帝病重，但骤闻此言仍哀恸不已。

然行至殿前，却想起数年前皇帝病痈之事。当时，皇帝病痈，上大夫邓通竟以口吮痈。皇太子虽有孝心，但吮痈之举实在无奈，结果因此而为上大夫邓通暗中嘲讽，以致皇帝亦面色不豫。吮痈之事已过去数年之久，但失态于殿陛之间，终不能就此忘却。故思及当年之事，心中亦感颇为惶恐不安。然而，入殿之后，却见皇帝已卧于病榻，神态萎靡，似乎早已不能记起当年之事。

行礼问候已毕，见皇帝呻吟再三，于谒者扶持下艰难坐起。如此郑重，当有国事相托。故皇太子再度泣涕行礼，跪坐恭听。孰料皇帝非但未托以军政国事，反开口言及琐事："生死乃自然之理，皇太子既称'材智高奇'，岂能不知？我此时犹记数年前曾与张廷尉有论法之事，皇太子可曾记得？"

所谓与张廷尉论法，即与廷尉张释之的两次争论。数年前，皇帝车驾出巡，行至中渭桥时，突有一人自桥下奔出，惊动驾车马匹，惊马狂奔良久方止。皇帝惊怒，下令骑士追捕，并将此人械送至廷尉，交张释之重处。岂料，张释之并未按圣意"重处"，而是在主审之后仅依律判处罚金而已。此案上报朝堂，皇帝勃然大怒，并斥责此人惊吓乘舆，幸赖御马脾性温和，如若不然，则车驾颠覆。然而，廷尉却仅判罚金，岂非量刑太轻。不过，张释之坚持己见，称："据廷尉审讯，此人乃长安县人，骤闻警跸之令，避之不及，故匿于桥下。藏匿良久，以为皇帝车骑已过，故自桥下出。见乘舆车骑，方知皇帝尚在，只得奔走。按律，一人犯跸，当罚金。法者，乃皇帝与天下臣民所共定也。此案依据朝廷法律，正该如此定罪。若不依法而擅自加罪重判，法律岂能取信于天下士民？若陛下当时便将其处死，而不将此案移交廷尉署，则臣无可奈何。既已移交廷尉，则廷尉必秉公执法。廷尉，乃天下公平典范。如廷尉量刑稍有倾斜，天下郡国用法便可轻可重。如此一来，天下吏民如何安放手足？请陛下深思。"此言有理有据，又搞得朝野皆知，故最终只得认同廷尉署判决。

谁知数月之后，争论再起。争论之起因是有人偷盗高皇帝庙中神位前之玉环，罪犯被捕获后上报于朝廷。依朝廷律法，按"盗宗庙服御物者为奏，奏当弃市"之律条，案犯应斩首弃市。可是判决上奏于朝廷后，素称至孝的皇帝再度勃然大怒，立即命令廷尉从严治罪，并强令夷其全族。然而，张释之坚决反对，并免冠顿首谢罪称："依法如此判决即可。此人若以偷盗宗庙器物之罪被灭族，则愚民取长陵一抔土，则该当何罪？陛下又将如何加罚？"

不知为何，此二事流传极广，以致张释之之名"天下称之"。然而，对张释之此人，皇太子却颇为厌恶。为何？盖因当年入司马门被弹劾。区区罚金之罪，结果被其搞得朝野皆知，甚至薄太后不得不专门下诏平息。张释之此人，徒有口舌之利，实乃邀名卖直之辈。正因如此，闻皇帝提及此事，侍从在侧的皇太子心中极为不快。

孰料脸色稍有不豫，即闻皇帝开口："闻春秋之时，士季言与晋灵公曰：'人谁无过，过而能改，善莫大焉。'论法之事，确属我之不明。为人君者，当稳重持国，切不可以好恶而左右朝政。是故张廷尉之言虽恶，然于朝廷有功；有功，则当赏之。若以好恶而定赏罚，则'教令失度，政有乖违'。《尚书·洪范》言：'无偏无党，王道荡荡；无党无偏，王道平平。'即是此理。闻皇太子对张廷尉颇有微词。皇太子以后当为人君，何以待张廷尉，皇太子可自决之。此处有诏书，留予皇太子颁行。"

恭敬行礼，接过诏书，其辞曰："朕闻之：盖天下万物之萌生，靡有死。死者，天地之理，万物之自然，奚可甚哀！当今之世，咸嘉生而恶死，厚葬以破业，重服以伤生，吾甚不取。且朕既不德，无以佐百姓。今崩，又使重服久临，以离寒暑之数，哀人之父子，伤长幼之志，损其饮食，绝鬼神之祭祀，以重吾不德，谓天下何！朕获保宗庙，以眇眇之身托于天下君王之上，二十有余年矣。赖天之灵，社稷之福，方内安宁，靡有兵革。朕既不敏，常惧过行，以羞先帝之遗德，惟年之久长，惧于不终。今乃幸以天年，得复供养于高庙，朕之不明与嘉之，其奚哀悲之有！其令天下吏民：令到，出临三日，皆释服。毋禁娶妇、嫁女、祠祀、饮酒、食肉者。自当给丧事服临者，皆无践。经带无过三寸，毋布车及兵器，毋发民男女哭临宫殿。宫殿中当临者，皆以旦夕各十五举声，礼毕罢。非旦夕临时，禁毋得擅哭临。已下，服大红（功）十五日，小红（功）十四日，纤七日，释服。佗（他）不在令中者，皆以此令比类从事。布告天下，使明知朕意。霸陵山川因其故，毋有所改。归夫人以下至少使。"

览毕诏书，大为惊惶。为何？盖因诏书竟将正式服丧时间精简为三日。需知，自周以来，"斩衰"丧期便是三年。丧葬之礼庄重肃穆，极为正式，岂能"出临三日，皆释服"？不但不能"释服"，饮食亦当有严格规定。按"斩衰三日不食"之礼，服丧三日，不可进食，三日后方可食粥，且每日朝暮二餐，所食不过"一溢米"①。此后一年，方可食蔬果；二年后，方可食酱醋；三年服丧已毕，方可正常饮食。此外，服丧之三年不可安卧于屋内，只能睡于临时搭建之窝棚内，且只能睡于破席之上，至于婚嫁、音乐诸事，则一概禁止。非如此摧残自身，不能表现出"孝"。因此，《论语·阳货》即载，宰我称："三年之丧，期已久矣。君子三年不为礼，礼必坏；三年不为乐，乐必崩。旧谷既没，新谷既升，钻燧改火，期可已矣。"孔子则言："食夫稻，衣夫锦，于女安乎？"宰我言安之后，孔子极为不悦："女安则为之。夫君子之居丧，食旨不甘，闻乐不乐，居处不安，故不为也。今女安，则为之！"并认为："予之不仁也！子生三年，然后免于父母之怀，夫三年之丧，天下之通丧也。予也有三年之爱于其父母乎？"既然上古以来便有如此严格之规定，孔子亦认为若不行之则不仁，则若朝廷骤弃之，实在是不合制度。且朝廷以孝治天下，诏书如此定制，甚至频频言称皇帝"不明""不敏"，岂不令天下议论皇帝、皇太子无父子人伦之礼？

然而，正在准备发问是否草诏有误之时，却闻皇帝解释："孔子虽言宰我不仁，然宰我之言并非毫无道理。按礼制服丧极为不易，我居代之时，常闻体弱之人服丧完毕后形容枯槁，如同鬼魅。今天下亿兆臣民若皆如礼制，从孔子之言，严守三年之丧，岂非令全国举哀，劳民伤财？"

其后，又闻皇帝喃喃自语："蒙天下不弃，我自代至长安二十三载，常惶恐不安。所用之宫室、园林、狗马、服饰、车驾虽皆为高皇帝旧物，亦不敢弃旧置新，稍有不敬。诸宫夫人，服饰皆以质朴为上，禁绝奢靡。当初，有司奏请立露台，然工匠计算，造价百金，为十户中产之家总资产。《国语·楚语》载昔楚灵王为章华之台，伍举谏曰：'臣闻国君服宠以为美，安民以为乐，听德以为聪，致远以为明。不闻其以土木之崇高、彤镂为美，而以金石匏竹之昌大、嚣庶为乐；不闻其以观大、视侈、淫色以为明，而以察清浊为聪。'故权衡再三，终不敢起此露台。为君之道，必须牢记当以爱民为先，若以损民而奉自身，则犹割股肉以啖，最终腹饱而身毙也！秦人覆车在前，为人君者不可不慎。且生死乃宇宙自然之理，不必过于执着。若因皇帝之崩而靡费天下，使苍生不能安业，又于心何忍？我本为高皇帝之庶子，功德既不足以与扫平天下的高皇帝相比，又何德何能令天下不安？"

---

① 郑玄注：二十两曰溢。指因悲痛而吃得很少。

闻皇帝守天下二十余载如履薄冰之训诫，皇太子亦感愧不已。而且，与昏聩之君未死之时即迫不及待表功自受，期传于万世相比，此封诏书娓娓道来，文辞谦谦，情真意切，可谓仁政爱民之心溢于言表。故亦感此诏虽不合于礼，但合于仁。

琐事言毕，终闻皇帝言及朝政："天下百姓无小事，皇太子切记。当年贾谊所以言不仁，其本意为恐天下有六国之祸，若朝廷不能未雨绸缪，则为不仁。贾生之言，我无时不慎思之，故已为你留下可用之人。除晁错外，中郎将卫绾乃长者，皇太子当善遇之。皇太子谨记，今若天下有急，绛侯周勃之子条侯周亚夫可堪大用。周亚夫可用以将兵，切记切记！"

嘱咐已毕，则已无忧虑之事。后元七年六月己亥，皇帝刘恒于未央宫崩逝。贤明君王崩逝，天下臣民莫不为之痛哭流涕。哀哉！贤君已去……

按照遗诏，六月乙巳，朝廷葬孝文皇帝于长安东南七十里霸水东岸之霸陵。汉制，皇帝陵墓早在生前便已开建，君主亦常于生前巡视在建之本人陵墓。文帝几年前巡视霸陵时曾与群臣言："嗟乎！霸陵以北山之岩为墙，以麻絮切碎填充隙中，再以漆胶粘合。如此坚固，何人能开？"难得皇帝兴致颇高，故当时左右近侍遂随声附和："陛下圣明！"

然而，张释之再度谏曰："若陵中有能勾起贪欲之珍宝，即便熔金以封南山，亦不可谓坚。若无珍宝，即无石墙又有何虑？"正如张释之之言，能引发贪欲的珍宝才是根本。如无珍宝，又何须担忧？鹿台不可谓不坚，阿房不可谓不固，如今安在？于是，文帝从张释之之言，下令霸陵葬品一律用瓦器，不用金银铜锡为饰，亦不修高坟大冢，不以宝物陪葬，一切以节俭为准，不可烦扰百姓。霸陵周围山水则保留其原有地形，因山为陵，不起封土。

霸陵在汉长安城未央宫前殿遗址东南，是两座汉长安城东南的西汉帝陵之一。因尚俭，所以与仅隔五十里的"以水银为百川江河大海，机相灌输，上具天文，下具地理"的秦始皇陵相比，霸陵可谓颇为简陋。

166

　　文帝葬毕，霸陵封土。极目而视，"简陋"已极的霸陵孤独立于山塬之上，与其父兄之长陵、安陵隔渭水而遥遥相望。所以选择远离父兄，大概正是明了如何成为皇帝之故：身为高皇帝第四子，文帝既不似如意一般得宠，亦不如刘肥一般年长，甚至因母亲薄太后为亡国之人而备受冷落。幼年受封代王后，文帝即与母亲薄太后远离恢弘富庶的长安城，前往紧邻蛮夷，被视作苦寒之地的代国。然而，亦正因如此，文帝反而未被"刚毅"的吕太后视为威胁而卷入诡谲残酷的政治斗争之中。最终，从不被重视的皇四子竟在乱局之中被推举为皇帝。也许，正是这如此玄妙的"天命"，令文帝即位以来始终谨小慎微，并心怀悲悯执掌天下；正是如此玄妙的"天命"，令文帝在缔造盛世之时，始终不敢彰功；正是如此玄妙的"天命"，令文帝在死后心怀敬畏，面对父兄。

　　封土已毕，功罪已定。

　　文帝以弱冠之龄入主长安，短短数年内便结束惠高朝延续十余年的朝堂内斗，让国家走上稳定发展的道路，无不体现其超凡的政治智慧和果断的决断能力。而且，孝文朝的稳定并不是依靠血腥杀戮与残酷镇压，很大程度上却是通过文帝个人的人格魅力及深谋远虑而实现，这与惠高朝完全不同。正因如此，文帝虽既不如其父高皇帝有兼并天下之功，亦不如其孙武帝有威服四夷之功，但却是国家、汉制及汉精神的重要缔造者之一。文帝执政二十余年中处处表现出的对"天命"的敬畏和对万民的谦恭，成为两汉的特有家风。虽然文帝本人的形象，如同他一生对自己"谦逊""贤德""简朴"的要求那样，但仔细审视自秦至唐千年的政治史，文帝堪称帝国时代首位贤君典范。

李景遵业

　　太尉既会兵荥阳，吴方攻梁，梁急，请救。太尉引兵东北走昌邑，深壁而守。梁日使使请太尉，太尉守便宜，不肯往。梁上书言景帝，景帝使使诏救梁。太尉不奉诏，坚壁不出，而使轻骑兵弓高侯等绝吴楚兵后食道。吴兵乏粮，饥，数欲挑战，终不出。夜，军中惊，内相攻击扰乱，至于太尉帐下。太尉终卧不起。顷之，复定。后吴奔壁东南陬，太尉使备西北。已而其精兵果奔西北，不得入。吴兵既饿，乃引而去。太尉出精兵追击，大破之。

——《史记·绛侯周勃世家》

第三十六章　　新朝新人

按照遗命，皇太子刘启即皇帝位前首要之事，乃是将先帝遗诏昭告天下，以恢弘文帝仁爱之意。随后，朝廷又按遗命拜中尉条侯周亚夫为车骑将军，郎中令张武为复土将军，松兹侯徐悼为将屯将军，并发关中诸县兵一万六千人及长安北军一万五千人负责霸陵封土及善后事宜。

文帝下葬两日后的后元七年六月丁未，三十二岁的皇太子刘启正式即位称帝（是为汉景帝）。按照礼制，新帝登基后当尊奉祖母皇太后薄氏为太皇太后，母亲皇后窦氏为皇太后，并评定文帝功绩。虽文帝常自称"无德"又"不敏"，但此乃自谦之辞，身为孝子之新皇帝当然不能如此论之。所以，皇帝特意下诏予御史，着御史立即讨论此事。（孝景）前元元年十月，丞相申屠嘉及御史大夫陶青诸人商议后，朝廷以"古者祖有功而宗有德，谓之祖宗者，其庙皆不毁"之原则定下文帝庙号曰"太宗"，以彰显文帝仅次于高皇帝开国的治世之功。此外，鉴于文帝为仁君，故当为文帝庙制作"昭德"舞以显扬美德，流传后世。

礼仪性质的琐事完毕，即涉及实质性的朝政变动。从前元元年夏至前元二年秋，新朝人事进行了大规模调整。此次调整幅度极大，自三公至列卿均有涉及。

列卿之中，故郎中令张武被罢黜，代之以太中大夫周仁。张武原为代国故臣，且曾随文帝至长安，乃拥立功臣。其忠贞之心，亦朝野皆知。然而，新朝治政不能仅论忠贞，而不论才能。想他张武不但毫无治国之才，还私德有亏，其贪污腐败是"闻名朝野"。赖文帝仁德，竟还特意拨府库之钱让其贪污。如此为官，真是闻所未闻，亘古未有。今新朝用人之时，岂能让此既无才，亦无德，且无名之人留于朝中尸位素餐？更何况还是留于统领各署郎官的郎中令之职上。

相比张武，周仁则大有不同。周仁，亦名周文，薛郡任城人，早年以医术高明受召入宫，后历任太子舍人、太中大夫等职。周仁为人深沉稳重，从不泄露他人秘事。如知他人短处，亦绝不出言诋毁，不在背后以恶言议论。正因如此，周仁在朝中有"阴重不泄，常衣敝补衣溺袴"之名。不过，颇为有趣的是，朝中传言周仁所以"阴重不泄，常衣敝补衣溺袴"，乃是因周仁生殖器有损伤，常淋淋撒撒止不住，以致衣裤常湿，简直如内侍宦官一般。言下之意是周仁所以能在两宫之间颇得亲近，正是因其有"阴重不泄"之便利。此传言流传极广，甚至民间还言之凿凿称周仁确有此病①，其子孙皆是入宫前所生。不过，民间传言实不可信，亦不能因此传言而否认周仁之人品。事实上，周仁虽以"内侍"而深得两宫之信爱，却在士大夫中亦有极佳名声，与同为东宫旧臣却"峭直刻深"之晁错完全不同。所以，以周仁为郎中令，执掌诸郎署，实乃"众望所归"。

郎中令张武罢黜未久，廷尉张释之又称病，随即被外放。

与张武不同，张释之在朝中颇有贤名。无论是新贵周亚夫还是老臣梁相王恬开②，都对其交口称赞。今新帝即位，张释之身为文帝看重且颇有贤名的老臣，又是天下能臣，虽不能右迁，继续为廷尉当毫无问题。而且张释之向来硬朗，何故新帝一即位便称病？天下岂有如此巧合之事？

此事虽然蹊跷，但其中缘由在朝中亦非秘密，此即当年人人皆知的"司马门事件"。十年前皇帝为皇太子时，曾与梁王车驾直入司马门，被时任公车司马令的张释之弹劾。如今，皇太子已为当今皇帝，假使犹记当年弹劾之仇，则张释之将大大不妙。张释之虽然"廉直"，但并不愚钝，所以新帝即位即称病，正是此故也。然而，长期称病不去廷尉署当值非长久之计。最后，赖好友王生之计，张释之入陛，当面谢罪于陛前，才算是稍稍化解心结。不过，如此一来，廷尉亦不能再任。趁此次列卿调整之机，张释之终被"外放"为淮南相，离开长安。

然张释之已年五十余，即便确实无病，恐亦终将老死于淮南。张释之之子张挚，字长公，此时仍在朝中为大夫，或可继其遗志。不过，张挚之

---

① 《史记集解》引张晏曰："阴重不泄，下湿，故溺袴，是以得比宦者，出入后宫。仁有子孙，先未得此病时所生。"

② 即山都侯王恬启，避景帝刘启讳称王恬开。

廉直一如其父张释之，以此性格，恐难以长久为官。惜乎张氏父子皆有直名，然终难于新朝立足。

故张廷尉既外放淮南，则以新张廷尉代之。

新张廷尉者，张欧也。张欧，梁国方与人，乃高皇帝功臣安丘侯张说之庶子。说起来，张欧之父张说，与文帝亦算颇有渊源。秦楚之际，魏豹复魏国于砀郡，并于砀郡征兵。当时，张说即以卒为魏豹前驱，成为魏军士卒。其后，因魏豹被项羽封于河东安邑，张说遂随魏军辗转而至河东。汉二年九月，淮阴侯韩信统兵征魏。汉军分正奇二路渡河急进，魏军主力力战不敌，终大溃于东张。魏军大败后，晋阳、平阳诸地魏军及魏豹之家属尽降于韩信。当时，魏豹夫人薄姬、魏国骑将冯敬、魏国太仆肥如侯蔡寅及基层士卒张说俱在降军之中。当年之薄姬，即皇帝祖母、太皇太后薄太后；当年之骑将冯敬，即文帝时御史大夫。可见，张说与薄太后等算得上是故国故人。

降汉之后，经韩信重新整编，张说又以魏军降卒而为汉军执铍，成为长铍都尉周灶属下一名长铍甲士。汉四年，张说因奋勇作战而积功升司马。楚汉决胜垓下，张说以执铍司马随从隆虑侯周灶，向对阵之楚军发动冲锋，以功迁都尉。汉十年陈豨举兵，张说以将军随高皇帝统兵进淮南，立功而受封安丘侯，封邑三千户，正式成为开国勋贵。孝文前元十三年，张说病重去世，安丘侯爵位则传张欧长兄张奴。当时，身为庶子的张欧则以精通法家申韩之术被征召入宫，与晁错、周仁诸人成为太子家臣。不过，张欧虽与同为东宫旧臣的晁错一般深通刑名，但为人却与晁错完全不同，与周仁皆为老实忠厚之人，被朝中称为"长者"。因此，以张欧执掌廷尉，当不至于造成朝堂上下尽为酷吏的局面。

论及东宫旧臣，不得不提为两代帝王视为辅弼之臣的太子家令晁错。晁错此人，素有才名，当年即被称为"智囊"，是能够担任宰执的杰出人才。如今新朝欲用新人，则晁错为可用亦为必用之人。正因如此，在前元元年年初周仁、张欧上任后，皇帝即有意将晁错从中大夫任上擢为左内史。

内史，乃朝廷直辖郡最高长官，亦指京师所在之直辖郡。秦楚之际，项羽分封，分秦内史之地为塞、雍二国。高皇帝还定三秦，又分塞、雍二国为河上、渭南及中地三郡。汉九年，高皇帝调整区划，合三郡而复为内史，治长安。其后，因内史辖区较大，事务繁杂，故分置左右，以左内史掌治内史南部诸县。因左右内史为京师郡，不同于一般郡，故其长官虽为二千石，但高于外地郡守，可作为朝官参与朝议。晁错以区区比千石中大夫而骤迁左内史，掌治心腹之地，当属超迁无疑。

事实上，皇帝对晁错确实极度信用，否则为何朝中大小诸事，一不与丞相申屠嘉协商，二不向御史大夫陶青咨询，唯独与内史晁错商议？可见，论信用程度，晁错远超申屠嘉。事实上，朝中人人皆知，因皇帝宠信非常，晁错与申屠嘉相比，仅少一顶丞相冠而已。也许几年后申屠嘉老迈"乞骸骨"，晁错便可名正言顺为新朝丞相。

第三十七章　　峭直刻深

　　然而，若"名正言顺"用晁错为相，则坏汉家"故事"。为何？盖因自萧何以来，朝廷所用丞相莫不以功臣元老为之。当年文帝欲用窦广国为相，正是有此顾虑，才终而作罢。因此，若以晁错为丞相，无疑是对"故事"之挑战。

　　高皇帝于马上立国，造就了庞大的功臣元老集团。自高皇帝以来，功臣元老不但可以左右朝政，甚至可以"行大事"。当年起兵诛吕，废少帝而立代王即是明证。正因功臣元老势力极强，故文帝即便以皇帝之尊，在执掌朝堂时亦不得不小心翼翼。例如，当初文帝为平衡朝堂，在即位之初即拔擢吴公、贾谊、田叔等新人，此外又重用宋昌、张武等代国旧臣。可即便如此，文帝亦不得不多次下达诏书，优待功臣元老。"彻侯之国"诏颁行以后，文帝仍以灌婴为相亦是其实力强大之明证。凡此种种，皆可见文帝以外藩入继大统，相当顾虑功臣元老，而不得不小心周旋。

　　当然，今日之朝堂与二十年前文帝时代大有不同。二十年之中，当年于政坛之上叱咤风云的高皇帝老臣多已老死，再难组织起如诛吕之时那般强大力量。正因功臣元老多已故去，故其对朝政之影响亦日渐消散。与此相反，年富力强的朝堂新人却能快速控制朝堂。需知，皇帝为皇太子二十余年，东宫故臣在朝中势力已经颇强。如张欧、周仁、晁错诸人经文帝时代之历练，多已能在朝中独当一面。而且，赖文帝圣明，新朝可用之人皆已布置妥当。正因如此，今日之朝廷大可不必如文帝一般日日如履薄冰以维持平衡。不过，"故事"乃高皇帝之旧制，不能一朝尽废之，徐徐图之方为稳妥之策。因此，虽欲用晁错为相，但仍只能先迁左内史，再做打算。

然而，即便如此，朝中传言传出之时，朝中老臣仍多有不满，其中尤以丞相申屠嘉反应最为激烈。申屠嘉为何反应激烈？莫非嫉妒晁错深受宠信？其实不然！申屠嘉其人虽非气度恢廓，但亦算颇有容人雅量，当不至于因宠而嫉，礼遇袁盎即是明证。

孝文后元元年年初，袁盎以吴相告归返回长安，曾路遇申屠嘉。申屠嘉为丞相，且为长辈，又封爵彻侯，故袁盎下车郑重行礼拜见。岂料申屠嘉不过于车上微微点头示意，随即离去。袁盎其人虽为后辈，但已为官二十年，被如此轻视，自是在门客面前大丢颜面。故数日之后，袁盎亲至申屠嘉府上当面批评："相君原为材官蹶张，积功而至淮阳守，非有奇计攻城野战之功。以陛下（文帝）之贤，凡上朝遇郎官上疏，未尝不停辇受言，以招天下贤才；然相君身为宰执，却缄天下之口而日渐愚昧，岂能称贤？圣主责愚相，君受祸不久矣！"当相府诸吏之面而数称申屠嘉为"愚"，此言辞并不客气。然而，听闻袁盎如此无礼之言，申屠嘉却是"引入与坐，为上客"。

176

汉青铜轺车

既能受袁盎之责唾面自干，则申屠嘉并非心胸狭隘之辈。由此观之，所以对身为后辈的晁错如此激烈反对，亦非忌惮深受圣宠的晁错将取而代之。

事实上，晁错其人刚直而严厉，苛刻而心狠，可谓"峭直刻深"，且以圣宠而频频骄纵，屡屡轻易朝廷制度，故申屠嘉不得不出言攻击。不但如此，在被擢用为左内史的数月之中，晁错多次无视相府而私下秘议于两宫，意欲绕过朝廷正常决策程序而推行其策。

何策？削藩策！

需知，削藩之事并非新鲜主张，当年梁王太傅贾谊即曾上疏言及此事；其后，晁错亦曾言此于文帝。削藩是为社稷长治久安而削，此有识之士共知。然而，文帝为何不予采纳？原因无他，实乃天下强藩皆手握重兵，权势熏天。若不思虑周全而一体强削，则恐削藩未成而社稷倾覆。因此，削藩需从长计议，切不可草率为之。故文帝明见万里，并未采纳当时朝中削藩之议。对于文帝之稳妥思虑，历经五朝的申屠嘉亦深以为然。然朝中传闻晁错在这月余之中竟已多次将当年上疏文帝之疏奏重提，言"议以谪罚侵削诸侯"，鼓动朝廷立即削藩。诸侯宜削，但不可强削，晁错在如此事关社稷安危之大事上与崇尚稳健的老臣相左，岂非视国事如儿戏？

晁错之辈，虽深受新朝信任，但素来名声不佳，并非长者。如今，这"峭直刻深"之小人邀名卖直也就罢了，竟屡次绕过相府而私下鼓动朝廷削藩，岂非为害社稷？观晁错为左内史不过数月之言行，并非社稷之臣，实为皇帝之弄臣！

试想，如此"弄臣"深受信用，而德高望重的老臣却被绌而不用，岂能让自诩为忠直老臣的申屠嘉善罢甘休？因此，当多次听闻晁错私下上疏时，申屠嘉终于勃然大怒：今晁错竖子多次"请间言事"，是何居心？难道欲祸乱天下不成？老夫昨日能为朝廷社稷杀文帝弄臣邓通，今日亦能为朝廷社稷杀今上弄臣晁错！

前元二年六月初，有司告发晁错因其内史署大门东出不便，故于官署另开南门。因其所开之南门正对太上皇庙外墙垣，晁错为图省事竟直接洞穿太上皇庙墙垣。若是寻常墙垣，自毋需有司过问，然太上皇之庙非同小可，此举实乃对太上皇之大不敬。需知，当年因有人取高庙坐前玉环，文帝大发雷霆，甚至欲动夷族之罪，何况如今穿太上皇庙墙垣。由此观之，晁错之行性质"极其恶劣"，依律定弃市之罪亦不为过。因此，申屠嘉遂以此事向晁错发难。

朝堂之上，殿陛之间，须发皆白的申屠嘉目眦尽裂，当朝廷公卿之面以笏板直指晁错并直呼其名："本署接举报，晁错以己私利而洞穿太上皇庙垣，坏其壁。此大不敬之罪也，当诛之以……"

孰料，请诛晁错尚未言毕，却为皇帝开口打断："晁内史所穿非真庙垣，乃外垣也。此外垣，为朝中故散官之居所，坏之不致坐法。且此事原本亦是朕所授意，晁内史无罪，请相君不要追究。"

洞穿太上皇庙垣，竟是皇帝授意？如此胡言乱语，岂能令人信服？可是，历仕五朝的申屠嘉无论如何也不能料到，皇帝居然在朝堂之上以皇帝身份将罪名承担，以回护宠臣。即便当年文帝深宠邓通，也并未在朝堂之上公然出言回护。是非不明的皇帝欲仿效秦二世宠信奸臣赵高，而置社稷于不顾邪？

然事已至此，总不能于朝堂之上对皇帝发难，指斥皇帝不成体统，国将不国。故而，闻听皇帝此番言辞，申屠嘉虽气愤难平，但终觉无话可说。于是，诛晁不成的申屠嘉只得长叹一声，伏地谢罪。可是，虽口称"谢罪"，但淤积于胸口之恶气无论如何也咽不下去。散朝之后，申屠嘉深感羞怒交加，愈发气愤，最后对随从于身侧的丞相长史怒喝："吾深悔不先斩晁错，而先请命于上，以致为晁错这小人所卖！"言毕，一口淤血呕出，活活气死。

178

朝廷之丞相、高皇帝之老臣、经历五朝风雨而不倒的申屠嘉，竟被就此气死，实令人唏嘘不已。

相比文帝初登大位时广布君恩，上下和气，老丞相申屠嘉之死，令人深感新皇帝实为刻薄寡恩之人。然而，皇帝所以如此刻薄寡恩，亦是急欲罢黜老臣而信用新臣，借此摆脱元老功臣影响，树立皇帝权威的必然之举。

功臣元老为朝廷社稷"殚精竭虑"四十年，确实已是"乞骸骨"之时。若功臣元老此时仍对朝政指手画脚，则皇帝又将何去何从？当初，文帝在朝会结束之后，曾战战兢兢立于朝堂之上目送周勃出殿，而周勃则快步前趋，甚为得意。如此上下颠倒之行，新朝断不可再有。正因如此，申屠嘉即便不死，亦绝不能长期留于朝中，居于相位。故黜申屠而用晁错，并非皇帝刻薄，实乃尊君抑臣必然之举。此外，此举亦是皇帝对朝廷国策走向之宣示。申屠嘉等功臣元老施政尚稳，但凡稍有涉及朝政安稳之策，皆避而不谈。所以，在这数年之中，朝廷之积弊延续数年而不曾稍有革除。若不去申屠，则晁错难以担当大任，亦难以行其安刘氏万年之大计。

故听闻申屠嘉呕血而死，朝廷即于八月初迁御史大夫陶青为丞相。任期不过一年的左内史晁错则一步登天，超迁为御史大夫。

第三十八章　　强藩在侧

御史大夫晁错所献之安刘氏万年大计非他事，正是其所提议之削藩策。强藩在侧，"亲者或亡分地以安天下，疏者或制大权以逼天子"，不可不削。

当年，高皇帝仿效周人分封之制，将关东二十余郡尽数封予诸位皇子及刘氏宗亲，并赋予诸藩治国之权。高皇帝所以分封者，为稳固刘氏社稷计。然而，自高皇帝至今已有五十载，经数代传承，当年刘氏同宗之血缘已愈发疏远。以齐国为例：齐国之初封乃高皇帝庶长子齐悼惠王刘肥，汉与齐乃父子之国。而今五十年过去，当今齐王刘将闾与汉已隔三代，血缘既疏，亦无感情。血缘如此疏远，且又有济北王刘兴居谋反之事在前，朝廷岂能对悼惠王一系之齐国心存幻想？齐国如此，其他诸藩亦大致如此。由此观之，本以血缘维系之宗藩纽带已因血缘愈发淡薄而难以牢固维系。

本来，以"亲藩"制疏宗，乃可行之策，文帝之时即大封皇子，立"亲藩"封国。然而，代王一系人丁稀少，故近支"亲藩"远少于远支疏宗藩国，强支弱干之势已成。文帝之世，天下诸藩中，与朝廷关系最亲者唯有梁、代二国而已，而远支诸藩则东有齐，北有赵、燕，南有淮南、吴、楚。无论是论藩国之数量，还是论藩国之实力，远支藩国均远强于朝廷"亲藩"。

正因如此，故梁王太傅贾谊在孝文前元十一年病重之时即上疏言及此事，并建议文帝宜早做谋划。因此事事关社稷安危，故即便文帝施政尚未稳，不敢于轻易"故事"而对藩国大动干戈，亦不得不深思之。最后，文帝部分采纳贾谊之议，在形势允许范围之内对齐、赵、淮南诸国进行了适当调整。

三国之中，以齐国变动最大。当初，文帝自代入继大统时，为拉拢宗室支持，曾将高后时从齐国析出的城阳、济南及琅邪三支郡全部归还齐国。重得三支郡后，齐国复为天下第一大藩，同时也成朝廷"心腹之患"。其后不久，借齐哀王刘襄病逝之机，文帝又果断自齐割城阳、济北二郡，立城阳、济北国。如此一来，齐国一分为三，其势稍削。孝文前元三年，刘兴居反，朝廷出兵平之，并将济北收回朝廷直辖。孝文前元十五年，因刘襄之子齐文王刘则薨而无子，故朝廷直接将齐国除为郡。一年后，为平息天下舆论，朝廷立齐悼惠王刘肥第四子杨虚侯刘将闾为王，复立齐国。然而，按贾谊"广建诸侯"之计，当时受封者并非仅有刘将闾一人，还有刘将闾诸弟。其中，刘志为济北王、刘辟光为济南王、刘贤为菑川王、刘印为胶西王、刘雄渠为胶东王。齐国遂一分为七，且七国皆仅辖一郡或数县，实力大不如前。由此可见，在文帝纵横捭阖屡次调整之下，高皇帝时的天下第一强藩终土崩瓦解，从此不可能再成为朝廷威胁。而且，因文帝是在藩王薨逝时进行调整，故齐国诸藩虽心有不满，亦无能为力。

180

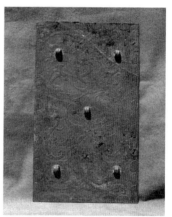

临淄齐王墓，于20世纪70年代末发掘，有器物坑、车马坑、殉狗坑及兵器坑，出土大量文物。经考证，该墓当为汉齐悼惠王刘肥或其子齐哀王刘襄之墓。图为齐王墓鎏金银盘和铜镜。

淮南国、赵国与齐国相似，均在藩王薨逝时被果断调整。淮南厉王刘长死后，淮南国原领之淮南、衡山、庐江和豫章四支郡曾在短时间内被收归朝廷直辖。孝文前元十二年贾谊去世时，文帝同样出于平息天下舆论考虑，续淮南王嗣，封城阳王刘章之子刘喜为淮南王。至前元十六年，刘喜归封城阳国，淮南国即归还刘长三子：刘安受封淮南国、刘勃受封衡山国、刘赐受封庐江国。结果，淮南国被一分为三，损失惨重。

赵国原为赵幽王刘友领有，为河北大藩。孝文前元二年，文帝以刘友之子刘遂复赵国，并分赵国河间地置河间国，以封刘遂之弟刘辟强。于是，赵国始分为二。孝文前元十六年，刘辟强之子第二代河间王刘福薨而无后，立国十四年的河间国即被废为郡，收归朝廷。不久前，朝廷采纳晁错之议，仿文帝削藩之举，将赵国连接燕赵要冲的常山郡削去，收归朝廷。如此调整，本辖有四郡的赵国唯余邯郸、清河二郡，受到重创。

至此，高皇帝所置之远支藩国，唯有燕国为少数与朝廷关系尚算"和谐"，且未被削弱的藩国。自高皇帝至今的数次削藩，燕国所辖之辽东、辽西、右北平、渔阳、上谷及广阳六支郡未削一郡。所以不削燕国，非仅自燕敬王刘泽至燕王刘嘉皆是忠直之人，其根本还是出于边防考虑。需知，燕国直面匈奴左贤王部，为守备河北第一线。燕国稳定，则可作为朝廷守备匈奴之缓冲地带；反之，如削反燕国，则可能重蹈当年陈豨举兵，河北糜烂之覆辙。因此，非到万不得已之时，燕国不宜妄动。

总之，经文帝数十年之调整，齐、赵、燕、淮南四国多已被分割得支离破碎，处在"亲藩"封国、朝廷直领的汉郡重重包围之中。若有一二藩国心有不轨，朝廷大军大可循平定刘兴居之旧事，四面合围，从容平定。正因如此，与文帝时代相比，如今朝廷所面临之形势稍算有利。

然而，若转视江淮之间，则不难发现形势并非一片大好。为何？盖因吴、楚二国之居心叵测，骄纵不法，更甚文帝之时。

楚国为高皇帝幼弟楚元王刘交一系。因刘交长子、楚太子刘辟非早薨，故孝文前元二年刘交薨逝后，上邳侯刘郢客即楚王位（即楚夷王），为第二代楚王。刘郢客虽忠直质朴，然王楚不过五年即重病薨逝，故楚王之位又传至今楚王刘戊。据楚相及周边郡国守相奏报，刘戊与其父、祖安心守藩完全不同，其人如同当年心存不轨的刘长一般，在封国多有不臣之举。其后，朝廷又接到楚王太傅韦孟因教导刘戊不力而请辞之疏奏。

楚王太傅韦孟，彭城人，为四朝元老，早在汉六年刘交受封楚王时，便曾与白生、申公等同为楚中大夫。刘交王楚次年，韦孟受命与刘郢客同至浮丘伯家中学《诗经》数年。孝文前元元年刘交薨逝后，韦孟即以善"鲁诗"而傅于刘郢客。刘郢客薨逝后，韦孟又与申公、白生教导刘戊。因韦孟为天下闻名学者，且傅刘戊祖孙三代，威望甚高，故对刘戊骄横不法之行多有劝谏，并奏报于朝廷。然而，年近八十的韦孟屡劝无果，且又闻刘戊频频怠慢申公、白生，故大失所望。在数次作诗委婉讽谏而终究无果后，韦孟不得已向朝廷奏请"乞骸骨"。韦孟年高德劭，乃天下贤士，今若不准其请，恐天下之人议论纷纷。是故，朝廷遂准其疏奏，并允其举家迁至薛郡邹城隐居。然韦孟"乞骸骨"，楚王太傅不能空置，故朝廷又调赵夷吾为楚王太傅，以便教导监督刘戊。鉴于赵夷吾资历较浅，朝廷又调老臣冯唐为楚相，与赵夷吾同至彭城。然而，冯唐虽资历甚深，但毕竟已是八十余高龄，难以主持楚国繁杂政务。结果，冯唐至楚不久，即上表向朝廷"乞骸骨"。最后，朝廷不得不另调年富力强而又刚直敢为的张尚暂代楚相之职。同时，为安抚楚国宗室，朝廷又下诏以楚元王子刘礼为平陆侯，刘富为休侯，刘岁为沈犹侯，刘执为宛朐侯，刘调为棘乐侯。

可是，傅、相的不断调整，实际上已隐约表现出朝廷对楚国鞭长莫及，实难控制。而楚国下辖彭城、薛郡、东海三支郡，民富兵精，一旦其南连吴国，则东南震动。因此，朝廷对楚国一直心存戒备。

相比刘戊，当今吴王刘濞则是根本不知国法为何物。刘濞乃高皇帝所封，汉十二年就封，为天下资历最深之藩王。以辈分而论，皇帝尚需称刘濞为从父。然而，朝廷与吴早有大仇——此乃杀子之仇！

第三十九章　　亲藩诸侯

几年前，吴王刘濞之子吴太子刘贤曾进京朝见文帝。正式朝会结束后，刘贤便陪同皇太子饮酒博戏。可是在博戏时，二人不知为何为争夺棋路而争执起来。最后，皇太子竟以博戏之棋盘将刘贤活活砸死！

朝廷当时公布此事时，虽言称："吴太子师傅皆楚人，轻悍，又素骄，博争道不恭"，皇太子遂以棋盘击杀吴太子，但如此荒谬之辞实难向天下交代。楚人师傅是否"轻悍，又素骄"，刘贤是否受其楚人师傅之影响姑且不论，皇太子与人博戏而暴起杀人确是实情，无可辩驳。即便刘贤确有不恭在先，也当由有司弹劾，皇帝申饬，又岂能以此作为杀人之理由？然而，此案之罪犯乃皇太子，即便有罪亦不能绳之以法。是故，堂堂藩王太子无缘无故于长安被杀，刘濞贵为藩王却无可奈何。不但无可奈何，甚至以后至长安觐见时，还须至两宫之间，向杀子之凶跪拜行礼。

可是，刘濞并非纯善长者。想当初，高皇帝南平英布，刚及加冠之年的刘濞，便敢于将骑士率先向素有"甚精"之名的英布淮南军发动冲锋，可见其平素即为勇武强悍之人。而如此勇武强悍之人，又岂会对杀子之仇无动于衷？据传消息传至吴国之时，刘濞竟面有"愠"色，并当朝廷使者之面指灵柩怒斥曰："天下同宗，死长安即葬长安，何必归葬？"

自此之后，刘濞即称病不朝，春朝秋请，则遣使代行。朝廷数责吴使，甚至拘留吴使，刘濞亦不为所动。某次，文帝亲问吴使刘濞不朝之事，吴使遂答："我王实无病，所以'称病'者，实乃朝廷留吴使不返之故。常言道'察见渊中鱼，不祥'。朝廷若责'称病'之罪，则恐吴铤而走险。望陛下不穷究此事，令吴王改过自新即可。"正如吴使所言，砸死吴太子确属朝廷之过，如穷究此罪，则亦属朝廷理屈，且逼之过甚，而致使吴国铤而走险，亦非社稷之福。彼时，恐天下将会如淮南厉王刘长之死一般议论朝廷刻薄。因此，文帝顾虑再三，终从吴使之议，不再追究刘濞不朝之事。随后，朝廷又赐刘濞几杖，准其此后不来朝见，以求缓和与吴国的关系。

然而，朝廷虽待吴甚宽，刘濞却阴谋愈甚。据吴国傅、相秘奏，刘濞虽表面"谋亦益解"，上表谢罪，莫不谦恭，然实则骄纵不法，有对抗朝廷之心。例如，刘濞以有铸钱、煮盐之利，国内殷富，故无视朝廷法令而直接免除国民之赋。按汉律，卒更有三：践更、居更、过更，刘濞以其府库充实，故出更常予民优惠。此外，刘濞每年还亲至乡里问候贤才，并赏赐闾里。凡此违背朝廷法令之举动，皆为招揽人心之便。不但如此，刘濞更数有招揽亡命、隐匿逃犯、公然抗拒朝廷法吏执法之举。

如此诸事，触目惊心，岂能不令朝廷深为戒备？正因如此，朝中公卿多认为吴国若无不轨之念，反不正常。

可是，若吴国骤然举兵，则亦为朝廷所不愿。为何？盖因其势甚强，深为朝廷所忌惮。需知，吴国领有东阳、鄣郡、会稽三支郡，南接越，西靠楚。东越诸君，名为藩臣，实则朝廷不能制；楚国刘戊早有不轨，朝廷傅、相无可奈何。吴、楚二国合计有六支郡，对比朝廷直辖之二十余汉郡，并非无一战之力。而且，刘濞、刘戊在国内经营多年，兵精粮足，威望甚高，一旦吴楚联盟，凭六郡之地可起荆楚精兵三十万。朝廷兵将虽众，但多屯于北部边郡，不宜轻动，故兵力对比亦不占绝对优势。另外，荆楚之兵素来骠勇，且刘濞又是当今之世仅存的在高皇帝时代便征战沙场的藩王，可谓知兵善战。而关中郡兵及北军诸营十余万车骑对阵右贤王时即无一级斩获，又岂能指望如今能抵抗荆楚之兵？由此观之，若刘濞抚东越之民，举兵西向，连刘戊之兵，发檄称制，则朝廷实难应付。

既然今东有楚国居心叵测，南有吴国阴谋不臣，则朝廷若不早作谋划，则东南半壁恐不复为朝廷所有矣。而训练车骑，屯兵关东，皆非短期所能奏效。为今之计，唯有按当年梁王太傅贾谊上文帝之奏疏所言，以"亲藩"制远支。若能尽快壮大"亲藩"封国之实力，则有可能抵御可能到来的大变。因此，在前元二年三月末，朝廷正式下达诏令分封六位皇子为王：刘德为河间王，刘阏于为临江王，刘余为淮阳王，刘非为汝南王，刘彭祖为广川王，刘发为长沙王。

新封之"亲藩"六国中，广川、河间二国之地皆原属高皇帝所立之赵国辖地。孝文前元元年，文帝立赵幽王刘友之子刘遂为赵王。前元三年，另割赵国河间郡为河间国，封刘遂之弟河间文王刘辟强。文帝前元十六年，刘辟强之子河间哀王刘福薨而无后，故河间国除为郡，收归朝廷。此次分封，故河间国一分为二，北部诸县复为河间国，封栗姬之子刘德；南部诸县则另置广川国，封贾夫人之子刘彭祖。合河间、广川二国，即为故河间国，可制衡刘遂之赵国。

自广川、河间二国向南，越东郡、梁国，即源出淮阳国的淮阳、汝南二国。淮阳国本为秦之陈郡，汉十一年立为同姓之淮阳国，封高皇帝子刘恢。因所辖之陈、汝南等郡皆属中原大郡，故淮阳国辖县之数虽不如齐国，但以户口而论亦为富庶之国。正因如此，吕太后掌权后即封惠帝之子刘强为淮阳王，将淮阳国掌控在手中。孝文前元三年，文帝复置淮阳国，封予刘武，令淮阳国复为"亲藩"之国。孝文前元十一年，朝廷据贾谊疏奏，以刘武转封梁王，废淮阳国建制，并将淮阳国所辖之淮阳（削三县入梁国）及汝南均独立为汉郡。此次分封，淮阳、汝南二郡分别成国，封程姬子刘余、刘非。由此可见，淮阳、汝南虽均为单郡小国，但本源出一国，故合二国之力，即成为惠高时代之大淮阳国。彼时，或可与梁国共同构成朝廷抑制南方吴、楚等远支藩国之前沿。

穿淮阳、汝南二国渡淮至江，为栗姬之子刘阏于的临江国、唐姬之子刘发的长沙国。临江国初封者为共尉，长沙国初封者为吴芮，均为高皇帝所封之异姓诸侯。临江国初建不过年余，便因共尉起兵反汉而被废为南郡，收归朝廷直辖；长沙国自长沙文王吴芮初封后延绵不绝，传承五十年，历五代，直至孝文后元七年长沙靖王吴著薨而无子，方被废为长沙、武陵及桂阳三郡，收归朝廷直辖。此次分封，二国复立[1]，共同构成朝廷南方屏翼。不过，临江、长沙虽同为南方封国，但民户之多寡，差别甚大。按朝廷户口簿册统计，长沙国领县十三，全国不过四万余户，二十三万余口。相比长沙，临江国之南郡则领县十八，户十二万，口七十万。由此可见，长沙真可谓是"卑湿贫国"，实非中原可比。

相比诸位皇子，刘发所以被封至"卑湿贫国"的长沙国，盖因其出身低贱之故。刘发之母唐姬，原为程姬之侍女。当年程姬被召幸时，适逢有月事，便命侍女唐姬代己进侍。当时皇帝醉酒不知内情，故幸唐姬。待唐

第三十九章　亲藩诸侯

---

① 刘发长沙国唯有长沙郡而不含武陵、桂阳二郡。

姬有身孕生子，即名为发。既然母子均无爱，则刘发只能封于长沙国。

不过，长沙国虽为"卑湿贫国"，但却是朝廷稳定南方的重要藩国。长沙南方之南越虽名为朝廷藩臣，但屡屡僭越称制，常有不臣之举；长沙西部之西南诸夷则纷乱攻伐，朝廷鞭长莫及；长沙东部之庐江国源出刘长一系，常怀怨望之心。今南方有"亲藩"的长沙国，便可与临江国共同构成屏翼不臣之藩的缓冲地带。由此观之，长沙虽偏，但与其他"亲藩"诸国一样，同为朝廷之屏障。

概而言之，此封国诏书一下，则以刘武之梁国为中轴，北自雁门关，南达湘水之滨的千余里十余郡之地，尽为朝廷直系"亲藩"封国所掌握。天下有变，凭借南北千余里八国"亲藩"所组成之屏障，即便不能抵挡齐、赵、吴、楚等远支藩国之进攻，亦足以为朝廷调度争取时间。当然，因所封皇子皆颇为年幼，所以封国虽立，守藩却非易事。需知，皇帝此时不过三十余，故除皇长子刘荣外，其余诸位皇子均未成年，多为垂髫童子，最小的皇十子刘彻甚至尚不及三岁。如此年幼，即便再聪慧，又岂能懂得治国之道？

若欲令新立之"亲藩"诸国能稳定运转，成为朝廷屏障，及应对日后可能到来的"大事"，则朝廷非仿效当年高皇帝之旧制，向新立诸藩派遣精明强干的太傅、国相、中尉不可。

第四十章　　股肱贤臣

朝中精明强干之臣不在少数，然能独当一面、坐镇一方者甚少矣。今东南不稳，朝廷又有意削藩，故辅臣不可不谨慎挑选。于是，封王诏书下达后数日，皇帝车驾巡幸上林苑，并特召中郎将卫绾参乘。

卫绾，代国大陵人，乃朝中著名"长者"。文帝时，卫绾以戏车为郎，随代国旧臣郎中令张武侍从于文帝左右。因卫绾性情敦厚谨慎，且又为代国故臣，故深得文帝信用，数年之间即迁中郎将，成为二千石显贵。其升迁之速，令朝堂侧目。需知，同为郎官，供职于郎署，张释之在郎官任上十年才迁谒者仆射；冯唐更是苦熬半生，至须发皆白，方得待职于署长。由此观之，卫绾之仕途可谓颇为顺利。如此信用，非仅其人为代国故臣，亦为其忠贞无二之故。据传当年文帝崩逝，曾于病榻前嘱托国事，提及二人，一为周亚夫，二即卫绾。

受先帝临终之嘱托，自非常人。《尚书·益稷》载帝舜曾言："臣作朕股肱耳目。予欲左右有民，汝翼！"深受先帝信任可嘱大事之人，自是《尚书》所谓之股肱耳目。可是，朝中颇有传言，称因卫绾自新帝即位一年之中未得一次征召，恐已遭两宫猜忌。朝中虽有风言风语，但卫绾"醇谨无他"，亦不以为意，且从未私下议论此事。

然而，正在当值中郎署之时，卫绾却突然接到皇帝征召。平时不召，在传言朝中即将削藩之时相召，而且召以参乘，岂不怪异？

需知，参乘者，陪同共乘一车也。时车仅有二轮，且道路宽度有限，故车舆空间相当局促，并坐一车不过三人，除皇帝本人与御者外，陪同参乘不过一人而已。因此，能入车参乘，即可紧靠皇帝之侧，非极为亲密之人断不能受此殊荣，如当年舞阳侯樊哙即曾为高皇帝参乘。试想，卫绾虽身为代国旧臣，但并非东宫旧臣，与皇帝亦并不相熟，且又一年未得召见，何德何能受参乘之待遇？所以，虽然受命陪同在皇帝之侧，卫绾仍小心翼翼，并不主动开口言事。君臣一路无言，车中亦沉默良久。至上林苑后，却突闻皇帝询问："卫公可知，今日特召参乘之缘由？"

无端骤有此问，卫绾不知何意，只得回答："臣乃代国戏车之人，蒙先帝不弃，待罪于中郎将。臣愚昧，实不知陛下何故相召。"岂料话音未毕，即闻皇帝再度开口质问："朕为太子时，曾召卫公，卫公何故不至？"

此所言者，乃数年前之旧事。当年，皇帝尚为皇太子时，曾于东宫置酒，并召朝中左右信臣宴饮。可是，当时卫绾受邀后却"称病"未去。所谓"称病"，即无病也。所以"称病"婉拒，盖因当时文帝尚在，皇太子毕竟是储君。皇太子身为储君，频频结交近臣，实乃大不宜。皇太子或许不以为意，但身为人臣者，则不可不顾虑。而且，既然在朝中有"醇谨无他"之名，卫绾又岂会前往东宫？是故，卫绾当时不得已"称病"婉拒。然而，当年之皇太子已是如今之皇帝，当年先帝之臣已为如今皇帝之臣。因此，当年心中这番"避讳"想法亦不可能再宣诸于口。所以，此时听闻皇帝提及当年之旧事，卫绾只得伏地谢罪："臣死罪，臣实有重病也！"

虽然伏地谢罪，但卫绾仍不解前朝之旧事已过去数年之久，为何此次相召参乘时，皇帝还要主动提及。正在百思不得其解之时，却见皇帝以手按剑，再度开口："当年先帝崩逝时，曾言'绾长者，善遇之'，我实不信。然一年未召，卫公更为谨慎，毫无怨望之心。由此观之，卫公确是'长者'！朕今赐剑一柄，望卫公能为朝廷之利剑！"

《庄子·说剑》言："天子之剑，以燕溪石城为锋，齐岱为锷；晋卫为脊，周宋为镡，韩魏为夹；包以四夷，裹以四时；绕以渤海，带以常山；制以五行，论以刑德；开以阴阳，持以春夏，行以秋冬。此剑直之无前，举之无上，案之无下，运之无旁。上决浮云，下绝地纪。此剑一用，匡诸侯，天下服矣。"是故天子之剑，气吞天下。今蒙天子赐剑，实乃无上荣耀。然而，闻皇帝赐剑之言，则思及数十年中文帝之恩。曾记得为中郎将之时，文帝亦曾先后赐剑数柄，诚曰：为臣者，当为天子之剑，"上决浮云，下绝地纪"。然回顾数十年之历仕经历，内未能匡朝堂，外未能去不臣，岂不愧哉？未有一功，而文帝死时竟专门出遗言托付予新朝，惶恐更甚矣！因此，此年余中居家每观先帝所赐之剑，未尝不叹息。此时，新帝

188

再度赐剑，岂敢轻受？故思及此处，卫绾不得不再度伏地谢罪："先帝已赐剑六柄，故臣今实不敢奉诏。"

临阵杀敌，多用环首刀，名剑多为收藏之用。自文帝以来，天下尚利，皇帝所赐之名剑多在市肆之中为商贾抢购，少有受赐大臣将之封存于家中。故此言一出，皇帝及侍从郎官尽皆愕然，随即令车驾立即转向，前往卫绾家中。

至府门之外，卫绾即奉命入府取剑。取剑而至后，卫绾恭敬跪于文帝所赐六剑之前，并受命拔剑。六柄利剑一一拔出，无不如新铸一般寒光闪闪，锋利异常。

示剑已毕，却见皇帝敛容叹曰："先帝所赐之剑竟能几十年如一日敬奉于家中，卫公忠贞之心，实天日可鉴。我闻郎署郎官凡有过失者，卫公常掩其罪；郎官有功者，卫公亦不掩其功。执掌郎署十余年，从不与他人争执。我素以为，此不过虚美传言耳。既有先帝六剑在此，岂敢不信？先帝赐公六剑，朕有封藩六子。六子之中，唯河间王刘德最长，且素好儒学。卫公能否至河间，为河间王太傅？"

卫绾居掌管"武事"的二千石中郎将之职已有数年之久，从未治经通史，亦不精通刑名申韩之术，故论教导藩王之才能，实不能与朝中博士相比。不过，此时皇帝既然如此郑重，卫绾又岂会不知此时迁任河间王太傅之意何在。

需知，齐、赵、吴、楚四大远支藩国中，齐国已被拆分为七小国，不足为虑；令朝廷深为忧虑者，东南则吴、楚，河北则赵国。今赵王刘遂就藩二十余年，威望甚高，且其人性格强横，朝廷所任命之傅、相屡不能制。正因对赵国颇为忌惮，故在前元元年年末时，朝廷即采纳晁错建议，削去其常山支郡。可即便如此，赵国仍辖邯郸、清河二支郡，为河北大藩，实力强悍。因此，刘遂一旦"举大事"，则河北大乱；若其与吴、楚同时发动，则更将导致关东动摇。所以，制衡赵国为朝廷不得不思虑之事。立河间、广川二国之缘由，正在于此。当然，论实力，河间仅有一郡之地，远不能制衡赵国。然而，论位置，河间却足以制衡赵国。河间国西接邯郸，东临大海，北连常山，为河北枢纽之地。赵国有变，则合河间、广川之力，可将赵国四面包围。而且，河间国乐成距赵国都城邯郸不过三百里，轻骑可朝发夕至。所以，若河间国稳定，则无异于横在赵国腹心，令刘遂不敢轻举妄动。

毋庸置疑，天下风传即将进行削藩之时，朝廷令从无"教导"经验的卫绾至河间国为河间王刘德之太傅，名义上为教导河间王，实际上必是协助朝廷坐镇河间，以监视远支封国赵国，应对将来可能之大变。皇帝虽未明言，但实际情况必是如此。既然两代帝王信用，则肝脑涂地亦不能报之万一，故卫绾亦郑重行礼，受命傅刘德。数日后，朝廷正式命令下达，卫绾即赶赴河间国。

然而，以卫绾所领之河间国配合广川、常山，可制赵国，则谁又能制住吴、楚两大强藩？与吴、楚毗邻者，北属梁国，西为汝南，南则淮南。吴、楚若兴兵，则此三国必首当其冲。既然如此，此三国能否为朝廷之依靠？

三国之中，淮南为远支封国，淮南王刘安乃淮南厉王刘长之子。当年刘长之死因，民间多归咎于朝廷"猜忌"。既有"杀父之仇"，岂能期望刘安能心无怨望？又岂能指望其能为朝廷效力，在非常之时阻挡刘濞？在非常之时寄希望于淮南国，岂非痴人说梦？所以，且不论淮南国是否有与吴、楚一战之力，即便淮南国带甲十万，其兵甚精，朝廷亦不能轻易视其为依靠。

远支疏宗之淮南不足为凭，则唯有依靠汝南、梁"亲藩"二国。汝南领县三十余，户四十余万，口二百万，户口之丰，为天下第一。战事若起，则至少可动员步骑十万。十万步骑，虽不足以击溃吴、楚二国，但若运用得当，阻其不能西进并无问题。可是，胜负之数，并非单纯取决于兵力强弱，将帅之贤愚亦是重要因素。今汝南王刘非虽已十五，且在诸位皇子中亦以勇武有材力而称，但毕竟不过束发之年，从未亲历战阵，在无人辅佐的情况下，实难与老谋深算的刘濞抗衡。因此，仿照河间国，为刘非配备忠贞干练的傅、相实有必要。

相比汝南国，作为兄弟之国的梁国倒是可以稍作朝廷之依靠。

第四十一章　　兄弟之国

梁国，原为高皇帝时异姓诸侯彭越之封国，其初封领土为故秦之砀郡、薛郡之东平数县以及东郡之济阴地。当时，自砀郡至东郡，北至济水，南至泗水，皆为梁国疆域。其所领诸郡不但为天下要冲之地，且素为关东最为富庶之地。

汉十一年彭越被诛后，梁国转封予高皇帝第六子刘恢。为能让刘恢守御梁国要地，高皇帝又将东郡全部划归梁国管辖。经此调整，梁国遂为与齐国并列的关东大国。正因梁国如此重要，故吕太后执政后，亦视梁国为心腹之地。刘恢薨后，吕太后竟冒天下之大不韪将梁国原封不动转封吕产，使梁国由刘入吕。其后，文帝即位，又将吕氏梁国收回刘氏，并立最为宠爱的皇四子刘揖为梁王（即梁怀王）。于是，梁国自此之后便成为朝廷制衡吴、楚的重要"亲藩"。孝文前元六年，文帝又将社稷之臣贾谊迁为梁王太傅，令其坐镇睢阳，辅佐刘揖。然而，人有旦夕祸福。孝文前元十一年，刘揖坠马而死，贾谊亦随之郁郁而终，被寄予厚望的梁国突然空置无人。最后，经反复权衡，文帝不得不采纳贾谊遗计，将梁国转封刘武，维持梁国不废。此外，为保证梁国之稳定，文帝又将原属淮阳国之襄邑等三县划归梁国。经过前元十一年之调整，梁国辖县四十四，尽为天下膏腴之地，遂称强藩。

所以竭力加强梁国，盖因以血缘而论，除皇子"亲藩"诸国外，梁国与皇帝最亲之故。文帝四子，启、武、揖、参，唯刘武与皇帝同为窦太后所出，为一母同胞。刘参、刘揖与皇帝既非同母所生，在血缘上难免稍显疏远，更何况如今二人皆已去世。所以，刘武作为与皇帝的同产弟，乃是非常之时朝廷可以信赖之人。按梁王太傅贾谊之计，梁国当与淮阳、汝南三国共同构成抵挡吴、楚的第一线。今淮阳、汝南二国既因藩王年少而势单力薄，则朝廷在关东诸"亲藩"之国中最为可靠者，唯正值壮年，且受封梁国多年的同产弟梁王刘武一人而已。

正因如此，自文帝至今，刘武得朝廷之赏赐不可胜数，以致其梁国府库金钱累计万万之巨，所藏珠玉宝器多于京师。此外，刘武在封国内种种"无伤大雅"的越制之举，朝廷亦皆视而不见。比如孝文后元三年，刘武入朝时留居长安至次年方返回梁国，未遭朝廷弹劾，文帝亦不闻不问。景帝前元二年刘武入朝至函谷关时，甚至得朝廷以天子四马之辇车迎接之礼遇。不但如此，进入两宫时，刘武竟与皇帝同辇直入。在朝请期间，刘武所得一切规格礼仪俱直接比照皇帝，可谓荣宠至极。而对父兄之宠爱，自幼即桀骜不驯的刘武亦心满意足，多次以此炫耀于国中。

前元三年十月，河间王太傅卫绾离开长安后，刘武再次受命入朝长安。在朝请等繁琐礼仪结束后，刘武又至长乐宫拜谒母亲窦太后。窦太后年事已高，双目失明，深居长乐，难有天伦之乐。而睢阳距长安千里之遥，且国政繁杂，以致不能时时陪伴母亲身侧，实乃不孝至极。故至长乐宫拜谒母亲后，刘武心情大畅。谈至夜幕时分，刘武方与母亲窦太后同至未央宫参加家宴。

因属家宴，并非正式朝会，且在座皆是亲近之人，故气氛较为轻松。三巡五味已过，乐舞遂起，刘武亦渐酒酣。谁料正在微醺之时，却见已面目赤红的皇帝端酒谓群臣曰："千秋万岁之后，朕将传位于梁王！"

此时朝廷虽未立储，但已有皇子数人，且皇长子刘荣即将加冠，并非无子可立。因此，此言一出，无异于改变高皇帝所立之传子祖制为传弟，其严重性不言而喻。可是，大约是事发突然，陪同在座之群臣亦不明所以，故皆低头不言。于是，原本言笑晏晏气氛融洽的宴席骤然一片寂静。

群臣不言，皇兄不语，陪同在座的刘武则心中剧震。需知，此前种种超规格礼遇毕竟是虚礼，并不能当真。可谁想，虚礼之后竟许以那梦寐以求却又从来不敢妄想的最高权力！这是为何？

虽说此时是在宴会而非朝会之上，皇兄之言不过是并无法律效力之"酒话"，但若以"君无戏言"而论，此言不可谓不郑重。嫡长子继承乃是汉家"故事"，亦是保证朝廷长治久安之根本制度，此人尽皆知。当年，高皇帝欲废惠帝而立赵王如意，太子太傅叔孙通以秦晋之事力谏，终令高皇帝放弃易储。以高皇帝之雄才伟略，尚且不能轻易制度，何况如今？文帝所以以外藩入继大统，乃政治斗争之结果，并非正常的权力继承制度。而且，今皇兄以嫡长子之身份继承文帝之位，事实上已延续并贯彻了高皇帝所立之"故事"。若真立梁为储，则置"故事"、制度于何地？诸位皇子又何去何从？在最高权力继承上如此儿戏，岂非如春秋吴国一般遗祸于后？虽说皇兄即皇帝之位不过两年，但居储君之位已二十载，绝非不通政治之庸人，亦绝不可能不知如此"戏言"的严重后果。既然如此，为何此时口称传位于梁？然思虑万千，实不得其解，唯有口称死罪，并频称皇帝醉酒失言。谢罪已毕，则端酒自饮，以掩慌乱之态。

然而，心中乱成一片，美酒入口，亦不觉甘甜。故饮酒已毕，刘武又伏地称死罪，并微微侧目，观察群臣。极目而视，却见端坐于侧的御史大夫晁错好整以暇，似乎正在闭目养神。

目视晁错良久，刘武终明了朝廷何意。需知，自皇兄即位以来，晁错提出之削藩策便为朝廷热议之事。朝廷削藩主要对象，乃东南之吴、楚。吴、楚二国实力，令朝廷深为忌惮。在如今朝廷力量不足以全面压制天下所有远支藩国的情况下，则必须按照文帝与贾谊之遗策，培植强大的"亲藩"封国，使之成为朝廷的屏障，而梁国乃唯一选择。然而，文帝与己乃父子，皇兄与己乃兄弟，父子之国乃至亲，兄弟之国却稍远，并不可靠。当年，淮南厉王刘长亦是文帝兄弟，结果却与柴奇密谋"行大事"即是明证。正因如此，皇兄对梁必然是患得患失，所以礼遇梁国非常，大约正在于此。然而，所赐财帛之赏、同辇之礼，俱不能断言足令梁忠于汉，故此时许以储位。

想通其中缘由，刘武心中窃喜。看来，今于酒宴之上，只需微微点头，至高无上的皇权便可"唾手可得"，天下亦将在掌控之中。可正欲开口谢恩时，却突然思及父祖之事。想当年，高皇帝于汜水之阳三辞，文帝于代邸五让，均被天下称颂，故即便现在皇兄口气如此郑重，亦不能立即附和。否则，必为天下人所耻笑。于是，刘武心念急转，立即伏地改口称万万不可。

孰料话音未落，却闻窦太后朗声开口："刘姓一家，诸子年幼。为社稷计，传位于梁王乃是稳妥之计！皇帝之言大善！"

窦太后虽并不参与朝政，但性格强势，此时公然开口支持，则必无人敢于反驳。看来，只需窦太后迫使皇帝正式下诏，则"戏言"可成"法令",储位将确定无疑。因此,听闻此言,刘武大喜过望。然恰在此时,一句"天下者,高祖天下,父子相传,此汉之约也。上何以得擅传梁王"将立储一事否决。口音如此慷慨洪亮,不用看也知何人所发——正是窦太后之亲侄、刘武之表亲、故吴相窦婴。

窦婴,字王孙,清河观津人,乃窦太后从兄之子。当年,蒙文帝照顾,窦太后兄长窦建、窦广国及清河窦氏诸子侄均被特许迁至长安居住。当时,窦婴即随从兄窦甫及诸父一同来到长安。窦婴虽然年轻,但却"为气任侠",颇有政治才干,在窦氏诸子侄中尤为杰出。孝文后元末,窦婴拜吴相,相刘濞,成为二千石。

因吴与朝廷关系微妙,故吴相难为,甚至窦婴之前数位吴相少有善终者。可是,窦婴在吴国纵横捭阖,协助朝廷数次稳住刘濞,屡立殊功。窦婴居吴数年不倒,因前年卧病在床多日不能理政,故朝廷不得不另调齐相袁盎至广陵,而准其返回长安养病。前元元年新帝即位时,闲居在家的窦婴又被拜为詹事,侍从于两宫之间。詹事者,家臣也。太后有詹事,太子亦有詹事。不过由于朝廷尚未立储,不需立太子詹事,故窦婴所任之詹事乃太后詹事。所以以窦婴为太后詹事,事实上是对窦太后之照顾。正因如此,刘武入朝长乐时,即曾与窦婴数次相见。

窦婴此人,虽与刘武素无交集,但毕竟尚算表亲,为"一家"之人。可谁能想到,此时无人敢言,竟是窦婴开口反驳!然而,虽公然否决立储而致窦太后大怒,但亦不能就此斥责窦婴,毕竟已经言及高皇帝祖制。事已至此,酒宴只得就此结束。

次日,怒气未消的刘武朝见于长乐宫时,却不见身为太后詹事的窦婴,问过宫人才知窦婴未等窦太后开口,便已于昨夜主动"病免"。窦太后盛怒,已令削去窦婴窦氏门籍,并"恩准"以后可不必春朝秋请。听宫人此言,刘武才稍稍消解淤积于心中的一口恶气。

数日后,刘武将按朝廷制度返回封国。归藩途中,刘武仍不得不一再思虑此事:皇兄之言,似真非真,亦真亦假,到底是戏言还是真言?然思及削藩之事,刘武仍笃定立梁为储多半为真。不过,无功不得立。今欲得储位,必为朝廷阻挡吴、楚方可。若朝廷为吴、楚颠覆,则皇兄之言即便是真,也做不得数了。

第四十二章　　削藩计议

朝请已毕，梁王刘武已归藩睢阳，则削藩之议可正式于朝堂之上公布。于是，前元三年正月中，事关削藩的朝会召开。

皇帝、公卿彻侯二千石及相关官员皆已至殿中，谒者遂宣布正式开始。于是，御史大夫晁错出列奏事："陛下，昔高皇帝初定天下，因昆弟少而诸子弱，故大封同姓。当时，齐国七十余城，楚国四十余城，吴国五十余城。此三国之领土，为天下之半。吴王以吴太子之事，诈称病不朝，其罪当诛。先帝不忍加诛，特赐其几杖，德不可谓不厚也。然吴王不思悔改，反而骄溢更甚！有司奏报吴王开山铸钱，煮海为盐，诱天下亡命阴谋作乱已非一日之事。如今，削之亦反，不削亦反。削之，其反当速，故祸小；如不削，则反迟，其祸更大。为社稷计，朝廷当立即削藩！"

虽朝中早有风闻朝廷有削藩之意，但正式提出当属首次。因此，此言既出，果然见公卿彻侯二千石莫不震骇。然目视殿中诸卿之态，晁错大为不满：鼠辈只知唯唯诺诺，但凡言及大政，则顾左右而言他。此时正式提议削藩，彼辈又沉默不言，真是无人可堪一用。然无人出言反驳，殿中沉默良久，晁错亦颇感尴尬，只得决定再次解释。岂料尚未开口，却骤闻有人高声答曰："不可！"

出言反驳者非他人，正是被窦太后除去门籍的窦婴。窦婴此人，"为气任侠"，朝中素称其能。不过，晁错亦素知，窦婴此人之政见与己相左，数次力谏朝廷削藩当缓行。此时反对，自然是老调重弹。

果然，见窦婴手执笏板，手示南方："吴王铸钱煮盐诸事乃文帝所允，并无不妥。招揽亡命虽有违朝廷法令，但亦不至削其地，朝廷遣使问罪即可。今朝廷无故而削人之地，难免有名不正言不顺之嫌，亦有违高皇帝之祖制。且即便吴国有罪，其余诸藩无罪，岂能一体强削？吴、楚、齐、赵四旁支藩国合计十余郡，其领土几为天下之半。如晁大夫这般毫无章程便一体强削，一旦削反诸藩，则必天下大乱。削藩乃牵一发而动全身之事，故窦婴以为还当从长计议。"

从长计议，从长计议，翻来覆去，仍不过是老调重弹。因此，晁错闻之极为不悦。不过，窦婴乃皇帝家人，深受宠信，不可直接出言斥责。故思虑再三后，晁错遂手执笏板，开口向朝中解释："本署接郡国奏报，吴、楚二王不法之事确实已触目惊心。今窦君既言其余诸藩无罪，则晁错不言吴，单言楚。诸公当知，当初楚元王好儒，与鲁申公、穆生、白生俱受《诗经》于浮丘伯。其后，元王王楚，遂以三人为楚中大夫。三位大夫历仕三代楚王，德高望重，素有贤名。然则，诸公可知今日三人何在？楚王淫暴，穆生屡谏不听，遂言：'先王之所以礼吾三人者，为道之存故也；今而忽之，是忘道也。忘道之人，胡可与久处！岂为区区之礼哉？'终如前楚王太傅韦孟一般谢病离楚。数日之前，晁错接楚王太傅赵夷吾之奏报，言及申公、白生劝诫楚王之事。当日谏言上传，楚王非但不听，且将申公、白生二人下狱，使之衣赭衣舂于市井，极尽侮辱之能事。去年四月太皇太后①崩逝，楚王竟于服丧期间身着丧服于舍中奸淫，此乃当诛之罪。除楚王，又有赵王、胶西王数次卖爵之不法事。凡此种种，还用本署详陈？当年高皇帝分封诸藩之本意，乃以同姓屏卫朝廷。可是，如吴、楚、齐、赵诸藩，能为朝廷之屏卫否？窦君以为如何？"

楚王刘戊其人之淫暴，实乃匪夷所思，故言毕楚王不法之事后，晁错顿觉畅快淋漓。于是，晁错稍稍整肃衣冠，再度开口："再言吴王。吴王不法之事本署已经查证属实。诸位可知，晁错与故吴相无冤无仇，故吴相为何与晁错关系恶劣？无他，盖因吴王不法之事耳。"

此所谓之"故吴相"，并非此时立于对面的窦婴，而是指刚刚被罢官的袁盎。前两年，窦婴在吴相任上病归后，朝廷特意将从陇西郡尉任上迁齐相不过年余的袁盎调为吴相。当时，文帝所以调袁盎相吴，是认为袁盎乃朝野闻名的谏诤之臣，素来刚直敢为，可以用以制约刘濞，令其稍稍收敛。然而，据朝中风传袁盎以齐相迁吴相时，其兄长袁哙之子袁种竟建议："南方卑湿，君能日饮，毋何，时说王曰毋反而已。如此幸得脱。"

---

① 即文帝之母、景帝祖母薄太后。

其侄袁种之言虽是风传，但吴王待袁盎甚厚却是实情，甚至据传在袁盎告归时，刘濞还特意赐以金帛送行。吴相难为，此乃朝中人人皆知之事。可袁盎为吴相年余，却与刘濞相处甚快。如此反常，岂不怪哉！但凡稍有头脑之人，便不难看出其中蹊跷。正因如此，在迁为御史大夫后，晁错即遣吏调查袁盎。结果，不久前，法吏果然查证其有受刘濞财物之事。准备削藩之时，却有朝中大臣暗中勾结，故晁错当时闻之大怒，即奏朝廷将其绳之以法，论以弃市。只不过，因朝廷不愿过分刺激刘濞，故特旨赦免，仅将袁盎贬为庶人了事。

此事之后，袁盎即对晁错是极为嫉恨。朝中甚至传言称，"晁错所居坐，盎去；盎坐，错亦去"。既然关系恶劣之缘由乃因刘濞而起，且今日朝堂所议亦与刘濞有关，则晁错亦不得不将此事公诸朝堂之上，以证明刘濞确实居心叵测。

因袁盎案有朝廷档案为证，并非弄虚作假，故言及此事，窦婴果然沉默不答。然而，事关朝廷社稷，此时却不能容其沉默。故稍作思虑，晁错再度开口："汉制，藩国'有太傅辅王，内史治国民，中尉掌武职，丞相统众官，群卿大夫都官如汉朝'。高皇帝为藩国设国相之本意为掌治藩政，忠于朝廷。如此，方可不重蹈东周藩国坐大之祸。然而，袁盎之辈相吴数年，不思忠于朝廷，反与吴王私下勾结，致使朝廷不闻吴国之事，虽族之尤不为过。袁盎之辈尚且不能独善其身，则何况其余吴相？晁错无礼，窦君亦为吴相数年，何故不知吴国之事？晁错闻窦君'为气任侠'，精通剑术，岂会在为吴相时重病不起？晁错愚钝，实不知重病至何等地步，才能对吴国种种不法之事一无所知。"

他人质疑削藩，尚可理解，窦婴质疑，则完全不能理解。其为吴相数年，岂能对吴国之事丝毫不知？因此，此时窦婴既然出言反对，自然不会对其客气。然而，此言一出，无异于指责窦婴欺君罔上。故尚未言毕，即见窦婴大怒呵斥："晁错无礼！"

正待再度驳斥窦婴时，却闻皇帝开口："窦君忠贞之人，朝野尽知。御史大夫，朝堂之上，不可不谨言慎行。不过，御史大夫之言亦非毫无道理。削藩之事，乃朝廷不得已为之也。朕至今犹记高皇帝于汉十二年三月诏，其辞曰：'吾立为天子，帝有天下，十二年于今矣。与天下之豪士贤大夫共定天下，同安辑之。其有功者上致之王，次为列侯，下乃食邑。而重臣之亲，或为列侯，皆令自置吏，得赋敛，女子公主。为列侯食邑者，皆佩之印，赐大第室。吏二千石，徙之长安，受小第室。入蜀、汉定三秦者，皆世世复。吾于天下贤士功臣，可谓亡负矣。其有不义背天子擅起兵者，与天下共伐诛之。布告天下，使明知朕意。'高皇帝无负于'贤士功臣'，先帝及朕亦无负于诸藩。然诸藩虽未'擅起兵'，却屡屡无礼。昔诸侯朝皇帝曰述职，'一不朝则贬其爵，再不朝则削其地，三不朝则六师移之'。朕悯诸藩，虽不移六师，但亦不得不稍削其地。诏：今楚王有罪，朕不忍加诛藩王，赦其罪，仿削赵之常山支郡旧例，削其东海郡；胶西王以卖爵事有奸，削其六县以示惩戒。至于吴王，乃是朕之王叔，削其会稽、鄣郡。"

听闻皇帝此言，晁错心中大安。为何？盖因皇帝虽出言斥责，但基本接受其此前提出的削藩主张。按此削藩诏书，则吴、楚、齐、赵四大旁系无一幸免。胶西国本即胶西一郡十余县之小国，削出六县，则基本与侯国无异；吴国本有东阳、会稽及鄣郡，诏书一下，则失江南二郡；楚国原领彭城、薛与东海三支郡之地，薛郡在一年前被析出重置"亲藩"鲁国，此次失东海郡，则唯余直领之彭城郡。毋庸置疑，按此削藩，则原威胁朝廷之关东诸藩将会立即土崩瓦解。

皇帝言毕，身为御史大夫的晁错即准备领命制诏。岂料尚未回答，却又闻窦婴大呼"不可"。

却见窦婴大急，伏地顿首称："朝廷如此明目张胆大举削藩，诸藩岂会束手就擒？如诸藩不奉诏，朝廷将如何面对？若诸藩举兵西向，朝廷之兵能否当之？朝廷之将能否当之？治政太急，社稷倾覆！朝廷固宜削藩，然就此强削乃下下之策。今吴、楚、齐、赵四大旁支强弱不一，朝廷可笼络齐、赵，甚至可允其益地，以求其支持朝廷。或者至少可先不削齐、赵，令其中立。如此，朝廷可集中力量应付吴、楚。又或者，可暂缓削吴，以孤立楚国。若此，岂非善策邪？且吴王已六十有二，还能活几年？吴王薨逝，朝廷大可从容肢解吴国，何必急于一时？晁错专权乱政，邀名卖直，实乃置社稷于柴薪之上！陛下万不可为其蒙蔽！"

一番言语，极为激烈，然晁错尚未反驳，皇帝却开口斥责。皇帝将窦婴斥退后，晁错方按制度令制诏御史草拟诏书，预备通传天下。

诸事完毕，朝议结束，未想回到家中时，却见自颍川而来的父亲已安坐于府中。尚未问安，竟见父亲流涕问责："老夫自颍川而来，刚至长安即闻市肆之中盛传晁公侵夺诸侯之事。今上即位，以公为执政。公如此强

198

行削藩，疏人骨肉，不但绝朝廷之后路，亦绝我晁氏之后路。此事无论成否，公皆身死族灭！何苦来哉！"

朝堂之上，窦婴反对；朝堂之下，父亲反对，真是岂有此理！晁错心中郁闷已极，只得开口辩驳："朝廷治安本当如此。若不削藩，则皇帝不尊，宗庙不安！"岂料父亲竟仰天长叹："天下刘家一家！今公安刘氏，而我晁氏危矣。呜呼！老夫实不忍祸及自身。"遂返回颍川。

数日后，颍川老家即传晁父饮药而死……

晁父以死相逼。难道朝堂不可削藩？非也。所以多次遭到反对，正如窦婴之言，实乃晁错削藩过急。当年，文帝二削齐国，一裂淮南，均非如晁错这般直接强削。相比晁错削藩，文帝削藩更为稳妥：其一是看准时机，即肢解大国时，无不是借资历较深的藩王已死或新任藩王尚在年幼之时果断出手。其二则是师出有名，如三分齐国，以酬刘章、刘兴居诛吕之功为名；三分淮南，则以推恩于淮南王后代为名。其三是析大为小，并立同宗兄弟，而非直接削夺支郡收归朝廷。正因文帝削藩顺势而为，故阻力甚小，削藩之事皆一击而中。可是，晁错削藩一是逆势而上，二是师出无名，三是强收支郡。如此激进且无后手的冒险之计，又岂能不令朝中公卿心惊胆战？如今，吴、楚、齐、赵既一体强削，则刘濞诸人若不愿鱼肉，必会孤注一掷，群起而西向。

然而，诏书已发，此事已无可挽回。

第四十三章　　吴楚密谋

削藩诏书发布后，需自长安东出函谷，沿三川东海道出荥阳，再顺鸿沟、睢水而下，过梁国睢阳才能传至楚国境内。穿过楚国彭城后再继续向东，方能抵达吴国。可是，值此多事之秋，又何须等朝廷正式诏书传至？

事实上，早在前元二年春至长安入朝时，楚王刘戊即已听闻朝廷有削藩之意。既然朝廷寡恩，则岂能坐以待毙？是故，返回楚国后，刘戊即决定"行大事"，并积极谋划。在此年余之中，刘戊在吴国协助下，加紧囤积甲兵，招揽亡命，预备一旦朝廷诏书正式下达，即与吴王刘濞同时举兵。此时，听闻朝廷诏书将至，刘戊即遣使急出，联络楚国宗室。

赖楚元王刘交子嗣众多，故楚国宗室颇为庞大。刘戊之父楚夷王刘郢客乃楚元王刘交次子，在刘郢客之下尚有平陆侯刘礼、休侯刘富、沈犹侯刘岁、宛朐侯刘执、棘乐侯刘调。刘戊这几位从父之中，以刘礼最为年长。孝文后元六年匈奴入寇时，刘礼曾以将军屯兵霸上。此时，刘礼仍在朝中为宗正。除刘礼外，其余诸位从父皆在封邑。若诸位从父皆能在侯国征兵，则多少亦可壮大楚国之势。而且，楚国宗室一家，今朝廷不仁，则自当响应举兵。

岂料使者返回，竟言除刘执外，诸位从父皆不应，不但不应，季父刘富还附信一封随使送至，以不可举兵相谏。

楚相张尚、楚王太傅赵夷吾皆为朝廷所任命，自然不会响应吴楚"举大事"，此尚可理解，甚至穆生、白生、申公诸位楚中大夫屡屡进言亦可理解，毕竟并非一家之人。可是，季父刘富身为同族至亲，此时不同意举事，竟与刘启沆瀣一气，岂非"六亲不认"？是故，览毕此信，刘戊勃然大怒："前有楚相张尚及太傅赵夷吾不明是非，今又有季父如上林啬夫一般喋喋不休。季父乃吾之同族，如不应我，待我起兵，必先取季父！"随即遣使"问责"于刘富。

次日，使者回报称刘富闻楚有意问罪，已于数日前与太夫人（即楚元王刘交之妻）奔京师矣。既然奔逃至京师，则必是通报于刘启。由此观之，箭在弦上，不可不发。故闻此消息，刘戊遂不再言宗室，而是专注于夺取国政。

需知，虽守藩多年，刘戊在国内颇有威望，但按朝廷制度，藩国之政实由国相执掌。今楚相张尚廉直，乃颇为顽固之人。其弟张羽在梁国为将，亦颇为能战。故而，欲令张尚从己"举大事"，几乎不可能。楚王太傅赵夷吾，为人一如张尚，甚至更有过之。闻其子赵周虽刚及加冠，亦素称有大略。由此观之，"举大事"，非先诛杀二人不可。因此，刘戊即密召死士，寻机诛杀二人，并遣使密至广陵，与吴王刘濞商议举兵具体事宜。

刘戊密使自彭城而出，顺泗水而下，经下邳、下相而至淮泗口，经淮泗口入淮，东走淮阴，入邗沟，终抵达吴国广陵。见吴王刘濞后，具言楚国之事。

刘濞虽已六十余，但仍勇武壮硕，一如年轻之时。召见刘戊密使后，刘濞遂召集心腹商议对策。言毕楚国之事后，心腹谋士立即进言："臣闻主上信晁错之谗言，疑宗室之骨肉，实乃自绝于天。大王举义兵西向，固宜也。臣窃思之，吴有四胜。高帝平淮南，大王以弱冠之年将兵突阵，破其左右军而还，此大王之勇也！吕后侵刘氏，大王以荆楚一隅稳守东南，令其不敢取刘天下，此大王之德也！文帝杀太子，大王以渺渺之身忍辱负重，令汉无隙可乘，此大王之谋也！大王藩荆吴，赐闾里，恩士吏，养黎民，不敢稍有懈怠，此大王之仁也！有此四胜，必所向无敌。且自高皇帝至今，朝中如大王一般曾追随高皇帝之老将多已不在人世，故以统兵之资历而论，大王可为当世第一；朝中竖子，不足为虑。"

尚未决意举兵，心腹谋士即进以四胜之言，故刘濞闻之大悦。然而，谋士之言为振奋士气之虚言，并不能尽信。举兵是事关生死存亡之大事，不可不慎。因此，刘濞抚须沉吟，开口言："诸公之言甚是，然《孙子兵法》曰：'知己知彼，百战不殆；不知彼而知己，一胜一负；不知彼不知己，每战必殆。'胜败之间，强弱之势不可不明。"

今吴军之强，强在三处：其一，荆楚之地民风彪悍。彪悍之民，可成能战之兵。其二，吴国诸郡颇有铜山、盐场。赖铸钱、煮盐之利，吴国兵饷粮秣等物资积蓄甚厚。其三，广陵至睢阳一带水路便利，利于舟师转运。有此三强，吴军可在广陵集结后依彭城至砀郡境内便利水运，以舟师高速机动北上，直击梁国。彼时，荆楚之兵强攻坚城或有不足，但在睢阳与朝廷车骑正面决战则完全不虚。

不过，不能以此断言"举大事"必成。当年，英布亦是兵精粮足，其淮南之兵甚至被高皇帝称为"甚精"，然对阵高皇帝汉军之时，却丝毫无腾挪纵横之机，以致一战而溃。英布乃天下名将，常勇冠三军，何以萎靡不振至此？无他，实力悬殊使然！需知，英布之淮南国下辖四支郡，皆为南方小郡，四郡合计不过带甲五万，骑千匹，车千乘。相比淮南，高皇帝则领郡二十，带甲百万，车骑数十万。强弱如此，英布纵有天纵之才，亦不能与高皇帝相抗衡。事实上，无论是起于淮南之英布，还是起于济北之刘兴居，均不过月余即被朝廷讨平，绝非偶然，亦非虚无缥缈之"天命"，正是实力使然。《孙子兵法》虽云："凡战者，以正合，以奇胜。"但若实力过于悬殊，则纵有精兵强将，亦难取胜。

今之吴国，与当年英布之淮南国、刘兴居之济北国并无本质不同。故昔日英布、刘兴居之弱，即今日吴国之弱。需知，吴国虽富庶，但仅有南方东阳、会稽、鄣三支郡之地，三郡之兵不过带甲十余万。即便联合楚国，亦不过六郡三十万兵。而今日之朝廷，则更强于高皇帝之时，领数十郡及众"亲藩"。此外，朝堂君臣虽不及高皇帝之时，但亦非昏聩之君、愚钝之臣。因此，"举大事"稍有不稳，则将面临朝廷百万之兵，重蹈淮南、济北之覆辙。

由此观之，单凭荆楚，取胜无望。不过，欲举兵之藩，并非只有荆楚。既然朝廷对吴、楚、齐、赵同时削藩，则必令诸藩皆心怀怨恨。今诸藩既有共反之意，则同时联兵西向，并非不可。集四大旁支藩国之实力，将足以与朝廷抗衡。《孙子兵法》云："故善战人之势，如转圆石于千仞之山者，势也！"朝廷削藩失误，已令天下怨望，此即可用之势。顺此势而为，方可无往而不利。

正因如此，在密谋商议之后，刘濞与谋士遂定下建立同盟、联兵西向之策。当日，吴使即随刘戊密使同至彭城，商议联兵事宜。同时，至赵国之使者亦立即奔赴邯郸。而鉴于齐国已析分为数国，难免如楚国宗室一般心有不齐，故出使诸齐尤为关键。因此，权衡再三后，刘濞遂遣心腹谋士吴中大夫应高星夜前往诸齐。

第四十四章　　高密之约

　　当年，文帝以梁王太傅贾谊"众建诸侯"之策析分齐国，故齐悼惠王刘肥一系如今已分为七支，即齐王刘将闾、济北王刘志、胶西王刘卬、济南王刘辟光、菑川王刘贤、胶东王刘雄渠及城阳王刘喜。

　　因齐哀王刘襄、城阳景王刘章及刘兴居皆死，故诸齐之中以刘将闾为长。若以宗法长幼论，则当属刘将闾为大宗，其余诸人皆当唯刘将闾马首是瞻。然而，刘将闾素来忠厚安分，甚至在朝中削藩之议已起，诸齐多次暗示"举大事"之时，仍装聋作哑，故被诸齐所轻。反之，因胶西王刘卬"好气，喜兵"，慷慨有略，能当大事。因此，诸齐隐约以刘卬为首。

　　闻朝廷已定削藩之策，而胶西国因卖爵之事将削六县，刘卬大怒。需知，胶西国本即一郡之地，若再削六县，则国土日蹙。彼时，虽有王爵之名，实则彻侯耳。所以，当时刘卬即有约定诸齐"举大事"之意。然而，诸齐虽同出齐悼惠王一系，但毕竟已被析分多年，且为朝廷所置傅、相所控制，音讯难通。胶西国若不能与诸齐协同作战，则势必兵败国亡。若能统合诸齐，聚诸齐为高皇帝时之大齐国，则可集结十余万车骑。彼时，即便不能举兵西向，亦能令朝廷不敢轻举妄动。今朝廷削藩诏已经下达，可谓非常之时，"人为刀俎，我为鱼肉"，若不冒险遣密使至诸齐约定举兵事宜，则大事休矣。因此，自诩为诸齐领袖的刘卬这几日频频遣使分出诸齐。

　　岂料自遣出密使数日以来，国中傅、相屡屡责问，搞得刘卬心神不宁。然而，胶西傅、相为人尚算忠厚"长者"，且忠贞不贰，故刘卬亦不忍杀之，只是好言相劝而已。此时，劝归傅、相后，却闻心腹爪牙密报：

吴王刘濞心腹之臣、吴中大夫应高已至高密，正待求见。

需知，自吴国广陵至胶西国高密需穿越东海、琅邪诸郡，全程八百余里。计算时日，其于广陵启程当为朝廷削藩诏下达之日。由此观之，吴使求见，必是朝廷削藩之事。既同为受削之国，则当共同举兵。于是，刘印急召应高秘见。屏退左右后，应高入殿。行礼已毕，刘印遂开口问候："贵使今驾临鄙国，何以教寡人？"

却见应高拱手向南，答曰："吴王不肖，有旦夕将至之忧，不敢自居外人，故遣外臣至此，令大王明吴王之善意。今主上重用奸邪，听信谗言，擅变律令，侵夺诸侯之地，胶西不知邪？吴王暗疾在身，不能朝请者二十余年矣，此乃天下尽知之事，然今犹不得见释，可见朝廷之寡恩。俗语有言，'舐糠及米'。今吴与胶西俱为知名诸侯，可谓唇齿相依，亦皆为朝廷之所不容。外臣窃闻大王因爵事见疑而削六县，然以朝廷待吴之刻薄，臣诚恐削地犹不得宽恕；彼时，大王何去何从？"

此应高言辞犀利，句句属实。其所言，亦此数月之所思。故闻其语，刘印默然良久，只得喟然长叹："实有此事，为之奈何？"

稍稍沉默，却又闻应高言："臣闻谚曰：'有同恶相助，同好相留，同情相成，同欲相趋，同利相死。'今吴王自以为与大王有同忧之事，故愿因循时机、顺应事理，弃己之躯以除天下之公害，可乎？"

虽早有"举大事"之愿，但如此私密之事，只可意会，岂能宣诸于口？故骤闻应高大放厥词，刘印大惊，连连否认："寡人怎敢行此不臣之事！今上待诸侯既然严苛，寡人身为藩臣固有一死而已，岂可起意不臣？"

岂料应高拱手谢罪，随后再度开口："今有御史大夫晁错，荧惑皇帝，侵夺诸侯，蔽忠塞贤，故朝臣有怨恨之意，诸侯有背叛之心。观其所作所为，天地之所不容，人神之所共愤！今彗星出而蝗虫数起，此乃万世难逢之机遇。且忧苦愁劳之世，正是圣人所出之时。故我王欲以诛晁错为名，追随大王之后车！义兵既出，驰骋天下，所向者降，所指者下，天下莫敢不服。今诚待大王一言之诺，则荆楚之兵必略函谷，守荥阳、敖仓之粟以待大王。彼时，若大王领诸齐之虎贲如约而至，则可平分天下！"

此言一出，刘印大悦。需知，诸齐虽有举兵之意，但从未全盘谋划，今吴、楚既已有万全之策，则大有可为。按吴、楚二国之国力，可集精兵三十万；诸齐征兵，可得十五万；赵国虽小，亦有五万之众。挟五十万众奋起向西，观兵崤、函，并非难事。若再遣使分至南北，晓以利害，则可诱匈奴轻骑十万，南越甲士十万至中原。彼时，朝廷纵有百万之众，又如何能当？而且，按应高之言，在具体用兵方略上，诸藩之前军当由吴、楚二军组成，不需胶西动兵。胶西之兵，只需在整合诸齐后西至荥阳、敖仓时，与吴、楚合兵，以壮声势而已。朝廷数十万车骑，自有吴、楚之兵击之。胶西无一兵一卒之废，即可得天下之半！如此便宜之事，若不应允，岂不昏聩？

不过，如此大事，口头约定过于儿戏。若事成之后，双方分割天下之时，因言语不详以致冲突再起，反而不美。因此，应高提议胶西与吴二王当当面盟誓，刘卬亦感妥当。

然而，送归应高后，胶西傅、相却又入宫请见。几位老臣入殿之后即顿首口称死罪："臣等闻，有吴国使者至高密，大王已密见之。大王欲效济北乎？淮南乎？"

本以为密谋之事，外人不知，却不想应高刚走，群臣即入宫谏净，刘卬深感无奈，只得言："吴使此来，国事耳，诸公不必多虑。"孰料群臣仍伏地不起，皆言："朝廷制度，藩王之臣未经许可不得擅自出境。吴使既为国事，臣等如何不知？大王何以密见？臣等窃思，必是吴、楚有不臣之谋。臣等以为，大王奉朝廷之命，守藩胶西，此至善也。大王若与吴举兵西向，则失策也。诸侯之地，不过汉郡五分之一，岂能当朝廷之兵？今朝廷虽有过，然胶西仍有王爵之尊，封地之赏。一旦举兵而败，则欲为一庶人亦不可得矣。且假令事成，胶西与吴如何分割天下？胶西之兵不如吴精，胶西之将不如吴勇，胶西之土不如吴广，何以与吴争锋？以叛逆而令太后忧伤，实非长策也。"

群臣大呼不可，刘卬颇感不耐。群臣所言，固然有理，然朝廷欺齐太甚矣：孝惠二年，悼惠王刘肥入朝长安，被吕太后赐以毒酒；孝文前元元年，刘襄、刘章皆无故暴死；孝文前元三年，刘兴居被杀，济北郡为汉所夺。刘启即位不过三年，侵夺诸侯更甚。闻晁错又言"削之亦反，不削亦反"，可见朝廷从不以藩臣为忠，稍有不合制度之举即遣使督过。今日之势，无论是否举兵，均会为朝廷所削。诚如应高之言，即便在吴、楚举兵之时安坐不动，胶西即可无恙？既然无路可退，则唯有反戈一击。胜，则宰割天下；败，亦不失为大丈夫。因此，斥退群臣后，刘卬遂令心腹谋划与吴盟约一事。同时又遣使密出，与齐王刘将闾、菑川王刘贤、胶东王刘雄渠及济南王刘辟光积极联络，约定朝廷诏书一至即共同举事，并汇报于吴。

　　数日后，除刘将闾未能及时回报，诸齐皆遣密使至高密，商议举兵事宜。至此，按刘濞之运作，吴、楚、齐、赵四大旁支藩国已全部达成盟约。俟朝廷诏书一至，诸国便可同时举兵西向。

　　箭在弦上，已经不得不发。

第四十五章　　土崩东南

　　虽箭在弦上，但却不能草率发动，盖因"举大事"需夺取兵权。手中无兵，难道赤手空拳夺取两宫？

　　自文帝即位以来，朝廷对藩国国政限制愈发严格。除朝廷法令所规定之春朝秋请外，藩国之太傅、国相、内史及中尉等二千石均为朝廷任命。藩王"垂拱"，军政要务尽操于国相之手。因此，刘濞身为吴王，虽有将兵守藩之名，但调兵所用之虎符却实为忠于朝廷之吴相所执掌。今若不能取得虎符，不但举兵毫无可能，甚至但凡稍有异动即会被就地擒拿，并上报于朝廷。前吴相二人，窦婴相吴国，病不出门；袁盎居广陵，"无为"而治，故刘濞与此二人相处颇为愉悦。然自袁盎罢归，新任之吴相"不识大体"，常按朝廷之令督过，令刘濞甚为不快。所以，早在遣使至高密时，刘濞即已与心腹密谋效法当年齐哀王刘襄诛齐相召平之事，先诛吴相，强行夺取兵权。

　　待朝廷削吴之会稽郡、鄣郡诏书正式抵达吴国东阳郡广陵县，吴王刘濞遂召吴国傅、相等二千石言诏书之事。俟朝廷所任之二千石俱至，刘濞立令亡命死士诛杀，并夺取虎符。夺取兵权后，刘濞即令门客舍人分至诸县，夺取诸县军政。短短数日，吴国三郡即基本操控于刘濞之手。待诸县回报后，刘濞又急令心腹爪牙及谋士入宫议事，并下令正式举兵："寡人今已六十有二，亲自将兵杀敌。寡人少子年十四，亦为士卒之先。国中年上与寡人比，下与少子等者，皆发！"

　　凭借守藩数十年无人敢质疑之巨大威望，吴王令一下，吴国三支郡随即羽檄奔驰。与前济北王刘兴居之草率盲动相比，吴国可谓准备充分、组织严密。不过短短数十日之间，吴国三郡即动员步骑车近二十万之众，并尽数集中至广陵。于是，刘濞仿效当年高皇帝沛县起兵之前例，拜亲信门客舍人为将、校尉、军候、司马等各级军官，并以之为爪牙，统一整编吴军。整军备战同时，刘濞又召集众将部署进兵之事。

吴国所领三郡虽有二郡在南方，但统治中心却为长江以北，较为富庶之东阳郡。正因如此，汉十二年受封后，刘濞即徙都于东阳郡之广陵县。所以，此时吴军士卒、粮饷、辎重皆需自广陵集结北上。因广陵城东有春秋时吴王夫差所开之邗沟可直通江淮，故吴军可效数百年前夫差吴军，于广陵动员后以舟师水运，由江入淮。入淮后，吴军则可溯淮水支流泗水北上至下邳县，再折而向西北进入谷水，直抵楚国国都彭城，进而投入中原战场。凭借便利水运，荆楚之兵甚至可以毫无后顾之忧溯睢水而上，十日内直逼梁都睢阳。彼时，可效法夫差，北会诸侯，称霸中国，一匡天下。刘濞熟知军阵，对此有利地势可谓烂熟于心，故在军议后立即下达命令：其一，吴军整编完毕后自广陵北上；其二，军备仓库设于淮泗口并以舟师调配前线。

前元三年正月甲子，二十万吴军悉数整编集结完毕。当此之时，广陵城外，舳舻千里，旌旗蔽空。按预定方略，吴军舟师出广陵，泛雷陂，入邗沟，经高邮、射阳诸县，进入淮阴县。从淮阴县北再入淮，溯淮而上八十余里即至淮泗口。在淮泗口短暂休整，吴军遣偏师击徐、僮，围之。待补充粮秣完毕后，主力则弃徐、僮不顾，而向北折入泗水。北行二百余里，顺利进抵下邳城下。

吴军师出以来，诸县令长无不望风而遁，唯东阳郡西部之徐、僮"冥顽不灵"。不过，二县兵备不修，既已遣师围之，克城只在旦夕之间，不足为虑。相比徐、僮二县，下邳更需慎重。下邳县为东海郡下辖之县，处于泗、沂、谷诸河交汇口。自下邳溯谷水西进，过吕县，即为楚国彭城。而自下邳出城，溯沂水北上则是城阳国、琅邪郡。由此观之，下邳乃要冲之地，若不克之，则吴、楚、诸齐不能合并，吴国后方亦不能稳固。

然而，下邳不同于一般县城。汉五年，淮阴侯韩信受封为楚王，曾都于此。历经数十年之经营，下邳城池高大坚固，非普通县城可比。且今下邳令誓死据守，城内士气旺盛，短时间内恐难克城。吴军轻锐，若顿挫坚城之下而不能克城，则恐伤军心，即便克城，亦会损失惨重。而且，若耗时日久，不但无法及时汇合楚、齐之师，亦不能按期西进。一旦朝廷在吴军阻于下邳之时调兵遣将，则形势恐将不利。因此，虽扎营于下邳城下，然如何取下邳却不能轻松决定，刘濞亦颇为心忧。岂料正在两难之时，门客周丘却进言："臣以无能，不得待罪行间。臣非敢求有所将，愿得一汉节，必有以报王。"

周丘，即下邳人。数年前，周丘在下邳坐法犯罪，遂流亡至吴。闻周丘勇悍，故当时将其藏匿于广陵，令其逃脱朝廷法吏。然而，观周丘此人，"酤酒无行"，为人并不沉稳，亦难以大用，故数日前起兵拜宾客将军、校尉、军候、司马等各级军职时，唯独未用周丘。今兵进下邳，周丘果有可用之策？思虑再三，犹疑未决。此时，侍从在侧的中大夫则言："据周丘言，其少年杀人亡命，曾于下邳游侠数年之久，对下邳城防极为熟悉，且此时城内还有其当年'生死之交'之游侠百人。天下大乱之际，亦是英雄奋起之时。大王不如允其请命，即便周丘夺城不成，亦足以造成混乱，助我大军克城。"

听得此言，刘濞遂同意请命，授周丘汉节，命其趁夜幕降临之时潜回城中联络当年"昆弟"。待周丘出营后，刘濞遂令诸军夜间备战，准备接应。岂料空等一夜，唯闻城中呼声震天，却未见周丘遣人出城求援。

苦等至天明，方才见城门大开，下邳已得！原来，昨夜周丘入城后联络城中游侠、恶少年，随后至传舍寻机诛杀下邳令。夺取下邳令之印符后，周丘又以所授之汉节协同城内豪杰击杀朝廷大小官员，夺取城池。当夜至晨，周丘即持节于城内募兵得三万之众。如此，坚城下邳未放一矢，即被周丘所得。听闻平素"酤酒无行"的周丘今日竟如此神勇，刘濞大喜勉之，并于营中筑台，拜周丘为将，授予其节度一军之全权，令其将自募之三万下邳兵沿沂水而上，攻略琅邪、城阳诸郡国以联络诸齐。

今周丘夺下邳，则前路洞开，举兵西向一路无阻。待周丘偏师整军开拔后，刘濞遂令吴军主力克日拔营，转而向西，按预定方略沿谷水入彭城，联合楚军。

自东海下邳至楚国彭城全程不过一百余里，吴军舟师由淮入谷，两岸步骑并进，三日即抵彭城城外。而此时，意气风发的楚王刘戊已将十余万楚国虎贲之士在城外等候多时。

原来，朝廷削藩诏发至楚国，刘戊即如约诛杀楚相张尚及"喋喋不休"的太傅赵夷吾，夺取楚国虎符。尽取楚国大权后，刘戊亦在楚国全面动员。以户口民数而论，楚国所领之东海、彭城及薛郡三支郡，甚至超过吴国三郡。因此，刘戊稍稍动员，便得精兵十万。自三月中以来，刘戊又悉发郡县武库之甲兵，编练行伍、部曲，分遣将帅、校尉。数日前，楚军已在彭城城外连营数里，只待两军会合便可向西进兵。

吴、楚二军既已合并，则当统一整编，以便协同作战，待方略议定，粮秣已备，则再图大举。刘濞遂与刘戊商议，召集二军将帅，议定进兵之策。

诸将入营后，刘濞即手示舆图，分析形势。此时，自彭城向西击关中，可用三路：其一是自彭城继续溯谷水向西北，过梁国砀郡而兵进荥阳，再至函谷关，此即三川东海道；其二是自彭城、陈郡经颍川南下南阳，走武关道，此即武关南郡道中段，即当年高皇帝入关之路；其三是自彭城直接北上齐国，渡黄河与赵军合兵，走河内、河东入关。因吴楚二军之粮秣补给皆集于彭城、淮泗，故渡河联赵，自河东入关极为不便。且吴楚二军皆为南方士卒，难以在北方与汉军精锐车骑颉颃，强走河东则是以己之短击敌之长，亦非上策。故相比三路，以北上联赵，自河东入关最为艰难，走武关、函谷则无此忧虑。然而，无论走武关还是函谷，皆需迅速突破梁国，方能打开前路。

吴、楚二军能否快速击破梁国，则在于梁王刘武其人是否有统兵之略。对刘武此人，刘濞并非一无所知。回顾此数年之中，吴国庄忌、枚乘诸文学之士皆去吴之梁，可见刘武颇有得人之能。此外，心腹谋士亦多次言刘武有将帅之略。然而，有道是"百闻不如一见"，刘濞既久不入朝，与刘武毕竟从未谋面，亦不能断定凡此种种传言是否属实，故思虑再三后，遂"请教"入朝长安多次的刘戊。

闻刘戊言："刘武，为刘启竖子之同产弟，素得刘恒及窦太后之宠，故得封梁国四十余县。寡人闻当年刘恒以梁王太傅贾谊之策，削淮阳、东郡而益封梁国，即有意备我吴楚之意，故刘武守藩多年，频频训练士卒，修兵备战。寡人谋士言，梁国武库藏铠十余万领、弩五十万具、矢百万支、槊铍矛戟五十万杆、刀剑斧戈五十万柄，另有轻车、马铠无算。计算户口、甲兵，料其至少可得甲士十万。此外，梁国统兵大将亦颇多勇武之辈，其大将军张羽更素称名将。然寡人闻孟子曰：'域民不以封疆之界，固国不以山溪之险，威天下不以兵革之利。'今梁国虽兵精粮足，但素闻刘武骄横，国内人心未必相附。且黄口孺子未识战阵，又岂能当我荆楚之兵？故寡人以为，集我荆楚三十万虎贲之士，出彭城而达睢阳，必可挥师而下！"

诚如刘戊之言，梁国兵精粮足，乃吴楚之劲敌。不过，其兵虽勇，其王无能亦是无用。想已自高皇帝之时即统兵击淮南，而刘武竖子勇则勇矣，却从未亲临战阵，岂能相提并论？故只需用心统兵，梁国不足为虑。

刘濞尚未回答，吴大将军田禄伯却进言："大军屯聚一处，实无奇兵之效。臣愿得大王五万人，走江淮而上，收淮南、长沙，入武关，与大王会攻关中。大王为正兵，臣乃奇兵。如此，大事可成。"

《孙子兵法》云："凡战者，以正合，以奇胜。故善出奇者，无穷如天地，不竭如江海。"荆楚之兵屯聚一地，自梁而进，确有无奇兵之嫌。当年灭秦之时，高皇帝与项羽二军即互为正奇。结果，秦王首尾难顾，终于身死国灭。韩信将兵击赵时，广武君李左车亦曾以兵分正奇之计进代王陈余，陈余不用，故军败身死。由此观之，正奇相合，强于聚兵一处。今诚能以正兵击梁，而以奇兵出武关，则必收制胜之效。即便不能制胜，亦足以牵制汉军。田禄伯之言甚善。然正待开口，却闻吴太子附耳轻言："大王以反汉为名，统兵之权不能假手于人。一旦其反，则军心必散，为之奈何？且别出偏师，则其利害，难以预料。"

此言正中要害！需知，田禄伯要求分兵五万，已非少数，一旦叛逃，则将致使吴楚二军军心立丧。且只需击破梁国，实无奇兵之必要。此外，早在出兵前，诸国已谋划妥当：除齐、赵外，吴使已至南越、匈奴及东越，约定共同举兵。如此一来，四面合围，便是刘启竖子纵有高皇帝之能，亦无力回天。南越、东越及匈奴，即吴楚之奇兵。既有此奇兵，实不需田禄伯再度分兵。因此，刘濞遂罢田禄伯之言，定下全军击梁之方略。

岂料此言刚出，在具体战术上诸将又起分歧。桓将军言称，荆楚多步卒，善战于险要之地；汉多车骑，善战于平原。今荆楚之师北进梁国，则当与汉军相持于坚城之下，所攻不克，则恐受制于汉军车骑。不如弃所过城邑不攻而直击荥阳，就食敖仓，取洛阳武库。彼时，即便不克函谷，天下已定矣。

诚如其言，荥阳敖仓粮食几至天下之半，洛阳武库甲兵可举百万之众。故击破荥阳，就食敖仓，则粮秣不缺；攻克洛阳，占据武库，则兵甲无忧。然而，尽弃后方而直趋河南，太过冒险。需知，洛阳为河南郡郡治，城池高大坚固，实难克之。而且，洛阳东之荥阳、成皋诸城无不是坚关险隘，总不能见坚城即绕城而走。置后方荥阳、睢阳于不顾，无论如何也不是持重之计。万一河南不克，后方被断，则首尾难顾，欲退兵守吴亦不可得也。因此，桓将军此言一出，即遭诸将激烈反对："少年之人，只知推锋争先，岂知万全之策！"

当然，桓将军之奇计虽不可用，但却并非一无是处。梁国、淮阳国所辖之地皆为平原，利于车骑驱驰，对多为步卒的荆楚确实不利，当尽量避免在此决战。故在弃桓将军之计后，刘濞又勉其献策之功。

商议半日，大略已定。于是，整编完毕的吴楚三十余万步骑立即拔营，沿谷水而西，步骑交加进逼梁国。大军未至梁国，吴楚起兵檄书便已传遍天下。

正如明智之人所料，由晁错提议之削藩诏书一出，即换来一封杀气腾腾的起兵檄书。檄书飞驰，东南之统治土崩瓦解。贾谊多年前之预言终于一语成谶。

第四十六章　　诛晁清君

数日之间，关东诸藩大举起事。江淮两岸车骑频频，齐赵大地风烟滚滚，承平数十载之天下立时燃遍烽火。

自高皇帝并天下，虽有藩王不臣，然规模最大之陈狶举兵，荼毒不过河北数郡。今吴、楚、齐、赵俱发，可谓天下分崩，一如秦末鼎沸之时。因此，朝廷若不能速速妥善处理关东之事，则长安皇帝之位亦难以坐稳，社稷倾覆将在旦夕之间。然削藩策虽是以皇帝诏书形式下达，但所议、所发者，皆为御史大夫晁错，此朝中人人皆知之事。而且，自古以来，皇帝无过举，今诸藩举事，自当如吴楚檄书所言，论晁错之罪。

然而，此时尚非追究罪责之时，如何应对声势浩大的诸藩之兵才是朝廷当务之急。荆楚之兵既已逼近梁国，则唯有速速出兵讨之方为上策。然征讨需调兵，调兵需粮饷，且吴楚势大，非有二十万以上兵力不能平之。可是，如此庞大之兵力又当自何处调集？凡此种种，皆为朝廷不得不忧虑之重大问题。正因如此，吴楚檄书传至，当日在朝堂之上极力反对削藩过激的窦婴即受召入宫议事。

因不久前被窦太后削除门籍，且不准朝请，故窦婴本不愿入朝。然今东南有急，社稷不安，故皇帝急召，窦婴亦不敢置之不理。因此，虽是夜幕时分，窦婴亦疾驰入宫。岂料入殿之时，却见政见相左的晁错亦侍从在侧。晁错在殿中虽突兀，但细思之下亦觉情理之中：想晁错为皇帝"智囊"，被皇帝引为臂助多年。今东南有急，又岂会不奉诏入宫？皇帝此时亦急召其"智囊"，亦有期望在其"智囊"之口求得一二可用之策。

果然，皇帝问吴楚之事后，即闻晁错言："臣闻高皇帝时先有燕韩之叛，后有淮南之反。臧荼、韩王信之辈皆为一世枭雄，其举兵之初无不席卷半壁。然而，朝廷大兵云集，弹指即定。此非唯高皇帝英明神武，亦为大势使然。今朝廷既有数十郡，且有'亲藩'在侧，吴、楚仅六郡之地，带甲不过十万，岂能抗衡朝廷百万之师？故臣愚以为不必强争一地一城，徐、僮之地可弃之，再以羽檄征天下之兵。俟车骑齐集，则陛下可效高皇帝，亲将兵击之。彼时，汉兵渡淮，叛逆旦夕可定！"

所言之皇帝亲征乃高皇帝以来"故事"。当年讨伐臧荼、韩王信、陈豨、英布，高皇帝无不亲自将兵，平定诸逆。今吴、楚起兵，名不正言不顺，如能效高皇帝之前例亲征，必能振奋士气，彼时，天子旌旗所指，则吴、楚莫不降服。

骤闻此言，窦婴大为不快。为何？需知，虽说突阵先登自有勇敢之士，今日皇帝之"亲征"倒也不必如高皇帝那般亲冒锋矢，搞得全身七十余创。然刀兵凶险，皇帝身临前线，毕竟不是万全之计。当年袁盎即曾言："千金之子坐不垂堂，百金之子不骑衡，圣主不乘危而徼幸。今陛下骋六騑，驰下峻山，如有马惊车败，陛下纵自轻，奈高庙、太后何？"正因如此，当年胡骑入塞，文帝欲亲征，亦遭薄太后之责骂。高皇帝时，创业艰难，亲征乃不得已为之，今日何足效法？更何况，吴、楚举兵本即晁错之罪责。今兵事既起，晁错竖子不但不想方设法将兵击吴，反以人臣之身份令皇帝以千金之躯亲临前线，真是岂有此理？能出此言，可见晁错这竖子毫无上下尊卑之念，真是乱臣贼子！然而，虽见皇帝面色不豫，但仍沉默不语，故窦婴亦不好直接开口斥责。

侧目而视晁错良久，窦婴又思及袁盎数日前之请托。袁盎因收受吴国贿赂而遭有司弹劾，被罢官居家。数日前，吴楚举兵檄书传至长安时，闲居在家的袁盎大恐，遂连夜至府，求能引荐至朝中入陛，面呈吴楚之事。吴楚檄书言诛杀晁错，袁盎为何如此震恐？盖因袁盎收受刘濞财帛之事本非大事，然吴楚既然举兵，则袁盎即有"谋反"之罪。试想，晁错此人刻薄至甚，与其素来不善的袁盎又有"谋反"之实，则必遭其毒手。正因如此，袁盎当日才至府请托。不过，此时殿中所议乃吴国之事，袁盎又有"前科"，建议皇帝允其此时入陛似并不合适。而且，朝中盛传晁、袁二人关系之恶劣已至不同坐一席之地步，此时令袁盎于陛前论政，恐有不妥。

然而，如此安坐不言亦非长久之计，故思虑再三，窦婴仍决定举荐袁盎：“陛下，兵者大事，当从长计议。《孙子兵法》曰：‘知己知彼，百战不殆’，故吴相袁公久居吴国，深明吴国之事，臣以为既事不能决，莫如问计于袁公。”

言及袁盎，晁错果面色不善。所幸沉默片刻后，皇帝仍不顾晁错，而令谒者召袁盎入陛。谒者连夜通传，袁盎亦连夜入宫。不过，俟其至殿中，视其蓬头污面，颇为狼狈，实在是有失礼节。当然，十万火急之时，实不需注重虚礼。果然，皇帝亦未就此问罪，而是直接开口言东南之事："袁公，今吴楚联兵三十万已经逼近梁国。荆楚之兵甚精，更兼有田禄伯为将，势不可挡。袁公既为故吴相，可有良策？”

却见袁盎捻须对曰："陛下，此事不足为虑，朝廷兵出崤函，吴楚且夕可平。陛下所虑者，不过吴王开山铸钱、煮海为盐以诱天下豪杰，故兵饷充足。然臣愚以为吴铜、盐之利虽有，豪杰之士实无。陛下试想，如吴王确有豪杰之士辅佐，又岂会行不臣之事？今集于吴楚者，不过亡命之徒耳。故荆楚之兵虽勇，但其势必难以持久。故此，吴楚不足为虑！”

此言可谓有理有据，故皇帝大悦："计将安出？”

皇帝有疑，人臣自当知无不言，然袁盎却沉默少顷，称屏退左右方可进言。待屏退殿中侍从谒者、郎官后，袁盎则侧目视晁错，又称："臣之言，人臣不得知。”

所谓之“人臣”虽未指名道姓，但自是侍从在侧的晁错。然文帝信臣宋昌曾言“王者不受私”，晁错乃殿陛信臣、御史大夫，涉及吴、楚之事被要求退出殿中，实为不妥，亦是对其之不尊。故此言一出，果见晁错有愤然之色，必是心中已然怒极。不过事关重大，亦不得不从权，故窦婴起身建言："烦请御史大夫至东厢稍待。”

待晁错退至东厢，窦婴亦退至殿角。侧耳细听，隐约闻袁盎言："吴楚传檄天下，言高皇帝子弟各有封地，此乃祖制，今贼臣晁错削夺诸侯之地，故而举兵。吴楚所欲者，不过诛晁错、复封地耳。为今之计，唯斩晁错，遣使赦吴、楚之罪。非如此，吴楚不退。”片刻后，又听袁盎催促之言："臣只是献计，还请陛下决断。”

袁盎此言大谬。需知，刘濞暗中积蓄多年，其举兵檄文已有明言。既然早有举兵之意，则今日朝廷诛晁错，刘濞亦不会就此退兵。而且，即便朝廷诛杀晁错后吴楚确实如约退兵，朝廷颜面何存？是否以后藩王对朝廷稍有不满，朝廷皆要援引此例而让步？诚如此，岂不宗藩颠倒？若言晁错此前是欲借吴楚之事而报复袁盎，则袁盎此计无疑为反借吴楚檄书诛杀晁错。由此观之，袁盎此人，在朝中虽以刚直敢谏著称，但心胸太过狭隘，在社稷倾颓之紧要关头竟弃君威朝政于不顾，而欲借皇帝之刀图一时之快。此行此举，实非君子之所为。由此观之，当年文帝将袁盎以中郎将外放至陇西为郡尉之缘由，大约正是知其性格过于刚直偏激，不能大用。

然而，窦婴却并不打算出言谏之。为何？盖因诛晁错实乃大势所趋，无罪亦需诛之。正如吴、楚檄书所言，分封乃高皇帝祖制，晁错擅削诸侯，确实违背祖制，无可辩驳。如不诛晁错，则势必难以向天下诸藩交代。诛杀晁错，无论吴、楚退兵与否，皆可令吴楚失去举兵之理由。而且，朝中大臣如周亚夫等莫不与晁错关系恶劣。若晁错仍在朝堂之上，而朝廷又要用周亚夫统兵击吴，则如何能使群臣协调和睦？《太公兵法》云："杀一人而三军震者，杀之；赏一人而万人喜者，赏之。"今诛晁错一人虽不能令三军震，但却可让诸藩喜、群臣睦，则理当诛之。

话虽如此，令皇帝决断诛杀晁错亦非易事。需知，晁错自文帝时即任东宫家臣，与皇帝感情深厚，且削藩主张亦是皇帝所赞同。故若因平吴、楚之怒而诛杀晁错，则皇帝难免落下寡恩之名。再者，晁错殚精竭虑思削藩之策，是为朝廷而思，甚至据传其父死于家中亦不顾，实乃忠贞能臣之楷模，若就此诛杀之，亦令天下智谋之士寒心。正因如此，袁盎此语一出，皇帝嘿然良久不答。殿中沉默良久，方隐约闻皇帝言："我虽不明，亦不会因宠爱一人而自绝于天下！"

议事已毕，待退出大殿之后，却见袁盎敛容向窦婴拱手："窦公，承蒙举荐，陛下已拜袁盎为太常。蒙陛下不弃，明日袁盎将持节东出，至洛阳会吴王，议休兵事宜。晁错贼臣，不诛之不能安社稷。"

晁错虽削藩过激，但亦为朝廷而削，言之贼臣，稍显刻薄。不过，见袁盎此时意气风发，窦婴亦不愿多言，唯有拱手致意，快步出宫。

十日后，正月壬子，窦婴奉诏入朝，参与讨论平吴之朝会。入殿之后，极目四顾，果然未见御史大夫晁错在列。待皇帝入殿后，丞相陶青、中尉陈嘉、廷尉张欧联名上疏弹劾晁错，其辞曰："吴王反逆无道，危害宗庙，天下当共诛之。今御史大夫晁错云：'吴楚之兵百万之众，其势极盛；朝廷公卿皆非可信之人，陛下可亲自将兵击吴，晁错留守关中。徐、僮及周边未攻占之地可弃与吴楚。'此乃无视朝廷社稷之语也。晁错既为御史大夫，不称颂陛下德义诚信却欲疏远群臣百姓，又欲割城于吴，毫无人臣之礼，实属大逆不道。故臣等如法而议，晁错当腰斩，父母妻子同产无少长皆弃市。"

虽言"如法"，可晁错其人此时并不在殿中，亦无申诉之机，如此"如法"，岂非儿戏？晁错固当诛杀，可如此"如法"诛杀，实在有失皇帝之德。岂料退朝之后，还有更为儿戏者：据朝中好事者言，中尉陈嘉奉诏召晁错"绐载行市"。绐者，诒也，即欺骗之意。行市，即巡查长安东西两市的市场。堂堂御史大夫，朝廷三公大臣，竟被欺骗巡行市场，然后身着朝服，斩于东市……

当年，被文帝如贾谊一般寄予厚望的辅弼之臣，被引为"智囊"之能臣，竟死于"绐载行市"，岂不哀哉！

晁错之远见卓识毋庸多言，其提出之《论贵粟疏》《言兵事疏》《举贤良对策》《令民入粟受爵疏》诸策对汉之治国策略皆产生深远影响。然而，其治国理政并非毫无缺点。晁错为御史大夫不过一年，即"更令三十章"，可见其治政之急迫。国家人口、户籍千万之数，政令之制定、实施，必慎思、慎行，岂能如此急迫？治政急迫之后果，有秦人二世而亡之前车。由此观之，晁错虽有治政之才能，但因未经历练而不够沉稳。当初文帝嘉其奏疏，而不用其策，确有远见。

晁错治政急迫之根源则在于其人"峭直刻深"，晁错之死亦与此并非毫无关系。当年贾谊与功臣元老关系恶劣，确实是因为政见不同。可是相比贾谊，晁错不仅与如申屠嘉这般功臣元老关系恶劣，与朝中如窦婴、袁盎等年轻一辈亦关系极差。但凡谈及晁错，则朝中大臣无论何人皆会以"峭直刻深"称之，几乎无一例外，由此可见晁错为人。无论如何，以"峭直刻深"将本人置于朝堂之对立面实为不智。故晁错之死，既是他人落井下石，亦是性格孤僻，自取其祸。

正因如此，即便其为国而死，但难能得公正之评。数十年后，当司马迁论及晁错时即认为："晁错为家令时，数言事不用；后擅权，多所变更。诸侯发难，不急匡救，欲报私雠，反以亡躯。语曰'变古乱常，不死则亡'，岂错等谓邪？"所谓"擅权"，即依仗皇帝宠爱而强硬削藩之事。而所谓"不急匡救，欲报私雠"，当指吴楚事发后，晁错主张从重法办袁盎之事。然袁盎既为故吴相，又有不法，非常之时从重法办并无不妥，故以此指责晁错"变古乱常，不死则亡"或有不公。相比司马迁之语，班固之言似更为公正，其言曰："悲夫！错虽不终，世哀其忠！"

第四十七章　　棘壁之战

清君侧，诛晁错。今按吴楚檄文之意，晁错已诛，君侧已清，则吴王刘濞当罢兵归国，还天下安定。于是，携晁错已诛之文书及朝堂君臣之期望，新任太常袁盎出长安后日夜兼程至梁国睢阳。与袁盎同出长安者，还有新任宗正德侯刘通。

宗正，乃执掌宗室事务之二千石列卿，向以宗室为之。且按朝廷惯例，宗正又多以在宗室中辈分较高的楚元王一系为之。高后时，楚元王刘交之次子上邳侯刘郢客为宗正。刘郢客归藩即位后，朝廷又以刘郢客之弟平陆侯刘礼为宗正。刘礼为人沉稳，忠贞廉直，为何骤然以刘通代之？

其实，朝廷此举乃欲借此缓和与刘濞关系。德侯刘通者，乃刘濞之侄、德哀侯刘广之子。当年，高皇帝为大封同姓，以毫无治国之能的仲兄刘仲为代王（即代顷王），并将其二子刘濞、刘广留于长安。刘仲虽无能，但刘濞、刘广却颇有统兵之略。汉十二年平英布之战，二人皆随从高皇帝将兵出征，并因功而封沛侯、德侯。高后三年，刘广病逝后，德侯爵位便传至刘通。不过，刘通继承爵位虽早，却一直未在朝中任职。值此非常之时，朝廷拜刘通为主管皇家宗族事务的宗正，甚至赋予其随从袁盎使吴之重任，自然是希望刘濞能念及同宗之面，顾念一二宗族之情。而且，朝中派出地位较高的两位二千石列卿同为使者，亦足见休兵之诚意。

然而，时殊事异，今时已经不同往日。为何？盖因吴楚二军屡战屡胜，梁军损失惨重，朝廷苦心经营多年之久的梁国防线已摇摇欲坠，难为屏障。

不久前，吴、楚举兵消息传至睢阳之时，梁王刘武即下令征发军士，并调梁军于睢阳东部七十余里之棘壁构筑营垒，屯兵驻守。刘武之所想，是欲以逸待劳，予吴楚二军迎头一击，即便不能击溃吴楚二军，亦为睢阳防备争取有利之机。

然梁国固然备战周全，但刘濞亦早有谋算。当年汉军征讨淮南，英布亦曾于蕲县以西筑营以逸待劳。当时，刘濞即受高皇帝之命将轻骑纵淮南军左右两翼，结果将素有猛将之称的楚汉名将英布打得大败奔逃。刘濞之用兵，颇通《孙子兵法》"兵之情主速，乘人之不及"之道。刘武区区陋计，岂能谋算精于行伍的刘濞？结果，梁军尚在构筑营垒之时即为吴楚二军所乘，一战大败，被阵斩万余级。得胜之后，吴楚二军乘势而进，直抵睢阳城下。

需知，刘武虽未亲历战阵，但梁国诸将并非毫不知兵。且早在吴楚举兵之前，刘武即在朝廷支持下，整军经武，积极备战。梁国将校曾报：梁军车骑、材官数十万，校阅战阵，未曾懈怠，修治甲兵，不敢欺罔。可见，梁国甲士之精，车骑之锐，居关东诸郡国之前，实为可堪一战的虎贲之士。可谁能想到，棘壁之战，吴楚二军大获全胜，而本欲以逸待劳之梁军却损失惨重。数万梁军在早有准备之下凭借坚垒竟被打出如此战绩，可想而知若正面浪战势必全军覆没。正因如此，此首战之溃，实令梁军上下士气大丧。

既然据营垒自守大败而归，正面作战又毫无胜算，则唯有死守国都睢阳而坐观吴楚二军攻城略地。因此，棘壁大败后短短数十日，士气已丧的梁军屡战屡败，梁国东部之虞县、平乐等大县相继陷落。诸县尽失，则无异于睢阳羽翼已断。羽翼已失，则睢阳虽坚，亦难以万无一失。且溃败之军，困守孤城，若无智谋勇敢之士，岂能复振？故而，睢阳已危矣。

睢阳危，则朝廷亦危。睢阳扼守于睢水之上，为连接黄河、淮河的枢纽为关东重地。若睢阳一旦告破，则睢水至鸿沟之六百里水道便贯通无阻。如此，吴楚之三十万步骑便可以舟师自淮泗口经谷水、睢水下鸿沟，投送至荥阳城下，自淮泗口囤积之粮秣亦可沿水道快速支援。如此，吴楚二军可向西推进四百里，直接深入河南郡。诚若如此，自河南、颍川以东之关东诸郡将不复为朝廷所有，汉军唯有退至荥阳、广武一线重组防线。彼时，天下之归属，未可知也。由此观之，棘壁大溃，梁国难守，朝廷大军未出，已然先败一局。

西汉梁王陵兵马俑

棘壁大败之消息，袁盎诸人本不知，直至数日前出河南郡至砀郡之陈留县时，才深感梁国境内人心离散，形势危急。待询问梁军游骑后，袁盎方知梁国东部十余县已基本失陷，唯国都睢阳及北部之昌邑、定陶诸县尚在梁国掌控之中。在形势对朝廷如此不利的情况下，令连番大胜的刘濞退兵，岂非痴人说梦？因此，骤闻梁军兵败，袁盎只得仰天长叹。

然朝廷符节在此，总不能未见刘濞即回朝复命。因此，大致向梁军游骑询问睢阳形势后，袁盎与刘通遂自陈留顺睢水而下，经襄邑至睢阳城下。

此时，睢阳城下已经连营一片，处处皆为骁勇的荆楚之士。袁盎与刘通前进不得，为吴军游骑所执，示以朝廷符节后，即被带入吴营。然而，至营中后，却又被吴军甲士控制于主将营帐之外。良久沉寂，才被告知只准刘通一人入帐。无奈，袁盎只得在营外持节等候。谁料，刘通入营不过片刻即闻营帐中刘濞大笑之声传至："寡人已为东帝，还跪拜何人？"

刘濞不但不会退兵，还要与朝廷对立，称东帝！照此看来，数十日前信誓旦旦于两宫之间所夸之海口，称"诛晁错，则吴楚自退"，无论如何也不可能做到。然使命未成，如何回报朝廷？正在思虑之时，却又闻营帐内再度传来刘濞之语："吾闻我故吴相袁公来使。侄儿速速回报刘启竖子，云袁公已为我吴将，明日即为寡人将兵击汉矣！"

骤闻此语，袁盎惊骇失色。既居吴数年，袁盎对刘濞之谋划又岂能不知？需知，自己曾为陇西郡尉，在陇西统兵数年，颇通战阵，特别是熟知吴军诸将颇为陌生的车骑战法，故为刘濞急需之将才。此外，以二千石列卿之首的太常降吴，对朝廷之威信亦是重大打击。正因如此，刘濞才会强逼"招揽"。刘濞以此言辞欺骗刘通，正是欲令朝廷深信他袁盎已降吴！此言若真为朝廷所信，则袁氏举族无遗类矣。不言他人，此时皆在朝中为官的长兄袁哙及侄儿袁种，必被牵连诛杀。刘濞之用心，何其歹毒！正因如此，稍作思虑后，袁盎不得不于营帐之外高声喝骂，言至死不降。岂料高呼数声后，即闻营帐之中刘濞大笑："袁公为将，岂能无人护卫。寡人调一都尉领五百甲士护从袁公入营。"

片刻之后，即有一都尉领五百甲士至此。见其身后披甲执戟之五百甲士，恐稍有不从，则立死于此。事已至此，只得暂时依令随从都尉前往西南军营营帐。

袁盎入营帐之后，五百甲士则聚于营帐之外。本欲至夜间防备稍稍松懈时越营奔逃，岂料苦等至夜幕之时，五百甲士亦不散去。欲闯帐而出，可随身携带之环首刀已被收走，此时手中唯有朝廷所授之符节。赤手空拳岂能击杀五百甲士？左思右想，终感无计可施，只得于营帐之内彷徨徘徊。

数日后夜深之时，军帐之中突然闯入一位披甲执戟的吴军司马。本以为断头之日已至，岂料此吴军司马入营后竟立即免胄大笑："相君，可还识得下吏？"

吴楚军营之中，岂有故交？袁盎惊魂未定，只得借微弱月光侧目细观。然而，观此司马面目虽熟，却实在不能记起到底是哪位故人。摇头示意不知后，却闻司马言："下吏乃吴相从史！袁公至广陵为吴相，曾辟用下吏为从史。下吏至相府数日，与袁公侍婢情不能自已，私订终身。袁公虽知此事，但亦不以为意。其后事泄，下吏奔逃，袁公竟驱马而追，并以侍婢赐予下吏，且复下吏从史之职，待下吏如故。袁公此恩，虽死无以为报！袁公回长安，下吏仍为从史。及至吴王举兵，下吏受召入军，故为军中司马。"

原来，此司马乃当年之吴相从史，果是故人！然而，互道别来之意后，此故友却郑重跪地，言明来意："袁公，下吏既曾蒙大恩，岂能不报？听闻袁公深陷军营之中，下吏即变卖随身财物，灌醉守营士卒前来相见。今夜如不速速离去，吴王明日必斩袁公！幸赖大寒，营中防备松懈。今事已急，迟恐生变，袁公可随下吏立即离营。"

然而，若就此逃遁，则此故友何去何从？故思虑再三后，袁盎断然拒绝："君有双亲在上，今一走了之岂不连累于君。"

可是，司马之意甚坚："下吏已安排妥当，袁公不必多虑。袁公出营后，下吏即与父母妻儿弃官逃匿。袁公速速离营，莫要犹疑。"言尽于此，已不能犹疑不决，袁盎遂在司马掩护下离开吴营。

自西南角出吴军营门之时，深感在生死之际频频徘徊的袁盎亦感慨万千。谁能想到，当年无意之举，今日却换来救命之恩？谁又能知道，此次使吴竟是如此结果？袁盎喟然长叹，随即解下符节匿于怀中，并借微弱月光向当年故人拱手道别："议和既不成，袁盎料王师不日将东出征讨。然今梁楚之间，云集五十万之众；诸齐之地，亦聚兵二十万，恐王师亦难以速胜。若两军相持，则天下糜烂，将如秦末之鼎沸。此一别，不知以后能否再次相见。"

拜别司马，袁盎拄节杖，顶寒风连夜北奔。途中滚爬数十里，天色微明之时终遇一队游骑。视其旗号、甲衣，当为梁军而非吴军。袁盎大喜，遂出示符节呼救，终逃出大难。

222

稍事休息，袁盎遂询问游骑战况如何。却闻疲惫已极的梁军司马答曰："我乃大将军张羽部下骑司马。荆楚之兵骁勇异常，我军数战不利，已退入睢阳城中，形势万分危急。赖大将军张羽力战，中大夫韩安国死守，睢阳城防方不至于一发不可收拾。前日听闻朝廷以周中尉为太尉，将尽起大军出关，故大王已遣使急赴荥阳求援。"

原来，在袁盎被滞留吴营这数日之中，两军又交锋数次。在吴楚二军猛攻之下，梁军数败数却。因势不能敌，故除留下部分兵力屯守周边诸县外，梁军之主力已全部退入睢阳城中凭坚城死守。然吴楚攻城甚急，虽有张羽、韩安国守备城池，形势仍愈发危急。刘武深恐城破，故遣使突出城外，至荥阳求援。

"无援不守"乃兵法之常理。梁军数败，胆气已丧，若无援军，势必难以维系。然骑司马虽言朝廷已尽起大军，却不知此时大军进抵何处，何时能至。

第四十八章　　太尉将兵

就在袁盎获救之时，朝廷讨伐吴楚之军一部已在太尉统帅下，进抵河南郡治洛阳。太尉者，故丞相绛侯周勃之子条侯周亚夫。

因听闻晁错已诛，吴王刘濞却仍拒不退兵，其不臣之心昭然若揭。既然如此，唯有讨之。当时，经朝议，朝廷拜窦婴为大将军，迁中尉周亚夫为太尉，令二人共同负责统领全军，剿灭吴楚叛逆。

太尉，金印紫绶，掌武事，乃朝廷最高武官。自高皇帝以来，朝廷能为太尉者，不过数人。因此，得授太尉一职，可谓极为荣耀。然而，太尉虽为掌武事之最高官职，大将军亦是朝中统兵之最高将军，因二职所掌有重合之处，故一般不会同时设置。可此时朝廷却二职并立，岂不令人深思？

其实，如此设职并不难理解。兵者，事关国家之生死存亡，亦是皇帝之器，不常授人。自高皇帝以来，汉之太尉便不常设。孝文前元三年上一任太尉颍阴侯灌婴迁丞相之后，朝廷不设太尉已二十余年。然今吴楚势大，不但需设太尉一职，甚至还需以举国之兵授之。然正如当年始皇帝以举国之兵托王翦时亦曾犹疑不绝，今以举国之兵相托周亚夫，亦难以令皇帝安心，即便周亚夫为文帝临终所托信任之人。正因如此，拜周亚夫为太尉之时，朝廷又以外戚窦婴为大将军。太尉、大将军二职并立，实乃二分兵权，以备不测。朝中盛传窦婴将兵出屯荥阳，而周亚夫则统兵东出直讨吴楚即是明证。

毋庸置疑，此分兵平衡之术即申韩法家所倡之"术"。皇帝既深受晁错影响，对此"术"自是颇为纯熟，故有二职并立之举。

不过，颇为有趣的是朝廷虽用心良苦，可朝中却传言窦婴起初并不愿领大将军之职。数日前朝廷准备拜将之时，素来以"任侠"自居的窦婴竟以重病在身而推脱。窦婴无病乃朝野皆知之事，此病不过"心病"而已。此"心病"源自窦太后。窦婴因曾力阻以梁王刘武为储而被窦太后所嫉恨，结果身为窦氏族人却被除去门籍，令朝中所笑。试想，既有如此尴尬之处境，窦婴又岂能心安理得披挂上阵？最后，据闻其后皇帝亲自登门，称："天下之势危如累卵，王孙岂能此时置气？"窦婴方受命领符将兵。

皇帝何以屈尊至此，实乃窦婴此人虽未亲临兵阵，但确有韬略，可堪大用。不久前，晁错在朝中提出削藩，无人敢于反对，唯窦婴提议削藩不可过激。由此观之，窦婴对吴楚举兵之事已有预料。非仅窦婴极具政治远见，其人气度恢廓，慷慨激昂，亦有英雄之气，在朝中也颇有威望。据传前几日朝廷任将之时，窦婴曾将朝廷所赐之千金巨赏全部摆列于走廊穿堂之侧，不私受一分。属下将校凡经过者，则酌量取用，以激励奋勇作战。可见，窦婴亲临一线统兵作战或有不足，然以大将军协调各部，督促诸将杀敌却是才堪大用。社稷不安之紧要关头，如此人才当需大用，何况窦婴乃诸窦子侄，实为寻常外姓难及的两宫信用之"家人"。

不过，听闻陪同在侧的校尉邓先言及朝中此番趣闻轶事，已至函谷关的周亚夫亦无心思理会，毕竟窦婴虽领大将军印，但其职责不过坐镇荥阳而已，真正将兵平叛之责还是他周亚夫一肩担之。然思及吴楚势大，梁军数败之形势，周亚夫亦深感此等重担实难承担。更何况，此时手中可用之兵尚未集结完毕。

汉制，京师有南北二军之屯。南军卫士二万人，由卫尉执掌，分驻长乐、未央诸宫，宿卫宫中；北军诸营由中尉执掌，集中屯驻城北。相比南军卫士有执戟宿卫之责，不宜轻动。北军诸营因中垒、步兵、虎贲、越骑、屯骑、射声车骑俱全，建制完整，可即发即战，故专司征伐，讨平不臣。文帝时朝廷数次击胡，即动用北军。然而，自孝文前元十四年萧关之战至后元六年三营屯长安，北军诸营之表现堪称拙劣，既不如西北诸郡骑士，亦不如三河材官①。相反，荆楚之民"好用剑，轻死易发"，故荆楚甲士尤为勇悍，非北军能比。以北军诸营之兵力、战力，面对如此强敌，实难取胜。既不能寄希望于北军，则唯有征调关中及周边诸郡之郡兵，以绝对优势之兵力讨平吴楚。正因如此，在朝堂对策时，周亚夫即上疏朝廷，

① 三河，指河东、河内、河南三郡。材官，即秦汉时征召自各郡的步兵的统称。

以羽檄发诸郡郡兵。

然朝廷虽认可调集郡兵，可几十万郡兵集结所需时日颇长。若等诸郡郡兵悉数集结完毕再举兵东出，则恐关东已非朝廷所有。故而，领取虎符之后，周亚夫不待全军集结即将数万前锋自关中紧急出发。

领兵出函谷关后经数日行军，经渑池、新安诸县，顺利进至洛阳。本欲在洛阳休整数日等待诸军汇齐后再东出梁楚，寻机与吴楚决战，可至洛阳次日便有梁国使者驰至。梁国使者言梁国危急，大军当立即东出救梁。然而，此时洛阳可用之兵力，不过北军一部、周边诸郡郡兵及紧急动员之三河材官数万人，而五百余里外吴楚二军则三十万之众，兵势极盛，士气如虹。如此情况下，即便汉军全军抵达亦难与之争锋，何况兵少。一旦草率决战，祸福恐将难以预料。可是，刘武乃皇帝同产弟，素宠于两宫，今若不救，势必为其所嫉。救与不救，真是进退两难。因此，接见梁国使者后，周亚夫遂召校尉邓先商议。

邓先，汉中成固人，曾为周亚夫父周勃之舍人，文帝中代张释之为谒者仆射，侍奉于两宫之间。因邓先其人"多奇计"，故此次击吴楚调出为校尉，留用于军中。然当问及睢阳之事时，邓先则反问："太尉既然与陛下已有定策，又何须询问邓先？"

邓先所谓"已有定策"是指数日前入陛领虎符时，曾与皇帝对兵事之议论。当时，周亚夫曾以荆楚兵锐，难与争锋，故献邓先所提议"以梁委之"，再伺机绝其粮道之策于朝廷。此策提出后，皇帝不但当面许可，授临机专断之权，甚至还将年仅十五的皇子汝南王刘非派至军中为将，随从平叛，足见态度之坚决。正因如此，故邓先称"已有定策"。既然已经确定"以梁委之"，则岂能因梁使求援即轻易已定之策？是故，闻邓先反问，周亚夫亦大笑："邓校尉之言是也。素闻荆楚之兵勇猛轻捷，然难以持久。《孙子兵法》既云'兵之形，避实而击虚'，则我当避其正锐之际，而击其丧气之时。然梁王数请，亦不可不应，亚夫决意将轻骑一部先出荥阳，以稍稍稳定梁王之心。"

下达命令后，周亚夫又急令诸军速速至洛阳集结。军令下达十余日中，朝廷羽檄亦频频飞驰。凡羽檄至者，则大发部曲，向洛阳进发。近者，内史材官及三河材官全部动员，数日即抵河南郡；远者，陇西郡守公孙浑邪及骁骑都尉李广将陇西、北地、上郡三郡骑士数万人亦进至函谷关外。半月以来，河南郡境内已集结步骑三十万之众。不过，大军虽集结完毕，却不能立即投入战场。按照预定方略，诸军必须先至洛阳统一整编。

洛阳，乃周公所建，其后平王东迁，定都于此。秦并天下，以洛阳为三川郡治，命丞相李斯之子李由屯兵于此。高皇帝定海内，曾一度以洛阳为都而欲大力营建，后因奉春君刘敬及留侯张良谏诤而西迁关中。然汉虽都长安，洛阳亦为河南郡治，天下都会。历数代之经营，气势非凡的洛阳城池亦远非普通郡治可比，如洛阳南宫即蔚为壮观，为仅次于长安未央宫之宫室，为天下诸郡所无。最为重要的是，洛阳建有武库，其中储存足以装备几十万人的精良兵甲。今汉军动员急迫，难免备战不周，各部抵达洛阳便可就近开用武库之兵装备，以减省成军时间。因方略周详，汉军诸部数日之内即于洛阳完成初步整编。诸军基本整编完毕后，周亚夫遂下令三十六将将兵经巩县出成皋，至荥阳会兵。

数日后，汉军三十六将及窦婴全部抵达荥阳，周亚夫即召开军事会议，发布进兵方略：周亚夫亲将三十六将主力沿鸿沟—睢水南下梁楚，直击吴楚主力；曲周侯郦寄北渡黄河，与河间王太傅卫绾所率河间兵合攻赵国；故燕相栾布与曹参之孙平阳侯曹奇将所部自三川东海道东出广武，经东郡击齐，救援临淄；窦婴所部出屯荥阳，监齐赵之兵；曲城侯蛊捷则将兵南下江淮，以稳定淮南诸国，同时威胁吴楚后方。时机成熟之时，诸部需配合梁楚一带汉军主力进行决战。

按此部署，主持齐赵及淮南战场之栾布、郦寄、蛊捷三将并不属于周亚夫直接节度，而是独立作战。所以令三将独立作战，亦为三人资历甚深之故。

蛊捷之父，乃高皇帝开国功臣蛊逢（亦作虫达）。当年高皇帝至砀郡，其父蛊逢将卒三十七人从，至霸上晋爵执珪，迁为二队将，调属周吕侯吕泽军。楚汉决胜时，蛊逢以都尉破项羽军于垓下，以功封侯，四千户。郦寄之父，即高皇帝开国功臣曲周侯郦商。汉二年高皇帝将兵西进，兵至陈留，郦商与广野君郦食其将陈留兵四千从。高皇帝入关，郦商将兵别定巴蜀，还定三秦，取陇西；后东出击楚，因功封侯。论出身，周亚夫虽与郦寄、蛊捷二人相同，皆属功臣之子；然论资历，周亚夫实不如早在二十余年前即于朝中任职的郦、蛊二人。故二人皆独立领兵，周亚夫并不直接干涉。

相比郦寄、蛊捷，栾布资历更深。栾布，梁人，少时与梁王彭越友善。二世元年彭越流落至巨野为盗后，栾布则被掠卖至燕为奴隶。至燕后，栾布因为主复仇，故为燕王臧荼所看重，被拜为都尉。汉五年高皇帝平燕，栾布兵败不敌，为汉所掳。其后，因彭越进言，栾布故得释，并至梁国为中大夫。汉十一年彭越被诛后，栾布亲至洛阳冒死哭祭，为高皇帝敬重。孝义前元初，栾布外调燕相，成为二千石封疆大吏。据传为燕相数十年中，栾布亦颇有治政建树，以致燕国吏民常为其立社，号曰栾公社。不久前吴楚举兵时，因窦婴极力举荐，栾布才不得已再度披挂上阵。如今朝中真正亲历秦楚之间，曾随高皇帝驱驰之将，唯有栾布一人。作为高皇帝时代仅存之老将，栾布实与周亚夫之父周勃平辈，其征战沙场时，周亚夫甚至还未出生。

汉军军法虽极为严苛，然军中不能不讲究资历、功劳。今周亚夫虽以太尉统兵，但毕竟属后辈，且寸功未立，在军中难免资历不足，欲如臂使指一般调动郦寄、盅捷并不容易，调动有"有德者厚报之，有怨者必以法灭之"之名的栾布则更为不易。面对吴楚二军之时，一旦将帅不和，则军败身死。正因如此，郦寄、盅捷及栾布皆被赋予独断之权，以避免相互掣肘。

第四十九章 　　避实击虚

　　无论是否受太尉周亚夫节制，诸路汉军皆有明确作战对象。于是，按既定部署，除大将军窦婴屯荥阳不动外，诸部汉军皆自荥阳开拔。

　　栾布、郦寄、蛊捷三将出发后，汉军主力亦自荥阳拔营，沿鸿沟而下，经武强、曲遇诸县进至大梁。抵大梁后，随从周亚夫的将校接到军令，言太尉聚将军议。至主将营帐通报军情后，却闻周亚夫随即下达命令：“骁骑都尉，你部骑士即刻出发，奔袭昌邑！”

　　骁骑都尉，非他人，正是军中声名显赫的陇西李广。不过，今日之李广已非孝文前元十四年萧关之战时之良家子。新帝即位时，李广即以武骑常侍外放至陇西，代袁盎为陇西郡尉。以八百石而骤升比二千石大吏，且为极重要之边郡都尉，足见朝廷之信用。不过，此陇西郡尉仅任一年即再度征调至朝中，迁为执掌朝中骑郎之骑郎将。李广因有善将骑士之名，故大军出关时被临时调至周亚夫军中为骁骑都尉，与老将公孙浑邪分掌陇西骑士。

　　然李广勇则勇矣，但谋略稍显欠缺，故此时闻周亚夫调己至昌邑，仍然不甚明了。需知，此时救援梁国方为当务之急，毕竟两军相交，瞬息万变，若梁国崩溃，则后果将不堪设想。即便不言梁国崩溃之被动局面，梁王刘武一旦稍有不测亦会令两宫震怒。而且，大梁至睢阳不过三百余里，汉军步骑交加，顺鸿沟而下，五日便可抵达，与吴楚决战。且汉军顺流而下，可谓势如破竹。彼时，汉军与睢阳梁军里应外合，将吴楚二军一举击退也不是不可能。如此部署，方为用兵之正道。而且，据传吴楚攻拔棘壁后，曾分兵一部急攻昌邑城，然依靠昌邑城坚，昌邑令又守城持重，故吴军屡攻不克。此时吴楚既聚兵于睢阳城下，则昌邑亦毋需救援。可是，此时却舍睢阳而与吴楚偏师争夺区区昌邑，岂非主次不明？

不过，周亚夫却笑答："若进兵睢阳，方算主次不明。今我步骑三十余万直至砀郡，声势浩大。吴王熟知战阵，狡诈有谋，岂能不知？既知汉兵至，彼岂无备？我料我军步骑兵至睢阳，必遭其迎头一击。且吴楚二军一月数胜，此时正是士气极盛之时。相反，梁军屡战屡败，损失惨重，军心低迷，恐难以出城应我。我无备又无应，而彼以逸待劳，则势危矣！再者，贸然决战亦有违与陛下所定之谋，实乃下下之策。故此，我军不能急进睢阳。"

不能急进睢阳，却为何先取昌邑？只见周亚夫少候片刻，手示舆图解释："昌邑，乃梁国东北大县，其城北靠巨野泽，西接定陶。自昌邑南下一百四十余里即梁都睢阳，再南下二百余里则楚都彭城。轻骑奔驰，皆一二日内可至。我军若能掌控昌邑，并于此构筑营垒，则既可随时声援睢阳之梁军，亦可威胁吴楚后方，令吴楚不敢全力攻梁。且自昌邑向北过无盐、富城诸县，即济北国境。屯兵于此，还可配合栾布威逼诸齐。我闻吴楚积粟囤积于淮泗口，待时机成熟，即可遣轻骑击之。由此观之，我得昌邑，大为有利；反之，吴得昌邑，亦可连接诸齐以威逼我师。《孙子兵法》云：'我得则利，彼得亦利者，为争地。'以兵法而论，昌邑乃既可避实又可击虚之'争地'。若舍昌邑而就睢阳，岂非主次不明？"

周亚夫如当年淮阴侯韩信一般，治军素以严格著称，今既已解释方略，则不得随意质疑，否则势必难逃军法。于是，李广便不再疑问，立即将所部陇西骑士出营，长途奔袭昌邑。

所谓"兵贵神速"，出大梁后，李广不作丝毫停留，将轻骑向东，一日夜疾驰二百余里，顺济水经济阳、宛朐及定陶诸县，直抵达昌邑城下。进至昌邑城外，已隐约可见吴军之战旗，然视其军阵营垒，竟已有散乱之象。毋庸置疑，此部吴军必是强攻数日而不能克城，故军心已然松懈。常言荆楚兵骁勇，但不能持久，此言果真不虚。其势既已衰，且毫无戒备，正是突阵破敌之时。故稍事休整，李广即下令骑士立即战斗，向城下吴军发动突袭。

军令既下，李广身先士卒执戟突阵，直驱城下之吴军校尉，并斩将搴旗。主将突阵，全军振奋，莫不以一当百。激战一日，城下吴军全军崩溃。

昌邑得胜，李广遂遣使急传捷报至大梁，上陈军情，并遣游骑四出，侦测吴军战备。数日后，周亚夫大军步骑交加，进抵昌邑，并按预定方略构筑营垒。孰料营垒建成后数日，即有梁国使者驰至。营帐之中，但见此使者声泪俱下，言梁军与吴楚激战数场，死伤极为惨重。然因吴楚日夜蚁附不息，冲车钩援不绝，轮番攻城，墙垣毁坏多处，城内已尸骸枕藉。当此之时，梁王已以千金之躯披甲执矛，登城作战。若不速速发兵驰援，则睢阳旦夕将破。

使者所言，恐非夸大其词。需知，梁国带甲之士约十万之数，然棘壁一战即损兵数万之众，可谓伤筋动骨。棘壁败后，梁军数却，未有一胜，必亦有死伤。至睢阳城下之游骑亦曾言此数日中吴楚确实日夜围城攻打，一日未歇。《孙子兵法》虽云："疾战则存，不疾战则亡者，为死地。"然援军不至，睢阳无论疾战、缓战皆将成为"死地"。由此观之，梁军确实已有山穷水尽之势，而睢阳亦确实危如累卵。朝廷大军如不及时遣兵南下，则梁国不无随时崩溃之可能。因此，见此梁使言毕，伏地泣涕不休，诸将亦颇有不忍之色。

岂料，周亚夫却大笑答曰："贵使言重！亚夫闻战国之时，梁国甲士能'衣三属之甲，操十二石之弩，负矢五十，置戈其上，冠胄带剑，赢三日之粮，日中而趋百里'。如此骁勇虎贲，岂惧区区吴楚亡命？亚夫又闻梁王知兵善战，有材武之名，更兼有张将军、韩大夫为爪牙，邹、枚、庄为谋主，岂吴楚叛王可比？且我军昌邑大战损失颇重，亦尚需时日休整。烦请贵使稍回，待我军休整完毕即引兵南下。彼时，亚夫将为梁王前驱！"

张将军，梁大将军张羽；韩大夫，梁中大夫韩安国；谋主邹、枚、庄，则齐人邹阳、淮阴枚乘、吴人庄忌。邹、枚、庄虽俱有才名于天下，然强弓劲弩之前，只会舞文弄墨之文人却是毫无用处。难道还真妄想三人修书一封，依靠那锦绣文章劝刘濞退兵？睢阳所需，乃知兵能战勇敢之士，而非寻章摘句之徒。故此，谋主三人，实不及张羽、韩安国爪牙二人。张羽乃楚相张尚之弟，有知兵之名，为当世之名将。韩安国，梁国成安人，自幼博览群书，聪慧异于常人，其人少师田子春习韩子、杂家之说，稍长即为梁中大夫。睢阳被围后，幸赖张羽力战，韩安国持重死守，才令睢阳不失。

然而，张、韩二人即便再能攻善守，亦不能无兵。因此，周亚夫如此言语，实则敷衍。见周亚夫如此打发梁使，李广亦心有疑虑。需知，刘武素有骄横之名，绝非善男信女。今如此敷衍，难保刘武不会再遣使者直入长安入陛。若刘武遣使在朝中，甚至窦太后面奏报周亚夫并哭诉言：周亚夫拥兵自重，坐观梁国死战而不理，则如何是好？刘武乃皇帝同产弟，形势危急之时，朝廷岂会将其置于险地而不闻不问？皇帝确实曾许以临机专断之权，并认可"以梁委之"之策，然既闻梁使之言，能否信任如初？数月前，皇帝对晁错削藩之策还一力支持，结果如何？彼时，轻者削去兵权，重者身死族灭也非不可能。即便朝廷不降旨申饬，窦太后亦必心有芥蒂。见梁使已离开营垒，李广思虑再三，遂与几位校尉移步向前，出言相劝："太尉，梁王今遣使来求，则形势必危。梁王素受宠于两宫，若不应之，恐遭嫉恨。广等以为可遣轻骑一部南下，伪作援梁。如此，对朝堂上下、两宫之间，亦算有所交代。"

岂料此言未毕，却见周亚夫勃然大怒："不用尔等教本太尉如何将兵！'以梁委之'乃既定之策，岂可仅凭梁使一言而轻易？《孙子兵法》云：'其下攻城，攻城之法为不得已。'吴楚强攻坚城，本即下下之策，何需多虑。且梁王经营睢阳二十年，岂会一月即溃？再有言救梁而动摇军心者，斩之！"

正如周亚夫之言，不救睢阳，实乃决战之机未至。且周亚夫治军极严，今既以军法约束，则营中岂敢质疑？因此，李广亦不敢复言救梁之事。岂料营中沉默片刻之后，突闻营外急报传至，称有捷报。然大军至昌邑数日，未遇吴楚一兵一卒，未发一矢一镞，此捷报何来？故闻有捷报至，李广不得不回顾营中诸将，期能有人解惑。然而，却见诸将亦摇头作不解状。正欲开口询问，却见周亚夫启封檄书，随即大笑："事济矣！"

视诸将皆疑惑不解，周亚夫遂解释："本太尉在长安时即已得游骑之报，言吴楚积粟皆囤于淮泗口。若击淮泗，绝其粮饷，则我可不战而胜。故此，本太尉定下'轻兵绝淮泗'之方略。大军至昌邑时，本太尉即秘遣弓高侯之军驰淮泗，击其粮道。弓高侯将轻骑自昌邑星夜疾驰，经东昏、方与、薛县绕过堵截之吴军，入东海郡界，随后向南疾驰四百余里，穿过下邳、下相诸县，直驱泗水入淮口。兵至淮泗口后，弓高侯遂以轻骑纵其左右，一战击破淮泗，将吴楚二军囤积于此之粮秣一举焚毁！此即弓高侯之捷报。今吴楚三十万步骑之粮秣已绝，则大事已成！"

周亚夫所言之弓高侯者，乃军中骑将韩颓当。对韩颓当此人，李广虽不熟悉，但亦知其名。韩颓当，乃高皇帝开国异姓诸侯韩王信之子。当年，韩王信为匈奴所诱，举兵而叛，高皇帝将兵击之，破之于铜鞮。韩王信兵败之后，奔逃匈奴，在颓当城与其子韩王太子同时得子，遂以颓当城名此庶子，即韩颓当。韩王太子之子，即韩婴。汉十一年春，韩王信死于参合，韩颓当遂与韩婴流亡于匈奴。韩颓当稍壮，材武而有勇略，故被匈奴单于封为相国。孝文前元十六年，韩颓当与韩婴自匈奴南下归汉，被文帝封为弓高侯、襄成侯。此次吴楚举兵，韩颓当受命将轻骑随从出征。韩颓当居匈奴多年，精于骑射，且尤善轻骑兵长途奔袭战法，故将轻骑奔袭淮泗再合适不过。只是未曾想周亚夫用兵如此谨慎，韩颓当出营数日，军中竟无一人得知此事。

既然淮泗确实大胜，则攻守之形势已然扭转。需知，荆楚之兵虽勇，但亦不可能在无粮秣补给的情况下保持持续攻势。那刘濞即便老谋深算，但亦难以扭转颓势。事实上，只需淮泗大胜之消息传至吴楚军中，则其军心必然瓦解。反之，汉军只需稳守昌邑营垒，即可立于不败之地。正因如此，得知此消息后，营中诸将无不大喜。而且，若将此事快马通传长安，亦能令两宫稍安。然而，通传于朝廷之告捷文书尚未草拟，朝廷命令却已送至昌邑大营。朝廷之意简单明了：立即遣兵援梁，不得推脱！朝廷命令言辞切峻，甚至数责周亚夫坐视梁国而不救。自命令之言辞不难看出，朝廷已忍无可忍。然而，淮泗虽胜，可吴楚在睢阳城下仍囤有粮秣，可支数十日之用，故此时仍非决战之机。贸然南下，亦不能速胜。然而，今朝廷使者既持诏书至，如不立即拔营南下为睢阳解围，则是公然违抗君命。一旦事后追究，恐后果难测。不过，诏书对他人有用，对周亚夫却未必有用。当年周亚夫既然能抗文帝之命，则今亦能抗皇帝之命。

果然，见周亚夫当朝廷使者之面严词不受诏："城有所不攻，地有所不争，君命有所不受！"总而言之，朝廷之命断不能接，援兵亦坚决不能发。不过，如此不顾朝廷威仪而拒不奉诏也非稳妥之策。故朝廷使者离营后，又见周亚夫令邓先入朝，向朝廷面呈平吴之策，以避免朝廷猜忌，耽误大事。

邓先早年曾为周亚夫之父周勃舍人，资历甚深。其人素有谋略，军中传闻"北壁昌邑，以梁委吴"之策最早即是邓先所提。因此，由其入宫，必能阐明用兵之略。而且，相比军中诸将，邓先于朝中为谒者仆射多年，深受两宫信任。此时回朝述职，亦能令朝廷认可。

第五十章　　城阳中尉

　　邓先至长安后未及休憩，即按太尉周亚夫之命，上疏言军事。奏疏呈上后，即得朝中宣召。邓先遂受命入宫陛见，向朝廷一一分析梁楚一带战况："陛下，梁国战事臣已具陈于奏疏之中。太尉用兵如神，不会不知梁国之重。所以不救者，实乃梁国无恙。且臣离营时，已闻弓高侯淮泗大胜。所谓'强弩之极，力不能穿鲁缟'，吴楚强攻数月锐气渐丧，已渐不能支。故以臣之愚见，陛下毋虑梁王。"

　　岂料皇帝沉思良久，突然郑重开口询问："朕知邓公通晓军事，朕实忧梁王太甚耳。唯望太尉能用兵持重，速速平定吴楚叛逆。邓公昔在朝中为谒者仆射，又知梁国形势，对吴楚之事当有高见，不知邓公如何看待晁错削藩之事？吴王以诛晁而举兵，今晁错已死，吴王何故仍不罢兵？"

　　邓先为军中都尉，所掌不过一校士卒，故甚少思虑朝廷治政之策，平日亦不会妄议朝政是非，故此时言削藩之事，似并不合适。而且，此事事关朝廷隐秘，亦非常人能言。不过，既曾为侍从两宫之谒者仆射，耳濡目染之下，对朝堂治政亦非是非不分。需知，不久前袁盎声称只要诛杀晁错，吴楚必退。如今，信誓旦旦吴楚将罢兵的袁盎倒是安然返回长安，可是吴楚非但未罢兵，其攻势还更为猛烈，甚至连欲为"东帝"如此不臣之语都公然宣诸于口。毋庸置疑，晁错之死不但毫无意义，且令朝堂上下为天下所笑。由此观之，当初听信袁盎诛杀晁错的朝堂君臣岂非是非不明？朝堂之误，真是如鲠在喉，不吐不快！

　　因此，反复思虑后，邓先伏地顿首，答曰："臣死罪，不敢揣测陛下之心。吴王心存反意几十载，此乃朝野皆知之事。吴王举兵虽以诛晁为名，然其意非在晁错也！晁错患诸侯强大不可制，故请削之以安社稷，实有大功于朝廷。臣虽不智，亦知削藩乃万世之利也。然削藩始行，晁错即受大戮，天下忠直之士如何看待朝廷？且臣诚恐天下之士从此噤口，不敢复言朝政是非也！如此内堵忠臣之口，外报诸侯之仇，臣窃为陛下不取也！"

此语言毕，皇帝默然不应。良久，方闻皇帝喟然长叹："邓公乃忠贞长者，所出尽皆善言。当年先帝数次告诫于朕，言晁公为社稷之臣，可用为辅弼。朕本欲用晁公主持朝堂，尽除朝中弊政，然今已不可。晁公之死，吾亦恨之！"

当年，太子太傅叔孙通曾诫惠帝曰："人主无过举。"故晁错枉死虽冤，但朝中却不能为之平反，以致唯有在"外人"面前扼腕长叹，此非万不能有错的人主之哀？因此，闻皇帝此言，邓先感慨万千，不知从何作答。少待片刻，又闻皇帝开口复言吴楚之事："朕闻荆楚之民轻悍，故弓高侯虽胜，太尉亦需谨慎将兵。前日齐中大夫路卬言齐国战事胶着，邓公可否为城阳中尉，前往城阳国，主持战局？"

皇帝所言之城阳国，亦为诸齐之一。孝文前元二年，为酬诛吕之功，文帝将城阳自齐国割出，封予城阳景王刘章。刘章薨逝后，则由其子刘喜承袭王位。刘喜王城阳八年，徙封为淮南王。孝文前元十六年，因文帝复以淮南国故地封淮南厉王刘长诸子，故刘喜还王城阳国，并延续至今。刘喜其人虽本属于诸齐一系，但却在吴楚举兵后忠于朝廷，积极举兵备战，实难能可贵。按汉制，藩国之政仿照朝廷，设中尉以掌国兵。因此，不久前吴军兵临城阳时，刘喜遂令城阳中尉统万余城阳兵御敌。岂料，此城阳中尉竟一败再败，损失惨重，数日之间，即丧数县之地。故此，刘喜一面守御坚城，一面遣使急赴长安求援。不过，朝廷大军已悉数调出击吴楚，恐亦无兵马再援城阳。大约正是如此，此时皇帝才会令邓先至城阳国主持战局。

莒县境内齐长城遗址

　　然临阵换将，亦非兵法之正理。事实上，城阳之败，实不能尽责于城阳中尉。对城阳战事，朝廷或有不明，但自昌邑而回的邓先却颇为明了：城阳兵所以屡败，实乃敌人兵力雄厚，实难抵挡之故。

　　需知，屯于城阳国境内之吴军并非刘濞嫡系，而是吴将周丘所部。夺取下邳后，周丘征下邳兵三万北上。虽其三万下邳兵为临时征召所得，且仓促整编，故甲械、粮秣均不能与刘濞亲领之吴军相提并论，但周丘用以统兵之爪牙皆亡命之徒，故其战力仍不容小视。据传不久前周丘自下邳拔营后，其三万下邳兵势如猛虎，以摧枯拉朽之势于数日之中横扫东海郡北部诸县，取东海武库之兵器。随后，周丘又五日奔驰三百里，兵临城阳国下。因其征战之中连续挟裹，周丘至城阳国时竟已拥兵十万之众。相比周丘，城阳国为单郡小国，举国不过万余精兵，还需分屯诸县。正因如此，故城阳中尉数战皆不利，败退至城中，求援于朝廷。

　　城阳国北为济南、菑川、胶西，东则楚国。如城阳国破，且诸齐之军攻克临淄，则吴楚即可通过周丘与诸齐连成一片，并运粮秣于诸齐。如此，韩颓当淮泗大胜将毫无意义，关东形势亦会再度扭转。由此观之，在汉军主力与吴楚二军正对峙于梁国，且胜败未分之时，作为侧翼战场之诸齐实不宜"大变"，城阳国亦需牢牢掌控于朝廷之手。毋庸置疑，朝廷此时迁己为城阳中尉，非唯表彰，实为挽回城阳颓势之意。明了朝廷之所急，邓先亦不敢辞之不受，故立即伏地受命，领城阳中尉一职。

按汉制，新官需授官印，准备文书交接等诸项事宜，还需入宫陛见。然今天下有急，且兵事急如星火，实不能在此繁文缛节之上空耗时日。因此，请命陛见之后，深知责任重大的邓先随即奉命快马加鞭赶赴城阳。

不过，出函谷关后，邓先才知此次至齐并非独自一人。一同离开长安赶赴诸齐的，还有殿中问对之时提及的齐中大夫路印。据传，此路印乃齐王刘将闾心腹之人，因受刘将闾之命，于诸齐混战前出临淄至长安求援。

《孙子兵法》曰："知己知彼，百战不殆。"此次受命至城阳国将兵，除抵御周丘楚军外，亦恐会与诸齐交战。既然路印自齐而来，则必熟知齐国战况。因此，邓先即于途中向其询问诸齐形势。

第五十一章　　诸齐谋变

邓先乃朝廷新任之城阳中尉，此番至城阳，亦会助齐抵御吴楚叛逆。因此，邓先出口相询，路卬即将齐国战况一一相告。

此前吴楚起兵之时，吴王刘濞曾发书致诸齐六国、淮南三国以及赵国，约定吴楚举兵后，天下十一国将同时发动。当时，齐国亦曾收到吴楚檄书。然而，齐国与吴楚完全不同。孝文前元之时，因文帝数次对齐削藩，故原本强大之齐国被割裂为数国，实力已远不如当年齐悼惠王刘肥初封之时。齐王刘将闾之齐国，所辖不过临淄一郡数十县而已。非但如此，因刻意防备，朝廷遣至齐国之傅、相，亦多为强势之人。因朝廷所设之傅、相二千石影响巨大，故受封数年以来，刘将闾对国政一直难以插手，对所辖之县亦极难控制。正因如此，举兵响应吴楚几无可能。

此外，齐国亦无举兵之理由。为何？盖因刘将闾所以能为齐王，实乃朝廷之厚恩。需知，在齐悼惠王刘肥诸子之中，以齐哀王刘襄、城阳景王刘章、济北王刘兴居三人最长。三人虽已死多年，但按宗法嫡庶继承原则而论，拥有齐王继承权者仍属大宗刘襄一系所有。即便刘襄之子刘则无后，以长幼有序之原则，刘将闾前尚有刘章一系，排行第四的刘将闾实难有承袭齐国大宗之资格。身为小宗的刘将闾却最终嗣大宗，继承齐国，岂不正是文帝之厚恩？而且，新帝即位后虽采纳晁错削藩之策，但亦未削夺齐国一寸国土。由此观之，刘将闾与吴楚不同，深受朝廷之君恩，实无谋反之理由。以不臣之言而论，即便参与吴楚举兵西向，又有何好处？传闻吴与胶西约定平分天下，则是否有将来事成，齐国亦将被二国平分之意？

既无理由，又无必要，何苦冒身死国灭之险而追随吴楚行不臣之事？

正因如此，刘将闾当时向群臣示以吴楚举兵檄书之时，身为中大夫的路印即苦劝不可。

然而，诸齐响应吴楚举兵，乃是胶西王刘印既定之谋。且吴楚檄书传至齐国前，胶西使者亦多次往来临淄。若不举兵，则必为勇悍而好兵的刘印所嫉。彼时，恐汉兵未至，而齐国已灭。刘将闾此人谨慎怕事，正因思虑为胶西所图，故虽有忠于朝廷之意，但仍彷徨不已，犹疑未决。

齐国正在犹疑之时，却传言吴楚檄书发至济北国，济北王刘志尚未举兵，即被济北郎中令所知。郎中令勇武异常，当即统兵自济北王宫宫墙损坏缺口之处冲入宫中，劫持刘志。据传郎中令与济北相已控制济北军政，并有意向朝廷弹劾刘志不臣。另外，城阳王刘喜亦不应刘印，并令城阳中尉统兵备战。济北、城阳既不应，则齐国压力骤轻，故刘将闾终决意忠于朝廷，并整兵备战，以待刘印。

胶西国都高密距临淄近三百里，车骑行进需五六日，且刘印发胶西及菑川、济南、胶东四国之兵亦尚需时日。因此，正常算来，刘印之兵至少十日后方可兵临临淄。岂料不过三五日，诸齐之兵即开至城下。正因如此，齐国备战未毕，即遭刘印猛攻。

刘印为何如此急迫？盖因刘将闾在如此关键时刻坐观成败，为自诩诸齐首领的刘印所不能容忍。据传，刘印曾与刘濞密谈，约定举诸齐相应。然檄书已发，使者已遣，正待举兵之时，却骤闻济北不动，城阳不动，齐国亦不动，以致诸齐七国唯余四国，令原本气势磅礴之诸齐顷刻间内部混乱。此于刘印而言，无异于沉重一击，在吴楚诸藩中亦会造成不利影响。且不论诸齐之乱是否令吴楚耻笑，同宗一系竟如此"背信弃义"，岂非令刘印为天下英雄所轻？此外，齐、济北二国位于诸齐之北，城阳则居诸齐之南，三国不动，刘印之军势必不敢西进。总之，欲与吴楚二军顺利汇合，必须首先迫齐、济北相从方可。

削藩诏书传至诸齐后，刘印即诛杀胶西不从之二千石，将菑川、济南、胶西、胶东四国之兵直驱齐都临淄。如此一来，本有约定之诸齐举兵即成为诸齐内战。甚至据传，刘印扬言必先击破临淄，整合诸齐，否则绝不西进。

刘印四国之兵计步骑十余万众，且因刘印好战，故其兵甚精。与刘印之四国相比，齐国虽名为一国，可不过实领临淄一郡之地而已，兵力有限，举数十县之地亦不过三五万众。且因时间紧迫，此仅有之三五万齐军仓促之下尚不能悉数集结。更何况，以地势而论，齐国处于四国四面包围之中，本就极为被动。故而，齐军与刘卬四国之兵正面作战，毫无胜算，唯有凭临淄坚城而守，或可抵挡一二。所以，闻刘卬已兵至齐国国境，刘将闾惊骇，随即下令全军退入临淄。然而，完全退至临淄城中也绝非良策。有道是"无援不守"，四国之兵四面合围，齐国战备不足，若无援军断难长守。正因如此，路卬受刘将闾之命，在四国之兵完全围城前寻机出城，日夜兼程至长安求援。

言毕齐国形势，却闻邓先谈及朝廷之部署："朝廷已遣栾布、曹奇为将，将兵援齐，中大夫不必多虑。或许临淄解围，就在数日之间。"

然而，邓先此言不过聊作安慰而已。需知，周亚夫举三十万之众于昌邑，不过与吴楚二军相持不下而已。栾布、曹奇之军不过数万之众，尚需防备吴楚偏师，岂能分兵直抵临淄城下？欲解临淄之围，仅靠栾、曹之军完全不够，非再遣数万步骑不可。可是，朝廷主力已经尽出荥阳，岂有援齐之军？即便能筹集援齐之军，粮秣、兵甲等各项物资亦非一二日可备齐。总之，至少在周亚夫大军得胜前，齐国难得朝廷援军。正因如此，路卬居长安数日，虽数次上朝声泪俱下，言齐国之危，但除得皇帝"善坚守，吾兵今破吴楚矣"的安慰之言，实未得朝廷一兵一卒。

出临淄已数月，恐齐国战况此时已经恶化。既求援不得，路卬遂向朝廷奏请归国。正因如此，路卬才与邓先同出长安。

一路商谈军情，数日后即经东郡至济北国。邓先需自济北南下城阳国，而路卬则需自济北东进齐国，故二人即在济北历城分别。历城距临淄不过二百余里，拜别邓先后，路卬顺济水而下，经狄县、博昌，不过三日即至临淄。

纵马至临淄城下数十里，极目而视，但见营垒绵延，几至数里不见草木。骑士奔驰，甲士往来，一片肃杀之气。稍近城垣，竟然遥见城楼之上仍为齐国旗帜！战旗尚在，则齐国仍未降。谁能想到，刘将闾居然苦战数月仍在坚持，而素以勇悍闻名诸齐的刘卬竟在临淄城下苦攻数月仍未克城。可问题是，今城池虽在齐军之手，诸齐之兵却围城数匝，如何入城？反复思虑，路卬终觉无计可施，只得缘城而走，期能寻得入城之处。然在城下徘徊数次未能入城，终为刘卬游骑截获。被执之后，又被带入主将营帐。

入帐之后，却见刘卬正安坐在内。刘卬素称勇悍，此时披甲按剑，更显勇武精悍之气，不过大约是数日攻城不利，此时神情稍显萎靡。对视片刻，却闻刘卬开口大笑："此非齐国故人中大夫路公？何怠慢至此？速速松绑，赐酒肉。"

少候片刻，又闻其言此时之战局："寡人已于数日前接吴王急报，言太尉周亚夫之汉兵已败，睢阳已破。齐王自知不敌，亦在此数日间遣使至寡人军中，商谈归顺之意。然齐相等人不知是非，仍抗拒我义兵，以致生民遭受涂炭之苦。今路公既至我营，则烦请明日至城下告城内冥顽不灵者，言唯有归降一路可走，否则城破之日将无遗类矣！"

闻听此言，路卬心惊。汉兵已败云云，固然不能信，但刘将闾遣使至城外，商谈归顺之事恐非虚言。此时临淄虽未破，但数万齐军苦守数月，想来已是如睢阳梁军一般损失惨重。若无援兵，则城破恐在旦夕之间。非如此，刘将闾不会遣使"归顺"。既然城内已近山穷水尽，若按刘卬之言至城下喊话，则恐城内军心立时崩溃。今身为齐臣，岂能行此不义之事。然而，今已被执，若不从其令，则必死无疑。正如高皇帝之言"人为刀俎，我为鱼肉"，为之奈何？

次日天明，路卬即从刘卬之令，至临淄城下。侧目而视，遥见刘将闾正立于城门之上。路卬遂敛容屏气，伏地行礼，骤然开口大呼："汉已发兵百万，使太尉周亚夫击破吴楚，方引兵救齐，齐必坚守无下！"

此言一出，路卬随即死于城下。然而，城中齐军将士骤闻此言，人人莫不振奋，坚定死守之心。相反，诸齐之兵却士气骤然低迷。需知，汉兵是否发兵百万姑且不论，屯兵于昌邑的周亚夫一旦击溃吴楚，则可遣一部轻骑自后方直击诸齐。诚如此，此战必败无疑。即便周亚夫尚不能及时抵达，此时城中守军士气高昂，苦战数月的诸齐之兵还能克城？

然而，事已至此，已无可挽回。见士卒士气低迷，刘卬只得下令暂缓攻城，并紧急召开军议，商议对策。经反复权衡，刘卬仍认为攻城至今，不能草草收场，唯有速克临淄，方能扭转颓势。不过，鉴于汉兵有将至之可能，济南王刘辟光先引济南兵回防济南国，并于济水一线布置构筑营垒，防备栾布、曹奇渡济水。同时，胶西、胶东及菑川三国之兵则加强攻势，力图速克临淄，并汇合已至城阳国之周丘吴军。

不过，因诸齐之兵顿兵坚城之下劳师数月，已成疲兵，且士气不振，故刘卬又遣使急出，联络吴楚，以期求得援兵。

第五十二章　　攻守易势

　　与齐国战事胶着消息同时传至梁国前线吴王刘濞手中的，还有被给予厚望的南方淮南三国战事不利之消息。

　　淮南、衡山、庐江三国即原淮南厉王刘长之淮南国析置，三王亦皆出于一系。当年，刘长死后，淮南所辖四郡曾被收归于朝廷。孝文前元十六年，文帝分原刘长淮南国为三，分授刘长三子刘安、刘勃及刘赐，故原本领有淮南四郡之大淮南国分崩离析。

　　虽说大淮南国当初属于文帝削藩之对象，但此次晁错削藩主要针对吴、楚、齐、赵诸藩，并未削夺淮南国一寸国土。而且，淮南三王中，衡山王刘勃与庐江王刘赐所以能以庶子而裂土为王，正因文帝之分割淮南国。因是之故，吴使虽数至淮南三国，刘勃、刘赐二人对举兵之事一直不甚上心。据传正月吴楚檄书传至，刘勃、刘赐二人竟令国相备战，准备迎击可能到来之吴军，真是岂有此理！不过，衡山、庐江兵微将寡，二国相加亦比不上最为富庶的淮南国。因此，刘勃、刘赐即便不从，亦无关大局，淮南局势之根本在于淮南王刘安。

　　素闻刘安此人，颇有枭雄之志，故其对举兵一事颇为积极。属下谋士奏称，吴使至寿春后，曾被刘安引入密室相谈甚久。其蠢蠢欲动，积极预谋举兵之态度可见一斑。若刘安能如胶西王刘卬一般在江淮以南整合淮南三国，对吴楚而言极为有利。彼时，可令刘安自寿春出兵，北渡淮河直入梁国，增强吴楚在梁国之兵力。而且，寿春至睢阳全程不过四百余里，以寿春之粮饷支援屯于睢阳之吴楚二军，远较淮泗口更为便利，亦更为安全。因是之故，自吴军出广陵后，刘濞对刘安一直颇为关注，屡屡遣使至淮南。岂料关注淮南数月，却骤然收到淮南国急于备战，以御吴兵之不利消息。

潜在盟国为何成为敌国？盖因刘安优柔寡断，淮南相已夺取淮南兵权，完全控制淮南军政之故。

事实上，淮南国内情况远较吴楚为复杂，难以成功举兵亦在预料之中。因为自孝文前元六年至前元十六年，淮南国被废为郡，由朝廷直辖足有十年之久，故各级官吏均为朝廷任命，忠于朝廷。刘安如欲起兵，又不可能绕过朝廷各级官吏。正因如此，刘安稍有密谋，即为淮南相所知。据传，淮南相当时诈刘安称："大王必欲发兵应吴，臣愿为将！"闻听此言，刘安不思有诈竟然信以为真，悉以淮南军政委之。结果，淮南相随即传书长安，并在寿春部署防御，迎接汉军。如此一来，淮南三国自南线起兵一事自然无疾而终。

此番种种变故，刘濞详细询问完毕自淮南而归的吴使才得知。想到刘安竟如此儿戏，令己大事不成，刘濞亦不得不喟然长叹。若非在诸将前不能有失威严，真欲用当年亚父范增之言，骂之曰："竖子，不足与谋。"

事已至此，多说无益，唯以今吴楚二军已屯兵睢阳，淮南之变影响不大而聊作安慰。毕竟淮南三国即便动员参战，亦无非为吴楚增兵数万而已。而今睢阳已残破不堪，若无变故，以吴楚二军三十万之众，不需淮南之兵亦可克城。而且，据传淮南三国虽未发兵援吴，却也鉴于朝廷法度森严而未敢主动出兵，攻击吴楚后方。由此观之，至少在曲城侯蛊捷数万汉兵兵临淮南前，吴楚后方无虞。因此，淮南之报传至军中后，刘濞仍告诫诸将不需多虑，勠力攻睢阳即可。

岂料恰在此时，赵国求援急报再度传至。

相比淮南三国，赵国虽被削去常山，割出河间，已非高皇帝时据河北四支郡之大赵国，但仍属河北大藩。其国不但民户颇丰，且颇为富庶。此外，燕赵之民多慷慨悲歌之士，故赵军战力颇强，据传赵军之中还编制数支精锐甲骑。以赵数万虎贲，或许不能攻入关中，但亦为重要偏师。彼时，赵军可北上牵制"亲藩"之代国，并策应匈奴南下，协助吴楚威胁洛阳。正因如此，在起兵之初，刘濞便遣心腹谋士至邯郸，极力拉拢。

不过，若以周边形势而论，则刘遂之赵国远比淮南三国更为恶劣。需知，赵国西为广川、河间二"亲藩"，北为朝廷控制之常山郡，处于四面包围之中。广川、河间虽为故赵析置的单郡小国，但二国合计亦有十万户，精兵三万。若再加上常山郡兵，则赵国周围之敌可达五万之众。五万步骑虽不能与吴楚相比，但亦足以成为赵国心腹大患。且河间国都乐成县西距赵国邯郸仅三百余里，轻骑奔驰，一日夜可至。赵国若备战不周，仓促举事，则河间兵必为心腹大患。此外，河间王太傅卫绾此人，素来谨慎，颇知兵略，实非庸人。朝廷于前元二年年初调其为河间王太傅，辅佐河间王刘德，无疑有防备赵国之意。正因如此，当时于文书中，刘濞即告诫赵王刘遂当谨慎举兵，切不可仓促行事。

结果，因无故被削夺常山支郡，刘遂对汉亦早有不满，吴楚檄书传至邯郸，其竟未作丝毫谋划即烧死赵相建德、内史王悍，乘势举兵。因无诏发兵搞得声势浩大，故赵军尚未集结完毕，即遭河间、常山、广川诸郡国兵之围攻。不过三五日，刘遂即因备战不周而困守坚城。

据传，卫绾兵力有限，当时并未主动强攻邯郸，而于城下屯兵筑垒，以期长期围困。半月前，曲周侯郦寄将汉兵数万渡黄河，过河内，抵赵国，卫绾方恢复进攻。郦、卫二军南北围城数匝，赵军数次强攻，皆无功而返。正因如此，刘遂遣使急出，求援于吴楚。

当初数度嘱咐当小心行事，小心行事，其仍不思谋划，以致北连匈奴、南逼洛阳之策不成。刘遂这竖子，真是志大才疏，甚至还不如刘安。昨日气势如虹，今日却困守孤城，坐以待毙，真是死有余辜。思及此处，刘濞勃然大怒，抽剑击案。

怒骂诸王无能，亦不能解决问题。今诸齐内战、淮南不动、赵国被围，吴楚无疑已成孤军。数日前，淮泗口为汉军轻骑所破，囤积于此之粮秣物资悉数被焚毁，军中已经流言四起。虽依赖军中存粮，吴楚二军数日之间仍可对睢阳保持攻势，可一旦军中存粮耗尽，则此攻势非但不能保持，军心亦必立即瓦解。由此观之，此时形势已极为被动。为今之计，唯有立即攻克睢阳，利用睢阳府库之粮秣补充军备，方能暂时扭转不利。于是，刘濞随即召集诸将，下令联合楚军向睢阳发动猛攻。然而将士虽勇，但毕竟已为疲军，结果连续数日强攻皆不顺。

此数日之中，军中粮秣将尽，士卒疲惫已极，难堪再战。刘濞无奈，只得下令暂缓攻城，并再度召军中诸将商议对策。然论及战事之发展，诸将皆忧心忡忡，无不认为睢阳已难以在短日内攻拔，而屯于昌邑之周亚夫军不得不防。为今之计，不如暂时退兵，以图再举。

毋庸置疑，诸将所言"以图再举"云云，不过为其不愿攻城之理由而已。然而，仔细思虑，此言亦并非毫无道理。

据传周亚夫节度三十六将，其麾下足有三十万之众。如此庞大兵力屯于昌邑已有数日，可除遣万余轻骑奔袭淮泗外，此部至今未放一矢，岂不怪哉？刘濞虽未与周亚夫谋面，但对其人素有所知。周亚夫乃名将绛侯周勃之子，素称有将帅之才，极富韬略，实非易与之辈。今吴楚已疲，汉军却养精蓄锐已久。昌邑距睢阳不过二百里，轻骑奔驰，一日夜可至。周亚夫既有如此有利之势，岂会不用？只是吴楚多为步卒，游骑有限，难以侦知其部署而已。由此观之，虽未知周亚夫之部署，但亦不可不防。一旦草率轻敌而稍有不慎，则必然为其所趁。

庙堂运筹，还当以从宽为上。因此，思虑再三后，虽心有不甘，刘濞仍不得不认可诸将暂时退却，以避汉军兵锋之议。当然，此时形势虽被动，但吴楚二军并非无一战之力，故由攻转守并非就此直接退兵回广陵，将所得之土拱手相让。经慎重谋划，刘濞决意可退至睢阳以东一百四十余里之下邑县筑营。

第五十三章　　对峙下邑

下邑，春秋属宋，乃宋国东南大城。战国时，齐国灭宋而尽取其地，下邑遂属齐国所有。数年后，燕国名将乐毅将五国兵伐齐，下邑遂由齐入魏。秦王政二十二年，王贲、蒙恬将兵灭魏，尽取魏地置砀郡，下邑遂为砀郡下辖之县。秦楚之际，下邑亦成为楚汉争夺之重要据点。彭城之战时，高皇帝妻兄周吕侯吕泽曾将兵屯于下邑，收拢彭城溃兵，并保护高皇帝退兵荥阳。其后，文帝调整梁国，下邑遂属梁国所有。

由下邑向北二百里，乃汉军屯兵地昌邑，而自下邑顺谷水向东南一百余里，则为楚都彭城。如此，若能退兵下邑，一面可背靠楚国彭城恢复粮道，一面可随时威胁昌邑汉军，令其不敢妄动。由此观之，相比顿兵于睢阳城下苦劳无功，此时转兵至下邑无疑为稳妥方略，此举亦正合《孙子兵法》所谓"善战者，致人而不致于人"之理。

然而，方略虽稳妥，执行却非易事。为何？盖因吴楚二军在睢阳城下已苦战数月，骤然转向极为不便，稍有不慎恐致全军混乱。而且，吴楚二军多为步卒，且有三十万众，行动难免迟缓。相反，汉军多有轻骑，可一日奔驰百里。吴楚二军稍有移动，周亚夫不会不知，亦不会无动于衷。彼时，其车骑纵横，往来拦截，则吴楚二军将极为被动。虽说自睢阳至下邑不过一百四十余里，吴楚二军日行五十里，三日之内即可抵达，不过用兵仍需谨慎为上。经缜密谋划，精于行伍的刘濞最终下令：睢阳城外营垒之中留吴楚一部精锐继续围城，以保证大军撤退时不被梁军追击。同时，集中全军游骑，拦截汉军。军令下达后，吴楚主力速速向下邑开拔。经一日行军，大军顺利过祁乡，前锋开至下邑境内。

岂料行至下邑城下，却见前方已是赤旗飞舞，骑士奔驰，营垒森严——汉军竟早已在此等候多时！

遥遥观望汉军壁垒森严，深感为人所制的刘濞既怒且惊，待问明游骑后，才知其中原委：原来，吴楚自睢阳城下拔营之时，早有准备的周亚夫即下令汉军拔营南下。汉军骑士可一日夜长驱二百余里，其行动之迅捷，实非吴楚步卒可比。正因如此，汉军后发先至，于数日前即抵达下邑，并筑营立垒。汉军不仅筑营于下邑，据游骑奏报，睢阳城下亦有汉军轻骑出没，视其旗号，乃骁骑都尉李广所领之陇西骑士。既然睢阳、下邑均有汉军，则表明周亚夫必已经放弃守备昌邑，而欲与己决战。且其所以如此部署，无非是以睢阳之偏师截后，以下邑之主力断前，欲一战而尽灭吴楚三十万众。诚如此，其用心不可谓不歹毒。

然而，此时决战，实非吴楚之所愿。为何？盖因汉军先至，营垒已立，且无粮秣之忧，汉军只需稳守营垒，以逸待劳即可。相反，吴楚二军前后俱困，进退不得，且粮秣将近，形势可谓危如累卵。总之，汉军可缓图，而吴楚却不得不速胜。如不能速战速决，于数日内击溃周亚夫，则不需汉军进攻，吴楚必粮尽自溃。然《孙子兵法》云："上兵伐谋，其次伐交，其次伐兵，其下攻城。攻城之法，为不得已。"汉军营垒虽非坚城，但吴军亦未携带攻城器具。正因如此，若强攻汉军营垒，实无异于攻城，必伤亡惨重。可事已至此，刘濞亦别无他法。于是，权衡再三，刘濞不得不下令进攻，以期在汉军立足未稳之时攻克营垒。

军令既下，吴军以大橹甲士列阵居前，材官执戟在后，列成方阵突击汉军营垒。荆楚之兵素以轻骠勇悍著称，此时虽已处极为不利之境，但在财帛爵位鼓动下仍悍不畏死，强攻坚垒。然而，士卒冲至营垒之下，即遭密集弩矢轮番射击。强弓劲弩之后，复遭矛戟长兵刺杀，故死伤极为惨重。如此强攻数次，皆极为不顺。战至夜幕降临之时，吴军仍一无所得，刘濞不得不下令全军筑营，以图再举。诸事完毕后，刘濞又与楚王刘戊及诸将召开军议，商议应对之策。

孰料军议尚未开始，原本应当安静肃穆的营垒内突然大乱，战马嘶鸣，兵戈碰撞之声不绝于耳。正欲怒骂，却闻校尉报称汉军夜袭，前军死伤枕藉，恐营门将不守云云。苦攻一日，士卒确实极为疲惫，然汉军何尝不是苦守一日？此时夜深，汉军又能出动多少精锐夜袭？因此，斥退校尉后，刘濞立即严令各部固守待援，不得自相混乱。军令下达不久，精锐之中军首先不再慌乱，其余诸营亦逐渐稳定。视营垒已固，刘濞遂再度下令侍从在侧的亲军桓校尉，立即将中军精锐协同前军击退夜袭之汉军。

不久，前军司马报曰："大王，袭营之百余汉军骑士，颇为能战。闻其校尉名曰灌孟，勇悍异常，我军力不能敌，损失颇重！"

闻司马具言汉军袭营状，刘濞却捻须大笑。此时营外酣战不休，主帅发笑，自令陪同在侧的楚王刘戊及诸将不解。军中一校尉问曰："汉军夜袭未退且声势颇大，我军数不利，大王因何发笑？"

见诸将不解，刘濞遂回顾笑答："寡人闻司马言汉军校尉名为灌孟，故发笑耳！颍阴灌孟者，本名张孟，乃故颍阴侯灌婴之舍人。多年前灌婴病故时，曾向刘恒竖子推荐其门客舍人数人，张孟便是其中之一。因是之故，张孟改自姓为灌，为灌氏爪牙。诸位不知灌孟，寡人却知。灌孟能为汉之二千石，盖因灌婴之荐，其本人并无高绝之才。军中常称灌孟虽颇为勇猛，然素无谋略。两军相合，匹夫之勇，敌一人者也，有何大用？再者，灌孟已老朽，突敌陷阵本已非其所长，今强袭我营，岂非自寻死路？且寡人早闻灌何①竖子本不欲用灌孟为校尉，灌孟强请乃用之。周亚夫、灌何皆不用之人，又何惧他？"

果然，片刻之后，营外喊杀之声即逐渐远去，营垒之中亦逐渐安定，又闻一司马复报："大王，桓校尉当阵射杀灌孟，已击退汉军骑士！"

诸将闻之均伏地大呼万岁，大王庙算如神云云。见诸将拜服，刘濞亦颇为自得，遂回顾众将，告诫不必多虑。岂知尚未言毕，前军再度大乱。片刻后，前军司马复传急报称：汉军营垒中冲出数十骑士，为首者为一位披甲执戟青年，其人锐不可当。

灌孟为汉军校尉，素以勇猛而著称，今死于军中，必令其士气大挫。按常理，汉军必不再出战，然竟有不顾死伤而再突阵者！汉军中还有何人竟勇猛至此？思及此处，刘濞不得不在诸将护卫下登高观望。借忽明忽暗之营火，但见一位披甲执戟之骑将策马奔驰，悍不畏死，吴军数百人竟无一能当之，以致其一人一骑如入无人之境，此骑将长戟所至，十荡十决，挡者无不披靡。仅数十骑之冲击，吴营数千前军竟隐约已有松动之象。刘濞未及深思，却闻汉军十余骑齐声大呼："吾乃汉军千人，取吴王之首，以报父仇！"营外虽喊杀不绝，但此大呼之声慷慨高昂，令诸将无不胆寒股栗。闻此次汉军出关，灌孟与其子俱在营中。由此观之，此青年骁将即

247

第五十三章 对峙下邑

---

① 即故颍阴侯灌婴之子灌何。

是灌孟之子灌夫。

灌夫虽骁勇，然数十骑即入营挑战，视荆楚无人邪？视之勇猛之状，刘濞愈发大怒，急令诸将击杀灌夫，进者赏之，稍退者斩之。军令既下，吴军士卒无不振奋，终击杀七八骑，逼退灌夫。

然收兵后视士卒疲惫不安已极，再隐约闻汉军营垒中延绵不绝万胜之声，刘濞亦复长叹：汉军竟数十骑即敢于突阵，若有千骑，再配以轻车，吴楚又当如何抵挡？

第五十四章　　决战之日

灌夫出营时，曾募壮士数十人。不过，军中多传荆楚兵勇，故应募壮士出营时皆不敢往，以致灌夫不得不仅与骑奴数十人出营。然数十骑即十荡十决，身披数十创犹大呼酣战，斩级而还，不可不谓之勇。故灌夫入营之时，军中人人振奋，大呼万胜。

闻此大呼之声不绝，周亚夫亦大喜。需知，灌夫袭营而还，必令士卒士气大涨。不过，此时已夜深，不宜再战，是否决战，待明日再议亦不为迟。然灌夫入营未久，颍阴侯灌将军即言夜袭之事："太尉，灌夫自知吴军营垒之曲折，故请命再战！"

此颍阴侯灌将军者，乃故丞相颍阴侯灌婴之子灌何。孝文前元三年灌婴病逝后，灌何继承颍阴侯爵位。此次朝廷击吴楚，灌何受命为将，独领一军于军中效命。因灌孟、灌夫父子皆为灌氏家臣出身，故数月前大军出关之时俱请命同往，于灌何军中为校尉、千人。片刻前灌夫身披数十创而还，幸赖灌何接应并施以万金良药，灌夫才免于重伤而死。

然灌夫重伤未愈，尚在病榻之上，竟仍欲"请命再战"！素闻灌夫"为人刚直使酒"，却未想在军中竟勇悍至此，故闻灌何之言，周亚夫亦壮灌夫之气。不过，此时吴楚二军必然已有戒备，夜间突阵可一而不可再。思及此处，周亚夫答道："朝廷军法'父子俱从军，有死事，得与丧归'。灌夫不畏生死披甲突阵，以报父仇，真壮士也！然重伤未愈，不宜再出，否则折损士气反而不美。且此次夜袭已探明吴楚虚实，亦毋需再出。吴王攻则侵掠如火，守则不动如山，颇通用兵之道。吴楚之军，则轻骠勇悍，士气未竭。《孙子兵法》云：'善用兵者，避其锐气，击其惰归，此治气者也.'此非决战之时。骁骑都尉遣使来报,其部已协助梁军击破睢阳城下之楚军偏师,明日便可抵达下邑外围。如此,我军便可以李都尉与弓高侯部骑士监视吴军,将其困于下邑。"

原来,自昌邑出发的李广,数日前在梁国大将张羽配合下,已大破睢阳楚军,为梁王刘武解围。传闻刘武对解睢阳数月之围的李广极为看重,不仅允其入城休整,还赐予重赏。梁国殷富非常,甚至比得上长安府库,且刘武素来思贤如渴,想来李广所得之赏必非同一般。

无论如何,既然李广所领之数千骑士可随时驰至下邑汇合主力,则汉军必更为主动。反之,吴楚攻则愈发无力,守则愈发无粮。只需稳守营垒,则不出数日,吴楚必粮尽而溃。既然如此,又何须冒险决战?因此,周亚夫安抚灌夫后,随即下令诸部严守不战。朝廷军令极为严苛,故军令既下,则汉军此后数日中紧闭营门,无论吴军如何挑战,均不再出战。

连续数日之对峙,除吴军每日叫阵,云集数十万之众的下邑极为安静。不过,虽不出战,备战却不可有丝毫松懈,故周亚夫仍如交战之时,日日于高台之上观察吴楚营垒。自其营垒中之阵形变化,大致可见吴军求战不得,士气已渐低迷。照此下去,不过三日,吴军必会崩溃。毫无疑问,只要不贪功冒进出战,汉军已胜券在握。于是,意气风发的周亚夫当夜便于中军营帐中与门客畅谈:"剧君,当年鸣雌亭侯为亚夫相面之事可曾有耳闻?"

此"剧君"名曰剧孟,乃河南洛阳人,其行事轻生死而好任侠,与当年冒死救季布的大侠朱家颇有相似之处,故以侠显名于关东诸侯。据说数年前剧孟母死时,自发至洛阳送丧者竟达千乘之多,以致其规格与朝廷王侯相较亦不遑多让,可见其人在关东之人望。数月前周亚夫领军至洛阳时,剧孟主动领关东任侠来投,并请命于军中效命。

任侠,因轻生死,故亦谓之轻侠;因游天下,故亦谓之游侠。因任侠一言不合即决生死,亦不事生产,且其以"侠义"而非以朝廷法令为行事准则,故为朝廷所不容。《韩非子·五蠹》所谓"儒以文乱法,侠以武犯禁"即此意。秦人以法令治国,对任侠多有打压,故任侠难存。不过,关东各地却任侠之风甚浓。至战国晚期时,关中楚魏诸国更是上至王侯,下至庶民,无人不"侠",其中尤以齐之孟尝、赵之平原、魏之信陵、楚之春申最为有名。

汉并天下后,或因法令松弛,或因关东诸藩刻意放纵,故关东任侠之众，甚于战国之时。相较于朝廷各级官吏，任侠在诸国之间有极高人脉、势力，往往能渗入朝廷法令所不能触及的缝隙之处，甚至能动员巨大能量，比如吴将周丘单骑夜入下邳，竟在下邳任侠支持下一夜聚兵三万之众，不废刘濞一兵一卒而得下邳坚城！

朝廷讨吴楚，兵事固然是重中之重，却也少不得与任侠这类地方势力打交道。如能有剧孟大力支持，不但能直接获得普通游骑难以收集之珍贵情报、物资，且对将来吴楚之治理也将大大有利。正因如此，当时得知剧孟来投，周亚夫大喜称："吴楚举大事而不求剧孟，吾知其无能为已矣！"此后，剧孟便一直留于军中出谋划策。

剧孟为人沉默寡言，平素不喜多言。不过此时言及天下妇孺皆知的"相面"之事，却见剧孟大笑："君后三岁而侯。侯八岁为将相，持国秉，贵重矣，于人臣无两。君侯封条侯至今，正有八年矣！剧孟以为，待班师回朝复命之日，恐需改称太尉为相君矣。"

闻剧孟此言，周亚夫亦不禁颇为自得：自受命将兵以来，战事竟一如所料。想那吴王刘濞虽四十年前即随高皇帝纵横沙场，在朝中素有知兵之称。其正月举兵之时，势如雷霆，及其挥兵西向，亦鲜有不败。在其谋算之下，荆楚之兵围下邳，则下邳立破；击棘壁，则棘壁立克；攻睢阳，则睢阳几不守，以致关东之地几不为朝廷所有。由此观之，其名将之称绝非浪得虚名。然而，如此老谋深算之名将，自与己交手以来却未尝一胜，步步失算。汉军屯昌邑，尚未大举进攻，其荆楚之兵三十万众即束手束脚，难以施展。逡巡至今，吴楚终求战不得，欲退不甘，终困守下邑，坐以待毙。毋庸置疑，此皆己一人之力。吴楚二军三十万之众，其势足以震动天下，却于三月之内被己一人而平！此等力挽狂澜、安定社稷之功，想来足以与父绛侯周勃相提并论。大丈夫，当如是也！

思及此处，周亚夫亦大为感慨，遂与剧孟畅谈朝中之事。岂料相谈正欢之时，突闻原本肃穆安静的营外由远及近喊杀之声不绝于耳。随后，营垒之中一片混乱，甚至灯火通明之主将帐前亦渐有混乱之象。其后不久，亲军司马奔至帐中："吴军夜袭，混乱之中不知其出兵几何，太尉请立即整军备战。"司马言毕，陪同在侧的剧孟亦神色惊惶，言称："太尉，荆楚之兵骁勇，当尽早备战。"

吴军袭营，固当备战。然如数日前灌夫数十骑袭吴营一般，吴军深夜之中能出兵几何？稍稍夜袭，军中即大乱，则来日决战又该当如何？此时诸将皆惊，主将更不可随之惊惶，否则全军之乱，何时能休？若吴军还备有后招，则大事休矣！思及此处，周亚夫遂不顾诸将，而是卸甲解剑，至帐中高卧不起，以示不需忧虑之意。片刻后，闻营外嘈杂之声仍不绝于耳，周亚夫不得不于帐内下令："乱军以轻兵死士为首，趁我军守备不严而突袭。然乱军士气已竭，能出兵几何？三千还是五千？吴军破营不得必然自退，何需自相惊扰。诸将各守营地，不得擅动，违令立斩！"

因平素治军极严，故军令下达后，诸营渐次安定。估测吴军已退，周亚夫遂和衣而起，走出营帐，登上高台观察吴楚营垒。极目而视，但见吴楚营垒并未如汉军营垒一般营火通明，灯火点点，隐约似有士卒列阵而待。

深夜时分，旗号不能辨，金鼓不能识，一般而言不宜大举决战。即便夜战，亦需多备营火方可，正如《孙子兵法》云："故夜战多火鼓，昼战多旌旗，所以变人之耳目也。"然此时吴楚营中营火不备而军士却有列阵备战之象，岂不怪哉？大致估算，吴楚所携之粮这几日已然耗尽，莫非刘濞欲于今夜决死一战？思及此处，周亚夫立即下令军中不可稍有懈怠。

岂料军令尚未下达，却闻营垒之东南角呼声动天地。守备东南之校尉疾驰而至，称吴攻垒甚急，守垒之士卒疲惫，请求增援。闻此急报，周亚夫断然下令："军中精锐立即疾驰西北，不得有误。"

吴军急攻东南，而西北并无一兵一卒，此时为何置东南不顾而援西北，且如此急迫？故军令下达后，侍从在侧的将校尽皆愕然。视诸将不解之色，周亚夫亦不予解释，而是速速披甲戴胄，亲自策马奔至西北。驰至营垒西北，亲令守备士卒多设营火，不得松懈。

片刻后，吴楚士卒果然奔至。借营火依稀可见至营外之吴军有万余之众，不设旗号、金鼓，皆衔枚执刀，似尚不知汉军有备。待吴军奔至营下百余之时，周亚夫遂令军中蹶张士引弦发弩。军令既下，汉军立时万弩俱发，营垒之前顷刻矢如雨下！吴军轻兵死士为行动之便，披甲甚少，岂能抵挡如此强弓硬弩？毫无防备之下，顿时死伤枕藉，损失极为惨重。

原来，刘濞所谋乃声东击西之计：吴军佯攻东南营垒，实则集中精锐死士攻汉之西北营垒。然今识破其陋计，则不需多虑，故周亚夫令军中大呼："'兵者，诡道也。故能而示之不能，用而示之不用，近而示之远，远而示之近'，此乃兵法之常理也！吴王又何须以此雕虫小技戏弄于本太尉？本太尉已在此恭候多时，吴王如何来迟？"

第五十五章　　大势已定

今吴军精锐既败，则其士气必然低迷至极。因此，其前军崩溃后，弓高侯韩颓当遂与骁骑都尉李广等人受命纵数千轻骑出营，截杀吴楚残部。结果正如所料，轻骑出营稍稍冲锋，吴楚主力即全军崩溃。激战一夜，除少数冥顽不灵者奔逃外，吴楚叛逆或俘或斩。其数十万余众，悉数灰飞烟灭。

次日清晨，清扫战场，得楚王刘戊之首级，却未见吴王刘濞。询问俘虏，有吴军士卒言称刘戊于汉军出营时绝望自杀，刘濞则引其千余精骑在汉兵追及前向南逃遁而去。

吴楚举兵，刘濞乃首犯，若不擒之，则无以称成功。据传，吴楚檄书曾发至东越之东瓯、闽越二国，力邀共同举兵。东越二国受书后，闽越未从，而东瓯从之，此时正聚兵万余屯于会稽郡北部之丹徒县。彼时，若刘濞据会稽而连东越，扼长江之险，则后患无穷。于是，韩颓当遣使报周亚夫后即将轻骑急追。因深恐追之不及，韩颓当不作丝毫停留，数日之间向南疾驰六百余里，进至吴国国都广陵县境内。然汉军轻骑虽快，却无船渡江，只得于江北望江兴叹。

不过恰在此时，却有朝廷使者驰至，言不需多虑。为何不需多虑？盖因东越二国绝不会从刘濞。需知，越人无信义，事事皆以利为上。当初吴楚举兵三十万之众，势不可挡，故东瓯从之。今吴楚大败，三十万众唯余数千残兵，东瓯之君又岂会听从调遣？因此，只需朝廷使者晓以利害，则越人必送刘濞首级而来。言毕，使者即渡江而去。果然，次日东越使者即执刘濞之首级渡江而来。越使之意甚恭，数言称不敢背弃朝廷，故刘濞至丹徒后，越人即以劳军为名将其诛杀，今特献其首级于汉。不过，因谋划不周，故刘濞虽死，吴王子子华、子驹诸人已奔逃闽越，苟延残喘。

既获其首，则吴楚已平。于是，韩颓当命越使送刘濞首级报捷。送毕越使，又得周亚夫文书，言下邑之军已拔营北上，令轻骑立即北返，协助齐国汉军平定诸齐。与此文书同至者，还有朝廷下发令韩颓当代为宣示诸齐之诏书。

按当日会兵荥阳所定之方略，汉军兵分数路，分定齐、赵、淮南诸地。然因主力为周亚夫所将，故其余诸军皆兵力不足。正因如此，此时吴楚主力虽灭，但其余诸地，特别是齐、赵，仍在相持之中。受命击齐的栾布、曹奇受阻于济水，难以深入；奉诏平赵的郦寄、卫绾则顿兵于邯郸，亦不能速速克城。相比困守孤城、覆灭不过旦夕之间的赵王刘遂，救援死守临淄已三月有余，即将山穷水尽的齐王刘将闾实为当务之急。然而，汉军主力多步卒，行军速度较慢，且经历大战，亦需休整补充，故难以短时间内援齐。历数诸军，唯有轻骑可速速北上，协助栾、曹二将，速速平定齐国战事。正因如此，接此文书后，韩颓当遂不再关注吴楚之残兵，而是立即召集军中诸校尉、司马，分析诸齐态势。

当此之时，齐国战况亦颇为复杂。据游骑军报，齐地战场大致分为三地：西部为栾、曹汉军与济南王刘辟光之济南兵对峙于济水；中部为齐王刘将闾据临淄坚城与胶西王刘卬统领之诸齐死战；东部则为城阳中尉邓先之城阳兵与吴将周丘之下邳兵相持于城阳国。由此观之，今欲北上援齐，则必先破周丘下邳兵不可。因此，结束军议后，韩颓当遂决意先将兵北上至城阳与邓先合兵击周丘。

数千精锐轻骑自广陵向北，经高邮、平安、淮阴、下相诸县进入东海郡界。下相向北一百余里即周丘故乡下邳，故韩颓当下令军中戒备，不得松懈。岂料军令下达后，游骑即报称，周丘部已经溃散！

周丘所部下邳兵三万，还有数万挟裹之乱民、恶少年，足有近十万之众，尚未交战，岂会一夜即溃散殆尽？故闻军报，军中诸校尉无人相信。待详细询问游骑后，才知其中原委。原来，周丘之下邳兵虽勇，但挟裹之乱兵难以持久。在城阳强攻邓先固守之坚城月余不克，士气已渐低迷。当时，吴楚军败之消息传至，全军震动，皆鼓噪散去，赖周丘竭力鼓动，大军方能维持。据传周丘自城阳引兵而还，本欲退还故地下邳再图大举。孰料周丘行至半途，却突然疽发背而死。主将周丘既死，乱兵岂有战心？是故近十万人马未至下邳，即全部溃散。

闻此消息，韩颓当大喜：今既不需忧虑周丘军，则大可速速北上。因此，韩颓当将轻骑迅速赶至城阳国都莒县。在莒县稍事休整，直入胶西国，兵临国都高密城下。

据传因汉军北上甚速，围临淄城之诸齐军心瓦解，各自将兵归国，刘卬已自临淄城下退兵，回保高密。然此时汉军行至高密城下，甚至筑营已毕，仍未见胶西一兵一卒。正在思虑是否攻城之际，却有胶西国群臣出城请降。其国相言，数日前刘卬自临淄引兵而回，即披头散发，袒跣席地，向其母胶西王太后谢罪。当时，胶西太子刘德以汉军远道而来，兵势已疲为由，请命将兵出战，并称"击之不胜亦可奔逃入海，尚不算晚"。然刘卬则喟然长叹，称士卒疲敝已极，不可再用，遂罢出兵之议。因刘卬有归降之意，是故胶西群臣皆事先出城迎汉军。

听闻素以勇武而著称的刘卬竟狼狈至此，韩颓当亦复叹息：诚如其言，数万胶西兵顿于临淄城下苦攻三月，无一胜绩，如今已是强弩之末，势不能穿鲁缟。相反，汉军虽疲惫，却是挟大胜之势而来。以胶西之败兵对朝廷之胜兵，岂有得胜之机？即便击溃汉军轻骑，又岂能击溃下邑三十万汉军？大约刘德未经兵事，不知兵事之凶险，方有出兵击汉之雄心壮志。然雄心壮志于残酷现实无益，且束手就擒或许还能换来苟活，不顾形势而垂死挣扎只能是身死族灭之下场。相比刘德，刘卬欲降，实乃明智方略。

刘卬肉袒出城，直抵汉军营垒。入营垒之后，有勇悍之称的刘卬膝行顿首，泣涕不绝，曰："臣卬奉法不谨，惊骇百姓，以致劳苦将军远道而至鄙国，敢请以菹醢[1]。蒙将军质询：晁错用事于前，变更高皇帝之法令，侵夺诸侯之土地，天人共愤。卬等既为高皇帝之苗裔，恐其败乱天下，故欲阻此不义之行。七国发义兵，实乃欲诛晁错贼子也。今闻晁错已诛，故卬等罢兵而归。"

尽归罪于晁错，而匿擅发兵谋不臣之举，可见其仍尚存狡辩侥幸之念。且朝廷三月前即已诛晁错，并通传天下，然彼时刘卬正在领诸齐围攻临淄，刘濞则正欲为"东帝"，未见朝廷诛晁，刘卬便退兵。今兵败即归罪于他人，岂不谬哉？于是，韩颓当手执金鼓，答曰："大王如以晁错所行非善，何不以此上报朝廷？未有诏及虎符而擅发兵击义国，此乃不臣之

255

---

① 古代酷刑，即剁成肉酱，一般用于谋反大罪。

大罪。以此观之，大王之意非诛晁错也！本将军有皇帝诏书在此，何去何从，王其自图！"

诏书曰：

> 盖闻为善者，天报之以福；为非者，天报之以殃。高皇帝亲表功德，建立诸侯，幽王、悼惠王绝无后，孝文皇帝哀怜加惠，王幽王子遂、悼惠王子卬等，令奉其先王宗庙，为汉藩国，德配天地，明并日月。吴王濞倍德反义，诱受天下亡命罪人，乱天下币，称病不朝二十余年，有司数请濞罪，孝文皇帝宽之，欲其改行为善。今乃与楚王戊、赵王遂、胶西王卬、济南王辟光、菑川王贤、胶东王雄渠约从反，为逆无道，起兵以危宗庙，贼杀大臣及汉使者，迫劫万民，夭杀无罪，烧残民家，掘其丘冢，甚为暴虐。今卬等又重逆无道，烧宗庙，卤御物，朕甚痛之。朕素服避正殿，将军其劝士大夫击反虏。击反虏者，深入多杀为功，斩首捕虏比三百石以上者皆杀之，无有所置。敢有议诏及不如诏者，皆要斩。

听闻诏书后，只见刘卬收下一尺一寸竹简，随后仰天长叹："如我辈原本就是死有余辜！"遂自杀。其后，胶西太后、太子刘德皆自杀而死。不久，又闻栾布进逼济南国，胶东王刘雄渠、菑川王刘贤、济南王刘辟光亦相继自杀。

诸齐既定，韩颓当于高密稍作休整，又奉命引兵至临淄传朝廷之诏。自诸齐举兵以来，齐王刘将闾苦守临淄已三月之久，其忠贞之念可与梁王刘武相比。朝廷虽削藩，然有此大功，当不会再削。岂料当韩颓当抵临淄城下之时，却闻刘将闾已饮药自杀。刘将闾所以自杀，盖因当初路卬至长安求援时，刘将闾恐无法抵御而曾与刘卬秘密盟约。闻汉军兵临临淄城下，刘将闾恐朝廷治罪，故饮药而死。然而，韩颓当所传乃"迫劫有谋，非其罪也"之赦免诏书……

今刘将闾既死，诏书亦不能传之，故韩颓当又遣使将齐国之事传于朝廷。在临淄短暂停留后，韩颓当又与栾、曹汉军自平原津渡河北上进至赵国，助郦寄、卫绾平赵。

赵国战事持续数月，一直颇为不顺。邯郸乃河北坚城，经数代之营建，城防极为完备，甚难攻取。《孙子兵法》虽云："上兵伐谋，其次伐交，其次伐兵，其下攻城。"攻城乃下下之策，然刘遂坚守不出，郦寄、卫绾亦毫无办法，唯有强攻。然二人兵力不足，强攻数月仍不能克城。韩颓当、栾布等进至邯郸城下后，与郦寄、卫绾协力攻城数次，亦收效甚微。相持至深秋时节，仍不能克城。

长期顿兵于邯郸城下劳师糜饷，绝非上策。据传，当初刘濞曾授意刘遂遣使发书至匈奴，约定共同举兵。军臣单于其人素有大略，且又有中行说为之出谋划策，恐不会安坐无视。正因如此，朝廷虽已令燕、代二国及边郡监视，但亦不能确定匈奴是否会在深秋时节突然南下。若匈奴大举南下，则恐难以收场。有鉴于此，相持至九月底，韩颓当、栾布、郦寄、卫绾诸人商议不再强攻，改为决水灌城。

入秋时节，邯郸城南之漳水仍水量充沛，可用以灌城，且邯郸城地势较低，亦难以防御河水冲灌。故汉军掘开河堤，漳水随即冲毁邯郸城垣。不过，刘遂已在城破之时自杀而死，汉军入城后，唯得其首而已。

吴、楚、齐、赵诸王见诛，震动天下的吴楚七国之叛终于尘埃落定。

第五十六章　　藩王徙封

　　自正月吴楚举兵至吴王刘濞伏诛，前后不过三月而已。本以为声势足以震动天下之吴楚七国举兵将重现秦末之祸，却不想竟如此轻易即被彻底讨平。

　　当然，能于三月内平定战事而未造成持续拉锯亦实属侥幸；若无太尉周亚夫力挽狂澜，则讨平吴楚至少不会如此轻松。然而，诛吴楚叛逆虽不甚难，可对高皇帝所定之祖制进行调整却并不简单。

　　何项祖制？即高皇帝封立诸侯之祖制。封建诸侯虽酿成吴楚之叛，但却是当年高皇帝并天下后以"白马盟誓"之形式正式确立。正因如此，梁王太傅贾谊虽称此为"可为之痛哭"之弊，可文帝仍不敢轻易。不过，今吴楚既平，威胁朝廷之吴、楚、齐、赵四大远支藩国均遭致命打击，则朝廷可对此祖制进行适当调整，以便社稷长治久安。

　　据不成文规定，此次藩国调整原则有三：一为不废祖宗之法，二为颇益"亲藩"之国，三为削夺封国之势。

　　所谓"不废祖宗之法"，即朝廷封建藩国之祖制并不改变，不会因吴楚七国之叛即将关东藩国所领之支郡全部收归朝廷直辖，全面废除分封体制。具体而言，在关中、巴蜀等故秦地域内设立由朝廷直领之汉郡，在关东则仍设立藩国。当然，藩国虽存，却须大力调整以杜绝后患。所谓"颇益亲藩之国"，即将远支疏宗藩国尽量更易为与朝廷血缘关系较近的"亲藩"封国。不过，血缘毕竟会淡化，即便"亲藩"亦需防范，不能让其势大难制。所谓"削夺封国之势"，即削去藩国之土地，严格控制藩国所领支郡数量，绝不能如高皇帝时一国动辄统领数郡。同时，夺取藩国之权力，不能令藩国兵、财、政集于一身，挑战朝廷权威。在此三大原则之下，自前元三年六月乙亥，朝廷即对诸藩作出重大调整。

吴国原领会稽、东阳、鄣郡三支郡，削去其会稽、鄣郡，并废吴国号，更名为江都国，封予皇帝第五子刘非。如此，吴即由远支转变为"亲藩"，由大国削为小国。刘非就封江都王后，其原领之汝南国则被废为汝南郡，收归朝廷直辖。

其实，朝廷本考虑存吴国国号，并以曾陪同袁盎使吴的刘濞之侄德侯刘通继承吴王爵位。不过，此设想遭到窦太后激烈反对。窦太后认为："吴王刘濞为宗室之长，本应忠于朝廷，为宗室之表率，然刘濞却谋七国之叛，扰乱天下！如此叛逆，岂能续嗣？"正如窦太后之言，朝廷既讨平吴楚，如不惩戒诸藩之首的吴国，彻底废其国号，则不足以震慑不轨之徒。相反，忠于朝廷之梁、济北、齐诸国则需发诏表彰，令天下皆知。非如此，不能体现高皇帝"白马盟誓"之本意。最后，朝廷遂循窦太后之意，改吴为江都，并以皇子为王。

不过，封吴旧地予刘非而非其他诸子，亦是朝廷有意为之。刘非不仅在诸子中较长，且有勇略，颇具军事才干，在朝中有"有材力"之名。据传吴楚举兵时，年仅十五岁的刘非即上疏请愿领兵击吴。皇帝壮其气，遂赐将军印，令其领军随从窦婴、周亚夫击吴。结果，刘非此长于深宫之皇子不但统兵征战，竟破敌立功，得胜而还。大军班师后，皇帝特赐其天子旌旗以示嘉奖。由此观之，刘非与刘濞颇为相似，皆以少年将兵有功，有勇武之称。正如高皇帝所言，"吴、会稽轻悍，无壮王以填之"，朝廷封刘非于吴国故地，自有仿效当年高皇帝封刘濞为吴王，以镇守南方之意。

相比吴国，朝廷对楚国之处置则稍显宽容。楚王刘戊伏诛后，朝廷并未追究其直系子侄之罪，甚至只要并未参与举事，原有之爵位亦可保留。例如，刘戊季父休侯刘富徙封红侯，刘调封棘乐侯，在吴楚举兵实有不轨之行的宛朐侯刘执亦不过仅仅废侯而已。不但如此，因窦太后之言，朝廷又封楚元王刘交之子、故宗正卿平陆侯刘礼为楚王，以延续楚国之嗣。为何如此宽大？盖因楚国宗室之特殊性。需知，当年高皇帝以同姓易异姓，所封同姓诸国皆为子侄，唯刘交为兄弟。高皇帝崩逝后，宗室中以楚辈分为最高，影响最大。正因如此，九卿之一、执掌皇家宗族事务之宗正卿亦一直由楚元王一系担任，从未更易。而且，除刘戊暴虐外，自刘交以来之楚国宗室多谨慎忠贞，为朝廷楷模。正因如此，若以刘戊之罪而直接废楚国号，则稍显过激，亦不能显示朝廷之宽仁。

不过，楚国虽存，其地却不可不削。刘戊楚国原辖薛郡、东海及彭城三支郡，为东南大国。按晁错削藩策，东海被收归朝廷，薛郡亦在前元二年被划出另立鲁国。按照当初方略，鲁国由淮阳王刘余徙封领有。不过，由于设立鲁国之诏书尚未下达，即有吴楚举兵之事，故刘余一直未能至鲁。今吴楚既平，则不需顾虑。故前元三年六月乙亥，朝廷即令刘余自淮阳徙鲁国。薛郡、东海二郡既已顺利析出，则楚国所领三郡仅余彭城一郡，实力大大削弱，从此不再能成为朝廷之威胁。

与吴、楚二国相比，赵国之调整更为复杂。击平吴楚后，赵国一度被废国号，其邯郸被收归朝廷为汉郡，其常山郡东部数县则析置为中山国（都卢奴），封予九子中山王刘胜。不过，因朝臣进言，朝廷其后又复赵国国号，并徙广川王刘彭祖为赵王。刘彭祖徙赵后，其广川国则收为汉郡[①]。如此调整，赵国即便复立，但因析去中山、河间（前元二年析置河间国）、广川之地，成为仅领有邯郸一郡及巨鹿西南部数县之小赵国，与高皇帝时领河北四大郡之大赵国不可同日而语。此"亲藩"小赵国，将与刘德河间国及刘胜中山国共同构成未来朝廷河北藩国之基干。

除吴、楚、赵三国外，诸齐亦必须调整。诸齐之核心为刘印之胶西国。在前元三年六月乙亥封刘余、刘胜的同时，朝廷亦颁布诏书将胶西国封予皇八子刘端，使胶西由远支转为"亲藩"。不过早在前元二年之时，朝廷即削夺胶西六县（置北海郡），故新胶西国仅领高密、昌安、石泉等不到十县之地，远不如刘印时代。至前元四年四月己巳，朝廷下诏复胶东国，以皇十子刘彻为胶东王。然而，平定吴楚后，朝廷即将故胶东国北部诸县析出，另置东莱郡。因此，刘彻所领之新胶东国不过为原胶东国之半而已。至于济南国，则直接削为汉郡，收归朝廷直辖。

与胶东、胶西、济南诸王相比，济北王刘志仅徙封菑川，而未受处罚。未遭处罚，并非刘志忠于朝廷，而是因济北郎中令事先夺取兵权，以致其欲发而未能发而已。事实上，刘志虽无举兵之行为，但确有不臣之意图，如以高皇帝时廷尉王恬启审判彭越之"反形已具"而定刘志之罪，虽有稍重之嫌，但并无不妥。最后刘志所以能徙封菑川，实乃门客齐人公孙獾之计。

据传，当时朝廷平定吴楚后，刘志彷徨不安，欲自杀以全妻子。公孙

---

① 即孝景前元四年设立之信都郡。

獲则认为吴楚既平，梁王刘武必为两宫信用。若能请刘武为济北通于朝廷，则济北可得保全。其后，公孙獲即急入睢阳，陈述利害于刘武，称："济北东有强齐、南连吴越、北控燕赵，乃四面受敌之国。济北国力弱小，难当荆楚强兵，若不伪作顺从，则必遭灭国之祸。故臣于吴，实乃权宜自保之计耳。且我济北虽伪臣于吴，实未从诸齐之谋而起兵，亦未应吴楚之召而举事。否则，吴以济北之地，可北接赵，南连楚。诚如此，关东诸藩大盛，于朝廷将极为不利。因济北不从，故吴不能连接诸侯，唯有艰难西进，终为朝廷逐一讨平。守职不屈，以区区济北之地而与吴楚周旋，我王不可谓不忠贞矣。既有此功，竟受朝廷之疑，此非社稷之利。臣诚恐守职尽忠之藩臣皆遭朝廷之疑！臣私下估计，能径入长乐而抵未央，于两宫之间据理力争者，独大王一人耳。大王诚能进一二忠贞之言，则上有全济北亡国之功，下有安黎民百姓之名，功德无边而恩义无穷。愿大王深思之！"

需知，梁与济北颇同，亦是坚守未降，功绩卓著。但朝廷对待济北如此苛刻，则是否以后亦如此对梁国？公孙獲言下之意即暗示如梁国能在此事上助济北一臂之力，则济北必以梁国马首是瞻，奉梁国为关东诸藩之领袖。最终，刘武闻之大悦，进言于两宫，刘志也因此免除处罚，并自济北徙菑川。

刘志虽迁至菑川，济北国却并未废为汉郡，而是转封予淮南厉王一系之衡山王刘勃。刘勃所领之衡山国则转封庐江王刘赐，刘赐之庐江国废为庐江郡，收归朝廷直辖。

所以将刘勃自"南方卑湿"之衡山调至济北，确属对刘勃忠贞于朝廷之嘉奖，但其中亦不无暗中防范之意。需知，淮南、衡山、庐江三国为兄弟之国，且同出淮南厉王一系。既有诸齐兄弟共同举事之前车，则亦不敢保证淮南三国能长久忠贞。将刘勃迁至北方，则可分割兄弟，令其远离根基。而且，与吴、楚诸国一样，刘勃之新济北国与刘志之旧济北国完全不可同日而语。经前元三年之调整，济北国北部之平原、高唐等十余县被析出，另置平原郡，故新济北国亦不过故济北国之半而已。由此观之，转封济北名为嘉奖，实是削藩。

不过，对关东诸藩亦非全削全废。梁王刘武坚守睢阳，齐王刘将闾坚守临淄，皆有大功，故当赏赐。梁国国土辽阔，且尽为膏腴之地，不宜增封，可予财帛之赏。齐国虽曾与刘印有秘盟，但"以迫劫有谋，非其罪也"，故不予追究，齐国之号不废，齐国之土不削。此外，经过朝议，朝廷又特意下诏立刘将闾之子齐太子刘寿为新齐王，续刘将闾之嗣。

当然，梁、齐二国完整未削乃特例。除此二国，吴、楚、赵等旁支强藩无一幸免，皆被调整。因此，此次调整规模之大，已远超高皇帝兼并天下时之郡县调整。正因规模浩大，故如调配傅、相，任命守、令等各项工作亦颇为繁杂，实非一日可成。自前元三年六月乙亥下诏调整鲁、胶西、中山三国始，至前元五年年初复立赵国终，此次调整前后持续一年余方告初步完成。

通过此次调整，天下立楚、鲁、衡山、齐、城阳、济北、菑川、胶西、胶东、江都、淮南、燕、赵、河间、中山、梁、临江、代、长沙，共为十九国。然而，十九国总领不过二十余郡，且其还多为小郡，其势已微不足道。相反，朝廷直领之汉郡则自二十四郡增至四十郡，超过关东诸藩国之总和，已成"强干弱枝"之势。

除大规模调整藩国外，朝廷又相继颁布一系列法令严格限制藩王之权。按高皇帝所定祖制，藩王"掌治其国。有太傅辅王，内史治国民，中尉掌武职，丞相统众官，群卿大夫都官如汉朝"。鉴于权势过大，频频威胁朝廷，故首先严格限制其置吏权及统兵权。至中元年间，朝廷下诏明确规定"令诸侯王不得复治国，天子为置吏"。此外，罢免藩国之御史大夫、廷尉、少府、宗正等重要官职，又以更官名①、降秩次等方式以卑藩国之臣，藩王养士亦须受到朝廷严格监视。

由此观之，自吴楚讨平后，高皇帝封建藩国之祖制虽未废除，但藩王之权已受严格限制，此时之藩王与高皇帝时之藩王已完全不可同日而语。

262

---

① 如改丞相曰相，改太仆曰仆。

第五十七章　　汤武革命

当年梁王太傅贾谊《治安策》曾称："'亲者或亡分地以安天下，疏者或制大权以逼天子'，正因君臣上下颠倒，宗藩尊卑无序，故有吴楚不臣。是故，臣愚以为，汤、武非上承天命，实乃弑君也！"

前元四年正月，朝廷召开会议，令博士议论政事得失。博士黄生则引"汤武革命"之事，言吴楚之叛。汤，商汤；武，周武王。所谓"汤武革命"，即商周圣王商汤、周武王伐夏桀、商纣之事。然而，《左传》言："凡自虐其君曰弑，自外曰戕。"商汤、周武皆以臣伐君，以下犯上，实乃不臣之行，故可谓之"弑"。黄生习黄老，维护君主权威，乃其一贯主张，而以下犯上之举，实为其所不容。

但是，黄生以"汤武革命"为例却并不妥当。需知，汤武伐暴，乃上承天命，顺应民心，正如《易·革·象辞》之言，"汤武革命，顺乎天而应乎人"。将吴楚之乱臣比作汤武之圣王，岂不谬哉？因此，黄生言毕，辕固不得不出言反对："黄公之言大谬。桀、纣暴虐，故天下之心皆归于汤、武。顺天应民，不得已而立为天子，岂非承受天命哉？"

此辕固，乃齐人，为天下知名之学者。当世传诗有三派，在鲁为"鲁诗"申培，在燕为"韩诗"韩婴，在齐则为"齐诗"辕固。因有治诗之名，故前元元年朝廷征其入朝为博士。不过，辕固入朝以来，一直未得重用。为何？盖因皇帝虽隐约有尚儒之称，但窦太后及朝中老臣皆尚黄老。据传因窦太后之强势，皇帝及诸皇子亦不得不读黄老之言。正因如此，朝中虽置博士，但多为黄老学者，儒生甚少。试想，两宫之间、朝堂上下，无不尚黄老，辕固虽有治诗之名，又岂能得到重用？不过，此时黄生于殿陛之间"大言不惭",议上古之事,则辕固自然不会避而不答。

可是,如此反驳无异于对尊卑观念之否定,故黄生亦面色不善,称:"冠虽破,却必冠之首;鞋虽新,却必穿于脚。何也?此乃上下有别之理。桀、纣虽无道,却为君上,汤、武虽圣,却为臣下。君上有失,人臣不能出言匡正,却因其过而弑之,甚至代其南面而立!此非弑君,何为弑君?"

闻黄生仍"执迷不悟",辕固则大笑称:"高皇帝本为秦人亭长,实乃秦人之臣。若按黄生尊卑之意,则高皇帝不当举义兵诛暴秦,立汉之天下?"

此言一出,廷辩实无可辩,皇帝遂站起开口和解:"食肉而不食马肝,不能称不知其味;学者不言汤武受命之事,亦不能称愚。"

廷辩既毕,则诸博士皆散。岂料事后窦太后又特召辕固至长乐,询问其读《老子》之体会。然儒生读经,岂能问以《老子》?因此,辕固断然对曰:"此不过寻常家人之言耳!"然窦太后好黄老,如此回答岂非不敬?故此言一出,窦太后果然勃然大怒令卫士将辕固丢进野猪圈。最后,幸赖皇帝赐剑刺死野猪,否则辕固必死于野猪之口。

264

黄生、辕固之争论,乃尊卑、"天命"之争论,亦为黄老、儒学学派之争论。高皇帝起自草莽,身份卑微,欲取秦人而代之,则非令天下相信"天命"在汉不可。若非如此,则人心难聚。朝廷屡屡宣扬"刘媪尝息大泽之陂,梦与神遇。是时雷电晦冥,太公往视,则见蛟龙于其上。已而有身,遂产高祖"即是此意。高皇帝临终时言"吾以布衣提三尺剑取天下,此非天命乎?"亦是此意。然而,黄生所言之尊卑观,亦不可弃之。若无尊卑上下之念,则天下混乱不堪。如此,君何以治民?当年高皇帝命叔孙通定礼仪之缘由,其意正在于此。孝文前元末,文帝令鲁人公孙臣更易制度,亦是探寻汉之"天命"。因此,窦太后虽斥辕固,但皇帝并未黜辕固,朝廷既当明尊卑,亦当正"天命"。

然而,吴楚已平,尊卑已正,上下已命,"天命"已定,朝廷为何令博士在朝中郑而重之讨论此事?无他,盖因吴楚虽平,仍有急于不臣之藩——梁王刘武。

朝廷讨平吴楚,梁国功劳甚大。据战后统计,梁军前后所斩之首级数与汉军主力几乎相等。若以斩级数量衡量,则刘武之功不在太尉周亚夫之下。事实确实如此,若无刘武在睢阳消耗吴楚二军主力,即便周亚夫再能战,亦断难在三月内结束战事。既然高皇帝立藩之本意在于以藩卫汉,则梁国作为因"屏汉"而立有大功的"亲藩"之国，非重赏不可。因此，自前元三年讨平吴楚以来，朝廷多次予梁国以超过规格之外的重赏。比如，不仅允许刘武扩建睢阳城七十里，营筑方圆三百余甲之东苑，还特准其作三十余里之复道，以连接王宫及城东北离宫平台。此外，朝廷还批准梁国保留弩弓矛戟等朝廷法令允许之外的兵器数十万件。至于直接的财帛赏赐，更是难以计数。关东盛传梁国累数年之赏赐，府库中所藏之钱已近一百万万，甚至超过朝廷国库之规模。可是，朝廷超规格之赏赐却并未令其常作人臣之惶恐，以致其上下不明，尊卑不分。据有司奏，刘武在国内行县，常携天子旌旗，千乘万骑，出警入跸，其规格仪仗竟比于皇帝。此外，刘武又于睢阳营建忘忧馆，专门用以召集天下"豪杰之士"。据传，"豪杰之士"无论出身如何，但凡有一技之长，刘武便如燕昭王一般礼贤下士，不吝财帛之赏。例如，临淄邹阳、淮阴枚乘、会稽庄忌，以善于文辞而被刘武信用；齐国公孙诡、羊胜，则以颇通奇邪之计而被刘武引为爪牙。甚至关东皆传，公孙诡初入睢阳，便得赐千金，受封梁中尉，号曰公孙将军。受印之后，公孙诡作《文鹿赋》以表达忠贞之心，其辞曰："麀鹿濯濯，来我槐庭。食我槐叶，怀我德声。质如细缛，文如素綦。呦呦相召，《小雅》之诗。叹丘山之比岁，逢梁王于一时。"

观其言辞，无疑将刘武比作求贤若渴的周公。然而，天下豪杰皆归于梁，则置朝廷于何地？梁国此举到底意欲何为？是否有欲问鼎长安之意？正因如此，自前元三年夏以来，朝廷对刘武在梁国之行即多有不满，甚至素来对刘武宠爱有加的窦太后，亦对刘武遣至长安的梁使韩安国出言斥责。

所以对其养士如此敏感，盖因豪杰之士中虽有奇谋诡计者，但多亡命、任侠之徒。吴楚举兵时，袁盎即曾言，吴王刘濞养士数十年，亡命之徒有，而豪杰之士实无。《韩非子·五蠹》言："儒以文乱法，侠以武犯禁。"因亡命、任侠之徒多不事生产，常聚众滋事，动辄对抗朝廷权威，故自商鞅变法以来，即为朝廷法令之所禁止。朱家、剧孟及田仲等任侠难以在关中立足之缘由，正在于关中秦法甚浓之故。可是，因诸藩长期心怀不轨，朝廷之法难行于关东，故关东诸藩与关中迥然不同，往往任侠成风，亡命聚集。在关东诸藩中，又以刘濞吴国之亡命、任侠为最盛。此次吴楚被讨平，亡命任侠原本依附之藩国被摧毁，故不得不重新"游动"起来。关中既然难有立足之地，则唯有流向此时朝廷法令还难以触及之梁国，何况梁国此时正在"招贤纳士"，正是亡命、任侠聚集理想之地。正因如此，睢阳硝烟散尽之时，大批原吴楚之地豪杰、亡命、任侠成群结队前往睢阳，依附于刘武。

然而，藩王收揽亡命、蓄养豪杰，实乃朝廷所忌。当年，代相陈豨自长安返代，其宾客随之者千余乘。当时，赵相周昌对此颇为警觉，即上疏朝廷对陈豨加以防范。其后，陈豨果反，并以其宾客舍人为爪牙，控制边军。不言高皇帝时陈豨之事，刘濞以亡命、任侠举兵而反亦是前车。正因如此，平定吴楚后，朝廷亦有意严格监控诸藩蓄养豪杰。试想，在如此情况下，有司奏报刘武无视朝廷法度，以致梁国亡命潜匿、任侠纵横，朝廷又岂能听而不闻，视而不见？若对其过于放纵，以致其无君臣上下之礼，难免造成郑庄公及公叔段之事。彼时，天下恐怕又认为朝廷"讥失教也"。

不过，刘武毕竟有大功于国，且为窦太后所亲爱，直接下诏申饬，并不妥当。经反复权衡、思虑，朝廷遂于前元四年春发布诏书，"复置津关"，对关东"豪杰之士"之自由流动进行限制。

津关，即于山川之险要处所设立之关卡。因关卡多设于水陆要冲，事关国家稳定，故朝廷于津关设立专门官吏负责管理并屯兵驻守，并严禁游士随意进出。高皇帝统一天下，继承秦人细密的法令条文，不仅对关津严格管理，还特命相国萧何专门制定《津关律》。根据汉初所定之律令，凡出入津关者，必须向官府申请传书方可。

何谓"传书"？"两行书缯帛，分持其一，出入关，合之乃得过，谓之传也。"传书为一种可分为正副两半的通行证，其内容一般涉及下发之时间、申请者、申请事由、下发部门及向沿途官府出示之辞令等。过关时，出示所持传书，合传无误，方可出入关。受特别照顾之执传者，官府需提供专门之传舍或传车。

自汉初至惠高时，朝廷严格执行《津关律》，自官府申请之传书为唯一之通行证，贵族、平民概莫能外。然而，贵族权势甚大，取得传书并不算难，小农被束缚于土地之上，不必大规模流动。因此，天下万民中，急需传书四处流动者，即亡命、任侠[1]。既然朝廷严格控制，则亡命、任侠这般所谓的"豪杰之士"岂能申请到传？申请不到传，则欲仿效当年高皇帝年轻之时自沛县至砀郡外黄投奔张耳一般游走四方，几乎不可能。不过，孝文前元十二年三月，朝廷曾下令"除关，无用传"，于是天下各处畅通无阻，不再需要执传出入。

---

① 任侠，亦称为游侠、轻侠。

今诏书既明文否定文帝"除关"政策，且重申"复置津关，用传出入"，则可约束梁国蓄养亡命、任侠，限制其招揽"豪杰之士"，亦可对刘武稍作警示。

第五十八章　　明争暗斗

　　前元四年四月初，朝廷使者至梁国传朝廷任命梁国内史之诏。不过，使者至梁后却急入蒙县狱中传诏。为何？盖因此新任内史此时正因坐法而系于蒙县狱中。

　　内史何人？梁国成安韩安国。韩安国，字长孺，早年受韩非子、杂家学说于田子春处，后为梁中大夫。不久前，吴楚进逼，赖张羽力战，韩安国持重守城，睢阳方得以不失。吴楚既平，韩安国亦显名于天下。不过，韩安国数月前不知为何坐法下狱，以致被囚于蒙县。梁国奏报梁内史有缺，请以公孙诡迁任。奏疏传至长安后，窦太后闻之，断然否决公孙诡，而令以韩安国为内史。因窦太后之令，朝廷遂遣使传诏书于梁。

　　朝廷使者至，则狱中自然畅通无阻。朝廷诏令宣读已毕，韩安国遂伏地谢恩，并于狱中去赭衣，着二千石内史冠服。更衣已毕，狼狈之象既去，韩安国下令："闻狱吏田甲弃官而匿。今田甲不就官，我即灭其宗族！"

　　所言之田甲，乃梁国蒙县狱吏。堂堂内史何故为难区区狱吏？原来，数月前韩安国下狱时，曾遭其羞辱。当时，韩安国言："死灰难道不会复燃？你今日羞辱于我，不怕日后报复？"可是，田甲却嘲笑称："若复燃，则乃公必以尿灭之！"然朝廷拜梁内史之诏书既传于梁国，则死灰果真复燃。正因如此，狱中数日前即传言，称田甲闻朝廷诏书而大骇，已弃官而逃。然而，朝廷法令森严无比，且藩国内史有执掌藩国内政之大权，今内史文书既下，田甲还能匿于何处？故听闻此言，侍从在侧的狱吏皆大笑不止。

等至日中时分，田甲果至。视其肉袒膝行，口称死罪，确有惶恐之意，然联想数月前其嚣张跋扈，在狱中极尽嘲讽之能事，亦深感甚为滑稽。是故，韩安国抚须大笑："当日田公言以尿灭之。如今老夫端坐此处，田公自便。如田公之辈，值得老夫追究？"

韩安国气度恢廓，自然不会在意区区狱吏当日之奚落。此时，需韩安国忧虑乃关乎社稷安危之大事。

何事？梁国、梁王与朝廷、两宫之事。前元三年夏以来，刘武以平吴楚之威望，屡有忌讳之行。关东盛传，刘武于内，则千乘万骑，出警入跸，礼仪规格比于皇帝；于外，则请自置二千石，联络济北国，公然无视朝廷削藩之意。此外，更有频频蓄养豪杰，招致游士之行。甚至据梁国好事者传，公孙诡、羊胜等梁国"豪杰之士"、爪牙之臣频频舞文弄墨，摇旗造势，催促朝廷速速立梁王为储。

公孙诡诸人之所想，韩安国并非不知。需知，当年皇帝曾于酒宴之上允诺"千秋万岁之后，朕将传位于梁王"，此言虽为酒后失言，然毕竟由皇帝宣诸于口，且不但为窦太后所认同，亦为朝野所尽知，岂能令听者无意？虽说当时因窦婴以祖制反驳而终不了了之，但刘武讨平吴楚，有"再造社稷"之功，故今时已经不同于往日。正因如此，公孙诡诸人之言行，实有强逼朝廷表态，将一年前之"口谕"转化为布告天下之正式诏书之意。

对于公孙诡、羊胜诸人之言行，韩安国一直不以为然。试想，今若以梁王为储君，待诸位皇子年长后，帝位是传梁国王子还是回传予长安皇子？数百年前吴王寿梦四子诸樊、余祭、余眛、季札兄弟相承倒是传为美谈，然却造成吴国惨重内乱。由前例可见，弃嫡长子继承而传位于兄弟，非社稷治安之道。而且，自高皇帝以来，汉即传子制度，正如窦婴之言，此已成为祖制与"故事"。若以梁王为储，则是破坏祖制、"故事"。一旦开此前例，则以后别有用心者将会援引此例，致使社稷动荡。当年，高皇帝诸子皆年幼，尚且传位于子而非兄弟，何况如今皇帝正当春秋鼎盛之时，且子嗣众多，并非无子可立。再者，以梁王为储，亦不合朝中公卿之愿。刘武乃外藩，常居于睢阳，在长安并无可用之人。因此，刘武欲在长安掌控朝政，则唯有仿效当年文帝用代臣架空功臣元老之前例，重用梁国旧臣。彼时，如今在朝中执掌权柄的公卿彻侯亦必会如当年绛侯周勃一般"之国"，被剥夺权力。可是，去实权而居封地，岂是朝中公卿之所愿？

正因无论梁国立有何等大功，刘武如何被两宫亲信，朝中君臣皆不会同意以梁王为储。所以礼仪规格之僭越，朝廷或许不会过于追究，但若涉及实际权力，则长安之君臣断然不会让步，朝中盛传私授李广将印之"秘事"即是明证。

前元三年三月讨平吴楚后，朝廷曾大赏统兵将帅。当时，陇西郡守公孙浑邪以将陇西骑士击吴有功，故迁入朝中拜为典属国，并封爵平曲侯。然而，与公孙浑邪同将骑士，且战功实有过之的骁骑都尉李广，不但未得封侯之赏，且被外调为上谷郡守。上谷为东北小郡，且偏处一隅，故上谷郡守显然不能与骁骑都尉相提并论，更不能与公孙浑邪的典属国相比。可见，李广属左迁无疑。缘何以有功而左迁？盖因李广为睢阳解围后，曾得刘武私下授予之梁国将军印。需知，藩国之人事任免权当行于藩国国内，而不能行于朝廷命官。然朝廷尚未核查军功，刘武即公然以藩国将军印私授予朝廷统兵大将。如此违制之举到底是何用意，不言自明。正因如此，朝廷遂革李广本得之赏，并将其迁之边郡。

私授李广将印之事，令朝廷深为戒备。对此，身为刘武心腹又长期周旋于睢阳、长安之间的韩安国亦深有体会。李广左迁后，韩安国曾奉命入朝朝觐两宫。按往年之惯例，梁国之侍中、郎、谒者出入两宫殿门，当与汉官无异，且梁使入宫，窦太后亦必会于长乐宫亲自接见，询梁国之事，叙母子之情。然而，当日韩安国依往常之惯例至长乐宫请见之时，却被殿外谒者告知窦太后不愿接见梁使。

何以不见？实因朝廷对梁王屡屡僭越之举极为不满，致使窦太后在二子之间难以周旋。因此，深明其中曲折原委后，韩安国当时即求见馆陶长公主，请求斡旋。

馆陶长公主刘嫖乃窦太后之女、皇帝同产姐，深受两宫宠爱。宫中皆传言，凡两宫之事，若能有馆陶长公主出面，则必成。因此，至馆陶长公主府邸后，韩安国即伏地泣曰："太后何故不察梁王为人子之孝，为人臣之忠？吴楚起兵，关东大乱，唯有梁国坚守不弃。战事既起，梁王每思诸侯扰乱不止，以致太后、陛下在长安不得安宁，无不泣涕哀伤，故跪送臣等六人击吴，以报之于陛下。吴楚所以不敢西向而败亡者，赖梁王之力也。今朝廷以小节苛礼责于梁王，以致梁王忧惧不已，臣等无不痛心。梁王所以出警入跸逾越礼制，实乃梁国车骑仪仗均为皇帝所赐，梁王欲以此夸耀诸侯，令天下尽知太后、皇帝之爱也！今梁使来，朝廷重责之，梁王日夜泣涕，惶惶不已。梁王仁孝，太后岂能不察？"

随后，馆陶长公主以此言言于两宫，窦太后喜而释怀，皇帝猜忌之心亦稍解。据传，当时皇帝亲临长乐宫，免冠而谢曰："兄弟不能相教，乃为太后遗忧。"由此观之，正赖馆陶长公主之斡旋，皇帝、梁王保持了表面的和谐。然而，韩安国亦深知，当时此番言语虽表面谦恭，但并未触及本质，即私授李广将印确实表现出梁王对储位有觊觎之念。朝廷对此事未做追究，则无异于纵容梁王之心。此外，朝廷储位久悬不决，亦难免令人心生不轨。因是之故，才有公孙诡、羊胜诸人在这数月之间频频造势，搞得关东人人皆知。可是，梁国君臣如此屡屡无视朝廷之意，亦令韩安国深感为难。为何？实乃刘武其人，虽有才略，但为人骄纵桀骜，恐终有不满之时，一旦其铤而走险，则他韩安国将何去何从？正因如此，此二千石之内史，外人视之显贵已极，可韩安国自就任以来数日之间无不如坐针毡。

岂料，四月己巳，朝廷布告天下之立储诏书突然传至梁国：立皇长子刘荣为皇太子！至五月初，朝廷又以迅雷不及掩耳之势迁与刘武"仇怨甚深"的魏其侯窦婴为太子太傅。

如此立储，实属仓促。为何？盖因刘荣虽为皇长子，却并非嫡子，而是庶妻栗姬所生。与刘荣之母栗姬相比，当今皇后薄氏乃数十年前皇帝尚未加冠时由薄太后所定，嫡妻法统稳固。虽说当年许薄氏为太子妃，乃是薄太后为巩固薄氏政治地位之考虑，并未顾忌皇帝之本意，且薄太后、文帝皆已作古，不受宠爱的薄皇后十余年中又一直未能生育子嗣，其皇后之位已相当难堪。可即便如此，其皇后地位亦不容置疑。《公羊春秋》既言："立嫡以长不以贤，立子以贵不以长。"则以宗法继承原则而论，刘荣虽为皇长子，但为储之资格仍稍显欠缺。由此可见，匆忙立储，于礼不合。更何况，论材武，刘荣不及年十五便能上阵杀敌并立有军功的江都王刘非；论博学，刘荣不及十八岁即可博通经史的河间王刘德；论聪慧，刘荣又不及年七岁便能明辨是非的胶东王刘彻。除忠厚老实，刘荣并无特别才能，事实上并不适合为储君。

总而言之，毫无征兆骤立既非嫡亦非贵又非贤且非宠的刘荣为储，不但令人大感意外，亦确实遗留诸多问题。既然如此，朝廷为何又突然急于立储？

事实上，在梁国舆论频频之际，朝廷突然立储，绝非巧合。韩安国深知，骤然立储不过朝廷"釜底抽薪"之计，尽早立储而绝梁王之望耳。毕竟储君一立，刘武即便再受窦太后宠爱，亦不能借此而公然挑战朝廷权威。

而且，此举恐亦为皇帝早有之庙算，否则为何身为皇长子的刘荣在前元二年三月大封"亲藩"中并未外放？毕竟未及束发之刘德、刘发可为藩一方，则已成年之长子刘荣亦毫无问题。因此，韩安国亦不得不深思，当初朝廷将储位空置，却又对刘武言"千秋万岁"之语，难说不是"另有所图"。也怪不得朝中偶有传言，称皇帝醉酒言立弟为储之本意，即利用储君之位保证梁王之忠贞，令梁王在吴楚举事时为朝廷效力。吴楚既平，朝廷即立"空置多时"的刘荣为皇太子，同时又迁极力反对以梁王为储的窦婴为太子太傅，以绝梁王之念。

可是，朝廷如此仓促立储，必会令梁国上下极为不满，且亦令天下深感朝廷"欺人太甚"。韩安国甚为博学，对周人"桐叶封弟"之"故事"并不陌生：当初，周成王以梧桐叶削成玉圭之状交予其弟叔虞，并允诺将此封予叔虞。周成王言毕，恰侍从在侧的史官佚①立即上前祝贺，并请求周成王择吉日封叔虞为诸侯。周成王以"吾与之戏耳"否决后，佚立即反驳："天子无戏言！凡天子有言，史官则需如实记载，成之以礼，歌之以乐！"最后，周成王无奈，遂以唐地封叔虞。叔虞之子燮（燮父）即位，迁唐于晋水，号为晋，此为晋国之始也。周成王身为幼童，尚知"天子无戏言"，而当今皇帝在酒宴之上数次公然允诺，事后又出尔反尔故作不知。时至今日，却又毫无征兆骤立刘荣以绝梁王之心，岂是君王之所为？皇帝以权术制衡臣下本无可厚非，然终不能以诈术治天下。

此外，立刘荣为皇太子过于仓促，起意本不过是为制约梁王，而非为社稷长久打算，故此储君之立亦大有问题。自殷周以来，历朝立储无不是慎之又慎。可是，如今，国之储君，竟被用作宗藩之间权术腾挪之器，岂不哀哉！

---

① 《吕氏春秋》记为周公，从《史记·晋世家》。

第五十九章　　金屋藏娇

　　既然国之储君，被用作宗藩之间权术腾挪之器，则储君虽立，社稷并不能就此而稳定。前元六年九月初，朝中再度动荡：为皇后数年之久的薄氏正式被废。

　　皇后为后宫之长，且并无无德之行，无故被废，必致天下议论纷纷。然而，薄氏皇后之位并不久长亦早在朝堂上下预料之中。为何？盖因薄太后已死多年，文帝也已崩逝六年有余，薄氏在朝中可依靠之势力早已土崩瓦解，薄皇后在朝中无人可以依靠。且薄皇后数年无子，又不得宠爱，实在难以坐稳皇后之位。更何况，今皇太子已立，若不废黜薄皇后，则将令皇太子名不正言不顺。

　　《周礼》曰："王后帅六宫之人"，皇后乃后宫之主，薄皇后既废，则需再立新后。唯有如此，方能让后宫不致乏人。当年文帝先立皇太子，随后又立窦太后为皇后，终稳固皇太子之储位，即为"故事"。既有文帝"故事"在前，则应当尽早立皇太子之母栗姬为皇后。此举既可稳定刘荣皇太子之位，亦足以平息朝堂内外之议论，更可绝梁王刘武非分之念，可谓一举三得。

　　然而，薄皇后虽废，却迟迟不见皇帝立新皇后之意，以致后宫之主久悬不绝。皇太子虽立，其母栗姬却迟迟不扶正为后，难免令宫中、朝中想入非非。正因如此，连续数日以来，深居后宫之王美人寝食难安，日夜召弟田蚡询问其中曲折原委。

　　王美人者，皇帝宠姬王娡也。王娡，内史槐里人，故燕王臧荼之曾孙。其曾祖臧荼乃秦楚之际燕将，以军功受封燕王，为汉初异姓诸侯之一。汉六年，臧荼举兵攻代，为高皇帝将兵讨平。臧荼败亡后，有子臧衍奔逃匈奴，即王娡之祖父。臧衍居匈奴数十年后方迁回关中，娶妻生子。王娡之母臧儿，即臧衍之子。文帝时，王娡母臧儿嫁槐里人王仲，生一子及二女，即王娡及兄王信、妹王儿姁。父王仲去世后，臧儿再嫁长陵田氏，又生子田蚡、田胜。是故，除王氏兄妹外，王娡另有田氏兄弟二人。

虽兄弟众多，然皆为庶民，难复祖上王侯之贵。因此，父王仲病逝后，由母臧儿操办，王娡早早即嫁与槐里金王孙。然而，居金家年余，已生一女金俗后，却被母亲告知：卜得大吉之辞，辞曰俱为富贵至极之命，当速速离开金家，入宫为妃。然而，已嫁民间男子为妻，岂能入宫富贵？不过母亲却言，当年薄太后亦是先嫁魏王魏豹后从高皇帝，才大富大贵，薄太后既可，则王氏亦可。最后，因终不能违逆母志，王娡遂与妹王儿姁同入太子宫。孰料，果真有"天命"眷顾！入宫之后，王娡与妹王儿姁同为时为皇太子的皇帝所"幸爱"，数年之中竟生三女一子。三女者，为平阳、南宫及隆虑三位公主，一子即皇十子刘彻。

按弟田蚡之言，王氏既非显贵大族，则后宫之事，唯赖"色"与"子"。然而，"色衰爱弛"，终不能持久，若欲王氏之宠经久不衰，唯生子方可。例如，当年窦太后双目失明，文帝转而宠爱邯郸慎夫人、尹姬，然慎夫人、尹姬皆因无子而终不能常保权贵。由此观之，平阳、南宫及隆虑三女虽俱为公主，且受皇帝宠爱，但唯有子刘彻可为未来之依靠。而且，子刘彻虽年幼，但颇为传奇。犹记当年待产之日，正是孝文后元七年六月己亥。当夜宿于未央宫猗兰殿之时，曾梦有旭日入怀中。待梦醒之时，子刘彻即出生。随后，文帝驾崩，为储二十余年的皇太子正式即位为皇帝。正因此事实在过于传奇，故皇帝亦曾数言"此贵征也"。朝中传言为皇十子取乳名曰"彘"[①]，盖因皇帝当日梦喜爱小猪之高皇帝托梦之故。由此观之，刘彻虽为皇十子，但在诸子之中非同一般。而且，非但出生离奇，其聪敏智慧亦远超寻常儿童。朝中皆传，年方七岁的刘彻对朝廷律法有独到见解，甚至将廷尉署审结之案件驳回，以致皇帝斥责廷尉尚不及七岁之幼童。

当然，即便聪慧，既非嫡子，亦非长子，且已受封胶东王，则待年长之后唯有离开长安，就藩为王，受制于人。此乃朝廷制度，即便深得皇帝宠爱，亦别无他法。不过，能以一介庶民而为藩王之母，已算富贵已极，

274

① 此典故出自《汉武故事》，正史未载。

应当年卜辞之言。

可是，自薄皇后被废以来朝堂之种种不寻常之事，亦令王娡彷徨不安。思朝中争斗波谲云诡，王娡不得不召弟田蚡询问，希望能自此"巧于文辞"的异姓弟口中得一二可用之言。

却见身材短小的田蚡思虑良久，方回答："今内有窦太后，外有梁王，故立后乃事关社稷稳定之大事。陛下圣明，岂会遗忘？即便皇帝遗忘，亦当有有司进言。以此度之，此非遗忘，实乃陛下不欲立栗姬为后。弟数日前曾闻宫中好事者传言，陛下之所以不立栗姬，乃两宫之间多次风闻栗姬不贤之语，不足以母仪天下。姐姐可知，何人传栗姬'不贤'之语？以弟揣测，非他人，必为陛下之同产姐，馆陶长公主。"

馆陶长公主者，皇帝之姐刘嫖也。按汉制，皇帝之姐称"长公主"。刘嫖因受封于魏郡馆陶县，故称为馆陶长公主。孝文前元三年，按照"彻侯尚公主"之"故事"，刘嫖嫁高皇帝开国功臣堂邑侯陈婴之孙第三代堂邑侯陈午。因两宫宠爱，故数年前其夫陈午去世后，刘嫖既未按朝廷制度留居于夫家封邑九江郡堂邑县，亦未居魏郡馆陶县，而是一直居于长安，并频频干涉朝堂政治。例如，皇帝之所以能对梁国之事释而不究，正是梁内史韩安国请刘嫖从中斡旋之故。

又见田蚡沉默片刻再度开口言："朝廷法度森严，藩王必须之国理藩，除每年春朝秋请外，不得留居长安，故梁王虽受窦太后宠爱，却不能常伴膝下。陛下政务繁忙，亦不能常至长乐宫。窦太后年老失明，无爱子相伴，则必对馆陶长公主更为依靠。因是之故，馆陶长公主极得窦太后之欢心。而在这数年之中，馆陶长公主又多次进献美女于陛下，故又深得陛下之欢心。所以，馆陶长公主乃是宫中少有能集陛下、太后二人之宠爱于一身之人。两宫之间，其地位之稳固，真可谓如西王母一般。两宫之间，敢于此时传栗姬'不贤'之语，且令皇帝犹疑不决者，唯有馆陶长公主一人耳！"

诚如此言，能影响后宫之事者，确实唯有刘嫖一人。然则，刘嫖何故力阻栗姬为后？有道是"天下熙熙皆为利来，天下攘攘皆为利往"。长公主刘嫖所以处心积虑传播流言，所图何利？况且宫中颇有传闻，称前元四年四月刘荣立为皇太子时，刘嫖曾欲与栗姬联姻。既然意图结交，则何故此时出言构陷？岂不怪哉？

然而，却闻田蚡再言宫中秘事："馆陶长公主与堂邑侯育有二子一女，二子为陈须、陈蟜，幼女阿娇①。我闻其二子并无特别才能，故除继承彻侯爵位外，并无前途。馆陶长公主欲于波谲云诡之朝堂中保证陈氏权势，唯有仿效当年薄皇后嫁女予太子之前例，将阿娇嫁与皇太子才是上策。如此一来，待将来皇太子登基，阿娇则可成为皇后，而陈氏亦将成为新朝之外戚，此乃陈氏长久兴盛之根本。馆陶长公主欲与栗姬联姻之目的，正在于此。而且，既有薄太后嫁女之事在前，阿娇与皇太子又为表兄妹，此皆大欢喜之美事，朝中亦不会有所议论。再者，馆陶长公主身份显贵，亦不会令栗姬难堪。正因如此，在前元四年年末之时，馆陶长公主深恐他人捷足先登，即托人向栗姬说媒，欲成就好事。"

馆陶长公主深受两宫之宠爱，若能得其为姻亲，则栗姬即便不能为皇后，亦能大大稳固刘荣皇太子之位。然而，既有此等两全其美之好事，又为何迟迟不见定下婚约？

却见田蚡笑答："姐姐常居深宫之中，不喜与外人往来，故只知其一不知其二。据宫中好事者传言，栗姬已青春不再，故对馆陶长公主多次进献美女之事早心怀不满，对说媒之人亦丝毫不假以辞色，甚至公然辱骂称：好事皆被你陈家所占，天下岂有如此便宜之事！此言既出，联姻之事自然不成。而且，据传馆陶长公主深感大丢颜面，多次在府中当奴婢之面唾骂栗姬目中无人，且深惧一旦栗姬为后，陈氏将不存。正因如此，弟弟推测两宫之间传栗姬'不贤'之语，正是馆陶长公主所为。馆陶长公主必是借此力阻栗姬为后，以动摇刘荣储位。"

听闻此言，方算大致明了其中原委。素闻刘嫖其人善妒，且恃宠而骄，既如此受辱于栗姬，自然不会善罢甘休。而不能联姻于刘荣，则必再寻他人。或许，可借此之机，得刘嫖之助，为子刘彻争取一二。

岂料数日之后，刘嫖即携女阿娇来访。思及田蚡之言，王娡不得不小心谨慎，处处应承，以求结交。闲聊稍倾，却见刘嫖执刘彻之手遥指侍从在侧的侍女微笑相问："彘儿欲得妇否？"刘彻皆云不用。当指到阿娇之时，刘彻答："善，若得阿娇作妇，当作金屋贮之！"②刘嫖果然大悦，再言："家中尚有幼子陈蟜不省心，我看侄女（即以后的隆虑公主）聪慧。喜事成双，不知王夫人意下如何？"

既欲与其联姻，则自无不允之理，故王娡不得不谨慎笑答："求之不

---

① 陈皇后之名史无所载，此处姑且采《汉武故事》说法，名其为"阿娇"。

② 此事见于《汉武故事》，正史无载。

得，然女顽劣，恐劳烦于长公主。"此言既出，刘嫖连声称善，并表示将告之于两宫，请之于陛下。临离去之时，却又见刘嫖嘱咐："所谓'爱人者，兼其屋上之乌'，今陛下不爱栗夫人，则亦不宠皇太子，勉之！"

子刘彻已贵为藩王，"勉之"之意不言自明。正如田蚡之言，以刘嫖之能，并非不可能。果然，数日后，刘嫖即利用其出入禁宫，常伴于两宫左右之便，频频制造栗姬"不贤"之言论。两宫之间常闻侍从内宦言栗姬如何嫉贤妒能，待人刻薄，甚至传闻在与诸贵夫人宠姬聚会之时，栗姬常使侍者唾诸夫人之背，以此行巫祝之术云云。如此传言，绘声绘色，沸沸扬扬，宫中人人皆知。

九月底，天气转寒，皇帝幸甘泉，王娡及栗姬皆受召随驾。在甘泉某日，皇帝突然身体有恙，故召栗姬嘱托："百岁之后，皇太子将为皇帝，朕毋忧也。然胶东王、江都王诸子均为藩王，偏居藩国，不免受苦。尔为皇太子之母，当善待之！"

诸子虽多已封于关东为藩王，可因有吴楚之事，故藩国已被一削再削，权力有限，难以对抗朝廷。然而，藩国不能抗衡朝廷固然能保证国家稳定，却不能保证诸子之安全。当年高皇帝之时，藩国何其强大，然不免有如意、戚夫人俱为吕太后所杀之事。今藩国弱小，岂能奢望刘彻、王美人不会为栗姬所嫉？由此观之，皇帝此言实有托付后事之意。正因如此，听闻皇帝此言，王娡亦不觉悲从中来，哀伤泣涕。

孰料皇帝言毕，栗姬竟然怨怒不已，不但不肯答应，甚至还出言不逊！皇帝尚在，便如此不逊，真待百年，诸子还能善后？栗姬之"不贤"本为刘嫖所作之流言，然今日视之，此流言恐非虚言。栗姬，何其不贤！

第六十章　　废储事件

"栗姬不贤，君侯何必负气争之？且使君侯富贵者，陛下也；为君侯至亲者，太后也。今君侯傅于故太子，太子废而不能争，争而不能得，今又弗能死，乃谢病而拥赵女，居于南山而不朝；此无异于欲明己志，而扬两宫之过也。假令陛下、太后日后不再庇护，则君侯妻子将无遗类矣！"

此时，梁人高遂正在与隐居于蓝田乡下数月之久的太子太傅魏其侯窦婴议论朝政，并以好友身份力谏窦婴万不可与朝廷对立。所以出言劝谏者，盖因窦婴已经离朝数月。窦婴之所以离朝，则因为皇太子不过三年的刘荣已于前元七年十一月被废。

其实，早在朝廷废薄皇后时，对政治极为敏锐的窦婴即已深感刘荣之形势愈发紧张。造成刘荣储位不稳者到底是何人，别人或许不知，但作为窦太后亲侄的窦婴却不会不知。毋庸置疑，此均拜馆陶长公主刘嫖所赐！

刘荣被立为皇太子后，窦婴亦曾闻宫中好事者传言刘嫖欲嫁女联姻。刘嫖作为长公主，虽不能干预朝政，但仅凭与两宫之亲密关系，便可轻而易举影响朝廷最高决策。因此，如能达成联姻，则刘荣便可得到两宫之助。彼时，宫外有他窦婴辅佐，宫内有刘嫖、窦太后之照应，即便朝中公卿彻侯甚至皇帝有所不满，刘荣之储位亦会稳固无比。由此观之，迎娶阿娇于刘荣而言，实有大利。可孰料，栗姬最后竟以可笑至极的妇人嫉妒之心断然拒婚，将刘嫖推向对立面！

如此愚昧之举动，实在是匪夷所思！试想，册立皇太子已过一年余，朝堂君臣却绝口不提册立皇后之事，又岂是正常举动？既然如此，栗姬难道不该反思，稍微低调做人？未能见宠于两宫，又外得罪于长公主刘嫖，令刘荣原本便不稳之储位更为凶险。不但如此，又传闻在侍奉甘泉宫之时，栗姬竟又出言不逊，以致皇帝大怒。正因如此，窦婴当时闻此诸事是既惊且怒，深感朝中言栗姬"不贤"，真是所言不虚。

然而，数月之中，流言愈发离奇，"不贤"渐成"不敬""无德"。所谓"使侍者唾诸夫人之背，以此行巫祝之术"之种种流言蜚语，简直令人防不胜防。有道是"人言可畏""众口铄金"，流言蜚语，本不能辩明之，且窦婴又为太子太傅，愈辩必会愈乱。正因如此，窦婴在朝堂之上，唯有保持沉默，以期逐渐淡化此事。可是，树欲静而风不止，前元七年年初朝会时，大行奏事完毕后突然口风一转，论及立后之事："《公羊春秋》云：'桓何以贵？母贵也。母贵，则子何以贵？子以母贵，母以子贵。'今太子之母无号，宜立为皇后，此乃社稷治安之道也！"

栗姬、刘荣在朝中势单力薄，背后无党，与大行亦并不熟悉。且大行为原秦官典客，执掌属国交往事务及藩国纳贡事宜，其职掌也不涉及后宫。后宫事务，当属大长秋之职。既不相熟，又无关职掌，且百官之首的丞相又一言不发，大行却在殿陛之前、朝堂之上骤然言此"不识时务"之语，岂不怪哉？朝廷若欲立后，又何必空等？所以犹豫两年，实乃皇帝对栗姬极不满意之故。皇帝不满皇太子之生母，此乃敏感之事，私下谏诤尚可，公然将此事宣诸于朝堂，无异于强逼皇帝表态。如此，又将皇帝置于何地？因此，当时骤闻此言，窦婴即深感大事不妙。

果然，大行言毕，皇帝随即怒骂曰："妄议朝政！大行当论此事？"结果，未等朝廷公卿劝解，皇帝即下令将大行送交廷尉署议罪诛杀！朝堂之上，公卿之前，皇帝不惜动用君权诛杀大臣也要坚决打压栗姬，可见态度之坚决。

不过，皇太子生母虽有"不贤"之名，却不能以此而连坐刘荣。而且，刘荣毕竟为皇长子，又素来忠厚，皇帝当不会冒天下之大不韪，以母罪子而行废皇太子之举。因此，在朝会结束后，身为太子太傅的窦婴仍尽心竭力辅佐，并不敢有丝毫懈怠。谁料，不久之后的十一月己酉朝会上，朝廷突然发布诏书，正式废去刘荣皇太子之位，并外放为临江王。诏书言辞切峻，催促刘荣立即就国，不得逗留京师！

立储不过三年，即无任何理由废黜。天下大事，竟如此儿戏，真是亘古未有！因此，废储诏书一下，朝野哗然。当时，窦婴忍无可忍，愤然力谏："陛下，太子乃国之储君，素来仁厚，并无当废之罪。今无端废储，何以服天下？臣死罪，不敢奉诏。"窦婴言毕，周亚夫亦出言极力反对。

岂料面对公卿反对，已近不惑之年的皇帝勃然大怒："尔等欲为留侯？欲为汾阴侯？尔欲临江王为皇太子，朕不欲诸王为赵隐王！易储之事，朕已深思熟虑，反复权衡。临江王轻佻无德，临江王母不贤不敬，如此皇子岂能君临天下？朕所以废皇太子，正是为朝廷社稷，为高皇帝之基业而废！"

一言既出，此事遂成定局。皇太子既已被废，则空挂太子太傅之职居于朝中，还能"傅"何人？厚颜留在朝中，岂不滑稽？因此，窦婴心灰意冷，即于十一月底称病至蓝田隐居，不再过问政事。

虽说"称病"已非首次，但此次不同以往，乃为朝廷社稷而"称病"，故窦婴之态度不但极为坚决，且下令门客辩士皆不得请见。然而，朝中风起云涌，政事瞬息万变，好友高遂之言亦正中要害。需知，朝廷废储态度如此坚决，且正式诏书已布告天下，岂能挽回？此时仍拒不合作，则置皇帝朝廷于何地？彼时，新皇帝即位，又会如何看待此事？窦太后年老体衰，还能庇护窦氏几年？清河观津窦氏子侄封侯者虽有章武侯窦少君、南皮侯窦彭祖二人，但二人均不在朝中担任显职①，窦氏子侄能参与朝政者，事实上唯有他窦婴一人而已。若欲不重蹈薄氏覆辙，为清河窦氏之前途思量，唯有结束这长达数月名不正言不顺之"称病"，入朝侍奉两宫方可。因此，闻高遂之语，回顾担任太子太傅以来之种种不快，窦婴沉默良久，终喟然长叹，回心转意。

蓝田至长安不过五十余里，车驾奔驰，一日可至。返回长安后，窦婴遂去常服而更朝服，正式入朝参与朝会。然而，直至入殿中，方觉朝中人事已然大变。

此时，跪坐在丞相之位者已非老迈的开封侯陶青，而是故交故太尉条侯周亚夫；御史大夫之位上亦非故御史大夫介，而是故太仆刘舍。此新任御史大夫刘舍乃"砀泗元从集团"后代，其桃侯爵位承袭自其父刘襄。刘襄，本为项羽叔父项梁从弟。当年彭城之战时，项襄曾领兵北上定陶，随从楚军猛将龙且阻击汉军。是役，楚军败退，项襄亦为灌婴所掳。此后，项襄便留在汉军中，随高皇帝征战。汉并天下，项襄与其族人项缠②等皆

---

① 窦氏中虽有窦彭祖为奉常，窦甫为长乐宫卫尉，但二人对政治的影响均极为有限。

② 即鸿门宴中保护高皇帝的项伯。汉并天下后，高皇帝感念其德，封项伯为射阳侯，事见《史记·高祖功臣侯者年表》。

得赐刘姓，遂名刘襄。汉十二年高皇帝讨淮南，项襄以大谒者从征，因功封桃侯。平定英布后，项襄被迁为淮阴郡守，镇守南方。孝文前元十年，项襄病逝，刘舍遂继承爵位。此后，刘舍一直在朝中任职，经累迁而代夏侯婴为太仆。

以太尉迁相，以列卿迁御史大夫，皆是朝廷惯例，且周亚夫、刘舍俱为开国功臣之后，执掌三公要职亦合汉家"故事"，并无不妥之处。然而，目视头戴武冠之新任中尉时，窦婴方深感惊异。

朝中故中尉原为建陵侯卫绾。平吴楚时，卫绾曾以河间王太傅统河间兵围攻邯郸，以军功封侯。吴楚平定后，卫绾又以河间王太傅迁入朝中，代曾审理晁错案的中尉嘉为新中尉。卫绾此人，素称长者，为两代帝王所信用，且在朝中人缘颇佳，亦从未听闻为中尉期间有何不当之处，却不知为何"告归"。而换上之新中尉，却是鼎鼎大名之河东郅都！

河东郅都之名，震动海内。数十年前，郅都曾与卫绾同为郎官，侍奉文帝。朝中皆知，郅都其人"奉职死节官下，终不顾妻子"，为人勇而有气力，公廉不发私书。别人不敢之事，郅都皆敢；别人不愿之事，郅都皆愿，实乃能臣之楷模，循吏之表率。正因郅都极有"能臣"之名，故在前元二年年初即以郎超迁至比二千石中郎将，代替调至河间国为太傅的卫绾。据传，郅都为中郎将数月后，曾跟随皇帝车驾入上林苑。当时，野彘入厕威胁贾姬，皇帝欲亲自拔剑击彘，以保护爱姬。可是，郅都却一力阻拦，并声称："失一贾姬可复进一姬，天下岂会缺少贾姬？陛下纵然自轻，可置汉之宗庙、太后于何地？"此事传出，郅都得窦太后赐百金，并由此显名。

前元三年，济南国被废为郡，收归朝廷直辖。当时，朝廷即任命郅都担任济南郡守。所以将郅都从中郎将外调济南为一郡之守，实因济南极难治理之故。为何难以治理？盖因地方强宗豪右对抗朝廷。

其实，地方强宗豪右素为朝廷治理之难题。秦楚之际，六国遗族实力强横，常聚集私兵，打造兵器，对抗朝廷。高皇帝定都关中后，采纳奉春君刘敬之策，将齐楚豪强强制迁入关中，以就近控制，方稍稍缓解。不过，天下几十年承平，地方豪强再度蔓延。郡国多有奏报，称强宗豪右常以其数世积累之金银财帛为支柱，以其盘根错节之庞大宗族为依靠，对抗朝廷命官，践踏朝廷法令。官府缓之，则杀人亡命，兼并田宅；朝廷急之，则阳奉阴违，伪作恭顺。正因如此，孤身上任之郡国守相常难以与强宗豪右相抗衡。

自战国以来，齐地政令松弛，任侠之风盛行，故齐鲁豪强常与任侠结合，产生巨大能量。自高皇帝以齐地七十三县立同姓齐国以来，济南郡一直为诸齐领土，从未归朝廷直辖，再加上诸齐藩王几十年刻意纵容，朝廷法令推行极为艰难。因此，天下诸郡国中，齐地强宗豪右势力最强，最难治理。试想，早在高皇帝时，鲁县朱家即公然匿藏季布，以致朝廷缉捕文书沦为一纸空文，何况如今？事实上，齐地强宗豪右之猖獗已至骇人听闻之地步，如瞷氏宗人三百余家，向来豪猾，从不知国法为何物，以致"二千石莫能制"。因此，寻常郡国守相，无不视济南郡为"死地"。

当然，郅都绝非寻常二千石。郅都"奉职死节"，至家小生死皆可弃之不顾，岂会忧惧区区豪强报复？据传任命文书下达后，郅都与济南郡尉南阳宁成即疾驰出关。抵达济南不过数日，郅都即设计族灭瞷氏。结果，济南瞷氏举族数百人竟于一日之间被尽数屠灭，以致郡府门前流血漂橹。此事传出，素来横行不法的济南豪强无不股栗。仅一年，原本混乱不堪的济南便路不拾遗，"苍鹰"之名威震周边十余郡国。年初窦婴"称病"后，威名赫赫的郅都被调入朝中为中尉。据传郅都刚至长安时，素来不法的彻侯宗室见其亦无不侧目，深惮其用法严酷之威。

种种传闻，无不匪夷所思，令离开朝堂不过数月的窦婴深感兴趣。因此，借朝会之机，窦婴遂微微侧目而视，欲仔细打量此郅中尉。目光所及，却见其身材瘦削，双目精光四射，尽显干练，真如一头凶猛的苍鹰一般。目视正襟危坐却杀气充盈于体外的郅"苍鹰"，窦婴骤然明了朝廷为何在此时将这头"苍鹰"调入朝中，代卫绾为中尉。

需知，栗太子[1]刘荣被废，朝廷为绝后患，必会清洗栗氏族人，特别是栗太子舅父栗卿。而且，为未来之储君计，此次清算必极为血腥。中尉既执掌北军，亦有协助廷尉执法之责，乃主持朝中政治案件的重要官员之一，当为皇帝清算栗氏之爪牙。可是，故中尉卫绾素为长者，实难主持此类案件。此时，将此以杀伐而著称之"苍鹰"自济南调入朝中为中尉，自然是欲借"苍鹰"之力彻底消灭栗氏……

栗太子，栗太子，前路难测，你当安心为藩临江，切不可稍有怨望！

---

[1] 按汉朝习惯，亦以母姓称皇子。刘荣之母为栗姬，故称其为栗太子，亦如武帝太子刘据亦以母卫皇后称卫太子。

第六十一章　　梁王是非

栗太子刘荣既受命前往临江国，则匆忙册立之储位再度空悬。而突如其来之重大变动，亦令梁王刘武连续数日"躁动不安"。

需知，栗太子刘荣虽被废居临江国，但国不可一日无储，是故朝廷必会再度立储。然而，皇长子已废，皇后又未立，则能立者何人？诸子年幼，实无可立之人。长安虽传言皇十子胶东王刘彻颇受宠爱，但朝廷难道真敢欲冒天下之大不韪弃长立宠不成？一个尚不过八岁的黄口竖子，即便聪敏，又岂能懂得治国之道？弃能文能武，且有平吴楚之功的同产弟不立，而立年幼无知的孩童为储，岂非滑稽？

于是，借前元七年年初入京朝觐之机，刘武再度命心腹谋士造势。同时，刘武又数度出入于长乐宫，借窦太后之宠爱向朝廷施压。苦苦运筹数日，宫中酒宴之时，窦太后终于旧话重提，言："安车大驾，用梁王为寄。"

汉以孝治天下，然皇帝在立储一事上一错再错，多次违逆窦太后之意，已令窦太后颇为不满，若再触怒于窦太后，则无异于背上不孝之名。彼时，两宫隔阂日深，将何以向天下吏民交代？而且，既然当年仓促立栗太子刘荣已令窦太后不悦，则在栗太子刘荣已然被废之时仍拒不以梁王为储，岂不让窦太后更为愤怒？因此，窦太后言毕，皇帝虽有不豫之色，然亦不得不跪坐于席上，挺身言诺。

此"诺"一出，跪坐于侧的刘武立时兴奋无比。试想，连皇帝都不敢开口反对，何况朝中公卿大臣？一旦开口，便等于同时得罪窦太后及他这位权势熏天的梁王。同时得罪两位贵人，又岂能长保富贵于朝中？朝中公卿皆是聪明之人，岂会真如当年汾阴侯周昌一般自找麻烦？当然，并非无反对之人，故太子太傅魏其侯窦婴必为其中之一。所幸因废栗太子之事，窦婴已经罢黜不用。由此观之，窦太后之言既出，皇帝之"诺"既承，则那朝思暮想的储位已然稳定！而且，据宫中秘传，言皇帝"圣体欠安"，前元六年夏秋之际甚至在甘泉养病多日而不能回朝理政。若传言属实，则或许不需几年，皇帝即会"大驾"归天。彼时，梁国君臣即可自睢阳入主长安！正因此事必万无一失，故刘武笃定，正式诏书或许次日朝会之时即会布告天下。

孰料，次日日中时分，朝廷仍未发立储诏书。又苦等数日，不但未得朝廷诏书，却得到催促立即归藩之命令。刘武大惊，立即遣使至长乐宫请见。然使者归来后，却言长乐宫门紧闭，谒者不纳，称窦太后令尽早归藩。

为何形势数日之间骤然恶化，原本计划周密且几乎笃定无疑的立储之事竟一无所获？最后，通过使者多方打听，才知力阻此事者，非他人，而是当年平吴楚之"故交"袁盎。

使者言，酒宴当夜袁盎即入宫，向皇帝陈说春秋之时宋国立储之往事。春秋之时，宋宣公未将储位传予太子与夷，而是传位于弟公子和。宣公崩逝，公子和依命即位，是为穆公。数年后穆公病重之时，为报兄长宣公传位之恩，欲将国君之位传回侄儿与夷（即殇公）。当时，为保证侄儿与夷顺利即位，穆公还特意强令二子冯、左师勃至郑国居住。然而，穆公在位数年，人心已立，朝中公卿无不望公子冯继承国君之位。结果，子侄相争，搞得国内大乱。最后，太宰华父督发动政变，弑殇公而迎立公子冯（是为庄公）。至此，宋国三代储位之争方告终结。若追根溯源，宋国延续数十年的宫廷动乱之根本即在于宣公以人情而否定制度，致使人心不稳。因此，《公羊春秋》即言："庄公冯弑与夷。故君子大居正，宋之祸，宣公为之也。"

毫无疑问，与暂时有损亲情相比，社稷之安危方为大义，万不可偏废。袁盎引用此事之意，即告诫朝廷绝不可在"小事"上摇摆不定以致社稷不安。因此，言毕此宋国"故事"，袁盎又随皇帝至长乐，以此劝谏于窦太后。宋国"以生祸乱，五世不绝"之事不过数百年，窦太后岂会不知？即使不言宋国，秦人立储不慎而致亡国就在几十年前，岂能视而不见？窦太后虽宠爱幼子且为人固执，但在社稷之前亦不能独断专行，故闻袁盎之言后终于不复再言立梁王为储之事。

因是之故，本已笃定的立储之事，竟因袁盎一人而转折。可是，刘武却无论如何也不能明白，为何已不受朝廷信用的袁盎会主动谏止此事。

需知，当初吴楚举兵之时，袁盎曾信誓旦旦声称朝廷只要诛杀晁错，则吴楚必然退兵。结果晁错身死族灭，吴楚非但未退一兵一卒，甚至还扬言欲为"东帝"。此事不但令皇帝痛失辅弼之臣，更是令朝廷君威沦丧，成为天下笑柄。正因在此事关朝廷社稷之大事上"失算"，故袁盎使吴归来后便被日益疏远，不复再受信用，其太常卿亦被罢免，并被外放至楚国为楚相。又传言，在这数年之中，袁盎所上之论政事疏未有一条被朝廷采纳。被冷落数年之久，直至前元五年以"病免"回安陵老家闲居时，才受朝廷问策。

试想，既已被排挤出朝中，且已不如往年受信用，袁盎又何故主动至朝中进言，参与常人皆避之不及的立储之事？难道不怕报复？更何况袁盎还曾受梁国骑士救命之恩，与梁国上下皆有交情。总之，袁盎进言立储之事，完全在所能预料范围之外。然而，既然事已至此，虽唾骂袁盎恩仇不明，亦是无用。两宫既已下令，不立即归藩，还能抗命不遵不成？话虽如此，归藩睢阳之后，刘武仍深感愤怒，亦不愿就此放弃。因此，思虑再三，刘武决意再次上疏，称："愿赐容车之地，径至长乐宫，自使梁国士众筑作甬道朝太后。"

所谓"径至长乐宫"云云，实乃欲借窦太后之宠爱，重夺储位。若朝廷准许修筑至长乐宫之甬道，则此事或许仍有转机，毕竟朝廷虽已废故太子，却并未册立新太子。而且，此封奏疏以孝为名，料想朝廷也不便驳回。因此，奏疏传出后，刘武日日食不甘味，苦等朝廷允许筑甬道之诏书正式下达。为早日得到长安之消息，刘武甚至遣使者秘密入关，命但有消息则立即快马传回。

孰料，奏疏上传数日后即被驳回。力阻此事者，又是袁盎！得此消息，刘武愤怒已极：我梁王与你袁盎素无冤仇，且对你袁盎有救命之恩，你却几次三番谏于朝廷，邀名卖直，是何居心？由此观之，一日有袁盎之辈居于朝中，则朝廷一日不会立我梁王为储。如不除之，实难消心头之恨！

有道是主辱臣死，今刘武数度为人所辱，则心腹谋士公孙诡、羊胜岂能不心忧？数日后，二人请见，提议可遣刺客潜入长安，秘密刺杀袁盎诸人。今窦太后之宠犹在，故只需诛杀反对立储之朝臣，立储一事或许仍有转机。而且，此时睢阳城中已聚集颇多亡命任侠，只需部署得当，必可一击而中。袁盎之徒，早欲除之，二人之言，可谓正合心意。因此，刘武即令二人立即部署。

然而，命令下达次日，刘武即收到谋士邹阳之奏疏。奏疏长篇大论，力谏此事万万不可。其言称：此事授人以柄，毫无意义。需知，袁盎虽力主反对立储，但究其根本则在于皇帝。如身为皇帝确欲立梁王为储，则袁盎即便有随何之辩才，又岂能阻止？皇帝不欲立梁王为储，则即便无袁盎，事亦不可为。既然如此，刺杀袁盎亦不可令朝廷收回命令，立梁王为储。故此，刺杀之计毫无意义，且一旦暴露，则必令梁王陷入极为不利之境地。

总而言之，此计绝不可行！

第六十二章　　刺袁案结

邹阳，齐临淄人，少以辞赋闻名于齐，与枚乘、庄忌等俱为吴王刘濞之门客。其后刘濞举事，邹阳遂离吴之梁，成为梁王刘武之幕僚。据传，因入梁后即得刘武之信用，故邹阳作《酒赋》以颂刘武之德。梁人皆言，邹阳才思敏捷，世间少有。数年前，刘武曾令宾客作《几赋》，素称能言善辩的韩安国苦思不得，而邹阳却下笔立就。

不过，邹阳虽与枚乘、庄忌俱以文才而为刘武所用，但为人却与枚、庄二人完全不同，其性格执拗，与直言敢谏的袁盎颇有相似之处，故梁楚之间皆传邹阳"有智略，慷慨不苟合"。据传平吴楚之后，邹阳曾因对公孙诡、羊胜谄媚于上之行不满而受构陷下狱。然邹阳身陷囹圄却不以为意，仍于狱中上《上梁王书》（亦称《狱中上书自明》）继续净谏。其奏疏言："昔玉人献宝，楚王诛之；李斯竭忠，胡亥极刑。是以箕子阳狂，接舆避世，恐遭此患也。愿大王察玉人、李斯之意，而后楚王、胡亥之听，毋使臣为箕子、接舆所笑。臣闻比干剖心、子胥鸱夷，臣始不信，乃今知之。愿大王孰察，少加怜焉！"又言："臣闻盛饰入朝者不以私污义，砥砺名号者不以欲伤行。故里名胜母，而曾子不入；邑号朝歌，而墨子回车。今欲使天下寥廓之士摄于威重之权，主于位势之贵，故回面污行，以事谄谀之人，而求亲近于左右，则士有伏死堀穴岩岩之中耳，安肯有尽忠信而趋阙下者哉！"奏疏之言辞切切，一片忠贞赤忱之心跃于简上，终获释出狱。

食君之禄，自当为君分忧，故出狱以后，邹阳仍常谏刘武当疏远羊胜、公孙诡等小人，而亲近贤能之士。而骤闻刘武归藩后又复听信小人之言，塞忠贞之语，邹阳更为愤怒。遂呈奏疏于上，以求主上能幡然醒悟，以免身死国灭。孰料，奏疏传至宫中后竟如石沉大海，毫无音讯。数日后，袁盎等十多位朝中大臣被刺于安陵城门外之消息仍传至梁国。

谁能想到，刘武竟如此利令智昏，行此大逆不道之事！试想，当年辟阳侯审食其一人被刺杀已令朝野震动，何况如今十余人同时被刺？朝廷岂能就此善罢甘休？可见，刺杀袁盎之辈虽能稍稍化解淤积于胸口数月之恶气，然无异于公然对抗朝廷。

虽说当初羊胜、公孙诡二人皆笃定此事甚密，绝不会有人得知其中原委，然而，如此大案，岂能毫无蛛丝马迹？需知，所有被刺杀之大臣皆反对立梁王为储，难道此皆巧合不成？稍稍思考，又岂会不知何人为幕后主使。而且，据传刺杀袁盎之刺客至长安后，感于袁盎之忠直，不忍杀之，甚至明言相告，称："臣受梁王金来刺君，君长者，不忍刺君。然后刺君者十余曹，备之！"由此观之，二人所谓之"甚密"，根本不能真正"甚密"。

果然，数日后，有司终于取得确凿证据：据长安铸剑师证实，刺杀袁盎之剑正是梁国郎官所购！

288

既然言辞、证物已得，则当依据法令缉捕罪犯。前元七年三月，朝廷特使抵达睢阳，全权主持处理此案。此朝廷特使者，乃深受高皇帝、文帝两代帝王信用之人，即故汉中郡守田叔。田叔虽然早已"乞骸骨"，且不问政事已久，但其为人质朴厚重，廉洁公正，有"切直廉平"之称及"长者"之名，在朝中仍有极高名望。朝廷既请出田叔至梁，则必然不会草率对待此案。事已至此，已难有缓和之余地。因此，田叔正式坐镇于睢阳后，梁相轩丘豹、梁内史韩安国等梁国大小官吏无不闻风而动，以致梁国在短短数日之间即法吏纵横，缇骑满道。

然而，苦劳数日，受田叔之命搜捕案犯的韩安国诸人，仍未能缉获羊胜、公孙诡二人。需知，羊胜、公孙诡二人在梁国俱为知名人物，岂会凭空消失？正如当年淮南厉王刘长有隐匿大夫开章之旧事，人人皆知梁国能隐匿二人之处唯有梁王宫，此外绝无他处。可是，如此隐匿罪犯，朝廷岂能善罢甘休？因此，案犯未能缉捕之文书传至长安后，朝廷于数十日内派出使者前后达十余批之多。由此观之，朝廷对此事决不妥协，如再无进展，以致宗藩相疑，则最后必将难以收拾。既为人臣，且受信用之恩，绝不能就此视而不见，令主君身陷险境。因此，闻朝廷使者频至，邹阳遂入宫，请求谏言。

岂料入宫后，竟发觉韩安国已在宫外等候多时。走近细观，却见平素为人圆滑，且素来好整以暇的韩安国竟头发花白，双目血红，颇有沧桑之色。

想来，这必是朝廷催促愈急，令韩安国深感疲于应付所致。田叔虽为此案之主持者，但毕竟受朝廷所托而至梁国，且以其历四代之威望，即便办案不力，朝廷亦不会深究。然而，韩安国则不然。韩安国既为梁国二千石内史，则身负辅佐藩王之责。因此，若刺袁案不能审结，包括韩安国在内的梁国上下官吏绝不可能置身事外。彼时，一旦朝廷发雷霆之怒，则梁国诸人身死族灭亦非不可能。正因如此，韩安国才如此狼狈。

韩安国素以智谋而称，今日如此狼狈，则必然已是别无他法。故视其狼狈之状，邹阳深有兔死狐悲之感，只得对其遥遥拱手，以示慰问。

不久，闻宫内谒者通传，宣二人入宫。刚入殿中，韩安国即凄怆哀嚎，伏地泣涕："《国语·越语》曰：'为人臣者，君忧臣劳，君辱臣死。'大王无良臣辅佐，令事至如此地步，此臣之罪也。臣等受命于朝廷、田公，缉捕羊胜、公孙诡，然奔驰数日竟一无所获。然数日以来，朝廷诏书切峻，臣夜不能寐，唯求教于大王。今既求羊胜、公孙诡而不得，请赐一死！"

目睹这位为梁国立下汗马功劳的老臣连日以来操劳不息，侍从在侧的邹阳亦于心不忍。沉默良久，方闻刘武开口答曰："韩公何以至此？"

却听韩安国答："大王自度与陛下之亲，过于太上皇之与高皇帝及陛下之与临江王？太上皇与高皇帝，父子也。然而，高帝曰：'提三尺剑取天下者，朕也！'故太上皇终不得干预政事，而居于栎阳。临江王与陛下，亦父子也。然临江王以一言之过而废皇太子之位。高皇帝及陛下何故如此？盖因治理天下者，不会因私情而扰公义！语曰：'虽有亲父，安知其不为虎？虽有亲兄，安知其不为狼？'上以太后之故，不忍致法于大王。然今大王既列位诸侯，岂能为邪逆之臣、虚浮之言而触犯朝廷律法？臣闻田公至梁以来，太后日夜泣于两宫，唯望大王能自改之。今大王终不悔改，何以对太后。若太后日后宫车晏驾而归，大王又欲依靠何人？"

正如韩安国之言，连皇太子都能一言而废，还会顾忌兄弟之情？自古以来于最高权力之前，何尝有亲情可言？今拒不交出羊胜、公孙诡二人，不过是与朝廷置气而已。事情搞得海内皆知，沸沸扬扬，岂能指望朝廷妥协退让？为邪逆之臣而见疑于两宫，是为不智；令窦太后为兄弟之事而哀伤，是为不孝！是故，刘武闻韩安国之言，泣数行下，言："韩公，羊胜、公孙诡二人早已心存不轨，寡人不察，亦感自责。"随后令二人自杀，并命韩安国将二人之首级交予在梁国苦等月余之久的田叔。

梁王终于回头，邹阳亦感心安，遂口称圣明。然而，却又闻刘武喟然长叹："邹公深明大义，远见卓识异于常人。若非邹公，寡人将铸成大错。今非有千金不能彰此功。然事已至此，恐两宫皆怒，虽斩羊胜、公孙诡二人犹不能见谅，如之奈何？"

确如此言，刺袁案性质如此恶劣，轻易恐不能释而不究。事已至此，非有奇谋秘计之士不能挽回。见刘武彷徨不安，邹阳亦复长叹。思虑良久，思及王生有谋，或可求教，遂对曰："臣闻齐国王生八十有余，素有奇计。当年张廷尉见疑于陛下，求王生之计，故得释。臣请以大王所赐千金北至齐，求教于王生。"

此王生者，善黄老之言，乃齐国处士。当年，张释之因公车司马门弹劾之事为皇帝所忌，曾求救于王生。王生受召入陛时，于公卿之前、殿陛之间令张释之以廷尉之尊为其系鞋带。事后人问及此事，王生称："我年老卑贱，自虑无益于张廷尉。张廷尉乃天下名臣，故稍稍折辱，正令天下皆敬重之。"此事之后，天下果然咸服张释之礼贤之德，皇帝亦未再追究当年之事。由此观之，王生虽为处士，但通达两宫，影响殿陛。若能得其指点，则此事或有转机。拜别刘武后，邹阳遂快马驰至齐国。然拜见后，王生却言："此事甚难！我闻当年赵姬淫乱于嫪毐，始皇帝怒而幽之于雍地棫阳宫。群臣皆谏，然始皇帝不纳，且诛谏者数十。其后齐人茅焦申明仁孝之大义，终令始皇迎回赵姬。然始皇帝所以勉强信茅焦之言，乃其言有实利使然。由此观之，人主若有私人之怨，则实难解之。以太后之尊，骨肉之亲，犹不能释，何况我等人臣？君可先访辩士于齐鲁；若无人可助，则再至此处。"

本知此事甚难，故闻听此言，邹阳亦喟然长叹："邹鲁守经学，齐楚多辩知，韩魏时有奇节，吾将历问之。"

然游齐鲁数月，果然无人肯相助。邹阳无奈，只得再度拜见王生。互道别来之事后，王生据实相告："我本有一计，然自以为鄙陋无用，故未敢言于君。如今既然无人肯言，则此计或有可用之处。老夫所料，此事除王长君外，无他人能解。君西至长安，非见王长君不可！"

王长君者，王夫人之同产弟王信，其人虽酗酒无行，并无特别才能，但为人尚算慷慨。而且，长安盛传王夫人深得圣宠，恐不日将立为皇后，其子胶东王刘彻亦将立为太子。若王夫人果真为皇后，则王信即为外戚，身份尊贵无比。故此事若能有王信出面，则最好不过。于是，邹阳辞别王生，不顾鞍马劳顿，直入长安拜见王信。孰料见面之后，王信却大笑："邹君不必多虑，前日闻田公入朝陛见，陛下问：'梁有之乎？'田公答曰：'死罪！有之。'然而陛下问其证据安在时，田公却提议朝廷不必追究。得田公之助，陛下已赦梁王矣！"

原来，在邹阳至长安前数日，田叔即已决意将梁国罪证全部隐匿。当日，入宫陛见时，田叔认为："今梁王有罪而不伏诛，则朝廷法令形同虚设；如以法诛之，则太后必食不甘味，卧不安席。如此，陛下何以面对太后？"需知，窦太后何以推动立梁王为储？正是宠爱幼子之故，诚若重处，则令窦太后痛失爱子？岂非不孝至极？况且，立梁王为储一事自前元三年便搞得天下皆知。若言罪责，则当年"醉酒失言"之皇帝岂能无责？此案到此为止最好不过，若纠缠不清，难向天下交代是轻，社稷动荡是重。

田叔点明其中关节，皇帝顿时豁然开朗，遂令审查到此为止，并拜田叔为鲁相。最后，此案定性为羊胜、公孙诡自发行为，与他人无关。至此，刺袁案尘埃落定，政治危机亦终得以消弭。

第六十三章　　新储新傅

　　赖两宫"圣明"，延续数月之久的刺袁案终于审结。除已死之羊胜、公孙诡二人，按田叔之议，此案终未扩大，牵扯梁王刘武于其中。之所以不牵扯刘武，并非皇帝仁厚，正如田叔之言，实乃朝政稳定之需要。

　　果然，刺袁案审结不过数日，朝廷再起大狱——栗卿案。

　　前元七年春，栗太子刘荣被废仅数月之后，心胸狭隘、无法接受惨痛事实的栗姬终愤恨而死。栗姬死不过数日，栗姬之兄、栗太子刘荣之舅栗卿即被问罪下狱，此即栗卿案。事实上，栗卿之罪并非触犯朝廷律法，而是政治需要。需知，栗太子刘荣虽已在前元七年十一月即被废为临江王，并已至江陵就封，但栗氏族人作为外戚集团，却仍留于朝中。此事若不妥善处理，则难免让别有用心者以此图谋不轨。因此为新储君日后能顺利执政计，须将栗氏外戚连根拔起方可。栗卿案既属政治清算，则必然极为残酷血腥。"苍鹰"郅都其人既尝自称"已倍亲而仕，身固当奉职死节官下，终不顾妻子矣"，则交其处置，最为妥当。

　　果然，郅都不负所望，迅速将栗卿一案审结：栗氏族人尽数被捕入狱，随后被诛杀于长安。短短数日之内，原本显赫之栗氏外戚即烟消云散。栗卿案审结不久后，朝中消息灵通者再度提议立后。于是，朝廷诏书在四月乙巳正式下达，王夫人"众望所归"，被册立为皇后。四月丁巳，朝廷又下诏立其子胶东王刘彻为皇太子。至此，易储事件方尘埃落定。因皇权强力干预，延续数年之储位争夺中，受两宫宠爱之梁王刘武损失惨重，势力强大之栗氏被彻底粉碎，而原本毫无根基之王氏却大获全胜。

　　朝廷诛杀栗氏，册立王氏之消息传至代国大陵，已去中尉之职，安居在家数月的卫绾亦长叹。虽说绞杀栗氏是为将来之储君铺平道路，故此事实为预料之中，然尊贵显赫的齐国栗氏如此骤盛骤衰，旋踵而亡，不亦悲乎！需知，同为外戚，文帝处死轵侯薄昭时想方设法劝令自杀，以全其臣节，示皇帝之"仁德"。可今朝廷竟毫无"刑不上大夫"之顾忌，弃文帝所定"大臣有罪，皆自杀，不受刑"之"故事"，将栗卿公然刑戮于市！相比文帝之"仁"，当今朝廷之治政则更显刚猛酷烈，当年诛杀晁错如此，如今诛杀栗氏亦是如此。既不顾制度，亦不需理由。

思及近来之事，侍奉两代帝王之卫绾深感长安波谲云诡，实不如就此"乞骸骨"，不再身涉险地。孰料"树欲静而风不止"，数日后，朝廷征召之诏令即至大陵。诏令既至，岂能避而不就？卫绾深感无奈，遂从使者入朝。

至代邸稍事休整，更衣已毕，即入朝参加朝会。入司马门后，随谒者导引，直入殿中。跪坐殿下，见着丞相冠服之周亚夫手执笏板遥遥拱手示意，卫绾遂拱手回礼。

少候片刻，皇帝入殿。待议毕朝中政务后，却闻皇帝开口提及窦太后："前日皇太后曾令速封皇后之弟王信为侯，朕言：'章武、南皮①仁厚纯善，素称长者，为谦让君子，尚且承先帝之德，于后元七年六月方得封侯之赏。今册立皇后不久，即封立王信，恐不能向朝廷交待。'然窦太后却言：'当年文帝施政谨慎，以致长君致死未能为侯。窦彭祖入宫朝请之时，吾无不执其手言而恨之。故皇后之兄未能封侯而死，今皇后之兄岂能再有遗憾？人主治政当据时事而决断，不必墨守成规。皇帝速去封王信为侯，不可令皇后遗憾！'皇太后固执，朕亦深感难办。"

窦太后所言"恨之"之事朝中人人皆知。窦太后二兄弟，窦建窦长君，窦广国窦少君，皆有忠厚之名。然而，当年文帝因顾虑朝中功臣元老议论，故一直未将二人封侯。新皇帝即位后，方封窦氏为侯。不过，当时窦建已死，故唯有封窦建之子窦彭祖。窦太后乃极重亲情之人，既然未能令兄长生而显贵，自然遗憾。不过，此时于朝会之上提及此事之目的恐不是论窦氏封侯之事，而是王氏封侯之事。

为何欲封王氏为侯？实乃欲借此稳固皇太子之位。需知，皇太子刘彻此时不过八岁，即便朝中皆传其聪慧，亦太过年幼。而且，据传自前元四

---

① 章武，即窦太后弟章武侯窦广国；南皮，即窦太后兄窦建（长君）之子南皮侯窦彭祖。

年以来，皇帝时常卧病不起，恐亦难以庇护其至成年。若一旦皇帝有突然不测之危，历数朝中公卿，能为辅弼之臣者既弱且少。反之，刘武、刘荣却仍有众多支持者。刘武自不待言，刘荣虽贬至临江国，其族人亦被连根拔起，但故太子太傅窦婴、丞相周亚夫等朝中公卿无不对其抱有同情。可见，即便得皇帝之宠爱，刘彻皇太子之位亦颇为脆弱。有道是"自古受命帝王及继体守文之君，非独内德茂也，盖亦有外戚之助焉"，储君之位不能稳固，则需援引外戚以为臂助。当年惠帝赢弱，然因吕氏有"佐高祖定天下"之功，高皇帝亦不能不从众意，终弃以如意为储之念。文帝自代入长安，所以能在数月之内掌控朝政，除依靠宋昌、张武等代国旧臣外，薄昭以车骑将军紧控兵权亦是重要保证。由此观之，皇太子既年幼不振，则当扶植王氏外戚。

然而，王氏外戚与吕氏、薄氏及窦氏皆有不同。王皇后有兄弟三人，其同产兄曰王信，另有异父兄弟田蚡、田胜。王皇后三兄弟中，以长幼而论，以王信为首；然以智谋而论，则以田蚡为首。田蚡此人虽身材短小，相貌猥琐，但少年时却学过《槃盂》诸书，学识颇为广博且素有辩才。此外，因早在数年前即入朝为郎官，故亦颇知朝廷制度。然而，田蚡虽有小智，却无大德。据传，此数年之中，田蚡为求结好窦氏，竟以父事魏其侯窦婴，丝毫不顾及礼义廉耻。至于王信、田胜二人，一贪鄙一好酒，亦毫无任何治政才能。由此观之，王皇后的三个兄弟，既无吕泽之雄才伟略，亦无薄昭之精明强干，且无长君、广国之忠厚纯善。其所有者，不过贪图财帛，喜好美色而已。如此才德，授以显位，封以高爵，恐难以服众。

而且，不言王氏兄弟实无才德，即便王氏兄弟颇有才德，亦不能就此迁职封爵。需知，论授官任职，朝廷自有逐级迁升之制度，以梁王太傅贾谊之才尚不能超迁太甚，何况王氏兄弟。论晋爵封邑，则朝廷更有以亲、以功之标准，亦不能随意赐爵。自汉初以来，彻侯爵位虽不再仅限于军功侯，但外戚侯、王子侯之封亦颇有讲究。例如，窦氏三侯，窦婴之魏其侯乃是其以平吴军功而封，窦建之子窦彭祖之南皮侯、窦广国之章武侯则是新帝即位后为彰新帝之恩而封。由此观之，王皇后为后不过数月，即迫不及待大封无功无劳，且又德薄才寡的皇后亲族，难免令天下深感朝廷"私亲族"。正因如此，皇帝此时于朝堂之上提及窦太后之目的，正是欲借窦太后之名而推动王氏封侯，以壮大王氏之势力，稳固皇太子之位。不过，朝廷之事乃君相共治，封侯不能由两宫一言而决断，当需按制度与相府协商，需周亚夫赞同方可。

孰料，皇帝言毕，即遭激烈反对。但见周亚夫手执笏板，大声斥责："昔者，高皇帝与大臣诸侯盟誓'非刘氏不得王，非有功不得侯。不如约，天下共击之'。讨平吴楚，臣等效死于军中，朝廷叙功而赏，侯者不过魏其侯窦婴、俞侯栾布、建陵侯卫绾、建平侯程嘉、平曲侯公孙浑邪、江阳侯苏嘉区区六人而已。功臣九死一生，不过千户之封，王氏兄弟无德、无才、无功、无劳，岂能骤得裂土？今如侯之，有违高皇帝祖制。"

虽说高皇帝"白马盟誓"已过去近五十年之久，但既为"故事"，则不可轻易更改。因此，周亚夫以"故事"反驳，皇帝亦不能坚持。默然良久，皇帝只得示意退朝。

见诸臣告礼散尽，卫绾亦拱手向周亚夫致意，退出殿中。然行至殿外之时，却为谒者告知皇帝召见。行至后殿，见皇帝已安坐在此，卫绾遂伏地行礼。山呼万岁后，却闻皇帝微笑开口言："卫公在中尉任上未及三年即被罢黜，可知为何？"

栗卿一案，天下皆知，卫绾岂会不知为何告归。然而，实不知皇帝此问之本意，故只得如当年皇帝巡幸上林苑时一般顿首谢罪："臣死罪，臣愚钝，实不知也！"

然而，却闻皇帝又言："卫公乃聪明之人，岂会不知！朝中为立储之事已争执数年之久。事涉其中者，皇太后、梁王、丞相及朝中公卿大臣，地方郡国守相。易储之事，已令朝政动荡不安。卫公长者，朕不能，亦不愿令卫公牵扯其中，故赐告归。今急召卫公，实有大事相托。卫公当知，皇太子刘彻聪慧，然年幼无依靠，故储位难稳。主少国疑，非如当年周公辅成王一般以忠臣辅之不可。是故，为皇太子寻一太子太傅乃朕日夜思虑之事。然朝政扑朔迷离，太子太傅除教导皇太子，还当于非常之时护佑皇太子，非非常之人不能任。历数朝中诸臣：周亚夫虽有统兵之略，然与皇后关系恶劣，恐难护佑皇太子。且周亚夫已为丞相，左迁太傅亦有不妥。御史大夫刘舍以功臣之后位列三公，其人并无特别才能，亦不熟悉兵事，难以承担辅佐及保护皇太子之重任。中尉郅都虽为能臣，但过于刚猛，在朝中人缘极差。袁盎、晁错已死，张欧、周仁又无知兵之能，此辈均不能为皇太子辅弼。先帝曾言'绾长者，善遇之'，自卫公受命傅河间王刘德以来，亦无愧长者之名，故朕观卫公'敦厚，可相少主'，实乃太子太傅之最佳人选。"

295

第六十三章　新储新傅

骤闻朝廷急召之缘由竟是托以辅弼之任，卫绾惊异，伏地再拜，谢曰："陛下，臣惶恐。臣自代国入长安，以戏车为郎。既无尺寸之功，亦无斗屑之才，蒙先帝不弃方待罪中郎将。臣卑鄙至此，何德何能当太子太傅之任？且臣为太子太傅，恐朝中人心不服。"

然皇帝却解释："卫公为河间王太傅数年，河间称之。又曾领河间兵击赵，功封建陵侯。由此观之，卫公既有教导王子之能，又有统兵战阵经验，且为人敦厚，极有贤名，岂不能为太子太傅。且卫公为代国旧臣，又是文帝崩逝时遗命可用之人，在朝中资历甚深，卫公为太子太傅，何人不服？为皇太子及社稷，卫公万不可推辞。"

言尽于此，唯有受命佐少主，以报君恩于万一。

第六十四章　　孝王薨逝

　　短短数月之中，朝廷立皇后、皇太子，又以迅雷不及掩耳之势撤窦婴太子太傅一职，并以心腹信臣建陵侯卫绾代之，可见决心甚坚。作为守藩二十余年的藩王及皇帝同产弟，梁王刘武亦深知大势已难挽回，故上疏于长安，以表谢罪之意。

　　中元二年年初，朝廷文书传至睢阳，正式允梁王入朝。于是，惆怅凄怆，亦复失落恐惧，心怀种种难以向外人言表之心情，刘武登车驾西去。与往年一般，车驾出睢阳向西，过荥阳，再入成皋关至洛阳，在洛阳稍作休整后，再沿新安、渑池、弘农诸县直入函谷。

　　函谷乃天下重要津关之一，自朝廷复津关令后，凡出入关城者，必持传核对，方可进入。因此，梁王车驾止于关口，等待合传。合传间隙，刘武下车仰望关外之景。极目而视，但见巍峨关城于缭绕云雾间若隐若现，恰如当今波谲云诡之时局。此情此景，不能不回想往年之盛况。往年时，因两宫宠信，朝廷甚至遣使持节携皇帝旌旗及驷马銮舆在关口迎接，可谓气势非凡。然而，因易储之事及刺袁案，皇帝待梁王已颇为微妙。如此局面下，朝廷又岂会再以皇帝仪仗迎接梁国车驾？或许，关外披甲执戟之百余戍卒皆如临大敌，正表现出朝廷对梁王深为戒备之意。

　　这番景象，不得不令本即进退两难的刘武顿生疑窦：此去长安是吉是凶？邹阳虽言朝廷不再追究，然朝廷与梁实为君臣。既是君臣，则难以亲情衡量。不提古代，淮南厉王刘长死于雍县之事亦不过三十年。今日之梁国与当年之淮南又有何异？若入陛之时，皇帝凭朝廷律令责问袁盎之事，当如何是好？思及此处，刘武无可奈何，唯有喟然长叹。

正在此时，近臣茅兰进曰："邹阳虽言朝廷已释而不究，然陛下心中或有疑虑。臣愚以为，大王此去长安祸福难测。大王不如秘密入关，先寻馆陶长公主秘见皇太后说情。有皇太后出面，当可无虞。"

确如茅兰所言，如今能于波诡云谲之朝堂出言力保梁国者，唯有母亲窦太后及同产姐馆陶长公主刘嫖二人。母亲及姐既健在，则朝廷即便无情，亦需顾忌一二。然而，自前元初以来，所行狂悖，多次令母亲及姐姐难堪，此时实无颜相见。因此茅兰之言虽可用，但亦难用。

然而，事已至此，除茅兰之言，岂有他法？于是，思虑再三后，刘武仍深感无奈，只得下令舍梁王车驾于关前，与茅兰只带着骑士二人秘密入关。至长安后，刘武又按茅兰之言暂时易庶人之服，藏匿于长公主庄园之内。数日之后，见朝堂平静，刘武遂与侍从入府与姐姐相见。孰料刚刚行礼毕，即遭姐姐斥责。却见二十余年来从不以恶言相向的姐姐此时声色俱厉，大声呵斥："梁国车驾尚在关外却不见梁王，以致今两宫相疑，朝堂不稳。你是何等荒唐！"

原来，梁王与茅兰诸人秘密入关不久，朝廷使者即抵达函谷关外。当时，举目所见，藩王车骑仪仗悉数留于关城之外，唯独不见藩王本人，故使者大惊，迅速上报。消息传至未央宫，皇帝心急如焚，当夜即遣有司进行调查。不过，刘武当时已秘密入关，故有司自然搜寻不得，只得据实上报。然而，堂堂藩王，竟然平白无故于函谷关外无影无踪，岂不怪哉？故此事随即朝野尽知。次日，此荒谬消息传至长乐宫，窦太后勃然大怒，直指前来谢罪的皇帝涕泪横流，大骂曰："帝杀吾子！"并以绝食相威胁。需知，此前审理刺袁案时，窦太后便已有绝食之举，令皇帝极为难堪。当时，多亏田叔火烧事涉梁国之罪证，力阻深入调查，才避免事情不可收拾。可谁能想到，窦太后再度绝食。窦太后年事已高，一旦因绝食而有恙，则素称事亲至孝的皇帝，该如何应对天下吏民？因此，皇帝夜不能寐，连夜守候于长乐宫，不知如何是好。

听闻姐姐之言，思及母亲绝食之苦，身为人子者岂能不既愧且痛，泣涕数行？然而事已至此，如之奈何？片刻后，茅兰复进言："事已至此，当伏斧质于阙下谢罪。"

斧质者，斧锧也，大辟之刑具。肉袒伏斧质，即请死之意。然藩王贵胄，肉袒伏斧质，可谓羞辱至甚。不过，舍此策此时确实已无他法，故唯有从茅兰之言。岂料肉袒行至阙下之时，却见前方旌旗飞舞，声势浩大之车驾至司马门外迎接。极目而视，立于车驾之上者，岂不正是皇帝？然车驾行近之时，却见多日不见的兄长已两鬓斑白，已有苍老之象。国事繁艰，日夜操劳，竟还因家事而烦扰不已，此真为弟之罪。思及此处，但觉悲从中来，只得伏地泣涕不已。良久，方闻皇帝言："母亲已经等候多时，我等且入内谢罪。有司奏言你梁国从官此时仍滞留于关外，今既无恙，可令从官入关。"

随皇帝入长乐宫朝见母亲后，又按朝廷制度于长安停留数日，心中芥蒂渐去。朝请礼仪完毕后，刘武遂告辞归藩。

春去夏至，秋逝冬来，转眼已至中元六年。此数年之中，刘武常遣使者至长安问候。使者归来之时，每言母亲因时常有病而食不甘味，居不安寝，刘武常坐立不安。然朝廷制度森严，不得随意僭越，故唯有西望长安空自叹息。

按朝廷制度，中元六年春乃朝请之期，故得到朝廷允许后，刘武急令备齐车驾，并如往年一般急至长乐朝请。

此番入京，距上次又过去数年。数年之中，庇护爱子多年的母亲已迅速苍老，似乎已不再是那坚毅而固执的皇太后。此时，双目失明、手持拐杖的母亲艰难站起，双手颤抖，抚摸同样日渐苍老的幼子脸庞，互道别来之情。此情此景，令梁王悲从中来：兄长身为皇帝，国事繁忙，不能常伴母亲左右，以致令母亲孤苦无依。如今，母亲身体已大不如前，不知何时将"大行"。若大行之时，幼子却不能侍奉左右，岂非不孝至极？

然而，汉制，藩王春朝秋请俱有严格规定。凡朝请者，每次入京共见皇帝四次。初至京城时，入宫晋见，谓之"小见"；新年朝会时，藩王捧玉璧向皇帝道贺，谓之"法见"；三日后，皇帝为藩王设酒宴宴饮，并赐金钱财物若干；再过两日，藩王再次入宫"小见"，然后便须辞别归藩。前后四见，一共不过二十日。二十日后若滞留长安，便是违制。若在十年前入朝留京，或许会受到朝廷特别照顾，可如今这种违制之请已不可能得到允许。可是，身为人子，岂能不尽孝于前？故刘武仍上疏奏于朝廷，请求留于长安侍奉母亲。果然，疏奏呈上次日即被驳回。见朝廷之言辞切峻，令为藩者必须按制归藩。刘武深感无奈，唯有再至长乐宫，向母亲哭泣拜别，返回梁国。

"夫孝，德之本也。"天下庶民，乃至鸟兽犬马无不以孝为先。可是，身为藩王，居然连陪伴于母亲之侧的人伦之礼都无法享有！虽富可敌国，又有何用？

春夏之交时，郁郁寡欢的刘武前往巨野泽北的良山游猎。车骑行至山谷时，山阳百姓拦车献牛。此牛颇为奇特，足出背上。传说秦孝文王五年时，秦王游煦衍，亦有人献五足之牛，岂非此牛邪？可是，所谓"兴徭役，夺民时，厥妖牛生五足"，此乃不祥之象也。因秦人滥用民力以致天下叛之，方有此不祥之牛，为何今天下太平却见山阳父老献此异牛？思及此处，刘武遂心神恍惚不悦。

游猎匆匆结束后，刘武即病热不起。六月中，失落惆怅的刘武终病逝于睢阳，葬于梁王陵墓。

幼子壮年薨逝之消息传至长安，已满头银发的窦太后老泪纵横，终不肯再进食：文帝崩逝十余年之间，先有兄长长君先己而去，再有幼弟广国骤然病逝！短短数年之间，最亲近之人纷纷离开人世，或死或亡。生老病死乃宇宙之理，本不该奢求长生。可是谁能想到，尚算壮年的爱子刘武竟一病便不起，以致骤然死去？老母送幼子，人世间有比此更哀伤之事？痛丧幼子的窦太后又岂能不哀！因此，目视前来朝见的皇帝，窦太后撕心裂肺哭泣哀嚎："帝果杀吾子！"

母亲哀痛，君临天下之皇帝亦哀惧不已，彷徨无措。朝廷以孝治天下，如今若因刘武之逝，令母亲不安，是为不孝至极。可是，人死不能复生，如之奈何？最后，朝廷公卿以谥法："从命不违曰孝，善事父母曰孝，遵义安仁曰孝"之议，定梁王刘武谥为"孝"。此外，又按馆陶长公主之议，封梁之五子皆为王，五女皆得汤沐邑，以安慰窦太后。

于是，随着朝廷诏书下达，辽阔富庶、领四十余县，强大到足以抵抗吴楚三十万精兵之大梁国被一分为五：以长子刘买继承梁国；分梁国西部雍丘、外黄等七县立济川国，以次子刘明为济川王；以范县、寿良、任城、亢父等东北七县为济东国，以三子刘彭离为济东王；分昌邑、东昏、单父、胡陵等东部八县置山阳国，以四子刘定为山阳王；析定陶、成阳等北部五县为济阴国，以幼子刘不识为济阴王。如此大规模析分之后，嫡长子刘买之新梁国仅为十八县。

于是，天下唯一能对朝廷形成威胁之藩国分崩离析。于朝廷而言，大梁国被分为五国，则不会对将来的皇帝构成威胁。如此作为虽以安抚窦太后为名，然本质亦是以当年梁王太傅贾谊所献"众建诸侯，以弱其力"之计削弱强藩，以强干弱枝。当然，无论如何，分立一梁王而为五王，足显皇恩浩荡，即便有心反对，亦毫无理由。

至此，梁国之事终尘埃落定。然而，梁孝王之争储、勇毅、梁国之富庶、朝廷之寡恩，无不给天下吏民留下充足谈资，以致梁孝王薨逝数年后，种种轶事仍在梁国民间流传。

梁国一学者，名曰壶遂，为韩安国所荐入仕，以中大夫为詹事，颇得闻梁国旧闻。四十年后，司马迁与壶遂受命编订太初历。期间，司马迁即常与壶遂谈及梁国往事。据壶遂口中逸闻，司马迁著成《梁孝王世家》及《韩长孺列传》。在《梁孝王世家》中，写至梁孝王薨逝消息传至长安时，司马迁云："景帝哀惧，不知所为。"哀惧者，既哀且惧。云哀者，盖因梁孝王为同产弟，岂能无相爱之意？云惧者，惧窦太后也。窦太后前后两次当宫人之面谓"帝杀吾子"。汉以孝治天下，若两宫相疑，将置皇帝于何地？既然如此，皇帝又如何不惧？

孔子曰："《书》云：'孝乎惟孝！友于兄弟。施于有政，是亦为政。奚其为为政。'"兄弟仁爱，人伦既定，是为政之本。然而，兄弟故当仁爱孝悌，却不能娇宠。因此，百余年后，褚少孙亦言："今主上不宜出好言于梁王。梁王上有太后之重，骄蹇日久。数闻景帝好言，千秋万世之后传王，而实不行。"之所以"骄蹇"，乃因过于宠溺，与文帝时刘长恃宠而骄并无不同。

第六十五章　　忠臣难为

雁门郡，为代国支郡，治善无，领十四县。自雁门郡向西，为云中、定襄二郡，向东则为代郡。出雁门郡治善无向北百余里，即茫茫草原。从雁门南下，经马邑、广武过勾注山，则是"控带山河"的太原郡。正因如此，自置郡以来，雁门便与云中诸郡共同构成抵挡匈奴南下的第一线。

因属边郡，故照例当以知兵善战之将军为守。不过，胡骑猖獗，往往来去如风，以猛将屯边郡亦非治本之策。例如，当年文帝以猛将魏尚为云中郡守，但仍不能完全阻止匈奴屡屡侵扰。然而，自中元二年夏新任雁门守上任以来，匈奴已数月不敢南下雁门。非但不敢南下，本游牧于边塞的匈奴竟闻雁门守之名而远遁草原，连边塞都不敢接近。据传，匈奴曾刻木为新任雁门守之形，并立之为靶，令轻骑驰射。结果，匈奴人面对木偶仍震恐异常，引弦发矢，竟无一能中。

能令匈奴人如此忌惮恐惧的新任雁门守非他人，正是威名赫赫的故中尉、"苍鹰"郅都。郅都之威名远播草原，素悍不畏死之匈奴人亦不敢轻易招惹。然而，郅都担任中尉前后不过一年余，缘何外调雁门郡为守？需知，中二千石之中尉为朝中显职，而雁门守仅为边郡郡守。以中尉外调为郡守，无疑为左迁。然观郅都之任职，无不以雷厉风行、刚直敢为而闻名，为朝中公认之能臣、忠臣，实无外迁理由。在朝中因易储而动荡之际，郅都即便不能为皇太子之辅弼，亦为皇帝信用之人。骤然外调，岂不怪哉？

所以外调者，盖因中元二年春临江王刘荣案。

临江国，原为皇三子刘阏于之封国。因刘阏于在前元五年病逝且无后，临江国废为南郡，收归朝廷直辖。前元七年，因栗太子刘荣被废为临江王，故南郡复立为临江国。临江国虽领十八县，但多属小县，在籍户口远非中原大县可比，实与"卑湿贫国"长沙国无异。刘荣以故皇太子身份而受封于此"卑湿贫国"，等同于流放。而且，由于废太子身份过于敏感，地方郡国守相之看管监督必不敢有丝毫懈怠。因此，刘荣虽名为藩王，但与梁孝王刘武有本质不同，实与囚犯无异。

果然，就封不过年余，江陵地方官府即密报刘荣"侵庙堧垣"①为宫室。文书传至长安，朝廷便急召问罪。

中元二年三月底，刘荣车驾抵达长安。不过，藩王地位尊贵，不同于一般罪犯，按朝廷惯例当由皇帝亲自过问。然而，不知为何，刘荣抵达长安之时，郅都即接到朝廷命令，要求中尉府立即羁押，严厉审查此案。郅都号为"苍鹰"，有"公廉不发私书"之称，自然不敢对皇帝命令稍有质疑。因此，刘荣一至，郅都依令将其隔离审问。

郅都酷吏之名既然海内皆知，则但凡进入中尉署者，无论是宗室贵戚，还是庶民黔首，无不两股战战。刘荣生于深宫，长于妇人之手，除被废为临江王外，从未经历朝堂险恶，骤入中尉署，岂能安之若素？因此，稍稍审讯，刘荣即惊慌失措，并在当庭对簿时提出欲得刀笔以亲自致书，向两宫谢罪。

一般而言，即便朝廷法令森严，但仍有亲情可议，刘荣欲求刀笔致书于上并非不合情理。然而，皇帝在栗卿案刚刚审结之际又命从速审理刘荣本人，岂能以寻常"不敬"之案视之？需知，刘荣不比其他藩王，其身份敏感，一举一动均会影响朝堂稳定。因此，在并未接到朝廷其他指示时，郅都实不敢擅作主张，只得当即拒绝："临江王，本中尉唯受命审理'侵庙堧垣'案。刀笔者，中尉未受此命。"为防止出现意外，郅都不但不敢予其刀笔，还严令中尉署吏员不得私下传送刀笔。

孰料关押不过数日，属下法吏便奏报刘荣留下绝命书，并自杀于中尉署！

事发突然，素来思维缜密的郅都亦深感意外，故速令吏员严查。其后，经多方探查，送刀笔者并非中尉署吏员，而是朝堂贵戚魏其侯窦婴。中尉之令虽能禁止中尉署法吏，却不能禁止朝廷贵戚。刘荣性格过于刚直，自觉不能上对两宫，下安国民，得窦婴所送之刀笔后作绝命书。书

---

① 扩建临江王王宫时侵占宗庙墙外空地。

毕，即因羞愧恐惧而自杀。

事已至此，郅都极为被动。需知，"侵庙壖垣"之罪听似严重，其实并非大事。想当年晁错为图方便甚至将太上皇庙壖垣凿穿，最后也未受任何惩戒。可见，此罪并非必治之罪。必要之时，皇帝大可动用凌驾于法律之上的君权平息此事。而且，即便朝廷欲仿照诛杀栗卿案有意以此案诛杀刘荣，也当备齐审理爰书、人证物证，经正式审判定罪方可。中尉不过是中二千石列卿，虽有权审理此案，却无权杀人，何况诛杀藩王。尚未审理完毕，刘荣便身死中尉署，且留下绝命书，令朝廷何以对天下？因此，即便郅都被称为"苍鹰"，且"奉职死节"之名震于海内，亦不能不就此事向朝廷谢罪。然而，皇帝或许不会追究，极重亲情之窦太后岂会不闻不问？次日，此事即传于长乐宫，窦太后果然勃然大怒，以此责问朝廷。最后，迫于窦太后之压力，皇帝不得不罢郅都中尉之职。

朝廷文书传至，郅都只得依命离开长安，前往河东杨县故乡。孰料，出长安未久，即闻身后有人纵马而至。回顾目视之，见纵马之人高举旌节，言皇帝之令。下马伏地受命，却闻持节使者朗声传皇帝命："皇帝诏：拜郅都为雁门太守，而便道之官，得以便宜从事。"

朝廷授官皆有制度，文书、符印诸物缺一不可。然所谓"而便道之官，得以便宜从事"，即不必返回长安领取文书，直接至雁门郡上任。何故违制拜官，且令"便宜从事"？此不难理解。需知，刘荣骤死于中尉署令窦太后震怒异常。朝中旧党及诸多贵戚必会借此而生事，故即便罢归故乡，亦终究难逃一死。外迁雁门郡守，并特准不必返回长安领取文书，事实上正如当年文帝外放贾谊为长沙王太傅一般，是皇帝暗中保护之意。虽皆言酷吏不过为皇帝之爪牙，但既得皇帝如此用心良苦之维护，为人臣者岂能不感激涕零？因此，闻持节使者传"得以便宜从事"之令时，郅都伏地口称死罪，泣不成声。

于是，郅中尉即辗转成为郅太守，令彻侯宗室侧目之酷吏终成令匈奴恐惧的戍边将军。自上任雁门守以来，郅都整饬边防，安抚吏民，郡内安集。因郡内军民一心，故能无往而不利。此数年之中，凡闻匈奴南下雁门，郅都皆统郡兵击，屡有斩获。结果，草原胡骑尝闻"苍鹰"之名而遁，不敢再近雁门边塞。

中元五年冬，郅都如往年一般统兵备边，然"苍鹰"之名早传于草原，故边塞之地竟不见匈奴一人一骑。边塞毋忧，郅都遂将车骑班师返回善无。孰料抵达善无之时，却见已有朝廷使者等候多时。礼见之后，却闻使者言："奉朝廷之命，征郅都至长安对簿。"然奉命守边数年，边塞晏然，何故对簿？因此，郅都不得不问曰："我何罪也？"

闻使者答曰："郅公无罪也。然皇太后闻府君尚在而大怒，以临江王之事责问于陛下。陛下以府君为忠臣，皇太后则怒骂'临江王独非忠臣邪'？陛下不能对，遂使臣至雁门，请府君至长安。府君毋忧边事，朝廷已拜故御史大夫冯敬冯公为雁门太守。"

闻此言，郅都喟然长叹：为官二十余年，"不发私书，问遗无所受，请寄无所听"，却有今日之下场，岂不哀哉？然而，如此结局亦早当预料。诛杀瞷氏、威慑权贵、审理临江，凡此种种无一不是凶险万分之事。"奉职死节，不顾妻子"，本非戏谑之语。《韩非子·孤愤》言："人臣循令而从事，案法而治官"，然所循之令，乃皇帝之令；所案之法，乃人主之法。毋庸置疑，为酷吏几十载，所以能"秉公执法"，实乃所执之法背后有强大君权为后盾之故；因有君权之支持，方能严苛执法，方能为忠贞之臣，方能为严酷之吏。然如今，因"事母至孝"之皇帝不愿与窦太后争执，几十载中用作依靠之君权已不能再用为依靠。至长安后虽尚需对簿，方可定罪，然既深明朝廷之律法体系及朝堂之生死争斗，又岂能心存幻想？

试想，刘荣一言被废，栗姬恚恨而死，栗卿无故被诛，不过短短数年，深受信用之栗氏族人即在尔虞我诈之朝堂上灰飞烟灭。何况既非贵，亦非宠之区区酷吏？此去长安，必有死无生！

管子曰："能上尽言于主，下致力于民，而足以修义从令者，忠臣也！"晏子言："言而见用，终身无难，臣奚死焉？谋而见从，终身不出，臣奚送焉？若言不用，有难而死之，是妄死也；谋而不从，出亡而送之，是诈伪也。故忠臣也者，能纳善于君，不能与君陷于难！"何为忠臣？或许确如管晏之言，忠臣者，当"能上尽言于主"，又"不能与君陷于难"。回顾入仕以来之言行，无一不以此为信条，而朝廷亦以此而拔擢大用。然而，居庙堂之上，处殿陛之间，忠臣又何其难为？

回顾往日之经历，郅都亦不得不思及枉死于中尉署的刘荣及栗氏家族。据江陵父老传言，朝廷使节与中尉缇骑"无故"而抵临江国时，素来柔弱忠厚的刘荣丝毫不敢心存幻想。在接到命令后，刘荣只得收拾行装，跟随朝廷使者自江陵北门出城。当时，民风质朴的郡国吏民听闻国王即将至长安问罪，亦多聚集至北门送行。于是，刘荣即于北门祭祀行路之神，随后向江陵父老拱手致意。礼毕，刘荣方登车。谁料车驾出江陵城门时，车轴断裂，以致车驾倾覆。于是，江陵父老无不流涕窃言："吾王不反矣！"或许，此时可以借用当初江陵父老之言曰"雁门不反矣"！又据传刘荣死葬蓝田，有燕数万衔土置其冢上，时人哀之。却不知他郅都在死后，能否让世人"哀之"。

五十余年后，司马迁作《酷吏列传》言："郅都伉直，引是非，争天下大体。"此人虽称酷吏，但"其廉者足以为仪表"。至于其他酷吏者，"何足数哉！何足数哉！""苍鹰"之后，再无忠臣"苍鹰"矣！

第六十六章　　北边不宁

或许，崇尚"君臣简易，一国之政犹一身也"之匈奴人无论如何也不能理解，为何威震汉、匈二国之雁门太守①"苍鹰"郅都未能死于刀兵之下，却死于汉朝"律法"之下。天下之事，竟有如此可笑者！

诛杀郅都虽尚不能算"自毁长城"，但确实令雁门郡之备边诸事成为隐患。需知，新任雁门太守冯敬虽早在高皇帝之时即为骑将，颇有能战之名，且被高皇帝称为"贤"，但毕竟已垂垂老矣，不知能否不负皇帝之托，肩负起备边之重任。

自高皇帝以来，匈奴之势愈盛，故孝文二十余年间，边郡烽火不绝，甚至文帝不得不统兵亲征。不过，因朝廷之兵难堪大用，故即便文帝心有不甘，但仍被迫承袭高皇帝及奉春君刘敬所议之和亲为主要方略。按此方略，早在新帝即位不过半年的前元元年四月，朝廷即遣故御史大夫开封侯陶青使匈，与单于和亲。以三公之一的御史大夫亲至匈奴，足见朝廷对和亲一事以及对匈奴的重视。前元三年平吴楚后，朝廷又复与匈奴和亲，遣公主嫁军臣单于，并特别规定于边郡通关市。

凡此种种措施，可见朝廷诚意。然而，匈奴人素来"苟利所在，不知礼义"，且军臣单于此人又素有枭雄之志，故而和亲之策实难维持边郡持久安定。不言他事，前元三年与吴楚之密约即是明证。当时，军臣单于与朝廷和亲盟约之墨迹未干，即转身与赵王刘遂商议调兵南下，以配合吴楚，进逼关中。需知，当时为平吴楚，朝廷已调数万边郡步骑南下梁国，故边郡颇为空虚。若军臣单于果真借此"良机"南下，则诸边郡之地将不

---

① 景帝中元二年，"郡守"更名为"太守"。

得安宁，甚至文帝之时烽火照甘泉之局面将再现。只不过吴楚三月之内即为朝廷讨平，以致尚在观望的军臣单于错失此"良机"而已。

讨平吴楚后，朝廷急令诸军返回驻地，并在实行和亲之策的同时加紧备边，故自前元三年至今，边郡稍安。

当然，边郡所以稍安者，非唯朝廷部署得当，亦与草原诸事不顺，令军臣单于分身乏术，无暇南下有关。据往来草原之商贾及边郡吏民奏报，自中元初年以来，草原之上不知何故突然纷争不断，诸部混战不休，以致匈奴贵族大量叛逃。更有甚者，还有匈奴高级贵族南下附汉。自中元二年至中元五年短短三年之中，即有匈奴子军、赐、隆强、徐卢、仆黥、代与邯郸等七王南下归汉。中元五年春，更有故燕王卢绾之孙匈奴东胡王卢它之[1]南下。需知，虽自高皇帝以来屡有匈奴人南下归汉之先例，但短短数年之内数位匈奴王南下归汉确实尚属首次。草原之上流言不断，南下贵族亦言语不详，但亦不难看出草原不靖，军臣单于亦难以如冒顿、老上时代一般以单于庭控制诸部。

然而，亦不能因此而对军臣单于有所低估。军臣单于骁勇敢战，狡诈阴狠，实与老上单于无异。正因需直面如此强横的草原之君，故朝廷拜官之时即要求冯敬不需与郅都一般威震匈奴，只要能稳守边塞，令其无隙可乘，即是大功一件。

孰料，中元六年六月初，冯敬上任不久即紧急奏报匈奴频频调动，将有大举南图之意，边郡恐不能抵挡，朝廷万不可懈怠云云。

冯敬守备之雁门郡与西部之定襄、东部之代国皆直面单于庭，故三郡国共同构成朝廷守备匈奴之第一线。然备边压力虽大，但亦不至毫无抵挡之力。需知，雁门、定襄、代三郡国南部之太原、上郡皆为大郡。不计太原，仅论上郡甲兵、粮秣之储备，已足以应付边郡战事。有司统计，上郡武库储存戟、矛等长兵数十万杆，刀、剑等短兵数十万柄，铠、甲等衣甲数万领，弓、弩等数万张，武装十万敢战之士毫无问题。自上郡北部至云中不过二百余里，三郡国若有急，则可发上郡武库甲兵、粮秣，以饷士卒。此外，上郡北部此时不但屯有按晁错《言兵事疏》之建议统一整编的归化胡骑，且设有自惠高时代即开始经营之养马苑圃。据太仆官署统计，陇西、北地、上郡等北部边郡共有大型苑圃三十六，官马达三十万匹。诸

---

[1] 《史记·惠景间侯者年表》作卢绾之子"卢它父"，《史记·韩信卢绾列传》作"卢他之"，《汉书·景武昭宣元成功臣表》则作"卢它之"。从后。

郡之中，又以上郡苑囿规模最大，足有精良战马数万匹。故边事有急，则可以上郡苑囿良马组织骑士，以上郡武库进行武装，投入至雁门、云中、代国三郡战场。

即便无上郡、太原之援，三郡国合兵亦有精锐车骑、材官不下五万之众，更有自内郡抽调之戍卒万余。三郡国如能统一部署，面对万余匈奴轻骑，战而胜之或有不足，但抵挡掠劫则尚不甚难。不言三郡，甚至即便一郡，部署得当亦可抵御匈奴之侵扰，否则为何匈奴入侵云中时屡屡败于魏尚之手？郅都守雁门时，匈奴不敢近亦是明证。

正因如此，冯敬之急报付于朝议之时，未经边事的诸位公卿多认为，军臣单于固然狡诈，匈奴轻骑亦勇悍，但朝廷于边郡屯有重兵，当可应付，朝廷实不必过于忧虑。甚至有人认为冯敬老矣，故草木皆兵，畏惧匈奴。

然而数日后，边郡急报即传至长安。此急报令一厢情愿的朝堂诸公俱震：数万匈奴轻骑于中元六年六月末大举南下，其兵锋甚锐，前锋竟已抵上郡郡治肤施！

原来，军臣单于并未按设想强攻雁门、定襄、代国三郡国之坚固要塞，而是趁汉军不备秘密穿过长城缺口。需知，定襄、雁门二郡北部虽有长城，但此段长城并不完整，二郡之间有一段二百里长之缺口。因此缺口甚大，且直面草原重镇颓当城，故朝廷于雁门最北部之沃阳、强阴二县之间设立雁门西部都尉[1]，屯兵戒备。然而，因郅都坐法而死，冯敬上任未久，雁门郡兵人心涣散，故在匈奴偏师牵制之下未敢轻率出兵，结果为匈奴所趁。当时，军臣单于统单于庭主力轻骑以最快速度从长城缺口秘走雁门，再穿过定襄北部之武要、陶林县，抵达云中北部重镇武泉县。事发后，雁门、定襄二郡反应迟缓，未能阻拦自武泉分兵南渡黄河的匈奴主力，以致匈奴数日内即突入上郡境内。

北部三郡大意失察，被朝廷寄予厚望的上郡则备战不周，行动迟缓。匈奴已兵临城下，上郡竟一无所知。结果，上郡都尉领二千余郡兵草率出城，竟全军覆没。郡兵大败之后，本为朝廷讨伐匈奴利器的苑囿官马数万匹亦为匈奴所掠！郡兵大败尚可接受，苑囿之官马被掠可是重大损失。需知，这数万匹苑马非普通驽马，而是朝廷耗费无数心血精心饲养之优良战

---

[1] 按秦汉制度，郡中设郡尉，主管兵事，比二千石。至景帝中元二年，更郡尉为都尉。

马。今入塞之匈奴轻骑既得此数万匹战马，其战力及机动能力必将大大提高。凭借一人数马之优势，其兵势将更难抵挡。

本以为冯敬之奏报言过其实，然谁能想到，匈奴不过稍稍进攻，边郡即损失惨重，耗费国家钱粮无数，被寄予厚望之数万边郡郡兵竟如此不堪一击？故闻边郡之事急如星火，皇帝寝食难安。如不能妥善应对，以致出现当年孝文前元十四年候骑至萧关、烽火照甘泉之事，则何以面对宗庙社稷？事已至此，当需速速思虑良策方可。

经公卿商讨，朝廷急令边郡太守加强防备，并调兵备战。此外，为确定匈奴之虚实，朝中又调数位侍中、郎官及大夫等内朝官至边郡，视察战局，并向边郡太守学习战阵兵事。

第六十七章　　射雕英雄

中元六年八月，掠得数万良马之数万匈奴轻骑士气如虹。凭借一日疾驰一百余里的机动能力，此数万胡骑频频纵横于上郡诸县，令守备于郡治肤施之上郡太守夜不能寐。此上郡太守，非他人，正是名震海内的陇西李广。

前元三年平吴楚时，李广以骁骑都尉统骑士随从太尉周亚夫。其后，因斩将搴旗于昌邑城下，声震海内。然而，因私受梁孝王刘武将印之事被揭发，战后非但未能受赏，且被外放至北方，调任为上谷太守。

上谷，为燕代六郡之一。战国时，燕昭王遣大将秦开北拒东胡，拓地千余里，遂将燕山、渤海间膏腴之地纳入中原之手。为掌控此地，燕昭王沿燕山筑长城，立郡县，上谷即其中一郡。秦灭六国，连燕赵长城，分燕国旧地置上谷、渔阳、辽东、辽西、右北平诸郡。自秦以来，上谷郡北有燕山为屏，西接代郡，东扼燕国、范阳之咽喉，向为精兵所出，枢纽之地。然而，以户籍而论，上谷郡则不过为仅领十五县、户五万余的小郡，民寡兵少。相反，上谷郡北部却正对控弦之士达八万余的左贤王部。可想而知，上谷郡之备边事宜万不可疏忽大意，稍有懈怠，则举郡皆亡。

按朝廷之意，既迁为民寡兵少之上谷守，本当谨慎备边，安心屯戍，竭力防备匈奴入塞南掠。然而，日日安坐于郡府之中，等候胡骑南掠，岂是大丈夫之所为？正因如此，为上谷守这数年之中，李广频频主动与匈奴大战，常将郡中骑士巡边塞下。孰料守上谷不过数年，即再度接到朝廷之令，调上郡太守。需知，上郡虽与上谷同为边郡，其太守亦为二千石，但民丰兵强，远非上谷可比，故调上郡乃右迁。然而，自虑守备上谷数年未能观察朝廷之意，亦不算有功，何故骤然右迁？结果，至朝中领文书、印信时，才知朝廷所以下达调令，乃故友公孙浑邪之言。原来，守上谷时"日以合战"之事传至朝中，已迁为典属国的故友公孙浑邪即向朝廷泣曰："李广才气，天下无双，然其自负能战，常与匈奴频频激战。臣诚恐李广将亡于战阵。"最后，赖公孙浑邪极力建议，朝廷方下调令。

故友之言，自有保护之意，毕竟上郡之形势较上谷更为稳定。岂料时运竟如此不济，调任上郡不过一年，即遭遇此次雁门、定襄二郡守备不严，匈奴大举南下之事。

一郡之守牧，自有保境安民之责。然而，前有二千余郡兵全军覆没，后有苑马数万匹被掠去，可谓守边不力，迭遭大败。如此大败，如何面对故友？又如何向朝廷交待？且肤施距长安虽有九百余里，但以匈奴轻骑一人数马奔驰之速度，亦不过数日而已。若守境不利，致使胡骑奔至长安，则万死不足辞咎。然而，上郡兵卒虽有数万之众，但需分守诸县，亦不可轻出浪战。事已至此，又当如何部署？

正在忧虑形势，寻思破敌之策时，有郡府小吏报曰："府君，匈奴斥候数骑已至肤施城外，中贵人未得命令即出城，下吏阻拦不得。"

中贵人者，给事于宫内近侍之臣，于数日前受朝廷之命至上郡。只不过，朝廷令中贵人视察备边事宜，习兵事战阵，却并未令其亲自将兵出战。毋庸置疑，此中贵人必是立功心切，故得知匈奴斥候抵达城下，欲出城擒杀匈奴斥候，以告慰于两宫。其忠贞之心虽可嘉，然此时城外敌情不明，草率出城风险极大。此中贵人乃受朝廷之命而至上郡，今若死于城下，如何是好？自匈奴入塞以来，本即惨败数场，此时若再丧中贵人，则实无颜再见陛下。

因此，骤闻小吏之言，心中岂能不大急？登城楼观望，但见那中贵人耀武扬威，果然已出城向北绝尘而去，追之不及。不过，见中贵人身后尚有十余背弓执戟的精锐骑士跟随，方觉稍稍安心。需知，此十数骑皆为极精锐的上郡骑士，甲械精良，精于骑射，非一般匈奴轻骑所能抵挡。此时，城外之匈奴斥候不过区区三骑而已，不需过于担忧。而且，如中贵人在此十数骑护卫下，可于汉匈大军主力尚未交战之前擒杀一二匈奴斥候，可重挫匈奴锐气，此亦大善。思及此处，遂不再阻止，而是立于城楼之上观战。

但见中贵人与十余骑策马驱驰，士气如虹，直驱匈奴斥候。不过，此匈奴三骑似乎极为谨慎，见汉军骑士追杀，即拨马向北奔驰。中贵人及十余骑士追之不及，只得紧随其后不断引弦发矢。孰料匈奴三骑极为精锐，在腹背受敌之时不但未以匈奴惯常骑射之法还击，反于马背之上作出种种令人匪夷所思的动作不断避开射来之箭矢。数息之后，汉军十余骑所负箭矢尽数射尽，匈奴三骑竟未中一矢！需知，从中贵人出城骑士无一不是战斗力极强的上郡精骑，皆精于马上驰射。然此时箭矢射尽竟未中一矢，何部之胡骑竟精锐至此！然未及惊异，却见匈奴三骑终于取弓还击。但见匈奴三骑在高速奔驰之战马上拈弓取箭，随即以左手执弓，以右手自背后所负箭囊之中同时抽出三支箭矢引弦而上。三箭连珠，势如雷电，汉军十余骑士悉数中箭于面，翻身落马。谁能想到，如此转瞬之间，形势即突变！中贵人见之亦大骇，策马狂奔而回，终赖盔甲精良方逃脱匈奴轻骑之射杀。

受敌能驰走，引弦能命中，此精锐异常之匈奴轻骑绝非一般胡骑，必是匈奴最为精锐之"射雕者"无疑！

匈奴草原雕凶猛无比，其翼如盖，利爪似钢，展翅可直贯云霄。传言此雕力道极大，自空中振翅而下甚至可将一头小羊抓至半空中。因匈奴人惯常所用之骑弓质地低劣，弓力不足，难以射下凶猛之草原雕，故即便对善射的匈奴人而言，能以骑弓射中大雕也是极为艰难之事，非千里挑一之勇士不能为之。而能引开劲弓，且于高空之中射下草原雕之勇士则常被冠以"射雕者"之名，以示荣耀。此匈奴三骑诚为千里挑一之"射雕者"，则不言中贵人之十余骑，即便百骑亦恐难以取胜。思及此处，李广即便谨慎，亦不得不将百余骑出城，前去追赶。

行十余里，遥见那三名"射雕者"正于前方拨马慢走，遂令麾下骑士左右散开，自两翼包围，以防"射雕者"纵马逃遁。待两翼之骑士散开后，李广即亲取硬弓，催马前驱，并寻机射杀之。相距渐近，却见"射雕者"在汉军百骑俱进之势下仍毫无惧意，亦不纵马逃遁。再进至一箭之地时，匈奴三骑却骤然回首抽箭在手，同时引弦回射。不及细思，李广于马背之上微微摆头，避开激射而至之羽箭。不过，其所发羽箭力道甚大，疾如流星，直贯面门，几至撕破面皮。

横于马背之上，隐约可见那"射雕者"正在回望汉军。见此时机，李广遂操弓引弦，激射三矢。发矢已毕，则纵马而视。却见"射雕者"已经悉数落于马下，其所戴之铁胄甚至被力道巨大之箭矢贯穿。转瞬之间，三名耀武扬威之"射雕者"竟全部中箭，身死于马下，其中二人竟被射碎铁胄而死！另一人虽未死，亦重伤被擒。获此大胜，李广亦颇为自得，抚须大笑。如此神勇无双之神射，令麾下之百余骑士气大振。

孰料正待收兵回城之时，却见前方烟尘滚滚，呼声震天。观其声势，当有数千骑之多——此必军臣单于所将匈奴大军之前锋。

汉军百余骑士狂追"射雕者"十余里，此时皆已疲敝。以百余疲兵对阵数千盛兵，且为骁勇善战之匈奴精骑，实无胜算。然而，如此时转身奔逃，则无疑是将后背暴露于善骑射之匈奴精骑。试想，匈奴密集箭雨之下，百余骑纵甲胄齐备，亦终将难逃全军覆没之下场。奋力死战，必不能胜；不战而走，亦是必亡之策。所谓"兵不厌诈"。为今之计，唯有以疑兵之计令其疑而不前，再以观其变。于是，目视惶恐不已，皆欲策马奔逃之随从骑士，李广即言："吾等距大军已有十数里，今如以疲敝之师不战而走，则是以背予敌。匈奴兵精，一旦追射，我等皆死！为今之计，当设疑兵。疑兵若成，则匈奴必以我为大军之诱而不敢击我！"言毕，即抽出环首，下令前进。军令既下，又亲为前驱，方见百余骑亦凛然从命，向匈奴精骑列阵而进。

片刻之间，汉军骑士即进至匈奴阵前。此时，两军相距极近，对阵之匈奴骑兵发辫毡帽甚至皆已清晰可见。两军如此接近，若此时匈奴人稍觉有异，只需纵马冲锋，则百余骑士将尽灭于此。正因如此，闻将士皆惊骇言："胡虏兵多且距我极近，一旦有急，如何是好？"闻将士踌躇犹疑，李广遂下令下马解鞍，并遥指胡骑笑答："按常理，兵少则走。如今，我等若解鞍以示不走，则胡虏必以我等为诱敌而来。犹疑心虚，又岂敢轻率与我作战？"

确如所料，对阵之匈奴骑兵虽有数千之数，然皆止于阵前，虽频频指指点点，却始终不敢草率出击。结果，对峙半日，数千匈奴精骑仍不敢出战。至日暮之时，方见匈奴军阵之中有一白马骑将驰出，并于阵前狂呼嚎叫，纵马奔驰。对峙半日不敢前，此时出阵，岂是决战之举？此骑将出阵，必为安定匈奴军心之故。思及此处，李广遂回顾从骑大笑："《孙子兵法》曰：'用兵之法，十则围之，五则攻之，倍则分之。'今胡虏数十倍于我，却顿于阵前不敢攻，实乃示弱之举。久坐干耗而师老兵疲，必士气低迷。我观胡兵军阵已行伍散乱，军心浮动，此白马骑将出阵，当为稳定军心之故。送首至前，岂能不收？此乃斩将夺旗之机，诸君可敢随吾驱驰？"

闻众从骑皆高呼"愿随府君制敌"，李广遂翻身上马，于随从骑士护卫下直驱匈奴军阵。至百步之时，催动战马，抽箭在手，引弦发矢，将此匈奴骑将射杀于匈奴阵前！不待匈奴轻骑聚兵合围，即策马驰回汉军阵中，并再度解鞍下马，令将士高卧如前。转瞬之间，射杀匈奴骑将于阵前，必令苦等一日之久的匈奴轻骑震骇！待其军心崩溃，则可引兵归城。

至夜半明月高悬时，士气已靡的数千匈奴轻骑果然支撑不住，退兵而去。见匈奴退尽，李广亦领兵而撤，返回肤施。

此战得"射雕者"首级三枚，又阵斩匈奴骑将一人，算小胜一场。然而，将士虽勇悍，却于大势无益。凭借一人数马之便利，入塞之数万匈奴轻骑除频频袭扰外，终不与汉军正面决战，亦不强攻坚城。数十日后，数万匈奴轻骑携所掠之财货、人口，撤回草原。

至八月中，中元六年之汉匈战事终告结束。

第六十七章　射雕英雄

第六十八章　　谁可宰执

匈奴胡骑此次南下侵扰，掠劫人口、财帛甚众，实为数十年来所未有。然而，匈奴即便猖獗，亦不过于边郡掳掠人口、财帛而已，尚不至于令社稷倾覆。故相对于朝堂内部，此区区外患不过"疥癣之疾"。既为"疥癣之疾"，则自有边郡守尉守御，实不需皇帝日日殚精竭虑。

"疥癣之疾"自不需多虑，然"肘腋之忧"却不得不慎重对待。然则，何谓"肘腋之忧"？朝堂之职官、人事也。职官者，即朝廷职官制度需进行变革；人事者，即朝廷公卿人选需进行调整。此二事若不及时处理，则恐影响社稷长治久安。

其实，职官制度改革并非新鲜主张，早在文帝即位之初即由贾谊提出。因高皇帝立国时皆沿袭秦制，难显汉之正统，故多有人提议改革。文帝时，梁王太傅贾谊即上疏奏称："汉兴二十余年，天下和洽，宜当改正朔，易服色制度，定官名，兴礼乐。"并草拟章程，上于文帝。不过，当时文帝虑即位未久，朝中诸事繁杂，故终未采纳此议。孝文前元十四年年末，鲁人公孙臣又以黄龙现于陇西而上疏提议汉当土德，并以土德改制。然而，受新垣平之事影响，文帝不再热心于此，故改制并未全面实行。直至中元六年春夏之际，朝廷方下达诏书，重议职官改革之事，并经数月商议之后下达推行。

此次改革规模极大，朝中二千石以上列卿皆有涉及。其中，执掌宗庙礼仪之奉常更名太常，主管天下刑狱之廷尉更名大理，掌治宫室之将作少府更名将作大匠，掌彻侯之主爵中尉更名主爵都尉，主管太后长乐宫事务之长信詹事更名长信少府，治粟内史更名大司农，中大夫令改回故称卫尉①。由此观之，此次大举更易官名，实为对贾谊"易服色制度，定官名，兴礼乐"奏疏之回应，以宣示汉朝上应"天命"。

然而，官名之更易不过是浮于表面的腾挪之术，欲彻底改革职官制度，尚需对诸司之执掌重新设计。以主爵都尉为例：按秦制，主爵都尉执掌彻侯之事。然而，如今之彻侯与秦时彻侯已大不相同，其治民行政之权已尽归于封邑守令，彻侯所有者，不过坐食租税而已。如此情况下，主爵都尉所谓"执掌彻侯之事"，不过徒具虚名而已。主爵都尉仅为一例，朝廷之职官如主爵都尉一般"名不副实"者甚多，实难一道诏书即成。可见，职官制度之变革极为复杂，可谓牵一发而动全身，不宜急于一时。

不过，人神异域，"天命"玄虚，职官制度之改革亦不必急于一时。相比而言，欲令朝政之通达，调整朝堂人事却需速速完成。

调整朝堂人事，首要问题在于择良相。需知，自酂侯萧何、平阳侯曹参以来，朝廷丞相无一不是"砀泗元从集团"及其后代。丞相当自"砀泗元从集团"后代中选择，已成为祖制与"故事"。在"砀泗元从集团"后代中，以资历、能力、威望而论，当属平吴楚首功绛侯周勃之子条侯周亚夫最为合适。正因如此，在前元七年六月乙巳，因开封侯陶青老病免相，朝廷即按"故事"拜周亚夫为相。然而，自前元七年六月至中元三年九月罢相为止的短短三年之中，周亚夫在朝堂之上竟多次挑战君威，令人主难堪。

中元三年夏，匈奴小王徐卢等六人来降。为招揽后来者归降，朝廷上下皆认为可按文帝时之惯例，封六人为侯。谁料尚未正式议定制诏，周亚夫即于朝堂之上公然反驳，宣称："当初，高皇帝与大臣刑白马盟誓曰：'非刘氏不得王，非有功不得侯。不如约，天下共击之。'平吴楚，朝廷出兵三十万，侯者不过区区六人，身无寸功之胡虏岂能动辄封侯？且《左传》云：'唯名与器，不可假人，君之所司也。'彻侯爵位乃国家之名器，不可轻易授人。若徐卢等背主无德之人皆侯之，则朝廷日后如何处置不守节者？"

其言虽不无道理，但当今之世毕竟已非高皇帝之时。自高皇帝以来五十余载，朝廷先有外戚侯，再有王子侯，封爵之标准早已不再局限于军功。国情如此，封侯予匈奴归降者亦无不可。且汉匈交战频繁，以封侯赏赐归降之人，必可诱使匈奴降者归附，此举于备边御敌而言亦属有利。如

---

① 卫尉在景帝初曾更名中大夫令，此时改回，复称卫尉。

只知恪守礼制"故事",而不知变通,岂不过于迂腐?正因如此,朝议即罢其议。

虽罢其议,但此举不过是政见相左,乃朝堂之上极为正常之事。孰料,周亚夫竟于散朝之后即"称病"不朝!所谓"称病"者,实无病也。其所以"称病",不过欲以此逼迫皇帝,发泄胸中不满而已。然而,岂有如此为人臣者?此举置高高在上之君权于何地?如此激烈之举,实属自高皇帝以来所未有。而且,其不尊人主之举已非一次。讨伐吴楚,周亚夫安居昌邑,却坐视梁国苦战而不救;废黜刘荣,周亚夫位列三公,竟与魏其侯窦婴极力反对;议封王信,周亚夫身居宰执,却公然驳斥窦太后。观其为相以来之言行,毫无为人臣之觉悟,真可谓其心可诛!正因如此,闻其"称病",皇帝当时即勃然大怒,强令以"病"免其相,并于中元三年九月戊戌正式下诏以御史大夫桃侯刘舍代之。同时,太子太傅建陵侯卫绾则迁御史大夫,递补刘舍。

然而,刘舍年事已高,实难胜任相府之繁杂案牍俗务。因此,此数年以来,刘舍已多次向朝廷"乞骸骨"。不过,因内外多事,朝廷一直拖延未决,未准其请辞疏奏。可若久拖不允,亦恐天下吏民议论朝廷不恤老臣。故而,朝廷不得不在后元元年七月丙午正式下诏允刘舍"乞骸骨"。

可是,为人忠厚之刘舍既去,当用何人为之?丞相"掌承皇帝,助理万机",可谓"一人之下,万人之上",其人选必须慎重。

若以威望而论,朝中无人能出周亚夫之右。朝廷诚能以周亚夫再度为相,不但能上对朝堂,下对吏民,亦可留下周勃、周亚夫父子二人皆两次为相之佳话。然而,回顾周亚夫初次为相以来数次桀骜不驯之举,皇帝岂会再拜周亚夫为相?周亚夫不予考虑,则朝中还有何人能服众,可为宰执?正在犹豫不决时,窦太后重提旧事,建议可以窦婴为相。

窦太后之所想在朝中并非秘密。需知,因窦建、窦广国在数年之中相继去世,清河窦氏中可担当大任者寥寥无几。历数窦甫、窦彭祖诸子侄,唯有窦婴最贤。今窦太后已日渐老去,难以佑护清河窦氏长久。故议以窦婴为相,实有为清河窦氏长远打算之意。当然,窦太后有此私欲亦不难理解。论威望,窦婴曾以大将军屯荥阳监齐赵之兵,军功仅次于周亚夫,为天下第二;论才能,窦婴曾于关东为官数年,颇有治政经验;论德行,窦婴慷慨有任侠气,不以显贵而骄纵;论人缘,窦婴上自三公下至郎官俱能交好,甚至据传王皇后之弟田蚡竟以父事之;论功劳,窦婴当初力阻立梁王为储，有大功于社稷。由此观之，以窦婴为相虽不合"故事"，但亦非不可。

威、才、德、功虽俱无问题，然其忠却并不能令人放心。前元七年，栗太子刘荣被废为临江王时，窦婴曾与周亚夫一起于朝堂之上公然激烈反对，甚至竟以"病"为名而拒不合作，于蓝田山下隐居数月之久。中元二年，刘荣入中尉署时，无视朝廷之令秘送刀笔者，亦是窦婴。凡此种种，皆可见慷慨任侠之窦婴与桀骜不驯之周亚夫并无本质不同，皆自认为凡正确之事，即不顾朝廷法度及皇帝君威。如此为臣，岂能信用？

需知，至后元元年，虽栗太子刘荣已死五载，梁孝王刘武已薨一年，当初令皇帝日夜忧思之储位已无人觊觎，但皇太子毕竟不过十四岁，尚未至束发之年，储位仍不算稳固。进入后元以来，已近知"天命"之年的皇帝却常抱病卧床不起，又实难日日护佑皇太子。正因如此，为相者不但需辅佐君主治国理政，还需承担护佑幼主之责。在此情况下，任用与人主政见相左，且又在朝中极有威望之人为相，岂非大忌？《管子·明法解》即曰："故明主之治天下也，威势独在于主而不与臣共，法政独制于主而不从臣出。"因此，即便窦婴与周亚夫威望再高，能力再强，亦不能用以为相，赋予其宰执天下之权。

正因如此，沉默良久之后，皇帝即正式向窦太后否决窦婴为相："皇太后以为朕已有为相人选，故不用魏其侯？非也！以朕观之，魏其侯此人一旦有功即沾沾自喜，行事草率轻浮，难以持重，实难当重任！"

第六十九章　　长者辅弼

　　周亚夫、窦婴皆为过于"桀骜"强势，故不可用为幼主辅弼。有秦人之旧事，亦可作为前车之鉴。当初，秦怀公立四年，庶长晁与大臣发兵围宫。怀公不敌，自杀而死。怀公死后，群臣擅立太子昭子之子灵公。灵公卒，诸臣又废灵公子，而立灵公季父悼子，是为简公。简公传惠公，惠公传出子，出子立二年，庶长又改迎灵公之子师隰（即献公）于河西，并杀出子及其母，沉于河中。直至献公即位，秦国政局才稍稍稳定。

320

　　观秦数世之乱，皆因臣强主弱而起。故世人皆言："秦以往者数易君，君臣乖乱，故晋复强，夺秦河西地。"由此可见，强臣在上，幼主在下，实为祸乱之源。相比"桀骜难制"之人，忠厚纯善之"长者"更能令人放心。

　　论及朝中"长者"，无人过于"万石君"。"万石君"者，五朝老臣河内石奋也。石奋之祖本赵人，赵亡后徙居河内温县。因父早死，老母失明，且家中尚有一姐，故石奋家境颇为贫寒。汉三年，石奋已至束发之年，故出为郡吏，事于河内郡府。当时，楚军猛攻，荥阳不能守，高皇帝及滕公夏侯婴自成皋北渡黄河，欲调屯驻于河内怀县之韩信军南下。车驾驻跸河内时，石奋奉命侍奉于侧，因行事恭敬有礼，而为高皇帝所爱。不久后，汉军南下击楚时，石奋遂受命为中涓，其姐则以善鼓瑟而为高皇帝美人。赖高皇帝之信用，石氏遂自河内温县迁至长安中戚里定居。因其姐得宠之故，石奋在高皇帝时一直于两宫之间为侍中。至文帝初即位，石奋已累迁为太中大夫。文帝中，东阳侯张相如以老病而免太子太傅一职，朝中遂推恭敬谨慎的石奋代之。于是，当年默默无闻的赵国小吏即成为朝廷之太子太傅。

新帝即位，石奋及其四子石建、石甲、石乙及石庆均位列二千石，举家合"万石"，故被呼为"万石君"。因历仕数朝，皆以"孝谨"而闻，数年前石奋以老病而罢职时，朝廷特许其以上大夫禄归家。待其荣宠，可谓冠绝朝中。

经历几十年波谲云诡之朝堂，石奋之恭敬谨慎可谓愈发深入骨髓。据传，石奋车驾但凡经过两宫门阙之时，必下车前趋，以示恭敬。石氏子孙为小吏者，凡归家谒见，石奋必以朝服见之，且从不直呼其名。子孙有过者，石奋亦从不责骂，而是端坐于侧位，对案不食，待家中长辈求情，其本人肉袒谢罪方可。子孙但凡成年者，石奋即便闲居在家，亦冠戴整齐，以示朝廷之威。朝廷赐食，石奋必稽首俯伏，行礼已毕方食之，如在朝中一般。因家教如此，故石氏子孙无不恭敬谨慎如石奋。朝中皆传，石奋如此恭敬谨慎，忠厚有礼，即便齐鲁诸儒，亦不能过之。

可惜，"长者"之名是对个人道德之衡量，而非对能力之肯定。事实上，除"孝谨"为朝中称道外，石奋及其四子确实一无所长。论文，则无治经理国之才；论武，则无斩将骞旗之功。正因如此，但凡论及朝政诸事，石氏父子即唯唯诺诺。试想，以石奋之能，当年吴楚举兵三十万，可将兵讨平否？朝中制定礼乐、革新官制，可谋划章程否？不言此关社稷安危之大事，如袁盎一般能在朝堂治政失误之时直言相谏，能为之否？居高位而不谋政事，甚不贤矣。

《荀子·臣道》曰："故谏、争、辅、拂之人，社稷之臣也，国君之宝也，明君之所尊厚也！"对照荀子所谓谏、争、辅、拂四种能臣，却不知平日只知"孝谨"之石奋属于何种？《韩非子·八奸》称："此人主未命而唯唯，未使而诺诺，先意承旨，观貌察色以先主心者也。"以《韩非子》之言而论，如石奋这般明为"孝谨"，实则毫无治国理政之能者，实为奸佞之臣。事实上，朝中法吏多精通申韩刑名之术，必然有人以《韩非子》腹诽而心谤，将石奋斥责为奸佞之臣。只不过，因其资历甚深，无人宣诸于口而已。

当然，如此指责老臣，实在过于刻薄。若果真以治政而论，石奋亦有可用之处。秦人《为吏之道》曰："吏有五善：一曰忠信敬上，二曰清廉毋谤，三曰举事审当，四曰喜为善行，五曰恭敬多让。五者毕至，必有大赏。"以石奋之能，为一县下佐史或许稍可胜任。然而，如以此类"长者"

为朝廷之宰执，辅佐幼主，则恐力有不逮。

若天下承平，海内无事，辅弼幼主之"长者"即便才能稍有欠缺，亦不需过于忧虑，然当今朝政社稷并非如此。于外，匈奴为患，朝廷不能平之；于内，功臣强势，幼主不能制之。若幼主即位之初再有如吴楚举兵之事，则忠厚纯善之"长者"如何应对？不言他事，若文帝崩逝后，朝中尽是石奋之辈，而无晁错、周亚夫等能臣干吏，则皇帝之位岂能稳固？是故，《荀子·臣道》曰："故正义之臣设，则朝廷不颇；谏争辅拂之人信，则君过不远；爪牙之士施，则仇雠不作；边境之臣处，则疆垂不丧！"由此观之，朝廷所需辅弼之臣非仅"长者"，亦当为支撑社稷之干练能臣。

然则，朝中何人既为"长者"，又为能臣？事实上，朝中隐约已有传言，皇帝所中意的辅弼之臣有二：建陵侯卫绾、塞侯直不疑。

卫绾，辅佐两代帝王，有"忠实无他肠"之誉。皇十子刘彻被立为皇太子后，卫绾受命以太子太傅辅之。中元三年，桃侯刘舍迁相，卫绾则以太子太傅迁御史大夫。在为御史大夫数年之中，卫绾更是小心翼翼，不敢有丝毫懈怠。朝中皆称，卫绾协助刘舍处理朝政时，平实稳重，从不草率推翻各署之意，有"长者"之名。相较于石奋，卫绾历任中郎将、河间王太傅、中尉、太子太傅及御史大夫诸职，治政经验丰富。同时，卫绾又曾统兵河间，有不逊于周亚夫、窦婴之军功。历数朝中公卿，能如卫绾这般既为"长者"，且精明干练者甚少。以其为宰执，可保幼主无虞。

南阳直不疑，少学老子言，以郎官事文帝，与卫绾、张释之、冯唐、袁盎等皆为当年郎署之"同僚"。张释之性格刚直，曾多次顶撞文帝，甚至以不敬之罪弹劾皇太子；冯唐直言敢谏，曾驳斥文帝虽得廉颇、李牧而不能用，以致文帝大怒；袁盎更是慷慨敢为，曾直指威望正盛的绛侯周勃为"功臣"而非"社稷之臣"，令周勃极为难堪。相比张、冯、袁诸人，直不疑却为人憨直，与卫绾颇有相似之处。据传直不疑为郎时，同舍一郎官告假回家，错取另一郎官之金。失金郎官发觉金已遗失，即疑直不疑作为。然直不疑受疑之后，并不分辨，而是买来黄金还予失金郎官。直至告假回家之郎官归来当值，交还错拿之黄金，方令真相大白。结果，失金郎官大为惭愧。由此，直不疑"长者"之名朝野皆知。

文帝末某次朝会时，有人攻击直不疑，称："直不疑相貌甚美，然有盗嫂之事！"盗嫂，乃与嫂通奸之意。盗嫂常被视为天人共遣之"禽兽之行"，为礼法所不容之重罪。当年，绛侯周勃、颍阴侯灌婴诸人，亦于高皇帝面前毁曲逆侯陈平即为"平居家时，盗其嫂"。结果，以秦楚之间风气之开放，以高皇帝之气度恢廓，在听闻有此传闻后，亦不得不令陈平当面对质。可见，在朝堂之上，殿陛之间，直指直不疑有"盗嫂之事"，真是诛心之毁。然即便如此，直不疑仅以"不疑并无兄长"答之，即不再分辨。由此观之，直不疑唾面自干，实乃忠厚纯善之"长者"。

直不疑非但忠厚纯善，亦有谋略。吴楚举兵时，直不疑以前将军从太尉周亚夫将兵击吴，为有功将校之一。且直不疑与卫绾同，自郎官迁太中大夫，又为朝廷二千石数年，治政经验丰富，可胜任三公之职。

由此观之，卫绾、直不疑二人，皆德为"长者"，才为能臣，可用之辅佐幼主。而且，卫绾已为御史大夫，御史大夫迁相，本即朝廷制度。然而，若迁二人为三公，以二人为宰执，却亦有不妥之处。需知，自高皇帝以来，三公，尤其是丞相，非"砀泗元从集团"及其后代不能任。卫、直二人之先人皆非剖符丹书之开国元勋，故用以为宰执，实不合"故事"，难以令老臣信服。

孰料此次朝廷任官事先并未与朝中公卿商议，后元元年八月壬辰，诏书直接下达，以卫绾迁相，以直不疑迁御史大夫。而且，为令二人名正言顺，皇帝甚至特意下诏，叙平吴楚之功，封直不疑为塞侯。

不疑，不疑，用人当"不疑"！

第七十章　　怏怏非臣

　　所以如此不疑建陵侯卫绾、塞侯直不疑，而疑条侯周亚夫及魏其侯窦婴，非唯储君年幼，亦为君主恐时日无多之故。事实上，早在中元二年前后，宫中即风传皇帝身体有恙，不得已而至甘泉宫养病数日，其后虽由太医令调理而有所好转，却仍大不如前。

　　孔子曰："吾十有五而志于学，三十而立，四十而不惑，五十而知天命，六十而耳顺，七十而从心所欲，不逾矩。"然王者能寿至五十而"知天命"者，甚少矣。雄才伟略之始皇帝四十九即崩于沙丘，笃行仁政之文帝亦不过寿四十六。虽说徐福、公孙臣、新垣平等方士屡言神仙之术，然神仙虚无缥缈，恐不能当真，否则为何当年文帝"幡然醒悟"，并下遗诏称"天下万物之萌生，靡不有死"？后元元年，皇帝已四十七，已近"知天命"之年。若以"不敬"之语而论，"大行"之时恐已不远矣。

　　正因"圣体"屡屡不安，已难以如即位之初一般好整以暇，调整朝堂之人事，故只得强制下诏，将卫、直二人推上三公之位。然而，欲令天下长治久安，朝中唯有卫、直二人似不够。更何况卫、直二人虽可谓能臣，但二人之能尚不足以独当一面，总揽全局。

　　论及能臣，朝中无人能出周亚夫之右。周亚夫虽刚直顽固，颇有其父绛侯周勃"木强敦厚"之风，实难为幼主之辅弼，然环顾当今朝中尸位素餐之辈，将此第一能臣弃之不用亦颇为可惜。且即便不能用为公卿，将其调至边郡，令其统兵击胡，亦可尝试一用。于是，八月末身体稍愈时，皇帝即于禁中召周亚夫赐食，以试探究竟。

　　赐食，赐予食物也。然因食物为君主所赐，实乃君主之宠信，故不可懈怠，《论语·乡党》所云"君赐食，必正席先尝"正是此意。禁中乃皇帝所居宫禁之内，不得随意出入，故赐食于禁中，于人臣而言实乃极为荣耀之事。反之，于君主而言，则为对臣下无比之宠信。今赐食于禁中，其必能令周亚夫领会君主拳拳之意。

命令下达后不久，谒者即导引周亚夫入殿。自中元三年九月戊戌罢相之后，周亚夫已赋闲在家数年。因此，见周亚夫入殿，皇帝遂问候居家之事，以示慰问。寒暄已毕，尚食、谒者即依令上酒食。酒食已齐，诸人入席。孰料诸人正在进食之时，周亚夫却丝毫不顾禁中之礼仪，频频环顾左右，向侍从在侧的尚席大呼："速去取箸！"

原来，送至周亚夫面前之肉块未切，案上既无刀又无箸，无法入食。此乃宫禁之内，自然也不可如当年舞阳侯樊哙在楚军军营中那般置彘肩于盾上，然后"拔剑切而啖之"，故周亚夫于殿陛之间怒喝取箸。然而，即便尚席疏漏，人臣亦不可如此失仪于陛前。正因如此，皇帝亦不得不摇头苦笑："条侯，条侯，如此赐食尚不能令君侯满足？"

此语言毕，周亚夫似乎猛然惊醒，遂免冠伏地谢罪。目视周亚夫终伏地谢罪，皇帝方稍稍释怀。正欲开口赦其无罪，可孰料一个"起"字尚未言毕，周亚夫即起身小步快走，离开大殿。窦婴之慷慨任侠，当初隐居蓝田不过数月，亦回心转意。可谁能想到，周亚夫竟如此桀骜，赋闲在家数年之久，竟无丝毫改变。其人既无对君主权威之礼敬，亦无对朝廷法令之恐惧。

今皇太子虽然聪慧，但毕竟不过十五岁。周亚夫在殿陛之间、皇帝之前竟如此目无尊卑，将来之幼主如何能制之？主弱臣强，实非社稷治安之道。思及此处，当初那位"木强敦厚"之周勃突然浮现于眼前：四十余年前诛吕政变爆发之时，皇帝不过八岁幼童。然在懵懂之年，亦曾于老臣之处听闻在无高皇帝、吕太后压制之时，周勃是何等嚣张跋扈，屠戮老幼。当时，不但吕禄、吕产等吕氏，甚至惠帝诸子，亦均为周勃诛杀殆尽！谁能想到，堂堂刘氏皇子，周勃下刀之时竟毫无犹豫之意。以臣弑君，血腥残忍，此即周亚夫之父！

如今，皇太子不过束发之年，若两宫如惠帝及吕太后那般突然"大行"，则不臣少主之周亚夫是否会如其父周勃那般，将皇太子与其他皇子尽数诛杀？彼时，若周亚夫稍有不臣，则幼主岂能制之？卫、直二人岂能制之？由此观之，周亚夫固然为能臣，但为皇太子之安危及朝堂之长治久安计，却万万不能用之。且按其如此桀骜之性格，即便为边郡太守亦不可。思虑万千，目视此曾平定吴楚，威震天下之第一能臣渐消失于夜色之中，皇帝不得不弃用周亚夫，并喟然长叹，低声自语："此怏怏者，非少主臣也！"

既然"非少主臣也"，则唯有令周亚夫如其父一般按"彻侯之国"诏至渤海郡条县养老。削其权而禁之于封邑，则可绝其染指朝政之念，同时亦能展现朝廷对老臣之体恤，实乃稳妥之策。

孰料，不久之后，突然有人上告周亚夫之子谋反！当初周勃为人告发谋反，今周亚夫亦为人告发谋反，岂不怪异？兹事体大，有司亦不敢擅专，故呈告发文书于朝廷。得此文书后，朝廷遂责令廷尉予以严查。数日后，廷尉瑕奏明此事确实与周亚夫有关。所谓之谋反，并非完全诬告。原来，数日前，周亚夫之子从工官手中购甲盾五百，可不知为何，周亚夫之子在购得甲盾后拒不交付佣工所得工钱。结果，佣工即怒告周亚夫之子谋反。佣工所以以谋反重罪告发，亦是事出有因。需知，朝廷律法虽并不严禁私藏刀剑兵刃，但对铠甲、橹盾、弓弩等却管制颇严，一般不允许民间私藏。虽说朝堂尚无为，权贵之家私藏甲盾亦非鲜见，但终非合法之举。更何况周亚夫之子所购甲盾皆为朝廷工官所出，且数目达到五百之多，足以武装一部甲士。正因如此，周亚夫之子虽屡屡申辩所购甲盾为将来周亚夫陪葬之用，但廷尉署亦多认为此举确实可疑，故奏请发文书捕周亚夫至廷尉署对簿。

孰料，廷尉瑕数日后又奏称，周亚夫虽已入狱，但廷尉之法吏实在无法审理。为何？盖因无论法吏如何责问，周亚夫竟皆闭口不言，拒不交代事情前后缘由。

此"怏怏者"不久之前即无礼于禁中，今又无视朝廷法度，到底意欲何为？腹诽而心谤，果真欲谋反乎？据传当初周亚夫之父周勃身居绛县，仍心有不轨，日日披甲执戟见朝廷守尉。父子二人，何其相似！虽有能臣之誉，然当初高皇帝为天下不得已而杀淮阴侯韩信，今为何不能为幼主而杀周亚夫？且天下皆传许负曾相周亚夫之面，称："君后三岁而侯。侯八岁为将相，持国秉，贵重矣，于人臣无两。其后九岁而君饿死。"自为相至今，正有九年矣。天数既定，当诛杀之。故廷尉署之文书传至，皇帝终忍无可忍，骂曰："吾不用也！"遂责令廷尉署严办此案。

皇帝大发雷霆之怒，主审此案之廷尉瑕亦惶恐，不得不再度急入廷尉署，以谋反责问周亚夫："我廷尉署受命审理此案，今已查实君侯之子确有盗买朝廷甲盾诸事。人证物证俱在，君侯果真欲反乎？"孰料此言既出，沉默数日的周亚夫竟勃然大怒："我所购之器皆为葬器，岂能以此为谋反之罪！竖子何时听闻以葬器谋反之事？我果真欲反，当年将三十六将平吴楚时即反，何须等至今日？"

当初周亚夫之父周勃入廷尉署亦战战兢兢，自谓"吾尝将百万军，然安知狱吏之贵乎"，可周亚夫竟公然咆哮于廷尉署，蔑视朝廷刀笔法吏，廷尉瑕亦怒骂："君侯纵不反地上，即欲反地下耳！"

此语言毕，已绝食五日的周亚夫竟冷冷乜视，突然开口大笑。长笑数息，一口鲜血吐出，死于狱中。

第七十一章　　阳陵风雨

　　后元二年三月，朝廷诛杀"怏怏者非少主臣"之条侯周亚夫后，即再度接边郡之急报，称：匈奴大举南下雁门，代"苍鹰"郅都为雁门太守不过三年的冯敬战死。

　　文书传至长安，朝堂哗然。需知，冯敬非一般太守，其人在文帝时为御史大夫，且被高皇帝称为"贤"。文帝以来，虽有匈奴候骑至萧关朝那，甚至烽火照甘泉之事，但朝廷阵亡于战场之最高官职不过比二千石都尉。然此次雁门之战，故三公之一的御史大夫竟死于沙场！试想，朝廷若举措不力，以致再度出现三年前匈奴大掠上郡之事，则朝廷之威信何在？故经朝议，朝廷不得不大举征发车骑屯雁门备边。

　　然而朝堂上下皆知，单纯调兵屯守，不过聊作安慰而已，并不能禁绝匈奴之患，否则当年文帝不会在冯唐面前叹息朝廷无可用大将。所谓"闻鼓鼙而思良将"，周亚夫虽"怏怏者非少主臣"，然统兵之能毋庸置疑，观其用兵"持威重，执坚刃"，有古良将司马穰苴之风。若周亚夫能稍稍忠厚，朝廷可仿郅都之前例，将其外调为雁门太守。诚有周亚夫驻雁门，则岂忧匈奴哉？周亚夫就此诛杀，惜哉！

　　外患渐炽而不能绝之时，又有内忧频出。此年余之中，自各郡国所上之上计文书中不难看出天下之不稳：后元元年五月丙戌，巴蜀数郡地震。其中，汉中郡上庸县地震持续二十二日之久，城墙被震成一片废墟。其后不久，地震再度发生于关东，受灾诸郡损失惨重。其秋，大旱波及关东。旱灾未平，衡山国、河东郡、云中郡疫病四起，人民死于疫病者不可胜数。

后元之前两年，即在此纷扰与无奈之中结束。巍峨壮丽之未央宫中，皇帝亦不得不支撑残躯操劳国政以弥平天灾人祸之创伤。

皇帝虽夙兴夜寐，然却并未得上天认可。后元三年十月初，日食、月食同时出现，日月皆呈赤色，持续五日之久。十二月月底，冬雷阵阵。随后，五大行星倒转运行，并于太微垣星域停留，明月贯穿天庭，是为"五星逆行守太微"。需知，太微垣、紫微垣与天市垣合称三垣，代表社稷，为星空中最为重要星域之一。"五星逆行守太微"之异象，实乃百年不见之兆，非吉也！

天命如此，大约大去之期亦不久矣！于是，已缠绵病榻数日而不能起的皇帝决意召集群臣，为社稷谋划最后之事——为皇太子加冠。

《礼》曰："故冠而后服备。服备而后容体正、颜色齐、辞令顺，故曰：冠者礼之始也！"正如古礼，皇太子加冠乃是成人之标志，亦宣告皇太子有能力真正独立行使君权。然而，如按周礼古制，加冠当为二十岁方可。皇太子此时不过十六岁，尚未至加冠之年，匆忙加冠亦不合古礼。然而，恐上天已不可能再延续皇帝四年之寿。因此，皇太子冠礼亦只得匆匆举行。于是，后元三年正月甲寅，在太常卿柏至侯许昌主持下，皇帝强撑病重残躯为十六岁的皇太子举行加冠之礼。目视素以聪慧而称的皇太子刘彻如礼着储君冕冠，终觉其已尽去往日之稚嫩，取而代之的则为人君应有之刚毅与睿智。安静肃穆之冠礼，正是天下最高权力再次传承之仪式。皇太子，皇太子，为君之道，日后当需自悟之。是故，面对列祖列宗，皇帝竭力向皇太子宣示："皇太子刘彻，你已成年！"

皇太子冠礼结束后，朝廷又按惯例下诏赐民爵，以显示君父之仁厚。然而，匆忙举行之冠礼亦终耗尽皇帝残存的最后精力。返回未央宫时，皇帝已无法再站起。目视侍从在侧的皇太子，即将"大行"之皇帝或许亦会总结一生之经历。斗转星移，一切正如回到十几年前侍奉于先帝身边时。似乎，先帝苍老之声又于耳侧响起："一旦天下有急，周勃之子条侯周亚夫可用以将兵！"可是，皇太子，如今之朝堂，已无周亚夫这般能臣交付于你。前路荆棘丛生，你能否继高皇帝之基业而前行？

十日后，后元三年正月甲子，皇帝崩于未央宫，年四十八，谥"孝景皇帝"。"景"者，"繇义而济"也。

自古以来，未尝不称文帝为圣明之君，然甚少称景帝圣明。为何？盖因在为君之道上，景帝与文帝似乎确有差距。法术势并用，乃人主驾驭天下之利器。景帝虽操法术势与文帝无异，然因远见卓识、心胸气度皆不及文帝，故在具体运用之时完全不同。文帝为政，多以大势腾挪，因势利导，如削大藩为小国，强命彻侯之国等。景帝为政，则多以强制措施，逆势而上，如无视关东之势而强行削藩。因缺少谋划，故常有失误，如诛杀晁错后，随即于邓先面前"默然"。

正因如此，于人臣而言，文帝则宽，景帝则严。文帝时，张释之可当面指责皇帝。然刘启即位后，张释之非但不敢有此举，甚至称病不朝，日夜"惧大诛至"。凡此种种，皆可见刘启为君之道尚不成熟，其胸襟气度亦远不能与文帝相比。所以，后人亦言："文帝宽仁大度，有高帝之风。景帝忌克少恩，无人君之量，其实非文帝比也！"

然则，景帝是否亦可以贤君称之？或许，于梁孝王刘武而言，景帝不念亲情，并非纯善忠厚；于条侯周亚夫而言，景帝刻薄寡恩，并非宽仁弘毅。不过，若以天下万民而论，景帝尚算贤君。为何？盖因于万千吏民而言，帝国之功业过于遥远，远不及鸡犬相闻，"日出而作，日入而息"。正因如此，贤君之标准并非如始皇帝那般建立鼎立千秋之功业，而当如文帝那般为吏民谋福祉。若无视生民之疾苦，而以所谓千秋功业为治政之目的，亦不过暴君独夫而已。

孝文前元十三年，文帝采纳丞相张苍、御史大夫冯敬的建议，废除肉刑，并改以笞刑代之，如斩左趾者改为笞五百，当劓者改为笞三百。然而，杖刑在实际操作中往往并不能减刑。为何？因笞杖之刑杖并非一般木条，而是特制木板。如酷吏用力以大杖击打背部或臀部，则罪犯常会被打得血管爆裂。所以，众多罪犯在受杖之时，不说三五百，一百板便已被活活打死，即便不死，多半也已残废。需知，朝廷废止肉刑、减轻刑律之本意，便是为昭示皇帝仁爱之心。可是，如此结果既不能减刑，则修订刑律之意义何在？善政岂不成为弊政？有鉴于此，景帝即位数月后，即专门组织朝议，商讨如何贯彻文帝减刑之精神。最后，经朝议议决，原定笞五百减为三百，笞三百减为笞二百。此外，笞刑所用之刑杖及行刑过程亦有具体规定：凡用于行刑之笞杖，长五尺，以竹制成，其根部手握之处，直径为一寸即可，末梢为半寸薄之竹片，竹节需全部磨平。行刑之时，只可笞打臀部，且行刑过程不得频繁更易行刑之法吏。如此不厌其烦之细微规定，正是望能确实减刑。如此毫不起眼之规定，则往往能活普通百姓之性命。

修订刑律次年，景帝又对朝廷户籍制度进行改革，并下令将年十七傅籍改定为二十始傅。按秦法，百姓一旦傅籍即为成丁，需承担国家之赋税、徭役、兵役等义务。凡此种种随傅籍而来之赋税、兵役、徭役为百姓主要负担。晁错《论贵粟疏》曾言："今农夫五口之家，其服役者不下二人，其能耕者不过百亩，百亩之收不过百石。"正因朝廷负担过于沉重，故百姓常困于此，以致"春不得避风尘，夏不得避暑热，秋不得避阴雨，冬不得避寒冻，四时之间，无日休息"。例如，若是南方江淮一带百姓被征往北部边郡服役，则家庭将面临极大困难。不言被征发者长途跋涉极为艰难，最重要之事为农时被误。彼时，若是男子远去数年不归，则留居家中之妇孺老弱常饿死于家中。若将傅籍推迟三年，则百姓便可以少承担三年之赋税、徭役，同时可多积一年之粮。灾荒饥馑之年，积蓄一年之粮足以救活一家之性命。由此可见，此令于普通百姓而言实为极大之恩惠。

当年，孟子谓梁惠王言："王如施仁政于民，省刑罚，薄税敛，深耕易耨。壮者以暇日修其孝悌忠信，入以事其父兄，出以事其长上，可使制梃以挞秦楚之坚甲利兵矣。"如以孟子之言衡量，此所行之政，岂非贤人孜孜追求之仁政？

事实上，刘启之执政以与民休息开始，亦以与民休息结束。在后元三年正月，皇太子加冠前数日，刘启于病重之中下达一生中最后一道诏书，此即后元三年诏。诏书规定："农，天下之本也。黄金、珠玉，饥不可食，寒不可衣，以为币用，不识其终始。间岁或不登，意为末者众，农民寡也。其令郡国务劝农桑，益种树，可得衣食物。吏发民若取庸采黄金、珠玉者，坐赃为盗。二千石听者，与同罪。"

十日后的二月癸酉，刘启被葬于渭水北岸的阳陵。千秋功过，已然盖棺而定论。

后 记

　　本书之起源为读《史记》《汉书》及《资治通鉴》之余所作的札记。原本内容甚为散乱，文字亦较为随意。其后交付出版前，虽有意重构，以令二百余万字的四百余篇札记体例统一、先后有序，但仍不可避免存在诸如长短不一、文字晦涩、注释繁杂等诸多问题。作为札记，以备遗忘，体例稍微随意固然并无问题，然交付出版，独立成书，则有诸多不便。因此，按出版社建议，全书进行了较大幅度修改，文字亦进行了润色。

　　本书是札记第三部分的重构，初稿十七万字，完成于 2016 年。此后，在繁忙的工作、学习之余，断断续续抽出时间对原有文字进行了粗浅修改。自 2017 年春至 2018 年夏，书稿进行了较大规模的删改与润色，全书增至二十四万字。三稿完成于 2019 年春，最终定稿的修改则在 2019 年冬基本完成。

　　在修改、润色时，不可避免想到一个问题，即精彩的故事与无趣的札记，应当何去何从？其实，无论是今人还是古人，提笔著史时可能均会面临这一矛盾，即"故事性"和"学术性"的冲突，或者说文学与史学的冲突。以受众范围而论，除少数经典外，多数学术著作固然深刻，但难免存在阳春白雪、曲高和寡之弊。因此，若欲赋予史学长久生命力，则需以文学形式对其进行修饰，以令其不脱离大众。然而，史学本身则是严肃、厚重的，若修饰太过，则难免令人对其真实性产生怀疑。因此，学术性的史学对此种"修饰"似并不认同。

　　然则，史学、文学是否确实难以融合？亚里士多德有一个观点，意思是诗往往比历史更真实，其所谓的诗即文学。诚如亚氏之言，西方历史确实源自于壮美瑰丽的英雄史诗。西方如此，东方亦是如此。兹举《史记》之名篇《李将军列传》片段如下：

> 中贵人将骑数十纵，见匈奴三人，与战。二人还射，伤中贵人，杀其骑且尽。中贵人走广。广曰："是必射雕者也。"广乃遂从百骑往驰三人。三人亡马步行，行数十里。广令其骑张左右翼，而广身自射彼三人者，杀其二人，生得一人，果匈奴射雕者也。

短短一百余字，勇猛敢战的戍边将军形象跃然于纸上。于是，一篇列传，令李广之形象传承千年。以精妙绝伦笔法去讲述精彩故事，再将诸多故事连缀成一部史书，终成就"史家之绝唱，无韵之离骚"。然而，真实历史中，李广是否确实有过此射杀匈奴射雕者事迹？

其实，司马迁虽为史学家，但却颇喜民间逸闻。例如《张释之冯唐列传》载司马迁听闻冯唐论将之事时，即曾言："冯公之论将率，有味哉！有味哉！"因此，《史记》中虽有采录自秘府档案，但亦多有趣闻轶事。《史记》中此类事例极多，如项羽东城快战、荆轲刺秦等莫不如此。因此，《李将军列传》中这段射雕者的故事与李广射石虎一般，也许不过是民间流传的趣闻而已。可既是传说故事，则其真实性恐不能保证。即便此故事确实真实无疑，司马迁本人亦不可能回到六十余年前，至上郡亲眼目睹李广神射。所以，此记载其实并不符合史书"学术性"标准。既然如此，为何还要将此段故事记录至书中？若仅因精彩"有味"，即将无法考证之事录于史书，岂不草率？

司马迁并非草率之人。《汉书·司马迁传》载与司马迁同朝代的学者刘向、扬雄即曾盛赞司马迁有"良史之才"，且称其文"不虚美，不隐恶，故谓之实录"。需知，"良史之才"是对著史者的极高评价，非秉笔直书者不能称之。自先秦以来，良史者无不视史书逾生命，如春秋齐太史秉笔直书"崔杼弑其君"以致兄弟皆死。司马迁本人确实因秉笔实录汉朝之事，亦曾遭西汉朝廷之打压，其所著《史记》亦曾多遭删削。

司马迁既确有良史之才，《史记》亦为秉笔直书之良史，则《李将军列传》所记自然不是突发奇想而成。为何如此？其实，司马迁自有主张。

《史记》即将完本之际，司马迁以《太史公自序》为全书进行概括，谓"扶义俶傥，不令己失时，立功名于天下"，作七十列传。故列传者，多为当世扶义俶傥之英雄人物。具体论《李将军列传》，李广"勇于当敌，仁爱士卒，号令不烦，师徒乡之"，为时人称道，故不可不记。《史记》以纪传为体例，以人为本，以人而阐明历史"成败兴坏"。而这段射雕者的故事在当时流传极广，正足以表明李广为戍边之良将。可是，如此"自结发与匈奴大小七十余战"，奉其一生于边郡的将军至六十余却不能封侯。反之，西汉朝廷却将高爵厚禄授予毫无斩将骞旗之能的如王信这样的外戚，岂不怪哉？试想，如《李将军列传》照直实录，记曰："其秋，胡人上郡，广斩首二级，生得一人。"固然客观，然作《李将军列传》之意义何在？

在《史记》全书完成时，司马迁给好友任安任少卿写了一封书信，即《报任安书》。在书信中，司马迁言"古者富贵而名磨灭不可胜记，唯俶傥非常之人称焉"。其所谓"俶傥非常之人"，即指笔下之人。司马迁用其"非常"之笔，将古之圣贤英雄赋予灵魂，令其流传千年而为人所记。《史记》一百三十篇，篇篇不同，却又篇篇如此。集事记人，以人述理，此即体现出司马迁过人之才与良苦用心。

其实，同样是记汉当世之事，班固所作为汉颂德之《汉书》便远逊于《史记》。在《汉书》中，班固虽极力宣扬《汉书》"叙帝皇，列官司，建侯王。准天地，统阴阳，阐元极，步三光。分州域，物土疆。穷人理，该万方。纬《六经》，缀道纲，总百氏，赞篇章。函雅故，通古今，正文字，惟学林"，但仍然不能改变《汉书》之立意与思想远不如《史记》的事实（当然，这并非否定《汉书》价值。在保存当时的秘府资料、档案等方面，《汉书》意义重大）。

数千年岁月流转，历史留下的往往只是只言片语。史料的缺乏与散佚是历史学永恒无解的困境，对于去今甚远的秦汉史尤为如此。如穷究"真实"而放弃史学本身的意义，则势必面临无史可究的尴尬局面。因此，李开元教授即认为："历史学家们在面对如此困境时，在发现新史料的努力和幸运之外，或许也需要拓展自己的方法和思路。"

在修改润色本书时，笔者尝试从一种不同的角度去叙述熟悉的历史：全书以《史记》《汉书》与《资治通鉴》为蓝本，兼采当世史学之研究成果。在保证历史可靠的同时，亦会进行艺术创作，比如第二部《长乐风雨》的《持节北军》和《殿门之变》诸章，本部《彻侯之国》以及《射雕英雄》诸章等。一些空白之处，也进行合理推测、复原，以保证其连贯。

既然有先贤在前，这种对历史艺术化处理的做法大约也算合理可行。当然，小子绝不敢与司马迁相比肩。用司马迁回上大夫壶遂之言，可谓："余所谓述故事，整齐其世传，非所谓作也，而君比之于《史记》，谬矣！"

　　不过，最后的结果如何，大约也只能借诸葛亮之语诚惶诚恐曰："至于成败利钝，非臣之明所能逆睹也！"

后
记